鮎川義介と経済的国際主義

満洲問題から戦後日米関係へ

Y. Ayukawa and U.S.-Japan Relations

井口治夫
Haruo Iguchi
──【著】

名古屋大学出版会

鮎川義介と経済的国際主義　目次

序　章　鮎川義介と日米関係……………………1

第Ⅰ部　日産の創業から満洲国へ

第1章　経済的国際主義……………………10
——一九三七年以前の鮎川とアメリカの産業への関心
はじめに　10
1　日産コンツェルンの形成と外国資本　11
2　GM・フォードとの提携交渉　15

第2章　満洲重工業の設立と満洲への米国資本導入構想……………………30
はじめに　30
1　満洲の経済開発を誰が担うのか——満鉄から関東軍へ　31
2　満洲重工業の起源　35
3　鮎川の満洲国への関与　38
おわりに　50

第3章　鮎川と米国フォード社との提携交渉……………………52
——一九三七～四〇年
はじめに　52
1　日産・フォード提携交渉　53

2 GMの動向　60
3 フォード社の満業以外の自動車会社との提携構想の推進　61
おわりに　67
第4章　鮎川の日本自動車産業界統合の挫折……70
第5章　フーヴァーと米国の東アジア政策……76
——第一次世界大戦終結後から日米開戦前まで
はじめに　76
1 ハーバート・C・フーヴァー——実業家から政治家へ　77
2 フーヴァーと一九二〇年代のアメリカ外交　81
3 米国の東アジア政策——一九二〇年代　87
4 「事実上の承認」の問題　96
5 フーヴァーの東アジア政策　99
おわりに——満洲事変以降の日米関係　114
第6章　米国総領事館の満洲動向分析……121
はじめに　121
1 横浜総領事リチャード・ボイスの鮎川構想批判　122
2 満洲重工業の発足と在奉天米国総領事館　123
3 日本の修正門戸開放主義　126
4 米満経済関係　127
5 治外法権撤廃問題と国務省　130

6　在奉天米国総領事館の情報収集――鮎川構想に対する評価　131
7　フーヴァーとの接触――ベインと高碕達之助　135
8　在奉天米国総領事館と米国自動車産業動向分析　141
9　第二次世界大戦勃発と在奉天米国総領事館　142
おわりに　146

第7章　見果てぬ夢……………………………………………148
――経済外交　一九三七～四〇年

はじめに　148
1　満業創設期の米国資本導入への模索　149
2　日系アメリカ人たちと米国式農業構想　154
3　ベインの満洲鉱物資源調査報告書　157
4　クーン・ローブ投資銀行とユダヤ人難民対満洲移住構想　163
5　モーデルハンメルとドイツ資本の導入構想　170
6　朝鮮半島雲山金山と米国経済権益　172
7　米国金融機関・大手鉄鋼会社との交渉　178
8　ナショナル・シティ銀行、U・S・スチール社と米国務省　181
9　米国財界人の日本帝国視察招請案　186
10　合弁会社の設立　189
おわりに　190

第8章　アメリカによる満洲国の事実上の承認の模索……192
――鮎川の渡欧とディロン・リード投資銀行
はじめに　192
1　イングリスとの会見　193
2　ジョセフ・グルーとユージン・ドゥーマン　196
3　鮎川の訪欧――来栖三郎と鮎川の渡米構想　197
4　ディロン・リード投資銀行とオライアン訪日団　204
おわりに　219

第II部　太平洋戦争から戦後復興へ

第9章　平和への奮闘……224
――鮎川とフーヴァー元米国大統領
はじめに　224
1　フーヴァー人脈と日米関係　226
2　日米交渉とフーヴァー、ストロース　232
3　日米首脳会談の試み　240
4　一九四一年夏から一二月一日までの日米関係　241
5　日米開戦直前のフーヴァー　253
6　フーヴァーとラウル・E・デスヴェアニン　254
7　大統領の天皇宛親電をめぐる日米交渉　257
8　来栖・バルーク会談　259

9 一二月上旬の野村・来栖 265
10 日米開戦前夜の鮎川 273
おわりに 276

第10章 満洲重工業開発総裁の辞任と太平洋戦争期の活動……282
はじめに 282
1 満洲国経済の変容 283
2 満洲国官僚機構がもたらした悪夢 288
3 終　戦 298
おわりに 301

第11章 「共通の利益」の再創造……306
——日米関係 一九四五～四八年
はじめに 306
1 フーヴァーと冷戦初期のアメリカ外交 311
2 対日経済改革——非軍事化と民主化の狭間で 316
おわりに 327

第12章 鮎川義介の戦後投資銀行構想……328
はじめに 328
1 終戦直後における鮎川の活動 329
2 鮎川の投資銀行構想 334

3　亜東銀行の設立　343
おわりに　347
第13章　電源開発から中小企業育成政策へ……349
終　章　鮎川の外資導入構想の今日的意義……359
あとがき　365
注　巻末 27
参考文献　巻末 11
索　引　巻末 1

序章　鮎川義介と日米関係

本書は、持株会社日本産業株式会社（日産）の創業者にして満洲重工業株式会社（満業）初代総裁であった鮎川義介による、戦前期（一九三七～四一年）と戦後期（一九四七～五三年）の経済的国際主義実現への挑戦を描く。すなわち外資——なかでも米国資本——の直接投資・間接投資を、日米戦争前は日本と満洲、そして終戦後は日本に導入することにより、日本の統制経済システムの修正（市場原理と外資参入による統制政策のおもいきった緩和）を図り、日米経済の発展と緊密化を通じた両国関係の強化を実現しようとした試みについて論じ、また、鮎川の外資提携構想が何故失敗したのかを考察する。太平洋戦争にいたる時期における、日本のブロック経済圏の形成と米国が模索した自由貿易体制の対立を描いている研究書は多いが、その代表例としてマイケル・バーンハートの著書がある。(1)しかし、これらの研究では、一九三七年以降、鮎川を中心に日本が満洲工業化のための外資導入を模索したことについては、あまり注目されてこなかった。鮎川の外資導入構想については、先行研究として原朗、鈴木隆史、宇田川勝の論文や、小島直記の鮎川にかんする伝記があるが、(2)いずれも現在国立国会図書館憲政資料室で公開されている鮎川義介文書の和文および英文史料の公開以前に執筆されており、そのため利用された鮎川文書の史料はごく一部に限定されていた。

本書の狙いは、鮎川文書を総合的に利用し、これと他の英文・和文の一次資料と二次資料を活用することにより、一九三七年から四一年、そして一九四五年から五三年の日米関係という文脈で、鮎川および彼の外資導入構想の日本の政治経済における役割と位置付け、鮎川の日米戦争回避への努力、そして米国側における鮎川構想に対するさまざまな反応について理解を深めることにある。

満洲事変勃発後、日本の軍国主義とナショナリズムは、世界不況の深化とともに統制経済政策を強化し、日本およびその支配地域内に対する外資の直接投資および間接投資を排除していく傾向を強めていった。こうした状況下において、新興財閥であった日産の創業者鮎川は、外資による間接投資や合弁方式のような直接投資を通じた日米の緊密な経済協力を唱えたのであった。両国のこのような関係は、日本の経済システムが相対的に自由であった一九二〇年代の日米経済関係を特徴づけていたのであるが、鮎川は両国の関係が悪化してゆく一九三〇年代後半にその復活を模索したわけである。鮎川の国際経済に対する考え方は、自由貿易体制を是認することを基本としていたが、具体的な行動においては、三つの要因（①内外の政治経済情勢の変化、②日産財閥や満業傘下の企業の多くに存在した国産主義の傾向、③軍部との協力関係）により、米国のハーバート・C・フーヴァー大統領が唱える自由貿易と保護貿易の折衷型（第5章参照）と結果的に類似することとなった。

一九三〇年代の世界経済は、先進国による統制経済政策の推進とブロック経済圏の形成を特徴としていた。しかし日本とその傀儡国家「満洲国」（以下カッコを省略）におけるこれら傾向と、満業総裁に就任するにあたり鮎川が主張した対満米国資本導入構想の相互作用により、満洲国では、米国資本が満業およびその傘下の企業に投資を行うことが容認され、また米国の輸出品を歓迎する、日本主導の修正門戸開放主義が推進されたのであった。米国の門戸開放に対する考え方は、一八九九年にジョン・ヘイ国務長官の発表時には列強に対して中国における通商の機会均等を唱えるものであったが、満洲に対するドル外交で日米が対立したタフト政権時代までには、中国における通商上の機会均等のみならず中国の領土保全をも意味するようになった（後者の意味は一九〇〇年七月にヘイが行った二回目の門戸開放にかんする宣言に由来する）[3]。一九二〇年代のワシントン体制下では、門戸開放にかんするこの二つの意味が九ヵ国条約の条約文に挿入されたのである。ただし、米国の場合、門戸開放を他国に主張するのは、中国や満洲など自国が経済的に大きな影響力を築いていない地域であり、むしろ中南米・カリブ海のように米国が経済的支配権を確立した地域ではブロック経済政策を適用していたのである。門戸開放に対する米国の一貫性のなさは、米国や日本などこの条約の締結国のほとんどが、中国と満洲における門戸開放を守るよりはむしろ破る傾向を示したことにも象徴されている。[4] ここで注目しなければならない点は、一九二〇年代の米国は、経済的ナショナリズムとあからさまな企業間競争から、多国間および企業間の経済的協調に移行する傾向が見受けられ、その結果、米国政府の政策決定者たちは、米国経済界が要請する経済的秩序・安定・協調を通じた進歩という考え方を受けて、門戸開放の概念についてこのような新しい傾向を反映するように再定義する機運が生じてきたのである。[5] 日本は、中国と満洲における従来の意味での門戸開放を受け入れていなかったのであるが、一九三七年夏以降、回復し始めた米国経済が再び恐慌に突入するにあたり、鮎川は、満洲事変以後拡大傾向にあった米国の対満輸出と、日産が推進した米国自動車業界との提携交渉を根拠に、満洲における日本主導の修正門戸開放主義に対する米国の黙認と、鮎川の対満米国資本導入構想に対する米国の同調を勝ちとる余地があると判断したのであった。

以下、本書各章での議論の内容を紹介しよう。まず、第1章から第10章では、終戦までの鮎川を考察している。

鮎川の構想においては、満業を設立し、満洲における経済開発を米国資本と共同で進めることがもっとも特筆すべき構想の核心であった。その根底には、第3章で考察する米国フォード・モーターズ（自動車）株式会社と日産自動車株式会社の合弁交渉があり、そしてそれを中核に第3章から第4章にかけて考察する日本自動車業界の統合構想および、それにより日満において自動車業界を支配しようとする考えがあった。こうした壮大な構想を補強するものが、第7章で考察する満業傘下の日本鉱業による、朝鮮半島で最大の金の産出量を誇っていた雲山鉱区をめぐる開発構想であった。同鉱区の独占的開発権をもっていた米国企業で、フーヴァー大統領周辺の米国政財界人たちが所有するオリエンタル・コンソリデーティッド社の買収に鮎川は成功した。この成功により満業は、日本帝国内随一の金の産出高を実現することとなった。

鮎川や日満の政府関係者が日本側の修正門戸開放政策を、米国が受け入れる余地があると考えたのは、第5章と第

6章で論じるように、一九二〇年代半ば以降の米国の対東アジア政策が存在していたからである。その政策とはすなわち、西太平洋における日本の覇権を認め、日本の満洲における影響圏を黙認するということであった。このような米国政府の見解は、一九三七年の日中全面戦争勃発まで続き、それ以降、米国の東アジア政策は、中国の支援に軸足をシフトすることになるが、鮎川の対満米国資本導入構想は、まさにこのような米国の政策の転換期であった一九三七年から四〇年にかけて強力に推進されていった。

第1章では、満業設立以前の鮎川の事業活動について、彼が推進した米国自動車業界との提携構想を中心に考察する。続く第2章では、鮎川が満業設立にかかわった経緯と理由の検証を通じて、鮎川の対満米国資本導入構想との連続性を論ずる（鮎川が米国資本との提携に当時自信を示したのは、満業設立の直前に浮上した日産自動車とフォード社の事業提携交渉がその背景にあったことは第3章で詳述する）。そして、第3章、第7章から第8章では、一九三七年から四〇年まで鮎川が推進した外資導入構想のさまざまな展開過程を紹介する。

第6章では、日中戦争勃発と日満の重工業化政策の推進により、日満、とくに満洲国は、米国の輸出品に対する依存度が高かったこと、そして米国政府も拡大傾向にあった対日満輸出を黙認していたことを指摘する一方、①日中戦争の泥沼化に伴う日満の統制経済政策の強化、②期待はずれの満洲の資源、そして③日米関係の悪化、は満業設立直後から鮎川の外資導入構想に逆風をもたらしていたことを論ずる。

その結果、鮎川は、米国在住の日系人を満洲へ招請しながら米国式大規模農場を始めることを検討したが、結局軍部の反対もあり、それを構想段階で断念した。鮎川が満洲に招請した米国人地質学者H・フォスター・ベインは、鮎川を、ベインが敬愛するロンドン時代の友人ハーバート・C・フーヴァーと対比しながら東洋のフーヴァーと高く評価し、長期的に満洲の重工業化が進展していく可能性について楽観論を示した。しかしながら、鮎川の対満米国資本導入構想について彼が悲観論を示していたことが、鮎川を、第7章で紹介するように、一時期米国流農業構想に駆り立てた一大要因であったのだろう。

このような悲観的状況に直面していたにもかかわらず、鮎川は何故、対満米国資本導入構想を含めた日米経済提携構想を引き続き推進したのか。それは、第3章と第7章の事例が示すように、彼が推進したプロジェクトのいくつかが実現する可能性が、一九三八年から三九年においては比較的高いと判断されていたからである。第3章と第7章では鮎川構想の失敗要因も考察するが、鮎川の戦前の対米活動は、第8章で論ずるように、一九三九年から四〇年にかけて米国による満洲の事実上の承認と米国と日満の経済提携を狙う、対米経済外交上の努力として展開されたのである。鮎川は、ドイツと日満の経済提携に誘惑されたものの、基本的には米国と日満の経済提携をより希望したのであるが、鮎川の構想が政治的に実現する時期があったとすれば、それは、一九四〇年の春から夏（米内内閣の崩壊）が最後のチャンスであった。

第9章では、日米戦争前に展開された鮎川を中心とする日本側の戦争回避への努力とハーバート・C・フーヴァー元大統領を中心とする米国側の戦争回避への努力を描くことにより、この二つの動きの人脈面での接点と、活動面・思想面での共通性を明らかにする。鮎川やフーヴァーのこの時期の活動は水面下のもので、しかも悪化する一方の日米関係への影響は微々たるものであったが、第11章で論ずる三つのテーマ（①一九四五年春の米国政府内の対日無条件降伏をめぐる論争におけるフーヴァー、第8章で紹介するジョセフ・グルーおよびディロン・リード投資銀行元社長ジェームズ・フォレスタルの活動と考え方の重要性、②占領期の逆コースをめぐる論争におけるフーヴァーとフォレスタル、ウィリアム・ドレーパーの活動と考え方の重要性、③一九四〇年代後半における日本の財界首脳の外資導入積極論と鮎川の戦後外資導入構想の関係）を、戦前からの連続性という文脈で把握するため、日米戦争前の鮎川とフーヴァーの動向を紹介する必要がある。

第10章では、満業が何故急速に満洲国の重工業政策の中心から周辺に押しやられていったのかを考察しながら、一九三八年から終戦にかけて、日満の経済を民主導で推進することを主張した鮎川の統制経済政策に対する闘いと、終戦後占領軍によりA級戦犯容疑で巣鴨刑務所に収監されてから釈放された時期までを描く。本章では国際検察側が鮎川を不起訴にした理由と経緯についても詳しく紹介する。

前述の第11章と、第12章では、戦後の鮎川の動向を考察する。現在の日本の経済システムやその政策は、満洲事変以降の国家主導による戦争動員政策にその起源を遡れるが、金融制度における間接金融の優位、国家の市場経済に対する広範かつ強力な介入、大企業による中小企業の従属化（下請け制度と経済二重構造）といった特徴がある。これらの特徴をめぐる論争については、日本では、中村隆英、橋本寿朗、岡崎哲二、奥野正寛や野口悠紀雄、米国では歴史家ジョン・ダワーやチャーマーズ・ジョンソンにより論じられているが、その中でも、橋本とダワーは、いわゆる日本の戦後モデルの特徴として一般に紹介されている経済システムが、実は日本と米国の折衷モデルであることを強調している。とりわけ橋本は、戦後における戦時中の政府と軍による指令型計画経済から市場経済への復帰を指摘し、日本の経済システムの形成を考察するにあたり、一九五〇年代が大変重要であると論じている。というのも、「主要なサブシステムが出そろってシステムが組み上がるのが五〇年代」だからである。これらサブシステムには、戦間期に形成されたもの、戦時期にできたもの、そして一時的に破壊されたものがあるほか、特に重要なのが、占領期における米国による日本の経済システムの改革と、占領期から一九五〇年代の日本側の米国経済システムの積極的学習の相乗効果によりできたサブシステムである。一方、ダワーによると、現在の日本経済システムは戦時中に形成されたのち、敗戦と占領により強化され、講和後も維持されたのである。彼はまた、なぜそれが政策決定者たちによって支持されたかについて、日本経済が弱体であり、高い経済成長を達成するためには国家による経済計画と保護主義が必要である、という考えが日本国内で広く支持されていたからであると論じている。(6)

日本国内では、規制緩和・外資導入、ベンチャー企業の育成、直接金融の拡大など経済システムの構造転換の必要性が論じられて久しいが、前述の第9章の最後のテーマと、第12章では、以上の指摘や論争、なかでも橋本の枠組みを念頭に置いており、戦後の日本経済システムの形成がまだ流動的であった終戦直後から一九五〇年代前半にかけて、鮎川が挑んだ、統制経済システムを修正する試みを考察する。鮎川の経済復興構想の中核は、米国資本を中心とする外資の直接投資と間接投資を比較的制限のない形で導入すること、比較的独立した中小企業の形成、そして戦時中衰退した直接金融の企業金融における優位性の再構築であった。第12章と第13章では、鮎川の復興構想の具体的な活動となった投資銀行構想と水力発電構想を中心に取り上げながら、戦後日本が経済政策面でとりえた選択肢を考察する。鮎川は、戦後の経済復興に外資、とりわけ米国の製品、資本、技術が必要不可欠であると考えたわけであるが、外資導入の手段として、米国のディロン・リード投資銀行と日米合弁の投資銀行会社を設立して、中小企業をふくめた日本の産業を直接金融によって育成すると同時に、米国資本の直接投資と間接投資を確保していくという構想を描いていた。鮎川のこのような構想は、外資（特に米国資本）の直接投資と間接投資を日本の経済発展に積極利用する試みであり、彼が満業総裁時代推進した構想（日産・フォード合弁構想など、米国資本との一連の合弁・提携交渉）との思想的な連続性があった。それはまた、とりわけ米国資本の直接投資と間接投資を日本（戦前は日本と満洲国）に大々的に導入しながら、日米経済相互依存による日米関係の安定化と経済ナショナリズムでない方式による日本の経済と技術力の発展を確保するという考えでもあった。

以上、第三の開国といわれている今日において、鮎川が戦前と占領期に推進したさまざまな構想が何故失敗に終わったのかを考察することは、直接金融のさらなる発展の必要性が指摘される一方、産業の構造転換のなかで外資参入の急増に直面し、また、ベンチャー企業や独立性の強い中小企業の育成が急務とされている現在の日本の政治経済を歴史的に展望するうえで、非常に有用である。

第Ⅰ部——日産の創業から満洲国へ

第1章　経済的国際主義
——一九三七年以前の鮎川とアメリカの産業への関心

はじめに

まずは鮎川の人的関係の基盤となった親族関係について、簡単に紹介しておこう。鮎川義介は、一八八〇年一一月六日、長州藩士鮎川弥八の長男として現在の山口市に生まれた。彼の母親仲子は、明治の元老井上馨の姪であった。姉スミは、後に三菱合資総理事となった木村久寿弥太の妻である。弥八の残りの五人の娘たち（義介の妹たち）も財界人や経営者として活躍した人々と結婚していた。二女キヨは、関西の財閥藤田組の創業者藤田伝三朗の甥であった久原房之助と結婚していた（一九四一年離婚）。三女のフシは、九州の貝島炭鉱を所有する貝島太市と結婚した。四女サダは、貝島炭鉱取締役になる井上達五郎と結婚した。五女ヨシコは関東製作所社長になった近藤眞一と結婚した。また、弥八の二男（義介の弟）政輔は、藤田伝三朗の息子小太郎の養子であった。最後に、義介の妻の美代は、高島屋の創業一族飯田家の飯田藤二郎（高島屋会長）の娘であった。(1)

さて、鮎川の経済活動を支えたのは、このような親族関係ばかりではない。鮎川が対満洲米国資本導入構想の推進を期して満業を設立するにあたり、彼のそれ以前における国際経済活動は重要な役割を果たしていた。この満洲における米国資本導入構想の中核となるはずであった構想が、後述の一九三七年から四〇年まで進められた満業とフォード自動車との合弁会社設立交渉であった。このような発想は、長年の国際ビジネスのなかで培われていたものであった。このような発想を国際経済主義と形容するが、日産の満洲移駐にかんする鮎川の判断を評価するにあたっては、日産をめぐる経営判断のみではなく、国際経済主義に立脚した彼の考え方が大きく作用したことを見過ごしてはならない。しかし、このような外国資本との提携にもとづく経済発展の模索は、国産主義という日本経済界内の多数派の発想と、外資に対する官僚や軍人たちの根強い不信感と衝突する運命にあった。

1　日産コンツェルンの形成と外国資本

鮎川は、外国資本と提携しながら満洲の経済開発を推進する考えを、自身の国際経済活動を通じてもつようになっていた。このような、欧米資本と満洲の経済開発を共同で行う考えは、日露戦争直後に日本が満洲における経済権益を取得したときから存在していた。

日露戦争終結時、鮎川の親戚で明治の元老であった井上馨は、このような考えの持ち主であった。当時の桂太郎首相は、日露戦争の結果満洲で日本が取得した南満洲鉄道の経営を日米共同で行おうとする米国の鉄道王E・H・ハリマンの提案に応じたのであり、井上も桂首相の判断を支持したのであった。よく知られるように、この日米共同の南満洲鉄道の開発という計画は、ポーツマス講和会議から帰国した小村寿太郎外相の猛烈な反対もあって、桂・ハリマンの仮の合意はご破算になっている。

鮎川は、一九〇七年二月、一年の米国研修を終えて帰国、八幡製鉄所の近くに戸畑鋳物株式会社を設立した。鮎川は、当時の米国で鋳物に関連する当時世界最先端の技法を二つの会社で学んだ。一つは、ニューヨーク州のデピューにあったグールド鋳物会社、もう一つは、ペンシルヴェニア州所在のエリー鋳物工業であった。

一九一八年、中国での日米中の三カ国の資本による鉄鋼生産の合弁会社の立ち上げを、鮎川の義弟であった久原房之助が進めようとした。久原は、第一次世界大戦で巨万の富を手中に収めた久原財閥という、久原鉱業や日立製作所などを傘下に収めたコンツェルンの総帥であった。久原はこの構想を進めるにあたり、当時世界最大の鉄鋼会社U・S・スチール社の会長エルバート・ゲアリーとこの構想について話し合っていた。久原は、日米に加えて中国資本の参加も考え、それについて中国政府に打診を行う場合、鮎川が訪中して中国政府の関係者との協議を行うかもしれないと話していた。

しかし、久原が鮎川にこのような提案を行っていた時期、両者の関係はすっかり悪化していた。なぜなら当時、鮎川は久原とともに製鉄事業に進出していたのであったが、この事業をめぐる対立が生じ、事業が失敗に終わったためこの会社を郷誠之助率いる東洋製鉄へ売却していたからである。鮎川は、久原鉱業の役員を辞任し、一九一八年に入ってから久原との取引関係を断絶した。

しかし、その一〇年後の一九二八年三月、鮎川は自身が経営する戸畑鋳物株式会社と、久原が総帥であった久原財閥を合併させることになる。この合併に伴い日産財閥が誕生するのである。この経緯について、以下、確認しておこう。大正天皇が崩御したのは、一九二六年一二月二五日、クリスマスの日であった。この日の夜、政友会総裁田中義一は鮎川を訪問し、久原鉱業が次期株主総会で支払いに必要な配当金の確保を嘆願してきたのであった。田中は久原鉱業の経営難打開のため、三井財閥の大番頭団琢磨、三井銀行の池田成彬、第一銀行頭取佐々木勇之助に緊急金融支援を懇請したが、いずれからも断られた。田中義一は、長年久原から多額の政治資金を受け取っていた。田中は、鮎川に、久原鉱業倒産の場合、自身が首相になる可能性は断たれ、政友会の将来そのものが危ぶまれると説いたのであった。政友会の結成と発展には、伊藤博文が中心的役割を果たしていたが、伊藤の盟友であった井上馨も重要な役割を果たしていた。鮎川は、田中に一晩考えたい旨を伝え、田中が去ったあと、鮎川は三菱合資総理事であり、鮎川の義兄でもあった木村久寿弥太を訪問し、このことについて意見を求めた。木村と久原は不仲であったことから、鮎川は、久原鉱業救済を木村が勧めないであろうと考えていた。しかし、木村の返答は、もしも久原鉱業が倒産した場合、その波及効果は経済不況に喘ぐ日本経済をさらに悪化させ、そのような悪循環が、三菱合資にも波及するであろうから、鮎川に、久原鉱業を救済すべきであると進言したのであった。

久原鉱業救済を行うにあたり、鮎川はまず年越し前に支払わなければならなかった久原鉱業の配当金に充当する資金を、大阪の藤田組（藤田財閥）から借りたのであった。藤田組の当主は、鮎川の義弟であった藤田政輔で、久原房之助は、彼の父親の義弟であった藤田組創業者藤田伝三朗のもとで経営者として修業して久原財閥を興していた。

新年を迎えると、鮎川は、自身の資金提供、久原鉱業役員たちからの資金提供、藤田組からのさらなる資金提供、そして、鮎川の義弟九州貝島炭鉱当主貝島太市とその一族からの資金提供により、久原鉱業の金融支援を進めた。また鮎川はさらなる資本金確保のため、久原鉱業の株式の公募発行に踏み切った。翌年三月になると、鮎川は、久原財閥をすべて自身の影響下におき、旧久原財閥を傘下に収めた日産財閥を発足させたため、鮎川と久原の経済的関係はここで再び断たれた。

しかし、両者の関係は、久原の政治活動を通じて続いた。久原は田中義一のもとで政治的頭角を現そうとする野心があり、特に田中内閣発足時に外相になることを希望していた。鮎川はこうした久原の政治的野心を支えており、例えば久原の、朝鮮半島、満洲、シベリアを領域とする中立的緩衝国家を建設する構想に賛同していた。

とはいえ、一九三〇年代に久原が政友会で頭角を現そうとするなか、鮎川は、久原から政治的距離を置いていたようである。それでも、久原が一九三七年に政友会総裁に就任すると、鮎川と彼の親戚たちは、「借金王」久原が個人破綻しないよう、資金的救済措置を一九三八年に実行していた。こうした支援で久原は経済的・政治的生命を保ち、一九四〇年政党を清算して大政翼賛会発足を実現させることに成功した。(2)

一九三〇年代初頭、鮎川率いる持株会社日産は、日本経済界に華々しいデビューを飾った。鮎川が久原鉱業を引き取った直後、日本は昭和金融恐慌（一九二七年三月）に見舞われ、一九二九年浜口内閣の金本位制度復帰で日本経済はさらに悪化し、そこへ同年一〇月、ニューヨーク証券取引所の株価大暴落が引き金となって世界恐慌が襲いかかってきた。鮎川も、戸畑鋳物と久原財閥を合併させて持株会社日本産業を発足させてから、最悪の経済環境のなかにいたが、一九三一年九月、満洲における関東軍の謀略で始まった満洲事変を経て、日本経済が他の先進国に比べいち早く恐慌から脱出した後、事態が好転した。

日産財閥の飛躍の出発点は、犬養内閣が浜口内閣以来の政策であった金本位制復帰を覆して、日本を金本位制から離脱させたときであった。金本位制離脱の前日、鮎川は犬養内閣の蔵相高橋是清を訪ね、金の価格は、金の生産量と正比例の関係にあるとする持論を展開する報告書を提示した。すると、高橋はその場で部下をよび、鮎川の政策提言を実施するよう指示したのであった。

日本が金本位制を離脱後、金の価格は上昇し、当時日本帝国内で金の生産量が一位であった鮎川率いる日本鉱業（久原鉱業の後身）は、自社株の半分を市場へ売却し、巨万の富を手に入れた。満洲事変後の日本の株式市場は活況を呈していたが、そのようななか、日産の株は、日本鉱業株と同様に人気が出て、株価は上昇した。日産財閥は日産グループの株価にプレミアムがつく形で市場へ売り、その利益で、鮎川が久原財閥を引き受けた直後に日本を襲い始めた経済恐慌で経営破綻に直面した企業を次々と買収していったのであった。

こうして日産財閥は、短期間でその規模が三井財閥と三菱財閥という日本の二大財閥に匹敵する規模を誇るようになった。しかも、これら旧財閥と比べて、重化学工業関係の基盤が強かった。このなかで特に飛躍したのが、日産自動車であった。同社は好況とそれを反映した株式市場に支えられて、大規模な投資を行うことができ、創業三年で黒字化したのであった。

このような日産財閥の産業面での特徴に目をつけたのが、当時満洲における工業化を日本経済界と連携しながら行うよう見直しを検討していた日本の軍部であった(3)。

2　GM・フォードとの提携交渉

本書の課題のひとつは、鮎川がこの時期国際競争力のある自動車産業を興すことに情熱を注いでいたことを明らかにすることである。彼にとってこの命題は、重化学工業を基盤とする日産財閥の最優先課題であった。安価な乗用車を大量生産することが鮎川の夢であった。自動車産業は、重化学工業のなかで、もっとも技術的に複雑な分野であった。というのも国際競争力のある自動車産業を実現するためには、自動車を製造するために必要なさまざまな部品を作れるだけの成熟した重化学工業を前提としていたからであった。

鮎川は、米国の産業がこうした条件を満たしていることを熟知していた。日産自動車が国際競争力ある製品を製造するためには、米国の大手自動車会社と提携していく必要があることを痛感していたのであった。鮎川は、戸畑鋳物時代、日本の軍部から補助金を受けて自動車を製造していた日本企業三社に部品を納入していた。また、それからまもなく米国の大手自動車会社二社のゼネラル・モーターズ株式会社（GM）とフォードにも部品を納入し始めていた。この二社は、一九二五年に日本市場に進出していた。

自動車産業参入にあたり、鮎川は四つの方針を考えていた。すなわち、①日産財閥傘下の企業が、自動車部品を製造すること、②特殊金属や塗料といった製品の製造を行う企業を日産自動車と垂直統合していくこと、③日本国内のすべての自動車産業を統合して一社の巨大な自動車会社をつくること、そして、④車やトラックといったユニバーサル型車両（大衆車）の生産を行っているGMやフォードに対抗してこの分野へ参入する前に、日産自動車が小型乗用車の開発を手掛けること、である。

一九三六年、保護主義的な産業振興政策の一環として、商工省が自動車製造事業法を制定するまで、日本の自動車市場は、ほとんど米国自動車会社、なかでもフォードとGMに支配されていた。この年まで、フォードは日本市場進出以来売上高一位で、GMが二位であった（この順位は一年だけ逆転したことがある）。三つ目の米国自動車大手クライスラーは、一九三〇年の日本市場参入後毎年三位であった。

鮎川は、自動車産業へ参入するにあたり、米国の技術、設備そして人材に依存していた。なかでも、ウィリアム・ゴーラムというキリスト教科学主義者で発明家の人物と鮎川の関係は、重要であった。ゴーラムは、第一次世界大戦後来日した。彼は、サンフランシスコで飛行機のエンジンを開発した経験があった。一九二一年、ゴーラムは日本で機械化されたリキシャの開発に成功したが、ゴーラムの才能に目をつけた鮎川は、ゴーラムをコンサルタントとして雇い、彼に、船舶用エンジンと農作業用機械の開発を手掛けさせたのであった。

一九二〇年代後半、鮎川とゴーラムは、安価な小型車の開発を始めた。一九三三年冬、鮎川は、ゴーラムを渡米させ、自動車開発に必要な機械類の購入と優秀な技術者の採用を行わせた。ゴーラムは、ミシガン州のフォード本社とGM本社を訪問し、両社の最新の生産設備を見学する。

ゴーラムは、大恐慌の最悪期の最中であった米国で、ハリー・マーシャルというフォード社の技術者、高い溶接技術を専門としていたジョージ・マザーウェルといった自動車関係の優秀な技術者の採用に成功した。マザーウェルは、この後ドイツへわたり、ドイツの自動車会社オペルの溶接技術を高めた。日産自動車では、一九三〇年代の終わりごろまで一〇名以上の米国人技術者が働いていた。そして日産自動車が買い付けた機械類の八割ほどが、米国で購入した中古の製品であった。

鮎川の戸畑鋳物は、トラックを主に製造していたダット自動車製造の大株主で、同社の経営支配権を持っており、戸畑鋳物自動車部がこの経営に対処していた。鮎川は一九三一年以来、ゴーラムと日本人の技術者に、小型車の開発をダット自動車製造の工場で手掛けさせていた。そして一九三三年に、戸畑鋳物が保有していたダット自動車製造株を石川島自動車製作所へすべて売却したあとも、戸畑鋳物は、試作中のダット自動車製造の小型車ダットサンの製造権とダットサンを製造する大阪工場の所有権を維持していた。同年三月、この工場でダットサンの第一号車が生産された。この段階で戸畑鋳物自動車部は自動車製造株式会社に改組され、翌年同社が日産自動車に改名された。

一九三五年四月、日産の横浜工場でダットサンが生産された。同工場は、日本フォード社の工場に隣接していた。ダットサンの売れ行きは好調で、米国車と比べて小型のダットサンの売れ行きは、一九三八年に政府がトラック製造に原材料を優先的に配分する政策を実施していなければ、さらに伸びていたであろう。

このダットサンの売上増加の背後には、商工省と陸軍省が小型車に行おうとしていた規制を止めさせた鮎川と、石川島自動車社長渋沢正雄（渋沢栄一の息子）ら三人の経営者の努力があった。当時商工省は、小型車の基準をダットサンのような五〇〇CC排気筒の小型エンジンを保有しているものではなく、一〇〇〇CC以上の排気筒で、しかもダットサンより大きな幅と長さであるという内容に改定することを検討していた。

こうした商工省と陸軍省の動きについて鮎川に警鐘を鳴らしたのが部下の吉崎良造であった。吉崎は、もし小型車の定義が政府により変更となった場合、ダットサンは小型車の条件を満たさなくなり、ダットサンに替わって英国オースティン社の小型車が日本市場へ大規模に進出することとなると、指摘したのであった。小型車の基準が現状のまとなったことで、オースティン社の小型車は日本進出の機会を奪われ、このことを日産に抗議したのであった。

鮎川は、国内小型車市場で日産が主導権を維持する一方、米国大手二社が支配する大衆車製造への進出を目論んだ。その手法として彼が選択したのがこの二社のいずれかとの提携であり、それが一番早道であると判断していた。

日本陸軍が米国資本の自動車会社に敵対心を示すようになったのは、一九三四年になってからのことであるが、その二年前、鮎川とゴーラムは、日本フォード社との提携を試みた。鮎川はほかの米国大手二社との提携にはこの時点では関心がなかった。日産は、日本フォード社の株式の少なくとも五〇パーセントを取得しようとしたが、フォード社は日産との提携そのものに関心を示さなかった。また、仮に提携交渉を開始したとしても、日産が日本フォード株式取得で許される割合は四九パーセントまでであった。

こうして、鮎川は日産とGMの提携に関心を抱くようになった。GMは、米国内で二〇社以上が合併して創立された企業で、海外でも進出先の地元の自動車産業と合弁会社を設立したり、GM現地法人と地元自動車産業とを合併させたりすることに、フォード社と比べて積極的であった。鮎川がGMの日本現地法人と話し合いを行い始めた時期、GMは、陸軍省が補助金で支援していた三つの日本の自動車会社（東京瓦斯電気、石川島、ダット）と提携していくことができないか商工省に相談していたところであった。

このことを知った鮎川は、日本GMの責任者（managing director）であったR・A・メイに日産との提携を進言した。鮎川はメイに、陸軍省は該当三社とGMの提携に反対するであろうと述べたのであった。一九三四年四月二六日、日産と日本GMが提携することで合意し、ゆくゆくは、日産が日本GMの経営支配権を持つこととなった。商工省で鮎川が進めた提携話に好意的であったのは、次官の吉野信次と工務局長竹内可吉であった。しかし、前述の三社に軍用トラックを製造させ始めていた陸軍省は反対であった。

陸軍省は、一九三三年二月満洲で展開した熱河作戦において、兵員移動や運搬手段のほとんどを鉄道ではなく軍用トラックに依存する事態を初めて体験した。この作戦で陸軍省は、国産トラックを十分に調達できず、フォード製のトラックを大量に使用せざるをえなかった。ここで判明したことは、米国製トラックのほうが軽くて、早くて、壊れにくいという性能のよさであった。この経験によって陸軍省は、国産トラックがこのフォードやGM並みの性能になるよう産業政策を推進すべきであると考え、一九三四年一月に入ってから、これを実現できないか商工省に相談していたのである。

陸軍省内では、陸軍のトラック性能の短期間での向上を、フォードとGMのトラックを大量に買い付けることで実現できると論じる者がいたが、これは少数意見であった。同省内の多数派の見解は、動員課の伊藤久雄大尉が一九三五年九月に作成した報告書に反映されていた。米国製自動車が日本の大衆車の九割を支配している状況下で、日本の自動車産業を育成していくためには、政府が自動車製造を許可制にするべきであると論じたのであった。伊藤大尉は、日産とGMの合併は、日本自動車産業界の死滅をもたらすと論じ、両社の提携話に横槍を入れるよう進言した。陸軍省はそのように動いた。伊藤大尉は、日産が小型車市場で躍進中であったことは承知していたが、保護主義政策を実施したほうが、日本の安全保障と経済に貢献すると考えていた。経済については、国産車の発展と、日本の貿易収支が赤字のなかで、貴重な外貨の支払いを抑制できる点で貢献すると考えており、また安全保障面での貢献は、陸軍が中国における戦争を戦う上で大量に必要としていた軍用トラックを大量生産できる日本の自動車産業育成を、保護主義政策で効果的に実現できると考えていた。伊藤は、自動車産業の育成は、自動車が必要とする多くの重工業の製品開発と発展にもつながり、また、有事の際、自動車工場は簡単に飛行機製造の工場に転用できることを第一次世界大戦は教訓として残している、と論じたのであった。

陸軍省内で自動車産業を保護主義により育成していくことが議論されていたころ、満洲では、同和自動車工業が、満洲国と関東軍により一九三四年一月に設立された。同社は、当時南満洲鉄道会社のなかで、ＧＭが組み立て工場を設立しようとしていた動きを封じ込めるために設立されたといっても過言ではない。陸軍省は、このようなＧＭ工場誘致は、日本の安全保障の利益を損なうと判断していた。

同和自動車工業は、当初、前述の陸軍省から補助金を受けていた自動車会社三社の自動車を組み立てる予定であったが、それは実現しなかった。後述するように、鮎川が一九三七年以降フォードとの提携交渉を進めるなかで、同和がフォード製の自動車を組み立てる構想が進められた。しかし結局、同和自動車工業は、一九四二年、鮎川率いる満洲重工業傘下の満洲自動車により買収され、終戦まで、日産自動車の組み立て工場として機能するに留まった。

伊藤大尉は、商工省の内部にあって、陸軍省内で自身が代表するような見解に同調する人物に注目した。一九三四年四月に同省工務局長に就任した岸信介であった。岸の部下で産業課長小金義照は、陸軍士官学校で伊藤の同期であった。

岸は、この件について陸軍省と話しあうなかで、日本の企業と外資系との合弁について、吉野次官と同様、日本と米国の自動車産業との間には大きな技術面での開きがあると認識しており、両者は、日本の自動車産業が急速に米国自動車産業に追いつくために、米国自動車技術を日本の自動車産業へ導入する必要性を痛感していた。しかしながら、岸は、その一方で、日本の重化学工業で当時国際競争力があったのは造船と機関車製造のみで、日本の重化学工業のさらなる発展のためには、自動車や化学肥料といった産業に規制を施す必要性があることも強く認識していた。

岸と小金は、一九三四年六月以降、陸軍省と連携しながら、日本の自動車産業を規制していく政策について、商工省と陸軍省との間で合意形成を行いはじめた。六月二三日、陸軍省は日本の自動車産業育成にかんする政策提言書をまとめ、これについて何回か商工省と話し合った。この話し合いを受けて、商工省は、七月一八日政策提言書を陸軍省に提出した。両省の提言は次の点で一致していた。①自動車産業育成のための税制面での優遇措置、②自動車産業への参入を政府による認可制度のもとに置く、③自動車産業育成に必要な外国製の機械類に対する輸入関税を引き下げる、④輸入自動車部品に対して関税率を引き上げる、⑤大衆車とそれが必要とする主要部品を大量生産する自動車生産の新工場を建設し、⑥既存の自動車会社は、この新工場向けの部品の供給とそれを行うために必要な投資を行う。陸軍省は、満洲で創立した同和自動車のような新たな自動車会社を日本に設立することに前向きであったが、商工省はこの点については触れなかった。両省は、供給過剰となるような事態は回避すべきであるとはっきりと認識していた。

両省は、自動車産業のあり方について、このあと、資源庁、海軍省、鉄道省、大蔵省、内務省、外務省とともに会議を行った。これを経て、一〇月九日、これら省庁を横断した政策案ができた。これは、自動車産業とそれを支える重要な自動車部品について、政府の認可制度のもとに置くことを唱え、認可された自動車会社に対する税制面での優遇、補助金の支給、低金利融資を行うことを論じていた。

このような政策案が政府内でまとめられるなか、自動車産業の代表者たちは、この政策案について見解を求められた。伊藤大尉の回想によると、自動車産業の代表者たちは、補助金以外にはほとんど関心を示さなかったようである。

こうした政府内の動きは、当然日産と日本ＧＭの提携交渉にも影響を与えた。一九三四年秋、商工省は、この提携交渉において、日産がただちに日本GMの過半数支配を得ることを要求したのであった。日本GMは、商工省の要求に応じ、日産へ日本GMの株式の五一パーセント売却を許した。このことと他の条件にかんする修正加筆を行い、両社は合意に達した。しかし、日産がこの株式取得に必要な八〇〇万円相当のドルを送金しようとした際、外国為替管理法がこれを許さなかったのである。外為法は、日本の貿易収支の悪化に対処するため、外貨の支払いに厳しい制限を加えていたのであった。このため、しびれを切らしたニューヨークのGM海外渉外部は、一九三五年一月二日、この提携交渉を打ち切ると日産に通告した。

ただし、GM側は将来交渉再開の余地を残すことも伝えてきたので、鮎川は、日本で商業用の自動車産業を育成するもっとも経済的で早い手法として、GMとの合併によることが最良であると力説したのであった。この時点で、鮎川は、商工省と陸軍省が鮎川のこのような外資との提携構想に横槍を入れるとは想定していなかった。

伊藤大尉の戦後の回想によれば、鮎川は、自動車産業育成にあたり、国内での供給過剰を解消する狙いから自動車産業を政府の許認可制度のもとに置くことには賛成であった。しかし、鮎川は、外資系排除には反対であり、他方で、政府からの補助金を必要と考えなかったのである。

日本の自動車産業育成政策をめぐって、一九三五年には、外資との提携による手法を主張する政策決定者たちと、これに反対する外資排除の政策決定者たちとの間で激しい対立が生じた。

この対立の発端は、日本フォード社による新工場建設用地の横浜市からの買い取り計画であった。日本フォード社は、横浜市で、組み立て工場ではなく、日本での車を部品から作る用意があった。日本フォード社長ベンジャミン・コップは、日本国内におけるフォード車に対する旺盛な需要は今後さらに強まると見ていた。これに対して、二月に、陸軍次官柳川平助は、横浜市長を呼び出し、用地売却の中止を求めた。

横浜市による日本フォードへの用地売却の拒否に直面したコップ社長は、日本国内で強まっていた外資系自動車会社排除の動きが保護主義政策に明確に転じる前に、フォード社の最新の工場を稼働させたいと考えていた。そこで、四月、彼は、浅野財閥の有力者浅野良三と浅野財閥保有の横浜の用地買い取りについて交渉を始めた。商工省は当初、両者の交渉を静観していたが、陸軍省の伊藤大尉は、岸と小金に用地売却の中止を求めた。五月二〇日、商工省は、浅野財閥と日本フォード社との間で用地買収にかんする合意文書が交わされることに反対を表明した。しかし、コップと浅野は交渉を継続し、七月二五日、両者は合意文書を交わした。一〇月、フォード本社が工場着工への承認を日本フォードに与えた。

当時岸信介局長の部下であった宮田応義は、戦後この時期を振り返り、政府内、特に陸軍が、新工場建設に断固反対する措置をとり、外資系自動車会社排除の動きを強めたと述べている。ただし、陸軍省と商工省の関係者の間では、外資排除の度合いに温度差が存在していた。前者は日系を外資より優遇することを論じていたのに対して、後者は、日系・外資の合弁と日系を平等に扱うべきであるという傾向であった。両省間で行われた議論は七月一二日政策提案に集約された。これは、他の省庁からの反応を得て、八月九日、自動車工業法要綱（自動車製造事業法にかんする要綱）として閣議で承認された。このタイミングは、コップと浅野との間で土地売却の合意が成立した直後であった。

自動車工業法要綱は、外資系を必ずしも排除する内容ではなかった。というのも既存の日本国内の自動車会社は、日系であれ外資であれ、現行の生産量を上限に生産活動を行えたからであった。問題は、もしも生産量をさらに拡大したい場合、それができるのは、日本政府による許可を得ている会社に限られていたことである。そして、この許可審査の対象となれる会社は、少なくとも日本国籍の者または日系企業が経営権の過半数を支配する会社としていた。このように、外資系の自動車生産量拡大の余地は残したが、外資参入の場合は、日系企業との合弁方式のみによりそれが可能となっていた。しかもその場合、その合弁会社の経営支配権の過半数は日本勢でなければならないとしたのであった。自動車工業法案は、日本国内の自動車産業を産業政策と国防政策に立脚した新たな規制の対象に入れることとし、商工省と陸軍省は、税制面での優遇措置といった、日本国内の自動車産業の育成にかんする方法について今後協議することとしたのであった。

要綱が閣議決定されたことは、要綱の意図が外資系自動車会社の日本市場における拡大を抑え込むという保護主義的な政策であったという特徴に加えて、この要綱が、一九三六年五月に制定された自動車製造事業法に発展したという点で、重要な節目であった。この要綱では、一九三四年に制定された石油業法と同様、保護主義的な政策を正当化する論旨として、国防を法制定の理由に挙げていた。

自動車製造事業法の制定過程で、外務省通商局長来栖三郎は、この法案が日米通商航海条約に違反すると論じていた。しかし、商工省の小金に賛同していた同局通商課長松嶋鹿夫は、法案制定にあたり国防を理由にすべきアイディアを小金に与えていた。一九三三年一二月に米国政府内では、対日経済制裁は、同条約を廃棄しない限り、同条約に違反すると結論づけていたが、日本は、一九三四年石油業法と自動車製造事業法という同条約に違反する法律を可決していった。

こうした状況に直面していた日本フォード社であったが、日本政府が一九三五年八月九日に自動車工業法要綱を発表すると、これが法律になる前に新工場の完成を目指すべく、同年一〇月、新工場建設に着手することにした。

フォードのライバル会社GMは、こうした事態を手をこまねいて見ていたわけではなかった。同年夏、GM本社は、鮎川の日産との提携を模索する代表団を日本へ送り込んだ。鮎川は、米国ニューヨークのGM海外事業部へ外貨を送金しない方法による日産自動車と日本GMとの提携を提案した。すなわち、日産と日本GMとの株式の交換であった。この交渉をGM側で担当したのが、B・H・フィリップスと日本GMの責任者メイ、そして二人のGM社員であった。彼らは東京で、商工省の事務次官吉野信次、岸信介および小金と九月、一〇月に会談した。また、鮎川と側近の岸本勘太郎も、これらGM幹部と会談を行った。

九月二一日、岸は、鮎川に日産自動車と日本GMの統合について、四つの要請を記したメモを渡し、これを日本GMの総責任者メイに見せるように伝えた。内容は以下の通りである。第一、この統合により、GMは日本の自動車工業育成という国策に忠実に従うこと。第二に、この統合により、日産と日本GMは、国内の自動車流通にかんする規制に従うこと。第三に、統合会社の運営について、それにかんする両社の合意文書には、統合会社の自動車製造部門を、日産の役員会の管轄下に置き、一方、生産された自動車の流通にかんする流通部門を、日本GMの役員の管轄下に置くことを明記する。最後に、統合に基づく合弁会社は、自動車とその生産に必要な部品の大量生産を、できるだけ早く政府の規制の下で、開始する。

吉野信次事務次官は、日産と日本GMの合弁会社設立に深い理解を示していた。彼の回想談では、鮎川とGMのフィリップスが秘密裏に交渉を行うため、吉野は、自宅を交渉の場として提供したに過ぎず、その場には居合わせていないと述べている。しかし、当時この交渉に居合わせた岸本が、会談中筆記したと思われるメモによると、吉野は、交渉の場に居合わせていた。しかも、吉野は、両社の統合のメリットを強調したのであった。吉野は、陸軍省が、日本の自動車会社による自動車産業育成に固執していることを暗に批判した。たしかにダットサンの生産を日産が成功させたことは、日本の自動社産業を日系企業のみで育成できる可能性を示しているのかもしれない、と吉野は陸軍省の自動車政策関係者にも同感を表明した。しかし、吉野はこのことを、鮎川―フィリップス会談時に述べたさい、GMと日産による合弁会社設立のほうが、日本の自動車産業をより短期間で、より早く成長させることのできる、より望ましい手法であると、強調したのであった。この点吉野は、鮎川の考えに共感していた。しかも吉野は、鮎川と同様、フォードとGMは、日本経済の発展に大きく貢献しており、日本の自動車工業が国際競争力をつけたからといってこれら米国二社を追い出すつもりはないと論じていた。吉野は、鮎川とフィリップスに、商工省が極端な国産主義を戒めており、国際協調を維持する重要性を理解している、と自身の見解を披露していた。フィリップスは、こうした吉野の見解を聞いた上で、日産と日本GMの合弁会社は、ほかの日系自動車会社と同等に扱われるのかと吉野に質問したところ、商工省事務次官は、その通りであると断言したのであった。

一〇月二〇日、日産とGMは、両社の合併にかんする基本文書に合意した。これにもとづき両社は、合弁会社設立の詳細について合意形成を開始した。鮎川は、合弁会社設立にかんする合意文書作成を一一月二〇日までに実現させようとしていた。しかしながら、交渉は再び暗礁に乗り上げる。一九三六年一月二四日の覚書によると、組織形態、生産方法、輸入対象となる自動車部品などで双方に見解の相違が生じたのであった。さらに、もっとも深刻な問題は、収益についてであった。ＧＭ側は、日本の国策と統制経済政策が、合弁会社の収益を犠牲にしてまで自動車生産の拡充を迫ることを警戒した。これに対して日産側は、平時でない状況下では、利益の最大化を生産拡充に従属させることはやむをえないと主張したのであった。

一九三五年一二月、日産自動車の幹部であった浅原源七と久保田篤次郎は、鮎川の命令で、ニューヨーク市のＧＭ海外事業部を訪問し、暗礁に乗り上げた両社の交渉についてのＧＭ側の最終見解を尋ねに行った。ＧＭは、日本における日産との合弁会社が、ＧＭがドイツで直面した国有化リスクと同様の危険にさらされることを懸念し、交渉を断念することを日産から派遣された二人に伝えた。ＧＭは、ドイツでのオペル社との合弁会社の工場について、ドイツ政府による国有化措置がありうることを念頭に、日産との合弁会社もそのような危険があると判断した。ただ、ＧＭは、将来の交渉再開の可能性には含みを残し、浅原と久保田を厚遇した。ＧＭは、彼らが視察を希望していたＧＭ北米工場のすべての見学を許し、また欧州におけるＧＭの工場も気前よく見せたのであった。

日産は、ＧＭとの交渉が物別れに終わったことで、副案を実行し始めた。日本政府の庇護のもと、外資系に頼らない形で自動車生産を最先端のものに育てていく姿勢に転じていった。

一九三六年五月二九日、自動車製造事業法が制定された。日産と株式会社豊田自動織機製作所自動車部（一九三七年以降同部はトヨタ自動車工業株式会社となる）のみが政府の許可のもと生産を拡充できることとなった。日産と豊田は、自動車製造事業法により認可された会社になることで、政府から両社の資本金の半分を得て、五年間課税と輸入関税が免除された。この法律により、フォードとＧＭは、日本市場から締め出されることとなった。この法律は、政府が特定の企業に金融や税制面で、国防を理由に優遇措置を講じることを可能にしたものであった。戦前の商工省と戦後の通産省の研究を行ったチャーマーズ・ジョンソンは、自動車製造事業法は、この時期の政府による他の産業政策と比べて、企業が私有財産権と経営権を維持しながら、政府の産業政策に同調していったという点で、戦後の産業政策の原点であると論じている。

日本フォード社の新工場建設の動きは、陸軍により徹底的な干渉を受けた。鮎川がGMとの交渉の際、憲兵により干渉を受けたのと同様に、日本フォード社は、憲兵と特高から嫌がらせを受けた。また、自動車製造事業法制定の直前、商工省は日本フォード社による新工場の建設着手を行政手続面で中断させた。

自動車製造事業法が制定されたとはいえ、最先端の、国際競争力のある自動車会社に発展していくために、米国自動車工業界の技術が必要不可欠であることに変わりはなかった。鮎川率いる日産は、米国の大手ガラス製造会社リビー・オーウェン社の社長ジョン・ビガーズの斡旋で、倒産した米国大手自動車会社グラハム・ページ社の技術と設備を大量に買い付けることに成功した。以下、その経緯について簡単に確認しておこう。

ビガーズは、一九三六年に来日したが、その目的は、彼の会社の生産方式を利用していた住友財閥系の日本板硝子が何故リビー社より高い生産性を達成しているのかについて、調査することであった。滞日中、偶然二・二六事件が起きたため、日本で足止めとなったが、滞在が延びたおかげで、ビガーズは、住友家を介して大蔵大臣石渡荘太郎と会談する機会ができた。会談中、石渡は、自動車生産のための設備用機械の購入を斡旋できるような米国自動車会社はないか尋ねた。リビー・オーウェン社の大株主に自動車会社グラハム・ページ社のジョセフ・グラハムがいたので、ビガーズは、グラハム・ページ社なら紹介できると答えた。当時、グラハムの会社は倒産寸前で、会社の資産を急いで売却する必要に迫られていた。

この情報を入手した鮎川は、さっそく海外出張中の浅原（米国）と久保田（欧州）にグラハム・ページ社へ急行するよう指示した。同社の工場へ到着した浅原と久保田は、ただちに日産の横浜工場を近代化する上で不可欠な工場設備や機械を一挙に買い付けた。こうした購入に加えて、グラハム・ページ社の子会社が保有していた、鋳物工場の建設に必要な機材も購入した。グラハムは、浅原と久保田に、日産がグラハム・ページの生産設備で、キャップ・オーバーのトラックの生産において、GMとフォードとの競争に勝つことで、グラハムの無念をはらして欲しいと述べた。こうして日本へ持ち帰られたグラハム・ページ社の生産設備は、同社の技術者の指導のもと、日産の横浜新工場の生産設備に生まれ変わった。この工場では、グラハム・ページ社の技術者による技術指導を受けながら、鋳物工場も完成を見た。一九三七年五月、この新工場は、最初の日産八〇型トラックと日産九〇型バスを生産した。

鮎川は、日産が自動車製造事業法の許可会社になることを確実にすべく、後に日産グループの重役となる衆議院議員の朝倉毎人に、商工大臣小川郷太郎に働きかけるよう要請を行った。朝倉は小川の友人で、小川に産業政策についてさまざまな助言を行ってきた関係であった。一九三六年八月一九日、日産自動車の重役山本惣二は朝倉を呼び、日産自動車、自動車工業株式会社（ダット自動車製造と石川島自動車製作所との合併で設立）と自動車会社であった東京瓦斯電気工業による三社合併の仲介を依頼した。鮎川には、日産が許可会社になることをより確実にするために、政府が、自動車業界が過当競争に陥ることを憂慮していたことに対応して、政府にアピールする狙いもあった。九月一九日、政府は、日産と豊田を許可会社に指名した。鮎川は、引き続き三社による合併について朝倉に裏面工作を行わせた。一一月三日、小川商工相は、朝倉に三社合併の支持を与えたが、この話は決裂した。翌年、日産を除いた二社は合併し、東京自動車工業株式会社になった(4)。

法律の専門家であった小川商工相は、自動車製造事業法の内容を問題視していた。一九三五年八月九日の自動車工業法案要綱閣議決定時の各自動車会社の生産レベルが遡及的に各社に適用され、許可会社となった日産と豊田以外の自動車会社は、この生産レベルが上限となっていたからである。フォードやGMは、許可会社にならなかった他の日系自動車会社と同様、日本国内で生産を拡大できない状況となった。

小川商工相は、岸をはじめとする、商工省内の自動車製造事業法制定推進者たちの影響力を取り除く人事を断行した。まず、一九三六年一〇月の人事異動で、小金は、九州へ転勤になった。吉野事務次官は、小川の意図を察知して、辞任することにし、五年間の事務次官時代に終止符を打った。吉野は、一九三六年五月に設立された国策機関東北興業総裁に就任した。この組織は、吉野の出身地域であった東北地方の開発を行うこととなっていた。吉野は、彼の経済参謀役であった松井春大が推進した、東北地方におけるアルミニウム、マンガン、アルコールなどの生産活動を、国防と地域経済開発の観点から支持した。

鮎川と同様、吉野は、米国経済における事例を組織運営に取り入れようとしていた。鮎川が米国の自動車会社の生産方式や技術に注目していたのに対して、吉野は、ニューディール政策の申し子であった、ＴＶＡ（テネシー川流域開発公社）の手法を手本としていた。同公社は、テネシー川流域の低開発地域の経済発展のため、農村地域の電化を進めるための水力発電所と送電網の設置や拡充を行い、それらを利用することで、肥料工場などの工業化を流域にもたらす総合的な経済開発を進めていた。吉野は、このような成果を、東北興業による総合経済開発計画にもとづいて実現しようと考えていた。しかしながら、吉野の構想を内務省は認めなかった。吉野は、東北興業の責任者には、昭和肥料や昭和電工を経営する新興財閥の創業者森矗昶のような人物がふさわしいと唱えるようになった。森は、同庁の長官には就任しなかったが、昭和電工は、東北興業の計画の一環として、福島県にアルミニウム工場を建設することとなった。

岸は、小川商工相に工務局長の座から追われる形で、満洲国の工業化に携わるべく渡満し、満洲国実業部（翌年産業部に改称）次長に就任した。現地の関東軍と日本の陸軍省は、岸の人事異動を歓迎した。関東軍の片倉衷は、一年ほど前から岸の渡満を懇請していたが、これが実現した。片倉と秋永月三は、一九三〇年に浜口内閣が金本位制に復帰した際、岸が一九二七年の欧米視察後に商工省へ提出していた米国とドイツの産業合理化運動にかんする報告書に注目していた。実業部が産業部に改称された一九三七年七月、岸は、満洲国の商業、産業、農業の諸政策を実行する権限を手中に収めた。産業部次長は、日本では事務次官に相当するポストであったが、大臣職であった部長は中国人であったことから、岸は、満洲国総務長官星野直樹に次ぐ権力者となった（なお、もちろん、彼らをしのぐ影の権力者は、関東軍第四課をはじめとする関東軍であった）。

岸は、渡満する一年前、部下であった椎名悦三郎をはじめとする商工官僚を送り込んでいた。そして岸は現地に到着すると、関東軍の板垣征四郎に、満洲国の工業化にかんするすべての権限を自身に委譲することを要請し、板垣はこれに同意した。しかし就任してまもなく、岸は満洲の経済開発は財界人に任せるべきであると判断した。彼は自身がこれを推進する能力に限界を感じていた。(5) そこで、岸や石原莞爾が注目するようになったのが、鮎川義介であった。

第2章　満洲重工業の設立と満洲への米国資本導入構想

はじめに

鮎川が満洲国の経済開発にかかわるようになったのは、岸が満洲国の産業政策において自らの限界を感じたとき、そして、日中が全面戦争に突入したときと重なった。鮎川は、おそらく石原莞爾が、彼を強力に満洲の経済開発に引き込もうとしなければ、おそらく満洲に深くはかかわらなかったかもしれない。石原をはじめとする満洲国の日本人政策決定者たちには、石原、星野直樹、岸たちが構想を抱いていたような経済開発を実現するために、大規模な技術移転、設備投資、資本流入が必要であり、またこれらを効率よく効果的に活用するために、経営手腕のある財界人が必要とされていたのであった。こうした満洲国の政策決定者たちは、満洲が日本と同様、欧米の資本、機械類に依存していたことを認識していた。鮎川の政策提言では、もし満洲に重化学工業を本格的に興すのであれば、そのために欧米からの投資や資本を大規模に受け入れる必要性があることが強調されていたのであった。このこととともに問題となったのが、非効率な経営がなされていた南満洲鉄道の非鉄道部門であった。

1　満洲の経済開発を誰が担うのか——満鉄から関東軍へ

鮎川が、第3章で述べるフォードとの交渉を始める直前の一九三七年四月、関東軍は、野心的な満洲産業開発五カ年計画を発表した。一九三三年以来、経済開発による満洲の重化学工業の育成を目指す動きは存在していたが、ここにきてその目標は高く設定された。しかし、石原をはじめとする陸軍や官僚の政策決定者たちは、南満洲鉄道の非鉄道部門を満洲の重化学工業化の計画の中核に据えることについて限界を感じていた。彼らは、日本の経済界から満洲における重化学工業化を推進する経営者を迎え入れる用意があった。彼らは、満洲国建設にあたって唱えた反財閥のスローガンを取り下げたのである。

石原は、なぜ満洲の経済開発が日本の国防政策に必要であると結論づけていたのだろうか。それは、彼が一九二五年から二八年に陸軍大学校において編み出した世界観にもとづいていた。すなわち、日本と米国は世界最終戦争を戦う運命にあり、この戦争は、長期に及ぶと唱えていた。しかし、最終戦争はすべての戦争を終わらせ、世界はひとつになるだろうと考察したのであった。石原は、米国が西洋文明、日本が東洋文明に君臨するとも論じていた。最終戦に勝利する上で決め手となるのが空軍力であると、石原は強調していた(1)。日米が戦う最終戦争に備えて、日本は、自給自足の工業拠点を中国大陸に設ける必要があり、それは、軍事作戦、外交、経済的圧力、同盟と政治的駆け引きを駆使して達成されると、石原は論じていた(2)。

石原は、中国における日本の工業化の拠点として、南満洲鉄道の路線網がある南満洲に加えて、ソ連の影響圏にあった北部満洲を日本の支配下におく必要があると結論づけていた。軍事的には、南北満洲を日本の支配下におくことで、ソ連が日本を満洲から追い出すことを防ぐと同時に、満洲の資源は、日満の経済開発に利用されることとなると石原は考えていた(3)。

満洲事変の首謀者であった石原と関東軍の中堅層にとって、満洲は、経済と社会の実験場となった。傀儡国家満洲国の建国のスローガンとなったのが、「王道楽土」と「五族協和」であった。当時日本国内政治で見受けられた政治腐敗と財閥への富の偏在のような現象を、満洲では起こさせないと彼らは訴えたのであった。

しかしながら、こうした社会実験は、掛け声に終わった。山室信一が指摘するように、満洲国は軍国主義の傀儡国家であった。「王道楽土」や「五族協和」を唱えた関東軍の将校自身がこうしたことを本当に実践しようとしたのかについては、極めて怪しかった。

関東軍は、一九三二年一月から三三年三月にかけて、次の経済政策を打ち出した。①市場原理や利益の原則ではなく、計画経済にもとづいて、日満の国防強化に向けて、満洲に基礎的な工業を拡充していくため、経済活動を統制する。②利益の原則を経済格差の是正に従属させる。③米国が主張する門戸開放政策については、外国資本の満洲への流入を、日本の経済権益保護と日満の国防強化と両立する範囲内で歓迎する。(4)

満洲事変勃発時、日本陸軍関係者は門戸開放をめぐって、アジア市場への進出を拡大したいと日本側が見ていた米国との対立回避を基本姿勢としていた。彼らは、米国が門戸開放を中国関係で唱えるのは、中国の領土保全というよりは、自国の経済権益の拡大に軸足を置いているためと判断していた。(5) 石原の上官で、彼や片倉衷らとともに満洲事変の首謀者となった関東軍参謀板垣征四郎は、米国との経済協力を唱える政策分析の文書を書いていた。これは、一九三二年四月か五月のことであったが、板垣は、大恐慌によって米国は、一九世紀末以来軍事占領をたびたび行ってきた米国の裏庭と称される西半球の国々への経済的進出を加速させることに加えて、満洲を含む中国への市場開拓へと駆り立てられるであろうと考察していた。前者については、一九三三年に入って米国務長官コーデル・ハルが、互恵通商協定を西半球の国々と提携していくことで明らかとなった。当時、米国の対中投資は、米国の対日投資の四割ほどで、米国の対中貿易は、米国の対日貿易の二割ほどであった。板垣は、当時日本側に根強く存在していた門戸開放に対する見解を示した。すなわち米国は、海外市場で西半球のように主導権を握った地域では、門戸開放を否定し、市場開拓を目論む地域に対しては、門戸開放を提唱していた。実際、その通りであった。板垣は、アジアにおいて米国資本が主導権を握るような状況を招かない範囲内であれば、また、満洲国問題で米国が英仏と協力するような事態を防げるのであれば、満蒙における門戸開放を歓迎しようではないかと論じていた(6)。

関東軍は、一九三三年三月、「満洲国経済建設綱領」を満洲国を通じて発表した。この綱領は、満洲の各産業部門の生産を一〇年間で倍増させ、その目的達成にあたって、外資流入を認める一方、利益のみを追求するような経済活動を許容しないという原則を打ち出した。そして他国への模範となるような市場に対する国家統制を次の四つの原則にもとづいて実践すると唱えたのであった。①多数を犠牲にして少数の利益を確保する経済活動を排除する。②各経済部門の包括的開発と資源の効果的開発を、政府が指定する重要経済部門の政府による統制と産業合理化により達成する。③門戸開放の原則にもとづく外国資本と外国技術の受け入れを行う。④東アジア経済の統合と合理化を達成する一環として日満経済の協力強化を図っていく。②については、一業一社という原則を満洲国の重要経済部門に適用し、こうした部門では、原則として、満洲国の国策にもとづく特殊会社一社が、その部門を支配するという構図で経済開発が推進されることとした(7)。関東軍は、満洲国に反財閥のイデオロギーを掲げさせたが、実際問題としては、日本や欧米からの資本に満洲の経済開発が依存していたことに気付いていた。

しかし、日本からの対満直接投資は、関東軍が求めていたほどには流入しなかった。次の観点から、日本の実業家たちは、対満投資に慎重だったのである。①どの経済部門が国防あるいは公共の利益の観点から厳しい政府統制下におかれるのか、定かではなかった。②一九三〇年代前半の満洲におけるゲリラや匪賊活動といった社会不安。③一九三五年に日本の円と満洲国の元の為替レートが固定化されるまで、この二通貨の関係が不安定であった(8)。さらに、日系企業が、満洲の特殊会社や半特殊会社に投資を行うことに慎重であった理由は、これらの会社が満洲国政府の厳しい統制下に置かれていて、投資に対する利潤を確保できるのか、疑問が付きまとっていたからである(9)。

満洲における経済開発は、南満洲鉄道が主に日本からの資本を受け入れる形で、中心的役割を演じてきた。満鉄は、関東軍が満洲における対ソ戦を想定して建設しようとしていた国防国家を実現するため中心的役割を果たすはずであったが、十分な資本を日本から確保できていなかった。関東軍は、満鉄が、満洲における鉄道網の拡充と並行して満洲の工業化を推進することについては、かなりの限界があることに気がついていた[10]。そこで、一九三四年四月と六月、関東軍は、満洲国政府に、満洲国が日本からの投資を歓迎する方針を公表させたが、このアナウンスメントはほとんど効果を見出せなかった。というのも、投資による利益を満洲国がどの程度許容するのか、相変わらず曖昧であったからである。同国は、満鉄に対しては利益を保証していた。他方で、日本の大恐慌からの脱却は、当時の先進国のなかでもっとも早く進展したが、その結果、満鉄は日本からの供給過剰分の資本やモノの受け入れの減少に直面することとなった[11]。

陸軍は、満洲の経済開発を南満洲鉄道に任せるのには限界があると判断した。そこで、満鉄の弱体化を図り、自ら経済開発を主導できないか模索したのであった。陸軍は、満鉄を鉄道部門と非鉄道部門に二分し、後者に分類される満鉄の子会社を、特殊会社に指定することにした。さらに陸軍は、満鉄の鉄道管轄区域における自治権と行政権を剝奪すべく、満洲における治外法権の撤廃を行うことにした。

陸軍のこのような満鉄解体構想は、一九三七年の鮎川の日産の満洲移駐まで待たねばならなかった。しかし、陸軍は、一九三四年一二月までに満洲国における軍事、外交、行政にかんする権力と、日満関係における主導権を掌握していた。陸軍はこうした権限を、関東軍司令官が同時に駐満洲国大使に任命されるようにすることで達成したのであった。また、日満関係は、日本政府内の対満事務局により決定されることとなったが、同事務局は陸軍の発言権がもっとも大きく、他の満洲に管轄をもつ省を圧倒していたのである[12]。

2　満洲重工業の起源

満洲重工業（満業）という組織を考案したのは、おそらく朝倉毎人であった。一九三四年、朝倉は、当時大手繊維会社と電力会社で重役をつとめていた経済人であった。朝倉は、満洲に対する日満による大規模な投資会社の構想を、満洲の経済開発を満鉄主導で行うことに限界を感じていた陸軍に提案する。すなわち同年一二月一〇日、朝倉は、この構想を長年の友人であった陸軍大将南次郎に提言したのである。南はちょうど関東軍司令官に就任したばかりであった[13]。朝倉は、満洲における林業、鉱業、商業、工業について、調査と投資活動を担う半官半民の会社を立ち上げることを進言し、これを促す満洲国の補助金と投資収益の保証を求めた。

この朝倉構想と鮎川構想の最大の違いは、前者が日本資本以外からの投資と貿易への依存をなるべく避けたい意向であったのに対し、鮎川のそれは、満洲国が長期的に自給自足を目指すことに反対ではなかったが、満洲で重化学工業の拠点を大規模に整備するためには、欧米資本を呼び込むことが必要不可欠であると判断していた点であった。朝倉は、彼が構想していた日満投資会社が、満洲国政府に対して、統制経済の対象にする産業部門の選定を助言すべきであると一九三五年一二月に論じ、政府が経済を支配することを警戒した。朝倉は鮎川ほど統制経済に否定的ではなかったが、やはり、国家の経済への介入を警戒していた[14]。

朝倉の構想は、渡満した南により、朝倉と知人で一九三五年八月一日に南満洲鉄道の総裁に就任した松岡洋右との間でも話し合われていた[15]。五月一〇日、南は、朝倉の構想が、当時立ち上げられた日満経済委員会でも検討されたと朝倉に伝えた[16]。朝倉自身、こうした満洲とのかかわりを通じて、満洲国における影響力のある地位につくことに関心を抱くようになった[17]。

前章では、一九三六年夏、鮎川が朝倉を介して小川商工相に連絡をとっていたことを紹介したが、このときが、朝倉と鮎川の交際の始まりであった。朝倉は、当時、一九三六年二月の衆院選で、郷里の大分から立候補して衆議院議員になって間もなかった（ただし朝倉は、衆議院議員在任生活が一九三七年三月までと、わずか一三カ月間であった）。当時の彼は、満鉄の子会社の株式を日満の投資会社が買い付けることで、満洲、蒙古、北支における工業化をこの投資会社に担わせていくという持論を展開していた。満鉄の松岡総裁は、朝倉の構想を却下したが、関東軍の紹介で渡満前の鮎川は、朝倉の構想に共感していた。(18)

鮎川の渡満は、石原の陸軍内における影響力の復活と密接に関係していた。一九三五年八月一日、石原は参謀本部作戦課長に就任した。就任直後、軍務局長永田鉄山が暗殺されると、石原は永田の持論を継承し、国防国家育成と戦争準備のため、長期計画で軍事と工業の計画を統合していくことを論じていた。(19) 石原の構想は、永田たち陸軍統制派の見解に近かった。統制派は、国家主導の社会主義に肯定的で、対ソ戦を近い将来行うことには反対であった。後者については、これを近い将来行うことを辞さない皇道派と対立していた。(20)

一九三五年秋、陸軍参謀本部作戦課長石原莞爾は、日本の満洲国における兵力がソ連極東軍の三六パーセントで、空軍力がソ連極東軍のそれの二三パーセントであるという衝撃的事実を知った。石原は、政府も民間企業も日本経済の能力にかんする総合的分析を行っていないことも知った。そこで彼は、満鉄東京支部の研究員であった宮崎正義に、日満財政経済研究協会という、石原が主催していた民間の研究組織でこの計画経済について研究を行うよう依頼した。宮崎グループは、この協会で秘密裏に研究を進めた。(21) 満鉄は、このグループに年間五万円、参謀本部は年間一万円を支払った。石原としては、日本の満洲における戦力をソ連の八割までに高めたいと考えていたが、これは、財政的に高いハードルであった。(22)

ソ連との戦争準備が完成する年は、一九四一年――石原は、一九三六年六月から七月の時期、そのように論じていた。石原はそれまでの間、外交によりソ連を世界的に孤立させ、満洲と北支との経済協力を確立し、そして、英米と中立的な友好関係を維持することを提唱していた。

石原が鮎川を満洲に関与させようと画策していた時期は、二・二六事件から日中全面戦争勃発直後までの石原の陸軍内における影響力が頂点に達していた時期にあたっている[23]。

二・二六事件発生時、石原は反乱軍に加担することに興味を示したが、彼が唱えていた昭和維新の目的達成は、この反乱ではむしろ失敗すると判断し、反乱を鎮圧する側についた[24]。二・二六事件後の石原は、参謀本部戦争指導課長に就任し、戦力増強のための経済計画を担った。石原とライバル関係にあった武藤章は、関東軍の参謀に転出し、もう一人のライバルであった梅津美治郎陸軍次官は、陸軍軍務局に対する影響力を失った。というのも、新しく軍務局長に就任した磯谷廉介は、梅津よりは石原を支持していたからである。二・二六事件後、陸軍は全体として日本国内でもっとも強力な組織となり、石原は皇道派の失脚で、国防国家建設を政策として推進するもっとも有力な政策決定者になっていた[25]。

一九三六年八月、宮崎グループは、一九三七年に開始された満洲産業開発五カ年計画、そして一九三九年に開始された日本の経済開発四年計画の原案となる文書を作成した（「昭和一二年度以降五年間歳入及歳出計画実施国策大綱」）。そこでは、日満における統制経済と軍事産業の拡充が中心テーマとして取り上げられ、この他、財政と行政改革のための緊急対策が考察されていた[26]。宮崎グループは、作成した日満の計画経済にかんする政策文書において、満洲における石油や鉄鉱石といった資源物資の生産と日満の経済の強化を重視していた[27]。

満洲産業開発五カ年計画は、一九三七年四月に始まった。この当初計画では、一九四一年までに、次の産業部門の生産力を一九三六年水準から拡充させることとなっていた。すなわち、粗鋼は三倍、鉄鋼製品は三・七倍、石炭は二倍、兵器は五倍である。この計画によると、さらに一九四一年までに満洲国は液化石炭と頁岩を年間八〇万トン、自動車四千台、そして航空機三四〇機を生産する。この計画の予算は、農業、通信、交通と移民への支出を加えて、総額二五億円と見積もられていた[28]。

3　鮎川の満洲国への関与

満洲産業開発五カ年計画を開始した際、すでに岸信介満洲国実業部次長に加えて、石原やほかの陸軍関係者も、鮎川が満洲の経済開発に深くかかわることを望んでいた。宮崎グループが作成した一九三六年八月の日満計画経済の原案は、石原の指示で日本の政財界関係者に披露され、彼らの意見が求められた。これを見たのは、近衛文麿（のちに首相）、三井財閥の大番頭池田成彬、銀行家結城豊太郎、繊維業界の重鎮津田信吾、新興財閥の創業者野口遵、重臣・官僚政治家木戸幸一、そして鮎川であった(29)。

石原が特に注目していたのが、宮崎グループに代表を送り込んでいた、池田、津田と鮎川であり(30)、彼の本命は鮎川であった。たしかに陸軍は、三井財閥の池田など、旧来の財閥にも満洲の経済開発について意見を聴取していた。しかし、反財閥の意識は、中堅以下の軍の関係者たちの間で根強かった。こうしたなか、鮎川の日産のような新興財閥は傘下に銀行を保有しておらず、日本興業銀行等の政府系金融機関に依存していたこと、また株式を公開して資金調達していたので、旧来の財閥と比べて公共性・開放性のあるグループであり、それゆえ反財閥の考えと両立しうると見ることが可能であった。日産の場合は五万人以上の株主を抱えていたので、満洲の経済開発に日産を利用しようとしていた陸軍の関係者は、日産が、社会の一部ではなく広範な人々に利益をもたらしていると論じることができた。

しかし、なにより陸軍が新興財閥に注目した最大の理由は、新興財閥が、当時日本の経済成長を支え始めていた重化学工業に事業を集中させていく傾向があったからである(31)。一九三七年になると、日本の生産の五四・四パーセントは、重化学工業であった。一九四一年になると、これは六五・六パーセントに上昇していた(32)。旧来の財閥は、造船業のような一部の重工業を独占していたが、日産、日本窒素、日曹、理研のような新興財閥が、一九二〇年代、重化学工業部門で投資活動を活発に行い、自動車や光学といったより複雑な技術を必要とする部門への進出を目指し、旧来の財閥との差別化を図っていった。たしかに、三井、三菱、住友は、一九三〇年から三七年の間に、彼らの事業に占める重化学工業部門を一四・二から二一・四パーセントに上昇させていた。しかし、新興財閥のそれは、五〇・三から五〇パーセントと、はるかに高かった。[33]

二・二六事件直前の一九三六年初頭、石原は、労働運動の活動家であった浅原健三を鮎川のもとへ送った。満洲で自動車工業を興す可能性について鮎川に尋ねるためである。鮎川は、一九三二年まで四年間衆議院議員をつとめていた浅原と、一九二七年には知遇を得ていた（当時、日立製作所の山口県下松工場は、労働争議に見舞われていたが、労働運動を一九二〇年代に積極的に行っていた有名な活動家であった浅原の説得で、下松の労働争議はストを回避することができた）。浅原は、五月ないし六月に再び鮎川のもとを訪ね、石原が、鮎川に満洲で自動車生産を実現できる可能性について意見を求めていると伝えたのであった。鮎川は、もしも満洲で自動車工業を興すのであるなら、現在満洲ではそれを実現するために必要な十分なインフラと自動車産業の基盤となる産業が育っていないので、総合的な満洲の開発計画が必要であると論じたのであった。このような満洲における経済的条件が整うまで、自動車産業は日本に留まるべきであると述べた。

鮎川は、満鉄が石原や宮崎グループに提供した満洲経済にかんする秘密報告書を読んでいたこともあり、満洲は資源が豊富であることについて認識していたが、満洲の経済が宮崎グループが掲げていた五カ年計画の目標を達成できるのかについては、近衛や結城たちと同様、懐疑的であった。この五カ年計画について、鮎川は部下であった矢野美章に、資源やモノの確保に要する時間と生産・製造の有機的連関過程が欠落していると指摘していた。

鮎川は、石原の見解を浅原から伝え聞き、彼の満洲国の運営のあり方に共感していた。石原は、満洲国における日本人の官僚機構は、中国人と満洲族の官吏にできるだけ早く替わるべきであると論じていた。鮎川がこの点について共感していたかは不明であるが、他方で確かなのは、満洲の経済を日本の経済界の人々に任せるべきであるとする、石原の見解には間違いなく共感していたことである。[34]

石原と片倉は、鮎川を満洲国視察に招聘すべきであると関東軍参謀長板垣に要請した。鮎川は、九月に板垣からこの招聘電報を受け取ると、一一月に視察へ行くとして、要請に応じたのであった。[35] この時点で鮎川は、陸軍が他の財界人にも満洲視察を要請していたこと、そして、満洲国の工業化計画について合意形成がすでになされていたことを知らされていなかった。

一一月、鮎川は渡満し、満鉄総裁松岡に面会したのをはじめ、七七の満鉄子会社の幹部に会い、また満鉄の工業開発の現状を視察した。陸軍が鮎川に渡満の招聘を行った時期には、松岡も同様の打診を鮎川に行っていた。この時点では、松岡が陸軍と共同歩調をとっていたかのように見受けられるが、後述するように、陸軍が満鉄解体の意向をもっていることが判明すると、松岡は陸軍と対立するようになった。松岡は、鮎川の助言を必要としていただけであったのに対して、石原、片倉、浅原健三、板垣、そして関東軍司令官植田謙吉は、鮎川のような財界人に、満洲の経済開発を満鉄に代わって任せたいと考えていたのであった。鮎川は、松岡には不信感を以前から抱いており、渡満の招聘は陸軍、なかでも石原によるものであったと認識していた。[36]

渡満中、鮎川は、松岡ら満鉄関係者の他に、満洲国の日本人の実力者、すなわち、板垣、秋永月三の他、満洲国総務長官星野直樹たちとも会見した。[37] 鮎川は、こうした日本人の軍や官僚の実力者に、満洲の金の生産量を増強する必要性を論じた。これは、日本の外貨不足打開のための方策として提言した側面をもつ一方、彼が経営していた日本鉱業が金の生産で莫大な利益を得ていたため、同社をさらに発展させることにも関心があったのであろう。なお、板垣との会談時に両者は、満洲における門戸開放の原則を維持することで一致していた。ただし、これは、序章で述べたように、修正門戸開放の原則のことである。

さらに鮎川は、板垣に、満洲国の経済開発には、米国との緊密な経済協力が必要であると論じた。この会談中、鮎川は、満洲の経済開発には三〇億ドル相当の投資が必要で、このうち三分の一、あるいは半分の投資は、米欧、主に米国から確保する必要があると述べた。陸軍が考えていた壮大な満洲の経済開発は、日本からの投資だけでは賄えない。加えて、重工業育成には日本の技術だけでは不十分であると述べた。なぜなら、日本の重工業の技術は、まだ米欧に劣っていたからであった。鮎川は、外資が債券だけではなく、株式に投資することも歓迎すべきであると考えていた。そうすることで、米国の資本を日満の経済発展に、債券投資と比べてより深くかかわらせることができ、それにより、日本と米国の戦争回避に貢献できると、経済相互依存論に信頼を寄せていたからである。修正門戸開放の原則にもとづき、満洲国は日本からの投資依存度を減らし、それに代わって一流の外国製品、経営スタッフ、投資資金を招くべきであると主張していた。投資については、外資との合弁会社設立に伴う外資の株式保有という形態も含まれていた。このような経済改革なくして満洲に「王道楽土」は誕生しないと鮎川は確信していた(38)。

帰国後、鮎川は、杉山元陸軍大臣（対満事務局兼任）に呼ばれ、杉山と他の陸将たちの前で満洲開発について意見を求められた。鮎川は彼らに、渡満前石原に伝えたことと同様のことを述べた。満洲の産業開発五カ年計画は、関連する各産業部門の生産過程における相互連関と製品の連鎖への考慮が欠落していると、鮎川は強調したのであった。例えば、鉄鋼製品の生産には、鉄鉱石と石炭が必要であったが、これら原料を生産して適切に組みあわせ製品につくり上げていく方法とタイミングが考慮されておらず、五カ年計画は、鉄鉱石、石炭、鉄鋼製品の量を単純に羅列しているだけであった。しかし、こうした異なる産業間の生産過程の関連付けを行って経済開発を進めれば、満洲でも自動車の生産は可能であると述べた(39)。

このような持論を陸軍大臣の前で披露したことがきっかけとなって、一九三七年一月、陸軍は鮎川を関東軍司令部軍務局顧問に任命した。陸軍は、鮎川にもっと陸軍に深くかかわることを要望していたが、鮎川は、少々距離を置きたかったようである。これは、鮎川が、奉天にある関東軍により創設された同和自動車に深くかかわりたくなかったことにもよっている(40)。

陸軍は、満洲の経済開発を担う財界人を、鮎川、安川第五郎、森矗昶、野口遵、津田信吾、池田成彬に絞った。鮎川は当初、満洲において三井財閥と共同でかかわることを池田に提案したが、池田は、宮崎グループに池田の代理人として派遣していた泉山三六に指示を与えていなかったため、同グループにおける鮎川の代理人と泉山との間で建設的な協議は行われなかった。池田自身、満洲に陸軍が求めるほど深くかかわることには関心がなかった。津田が率いていた鐘ヶ淵紡績（鐘紡）は繊維業であったため、重工業に助言をするには経験が不十分であった。また陸軍は、森と安川は、彼らの事業が日産財閥ほど広範囲でないと判断した。こうして陸軍は、自動車の生産をはじめとする幅広い重化学工業を抱える日産に白羽の矢をたてることにした。

しかし、鮎川にとってこれは決して白羽ではなかった。彼は陸軍に助言することはやぶさかではなかったが、陸軍が日産とGMの提携交渉に横槍を入れていた経緯からして、陸軍が対満米国資本導入を大規模に行うことに同意しない限り、陸軍の勧誘を受け付けないつもりでいた。ここで陸軍内で重要な役割を果たしたのが石原であり、彼は、鮎川の対満米国資本導入構想に対する陸軍内の反対を抑え込んだのである。(41)

鮎川が満洲に日産を移駐させる決意を固めたのは、一九三七年五月末であった。彼の満洲へのかかわりを深めさせた日産財閥内の要因は、同グループの収益の悪化であった。このような悪化の要因は、株式市況の低迷であった。一九三四年四月から三五年の間、日産財閥の株式売却に伴う利益は、一、七四〇〇万円から一二〇〇万円に悪化していた。日産は株式市況の好調を生かして、企業買収、新事業への投資、傘下の子会社の再編などを手掛けて拡大してきたが、これにより銀行からの融資による資金調達を、株式市場低迷のなかで、増やしていった。その金額は、一九三三年の一、五〇〇万円から、三四年の五、四〇〇〇万円に増加した。こうして日産の利益率は、一九三四年後半から三七年前半に低下し、これを反映して日産の株価も、一九三四年から三七年九月にかけて下落傾向を示していた。

こうしたことに加えて、税制面でも日産の収益を圧迫する政策が実施され始めた。二・二六事件で軍事予算を抑えようとしていた高橋蔵相が暗殺されると、高橋の後任となった広田内閣の馬場鍈一と林内閣の結城豊太郎は、増税路線による軍事予算増加を容認した。一九三七年の増税政策は、日産の法人税と日産の子会社の親会社への配当金支払への課税という二重課税の事態に直面することとなった。日産は、経営面で追いつめられつつあった。(42)

こうしたなか鮎川は、既述のように朝倉毎人と緊密な関係を築くこととなった。一九三七年二月、政治家であり続けることに嫌気を感じていた朝倉は、鮎川の誘いを快諾し、日産自動車の役員に就任した[43]。鮎川は、小川商工相を通じて、朝倉に衆議院議員と日産自動車の役員を兼任できると伝えていたが、朝倉は、議員と富士電機の役員の仕事を辞任した[44]。

四月二二日、鮎川は、陸軍の要請にこたえるのは時期尚早で、こうした要請がきた場合うまくかわすと朝倉に述べていた[45]。翌月、そのような要請が来た。陸軍省軍務課長の柴山兼四郎は、同局軍務課満洲班の鈴木栄治を鮎川のもとへ派遣した。鈴木は、日産が満洲において自動車産業と航空機産業の発展を実現するよう依頼したのであった。満洲におけるこの二つの産業を興す役割を担うはずの二つの特殊会社は、部品の生産と修理を行うにとどまり、およそ自動車と航空機を生産できるような進捗状況ではなかった。鈴木は、満洲国政府は、産業に対する統制政策について必要な変更を行う用意があると勧誘した。

鮎川は、満洲で自動車産業や航空機産業を興すことにこのときには関心がなかったようである。この時期の鮎川は、第3章で考察するように、フォードから提携の話が持ち込まれていた。また、航空機については、海軍と航空機製造について話し合っていた。鈴木が鮎川を訪問した頃、鮎川は、発足したばかりの近衛内閣の商工相に就任した吉野信次を通じて、日立製作所社長で、国産主義者でもあった小平浪平に、海軍から依頼があった航空機製造を手掛けるよう、働きかけていた。日産の傘下にあった日立ではあったが、小平のような旧久原財閥出身の古参の経営者は、鮎川に対してある種の独立的な経営判断の権限を保持していたと言えよう。吉野は、この時期鮎川からこのような依頼を受けた他、同じ依頼を、海軍事務次官山本五十六からも受けていた[46]。

鈴木の来訪後、鮎川は、満洲国総務長官星野直樹の訪問を受けた。星野は、事前に陸軍省と参謀本部の支持を取り付けて、鮎川に満洲で自動車工業を興し、経営することを依頼してきた。星野は、満洲国が経済開発を行ううえで、技術、資本、工業設備がはなはだしく不足していることを痛感しており、鮎川の米国資本導入構想に賛同していた。

外資の技術、資本、設備、人材を、日系資本のそれに加えて導入することを鮎川は重ねて提案していたのである。もっとも、星野はこれに賛同していたが、外国資本については、投資というよりは外国からの資金援助により関心があったようである。

鮎川は、当初、この星野の依頼を断っていた。理由は三つあった。まず、日本においてもまだ日系自動車会社による大量生産が確立されていないのに、満洲でそれを日本に先行して実現するのはより困難であることである。そして、自動車製造には、自動車部品などを製造する多数の中小企業を必要としていたが、満洲にはこのような自動車産業を支える産業基盤が存在していなかった。最後に、自動車産業は、産業組織により実現されるものであり、一人の経営者の行動により実現されるものではないことである。鮎川の主張のポイントは、日本より自動車市場が小さい満洲で、また、自動車産業を支える道路網が未整備で中小企業の層が薄いといった環境下で、自動車産業の発展を実現するのは、鮎川が担当しても、他の誰かが担当しても、困難であるというものであった(47)。

しかし、鮎川は、このような姿勢を六月上旬まではあらため、短期間で一八〇度方向転換した(48)。鮎川の提示した条件は、満洲国の重化学工業全般の開発をすべて一手に行うことに陸軍や日満の政府関係者が同意するのであれば、引き受けるというものであった。彼は、自動車と飛行機の製造に限定した話は受けつけなかった。鮎川は、満洲の資源と工業の開発を行う会社をすべて支配する持株会社を立ち上げることが許されるならば、日産財閥の本社を満洲へ移駐させてもよいと判断した。鮎川は、朝倉が構想したような投資会社により、満洲で原料、半加工品と最終製品を、この持株会社による生産要素の配分や生産の統括によって、効率よく生産できるようにしたいと考えていた。

鮎川は、重工業が大きく育つには、日本のように国土が狭く、また資源が乏しい国では、限界があると見ていた。米国流の大量生産方式の重化学工業は、満洲のような大陸で大いに可能性があると思い始めていた。満洲は資源に恵まれているので、この資源を担保に満洲国が、国家不承認の問題を乗り越えられれば、欧米で債券を発行することにより外国からの投資を呼び込めると鮎川は考えたのである。さらに、この持株会社とその子会社を設立しておけば、外国からの資本、技術、設備を、これらの会社と外資が合弁会社を興すことで満洲に導入できると目論んでいた。外資はこうした鮎川率いる持株会社とその子会社の株式の四九パーセントまで保有できる。このような鮎川の見解は、まさに、当時日産とフォードが話しあっていた合弁構想をひな型にしていたといえよう。鮎川は、外国資本が子会社の株式を四九パーセントまで支配したとしても、経営上の最終判断が持株会社にある限り、その制約内で外資は存分に活動して、利益も十分得られるだろうと思っていた。鮎川は、こうした手法で満洲の経済開発を実現しようと決断した。それにより、日米関係を満洲における経済協力を通じて、強化できるであろう、と考えたのである(49)。

六月一七日、鈴木栄治は、関東軍司令官植田謙吉と同軍参謀長東條英機に、陸軍省と日本政府が日産の満洲誘致に合意したことを伝えた。両者は中央の判断に当初反対であった。まず、満洲における一業一社にもとづく統制経済を変更する必要はないと彼らは主張したのであった(50)。次に、関東軍の中堅と若手の将校たちから、反財閥の観点から日産に満洲の経済開発を委ねることに異論が噴出すると彼らは見ていた。最後に、満鉄社員から、日産の対満移駐は満鉄の鉄道部門と非鉄道部門の分離問題を伴うため、やはり反対が続出すると彼らは予想していた。最後の点について関東軍は、満鉄の再編を一九三三年以来水面下で少しずつ行っており、再編への満鉄社員の抵抗は、松岡が満鉄総裁に就任後には弱まった。それは、北支において満鉄が産業開発を行えることが松岡と関東軍などの関係者たちの間で非公式に合意されてからとりわけそうなった。一九三六年九月の満鉄組織改編で、満鉄は、鉄道区域の行政権を満洲国へ委譲した。

六月二三日、鮎川は、日産自動車の役員会を開催し、ここで、陸軍と満洲をめぐって協力することを正式に決定した。あわせて日産財閥が、満鉄の軽工業、重工業、鉱業に従事する満鉄の子会社をふくむ非鉄道部門を近い将来傘下に収める決定も、ここで行った。また鮎川は、満洲向けトラックの生産を二年から三年後に行うことを陸軍との間で合意した。こうして鮎川は、自動車製造で、ダットサンを除くとすべてバスとトラックという軍用自動車中心の生産に傾注していった。

七月、満洲国の日本人実力者たちは、日産の満洲移駐を決定すべく最後の働きかけを行った。満洲国産業部次長岸信介は、星野から依頼された事項を鮎川と協議した。その際鮎川は、満洲国が満鉄の非鉄道部門をすべて傘下に収めねばならないと主張した。鮎川はその執務室で、岸に日産と満鉄の非鉄道部門の子会社を傘下に収めた満洲重工業株式会社の組織の骨格を書かせたのであった。このメモの内容は、軍務課長柴山兼四郎と鈴木栄治の支持を得た。当時、柴山の上司であった軍務局長が、盧溝橋事件勃発で忙殺されていたことから、柴山の支持は、満業創設の過程で重要であった。盧溝橋事件勃発後、石原は、日中全面衝突に反対する少数派意見を展開して陸軍内で失脚していったが、このような時期に石原は、鮎川が満洲の重工業化を推進するよう勧誘していた。柴山の根回しで、軍務局長と杉山元陸軍大臣は、岸が鮎川の提案で作成した満洲重工業創立メモの内容に同意した。(51)

七月中旬、近衛内閣は、満洲重工業に満鉄の非鉄道部門を移す提案書を承認した。この閣議決定の際、馬場内務大臣は、この満鉄再編は満鉄社員の反対を押し切って行うべきであると述べ、また、同時に松岡総裁の辞任を求めたのであった。賀屋興宣蔵相は、対満外資導入の必要性を強調した。閣議決定が行われた頃、星野と鈴木栄治は、満鉄と満洲国で根回しを行っていた。松岡総裁は、北支に活路を見いだせると確信していたため、満鉄の非鉄道部門を満業へ移すことを快諾した。(52)

こうした日本国内、満洲国内、満鉄の満業をめぐる合意形成に直面して、関東軍司令官植田は、反対意見を撤回した。一〇月二二日、近衛内閣は、満業を中心として満洲における重工業化を推進する要綱（満洲重工業確立要綱）を承認し、この四日後満洲国も同趣旨の要綱を承認した。一〇月二九日、松岡総裁は、満鉄の非鉄道部門を満業に移すことに同意したと公表し、マスコミはこれを大きく取り上げた。

この要綱の要旨は以下のような内容であった。満洲国は急速な重工業化を実現するべく、新しくかつ強力な持株会社を鮎川の指導のもとに設立する。この会社は、資本金の半分を満洲国が出資し、残り半分を日産財閥が出資することとなっていた。この持株会社の名前は、満洲重工業（満業）であり、満業は満洲国で、鉄鋼、軽金属、自動車と航空機を含めた重工業、そして石炭の各産業部門の投資と経営で主導権をもつ（この時点で、海軍との航空機生産の構想は、立ち消えになっていた）。これらの産業部門に加えて、満業は、金、亜鉛、銅、鉛といった鉱業への投資とそれら事業の経営を手掛けられるとしていた。満鉄は満洲国を通じて、満業にその非鉄道部門を委譲することとなっていた。満洲国は、日本、満洲国そして外国から、満業とその子会社に投資する際、優遇措置を講じることを予定しており、また日本政府は、対満外資導入の推進を予定していた。要綱では、海外投資家は満業の子会社の議決権のない株式を五〇パーセント未満まで保有できると記載していた。一方で外資による債券の購入や、融資の実施には制限が設けられていなかったのである。

留意すべきことは、要綱では満洲国政府が、日本政府と連携しながら必要に応じて満業とその子会社に監督権を行使できるとされていることであった。鮎川の経営方針を両政府が却下できる余地は残されていた。[53]

一一月に行われた日産の株主総会で日産の新京移駐と満洲重工業株式会社への組織改編が承認され、翌月満業が発足することとなった。[54]これは、一二月一日、満洲国で実施された治外法権の撤廃にあわせて実施された。[55]同月二〇日、満洲国は満洲重工業行政法を制定した。同法の内容は一〇月の要綱をほとんど継承しており、同月二七日に施行された。この施行に伴い日産の会社名は正式に満洲重工業株式会社になった。本社は新京となり、満業傘下の企業は満洲国の統制経済政策が定める特殊会社として登録された。

同法は要綱と違い、外資導入については直接言及がなかった。同法第六条によると、満業の議決権付き株式は、日本国か満洲国の国籍者あるいは法人にのみ譲渡することが許されており、これら株式の過半数は、日本国か満洲国の国籍者あるいは法人が所有しなければならないと定められていた。鮎川は、満業の初代総裁に就任した。この巨大な持株会社の資本金は、四億五千万円で、その半分は日産財閥が提供していた。残りの半分は満洲国が出資しており、払込は一九三八年三月までに完了した。[56]鮎川は、満業が創立された際、英文雑誌『オリエンタル・エコノミスト』(*Oriental Economist*)のインタビューで、満業が満洲国で重化学工業化を担うにあたり、フォード生産方式を実現させせたいと抱負を語った。そのために、満洲国の計画経済において、今後満業が司令塔の役割を果たしていくと論じたのであった[57]。

既述のように、南満洲鉄道の社員たちは、満業の設立に伴い満鉄が鉄道部門に特化していくことについてなお反発を感じており、当初満業設立に賛同していた満鉄総裁松岡も、再び反対の姿勢を示し始めた。彼は、満業設立に伴い満鉄が北支で経済開発を行う機会が想定していたより少ないことが判明したため、そのように立場を変えたのであった。北支の経済開発は、日本政府がすでに設立した特殊会社が先に参入しており、満鉄は同地域のビジネスチャンスに乗り遅れていたからであった[58]。

満業発足時にはこのような逆風が生じていたが、満業が設立される前に石原莞爾が影響力を行使できる地位から追われていったことも鮎川にとって痛手であった。石原は、日中全面戦争に反対して、一九三七年九月満洲国の副参謀長に転出したために、計画経済政策とそれをめぐる政治への影響力をほとんど失っていた。

ただ、石原は政治的影響力を喪失していったものの、鮎川の対満洲米国資本導入構想について、満洲国の計画経済政策を推進していた星野直樹や岸信介といった満洲国の官僚や、関東軍司令官植田謙吉、関東軍憲兵隊司令官東條英機、関東軍将校片倉衷は、満業発足当初は支持の姿勢を示していた。例えば植田司令官は、満業設立直後声明文を出し、満業が日産の五万人の株主の同意を得て、満洲国において強力な国防国家を樹立すべく設立され、彼ら株主が間接的にこの事業に参画することは、日産が少数の株主により構成された旧来の財閥とは異なることを表しており、それは歓迎すべき事態である、とした。また、満洲国の重化学工業化には満鉄の改組と外資導入が必要であるとあらためて論じたのであった[59]。

満業の設立は、鮎川率いる日産財閥の収益の強化にもつながる新たな枠組みとなっていた。具体的には、以下の通りである。①満業設立後の最初の一〇年間、満業が満洲で行う投資の元本は満洲国により保証され、同じく満洲で行う投資に対しては六パーセントの利益が保証されていた。②満業は、満洲国においては日本よりかなり低い税額の支払いで済むこととなった。③日銀と日本興業銀行が満業を財務面で支えることとなっていた。④日満両政府は、満業の株式の流通を支援することとなっていた。⑤満業の配当性向が七・五パーセントを下回った場合、満業と満洲国の利益の分配比率は二対一とし、この配当性向を上回った場合、両者間の利益分配は半々とした。⑥この配当性向は、満洲国の特殊会社の配当利回りについて六パーセントを上限とするという規制を外すものであり、満業はそれを上回る配当金を支払うことができた。最後に満業解散の場合、日産と満洲国の間で、満業の資産は二対一の比率で分配されることとなっていた。

こうした満業に対する財務面での優遇政策は、一九〇六年に施行された南満洲鉄道にかんする法律で示されたそれよりもはるかによいものであった。同法では、満鉄の配当利回りの保証は六パーセントまでであった。また、満鉄が発行した社債の利子と（必要な場合）元本について日本政府が与えた保証は、[60]社債の総額で同社の払込済資本金の二倍を限度としていた。

鮎川は、満業への事務手続き上と税制面での優遇政策は、満洲国における急速かつ包括的な工業化に必要であると考えていた。満洲への投資を募るには日満両政府の支援が必要であると判断していたのである。満洲国における資源権益確保と満業の満鉄重工業部門の取得は、満洲で自動車工業を興すために必要不可欠であると思っていた。資源権益にかんしては、日本の鉱物資源の多くが旧来の財閥によって支配されていたために、フォードをはじめとする米国資本の対満洲導入を構想していた鮎川にとって満洲の東辺道で開発を行おうとしていた鉱脈は、期待を抱かせる鉱物資源開発であった。[61]

おわりに

本章が明らかにしたように、満業が設立された当初、鮎川率いる日産財閥は、満洲の工業化で指導的役割を果たすかに見えた。米国資本の満洲への導入は、満洲の経済発展が思うように進まないなか、また、日中戦争がエスカレートしていくなかで、火急の課題であった。

満業設立を見て、朝倉は、彼自身が一九三四年から三六年にかけて、南次郎と松岡満鉄総裁に類似の提案を行っていたことに満足感を覚えていた。しかし朝倉は、鮎川が推進していたフォード社との提携構想を手本とする、満洲に米国資本など欧米資本を大規模に受け入れようとする考えには同調していなかった。朝倉は、日本の中国における影響圏に英米が介入することを警戒し、また、満鉄の非鉄道部門が満業の傘下に入ることについて、満業に移ってきた旧満鉄社員と日産財閥の社員が一緒にうまく仕事に取り掛かれるのかが心配であった。朝倉は、満業が満洲の経済開発の中心的存在となることについての世間の妬みや、欧米資本を満洲に導入することに対する日本国内での根強い排外主義を一九三七年の終わり頃、心配していた。(62) たしかに鮎川自身、こうした世間の満業に対する認識と向きあわねばならなかった。

しかし、満業が発足した前後の時期、日本や満洲国の政策決定者たちは、一九三七年八月二二日に日本政府がその政策提言において欧米資本への熱い眼差しを示したのと同様に、満業に強い期待を抱いていた。(63) 一〇月二二日の近衛内閣の閣議で決定された政策は、必要とする対満洲外国資本導入の規模を示していなかったが、八月二二日の政策提言では、満業が満鉄から譲り受けた、非鉄道部門を母体とした石炭や鉄鋼関係の特殊会社と準特殊会社に投資する六億四、一〇〇万円のうち、日産から二億円提供し、米国資本から残りの四億四、一〇〇万円を確保することになっていた。また、自動車、鉱業、航空機部門については、総額一二億五、〇〇〇万円の資本が必要とされていた。これに対して日産は、三億七、八五〇〇万円投資し、外資が残りの七億五、〇〇〇万円を出資することとなっていた。さらに、五カ年計画二年目に確保が必要とされていた資本金七億五、〇〇〇万円の増額のうち、日産は三億八、二五〇〇万円を、そして外資は残りの三億六、七五〇〇万円を投資することになっていた。五カ年計画は、総額で日産は、九億六、一〇〇〇万円、外資は、一四億二、一〇〇〇万円投資することになっていた。(64) このように日中全面戦争勃発直後の満洲における重化学工業の発展は、外資——とりわけ米国資本——の流入が当初大前提となっていた。

第3章　鮎川と米国フォード社との提携交渉

——一九三七〜四〇年

はじめに

鮎川義介の満洲重工業および対満米国資本導入構想の鍵となるプロジェクトがフォード自動車との合弁構想であったことはすでに述べた。鮎川とこの構想の賛同者たちにとって成功の見込みの拠り所は、米国が直面する深刻なローズヴェルト不況のもとで、米国の大企業のなかに生じた、東アジアで繰り広げられる日中戦争が日本側の勝利に終わる可能性があり、それを前提に将来の東アジアにおけるビジネス展開を勘案していく必要があるのではないかという、思惑であった。鮎川たちのこの思惑をあてにする活動は、一九三七年から三九年にかけて一定の可能性を秘めていた。

本章および次章では、鮎川のグループと米国経済界との交渉を考察してゆく。一九三九年九月に勃発した第二次世界大戦により米国の対欧州輸出が急増した。米国経済はこれにより緩やかに回復し始め、一九四一年夏にはようやく大恐慌以前の経済水準に戻ったのであった。この時期は、日本の対南部仏印進駐と、一九四一年初頭以来の、米国が英国との事実上の同盟関係を深めていく過程の一里塚となった同年八月の英米首脳会談の時期と重なる。ローズヴェルト大統領とそのニューディール政策は、第二次世界大戦により救われたが、その過程で、米国の対日道義的経済制裁が本格的な対日経済制裁へ移行していった。その結果、米国経済界内に存在していた日米、米満の経済連携への関心は、とくに一九四〇年九月に締結された日独伊三国同盟以降急速に低下していった。

1 日産・フォード提携交渉

鮎川は、一九三七年前半に推進した日産自動車とゼネラル・モーターズ（GM）社との合弁交渉を出発点とし、以後、米国からの機械や技術の導入に懸命であった。一九三七年五月、日本の統制経済政策によりフォード自動車の日本現地法人、日本フォード社の在日資産が事実上凍結されるなか、日本フォードは、日産自動車との提携を打診していた。鮎川は、日本の自動車市場における覇権と、満洲国が推進する計画経済を米国資本導入により実現していく上で、フォード自動車との提携がこれらの成功の鍵を握っていると考えていた。

日本フォード社の提携構想は、日産自動車に同社の株式の五割を取得させる内容であった。こうすることで、日本の自動車製造法が日本国内での生産を許容する条件を満たせるからであった。日本フォード側にはこの提携を成功させる見通しがあった。日本フォード社のノック・ダウン式組み立て工場での生産台数は、一九三二年の六、五〇五台から一九三七年一八、三七九台へと、三倍近く伸びていた。日中全面戦争勃発により、日本側は、自動車製造事業法にもとづく外資系自動車排除ではなく、日本の需要を満たすことを優先せざるをえない可能性が存在していた。

日産自動車との交渉で、一九三七年一月二七日のフォード本社から日本フォードへの指示にもとづき、日本フォードが要請したことは、自社株を日産へ売却して得たドルを、日本の外為法の規制対象の例外扱いにして、米国へ送金することの許可であった。また、挫折した日本フォードの横浜工場の構想を復活させ、日産にもその建設への資金援助を求めたのであった。鮎川はこれらの要求に対して、第一次GM提携交渉の最大の失敗要因であった外為送金規制問題と、フォードの新工場建設構想推進時における政府の横槍を念頭に、これを拒んだのであった。むしろ、日産自動車は、第二次GM交渉の際、日産と日本GMが話し合った合併交渉と同様、日産の日本フォード社との合併を推進しようとした(1)。

このような鮎川の構想を側近として支えたのが三保幹太郎であった。他方で当初、日産自動車社内の役員からは、浅原源七や村上正輔などをはじめ、反対論が噴出した。彼らはフォードと提携しなくても日産八〇を改良していけると強調し、また軍部や商工省はフォードとの提携を承認しないであろうと論じたのであった。浅原が鮎川に役員のこうした総意を伝えると、鮎川は不快に思いながらも、対フォード提携と日産八〇の改良を同時進行で進める経営判断を行ったのであった（従来のエンジンを搭載した日産八〇の改良版は、一九四一年一月に完成した）。このような経済界の国産主義的な感情に対しては鮎川の考えと同様に、住友財閥の大番頭小倉正恒も、日本市場から日本よりも技術面などで進んだ外資を排除していく潮流に危機感を抱いていた(2)。

七月二九日、鮎川と日本フォード社長ベンジャミン・コップは、日産とフォードの提携を念頭に置いた会談を行った。ただし会談の主題は、日本フォード社が日中戦争における需要を見据えて、自動車製造事業法によって日本フォード社に割り当てられた台数を大きく上回る六、〇〇〇台のフォード社製自動車の生産を実現する方法についてであった。鮎川とコップは、これをきっかけに日本政府に日産とフォードの合弁を認めさせる流れを形成しようとしていたのであった。両者は、日中戦争がもたらした自動車に対する需要が二社の提携実現の追い風になっていると確信していた。鮎川は、日産八〇型のトラックの性能に強い不満を抱いており、フォード社が自動車部品から完成品まで高品質に生産できることに大きな魅力を感じていた。鮎川は、グラハム・ページ社から購入した技術と機材で日産八〇型のエンジンを製造していたが、同車の部品は複数の他社に依存していた。

この会談で両者の話題になったのが、合弁が実現した場合の製品の販売管轄区域であった。コップは、日本国外については、販売を認めることが困難であるという見解を示し、仮に可能であったとしてもそれは日本が占領している北支のみであると考えていた。フォード本社は、中国とフィリピンにおける販売権を有しており、カナダのフォード現地法人は、オランダ領東インド、マラヤ、シンガポール、インドにおける販売権を有していた。この見解に対して鮎川は、日産との合弁を通じて生産された自動車がフォード単体により生産された自動車と比べて同じ品質のものを安く生産できるのであれば、フォード本社とフォード・カナダが有するこれら地域への販売権を得たいものであると希望的観測を述べた(3)。

この会談の直後、商工省は日産とフォードの提携に向けた動きを承認した。八月四日、日産と日本フォード社は、前者が後者の工場をリースして生産を行う合意文書にサインした。期間は、同日から一〇月一〇日までとされ、この文書と九月二〇日に両者が交わした合意文書にもとづき、二、八〇〇台のトラックとバスが生産された。日本フォードは一九三六年自動車製造事業法により自社の自動車部品の輸入量が厳しく制限されていたが、同社は、これらを日産へ供給した。この提携を通じて生産された車は、日産から日本フォードへ売却され、後者は、これらの車を日本市場で販売した(4)。

フォード社側は、米国政府を通じて日本国内から送金を本国へ行えるよう外国為替管理法の適用の緩和を要請するという方法で、この問題の打開を図ることに限界を感じていた。そのような状況下で、一九三八年初頭、日本フォード社は、日本政府より海外送金の許可を得てデトロイトの本社へ一五〇万ドルを送金することに成功した。しかし、これは年始早々大蔵省の依頼で、「支那事変」対策、つまり日中戦争遂行のための国債購入に応じた直後のことであった。

一九三八年八月、日産と日本フォード社は、両社の提携を、日本と満洲における広範な協力関係に拡大することについて交渉を開始した。日産側は三保とジェームズ・マレーが、日本フォード社はコップが交渉を推進した。同年二月以降、日本政府による輸入規制強化のため、フォード社製の自動車の輸入は以前にまして困難となった。しかし日本軍は、日中戦争遂行のためフォード社製のトラックなどの車を必要としていたのである。

満洲における満業とフォード社の提携交渉については、日本フォード社と日産が一〇月二二日と二六日に行った会談の頃から本格化した。コップは鮎川に、フォード社製品に対する支払いについて、米国本社の意向を伝えたのであった。すなわち、満洲国向けの日本国内で製造されたフォード社製車両と米国から満洲国へ輸出されたフォード社製車両については、これらのドル建ての支払いを二年間据え置くことにするというものである。フォード本社は、コップの言によれば、前例のない経営判断を下したのであった。

一一月一七日の段階では、満業とフォードの満洲提携構想は、同和自動車が、大連ないし奉天でフォードの組み立て工場を稼働させて運営するという方式に転換していった。これを立ち上げてまず五、〇〇〇台のフォードのトラックとバスを生産することが両社の間で検討された。この工場建設に関連する満業のフォードへの支払いについては、五〇〇万ドルを二年間の据え置き期間で行うという内容であった。

鮎川にとってこの交渉は、まさに対満洲米国資本導入構想の目玉となるはずであり、また、この時期推進されたこの構想に関連する複数の対米国資本工作を補強するはずのものであった。この流れを反映する形で、満業、日本の外務省と満洲国は、一一月に、米国の貿易専門誌『ザ・ジャーナル・オブ・コマース・アンド・コマーシャル』（*The Journal of Commerce and Commercial*）に米国と満洲の貿易関係について特集号を組ませることに成功し、満洲における米国資本の直接・間接投資を呼びかけたのであった[5]。

また、この時期（一一月）、満業と日本フォード社は、前者が後者の株式の五一パーセントを取得し、その取得に要したドルのフォード本社向けの支払いを二年がかりで行えないか、交渉を開始した。両社は、日本国内に以前頓挫したフォードの工場を完成させて年産五万台のトラックなどの車両を生産し、満洲では、満業傘下の同和自動車工業のもとで年産二万台のフォード社製トラックなどの車両を生産する工場を建設する計画を検討し始めたのであった。工場の誘致先の候補となったのは、遼寧省沿海部の都市葫蘆島であった。同市は、中国東北地方と華北の二つの経済圏の境界地点にあり、遼寧省都である奉天（瀋陽）市まで二四〇キロメートル、北京市までは三一〇キロメートルの距離に位置していた。

ただ、この検討は鮎川の楽観論に依拠するものであって、コップは、日本帝国領域内と中国における日本の占領地域でこれだけ需要が伸びるという想定に懐疑的であった。その理由として、九月一三日、コップは次の点を指摘した。すなわち、この地域の低い所得、高い税率、車の所有にかんするさまざまな制約、道路網の未整備、そして運転免許証の取得の困難さ、以上である。

満業の提案に対してフォード本社の役員たちの間では不満が噴出した。フォードは満業がもっと費用を負担すべきこと、また合弁についてより対等な内容とすることを求めたのであった。これらは端的に、日本フォード社の日産自動車への株式譲渡をめぐる金額と、日本フォード社の株式の過半数を取得しようと意気込んでいた日産を警戒していたことを意味していた。さらにフォード本社は、構想されていた日産とフォードの合弁会社の販売権は、日本帝国領土と中国における日本の占領地域を除いて認めないと、鮎川の壮大な販売対象地域の構想を却下した。そして、日本などにおける新しいフォードの工場建設について、フォード本社は、日本や満洲における外国為替管理法を理由に行わない意向を伝えたのであった（ただし、機械類の販売は行うと伝えてきた）。

フォード本社は、合弁会社が必要とする新しい機械類の取得のためにドル建ての新規融資を行うことも拒んだ。鮎川たちは、フォード本社を介して米国の機械メーカーや米国金融機関から長期間の融資を供与してもらえないか模索した。しかし満業には、既存のフォード本社から受けていた融資の即刻解約を撤回させることが関の山であった。

こうしたフォード本社の態度の背景には、米国内のマスコミによる報道に、同社役員たちが神経質であったことに起因していると、鮎川は腹心のマレーによる報告で知らされていた。マレーは、一九三九年二月極秘にフォード本社の役員たちと会談を行っていた。創業者の息子であったエドセル・フォード社長は、フォード社は、満業との接触がマスコミに漏れることに神経質で、マレーに対して、必要なら日本から全面撤退したほうが、同社がパートナーとして相応しくないと判断した相手と提携するよりは、ましかもしれないと論じたのであった。マレーは、フォード本社は、この時期対外投資先でさまざまな苦い経験をしているので、満業についても用心深い対応を行っていると、鮎川に説明したのであった。

このようにフォード本社内の慎重論は根強かったものの、日本フォード社長コップは、一月二六日、三保に「日本フォード社と日産との合併に関する基本提案」（"Proposed Basis of Merger between Ford-Japan and Nissan"）を披露していた。この提案にもとづき両社は、合弁会社に対して日産が六〇パーセント、日本フォード社が四〇パーセント出資する検討を始めた。これまでは株式譲渡という提案を軸に進められていたが、外国為替管理法がこの方式の妨げとなっていた（仮に双方が納得する株式譲渡が達成できたとしても、日本フォード社が、株式売却で得たドル相当金額を本社へ送金できるのかが問題であった）。本社において新規投資を拒む見解が根強かったものの、一九三五年に推進しようとした横浜工場建設を行いたい意向を日産に示したのであった。この合弁会社は、日本帝国領土内と中国における日本占領地域で車を販売する予定で、横浜新工場では、乗用車とトラックの生産が構想されていた。もしも米国側出資者が、合弁会社の株式の売却を行いたい場合、日産は、合弁会社設立五年以内であるならば、いつでも原価より高い値段で買い付ける義務があった。コップは、こうした提案を行う一方で、合弁会社が設立された場合の目的は、近年の日本政府の政策と日中戦争の激化が、日本国内に自動車価格の高騰をもたらすであろうことから、品質の改良、増産とコスト低減、価格の低下にあると考えるようになっていた。

二月一六日と一七日、ジェームズ・マレーは、日産を代表してフォード自動車社長エドセル・フォードおよび役員たちと会談を行った。この二日間にわたる会談で、フォード本社が満業との合弁会社設立にむけた交渉を開始することが確認された。ただ、フォード社側は、マレーに、米国内でうわさされていた日本経済の崩壊の可能性について質問を行い、マレーは、その可能性は小さいと論じ、日本と満洲における経済制度の詳細をフォード社役員たちに教え、日本産業から満業へ移行した経緯と満業傘下の企業の成長性、有望さを訴えたのであった。マレーは、もしもフォード本社が日本での操業を続けたい場合、鮎川のグループがフォード社にとって日本市場におけるもっともふさわしいパートナーであることを強調したのであった。その際、フォード本社の役員たちは、日産自動車にかんするさまざまな質問をマレーに浴びせたが、マレーはこれらに丁寧に対応しながら、鮎川がフォード社製のエンジンに非常に多くを依存することがこの合弁構想の大前提としており、合弁会社については、フォード社の進歩主義的な経営方針が維持され、また、合弁会社に対するフォード社の経営上の影響力が担保されることを望む旨をフォード経営陣に力説したのであった。

このフォード本社における会談をへて、二月二三日、前年一一月に日産と日本フォードが話し合った、満洲におけるフォード社製自動車の同和自動車への供給手法が最終的に決まった。両社は、同和自動車を利用しながら、フォード社製のトラック四、五〇〇台と他の自動車五〇〇台を供給することにしたのである。一九三七年八月に日本フォード社が日産にフォード社製自動車の供給を行ったのに対して、今回は、日本フォード社が満洲の同和自動車へ車の供給を行うことになった。

この合意にもとづき日本フォード社は、同和自動車に五、〇〇〇台のトラック、バス、そのほかの自動車の供給を行った。これを実現するにあたり商工省は、一九三九年七月二一日と同年一〇月一二日に日産と日本フォードとの間の契約に承認を与えた。そして、五月二一日に両社間で行われた契約では、フォード社製のトラック三、五〇〇台と五〇〇台のそのほかの自動車が同和自動車に供給されることが明確にされていた。

日本フォードが一、〇〇〇台ほど同和自動車へ自動車を供給した段階で、東京の米国大使館は、匿名の通報者から、二月二三日の日産・フォードの合意は、フォードによる満洲国企業へのドル建て融資が含まれているという情報を入手した。そのため、日本フォード社の幹部J・C・アンケニーは計六回、米国大使館の参事官に呼び出された。五月になると、米国では国務省が、エドセル・フォード本社社長、コップ日本フォード社長とクロフォード副社長を呼び出し、二月二三日の合意について尋問を行ったのであった。マレーは鮎川宛の報告のなかで、この合意はフォード本社からのドル建ての融資をともなわず、あくまでも日本フォード社による円資金の供与に限定されていることをフォード社長が国務省関係者に苦労しつつ説明した、と述べている。

しかしながら、東京の米国大使館は、この合意が既成事実となっており、供給が開始される前までに事態の把握ができなったことに対する責任を米国本省が追及してくることを恐れて、これ以上アンケニーを尋問しなかった。五月二一日の契約は、これが背景となって、日産と日本フォード社との間で交わされた(6)。

2　GMの動向

鮎川は、フォード本社と交渉を行うなか、フォード自動車のライバルであったGMが日本の自動車メーカーと合弁会社を設立する試みを行っていたことに気付きつつあった。また、次節で取り上げるが、日本フォード社は水面下で他の日本の自動車メーカーとも、合弁会社設立へ向けた交渉を推進していたことを知るようになる。

一九三八年一〇月、鮎川の盟友で腹心でもあった伊藤文吉男爵は、友人であった鶴見祐輔がニューヨーク市でGMの重役から、同社の日本現地法人日本GMが日本の自動車メーカーと合弁会社を設立して、五〇〇万ドルを投資し、この合弁会社の少数株主になることに関心があることを告げられた旨、鮎川に報告を行った。鶴見は、同年六月ニューヨーク市のGM部長ライリーから、同社がトヨタ自動車と合弁会社を興してその少数株主になる提案を託されたのであった。GMは、日本帝国内における商機に魅力を感じていた。日本GMは、エンジン、トランスミッション、後部アクセルを除いたすべての部品を日本で生産する予定であった。また、日本GMが製造したトラックは、日本帝国領内と日本の中国占領地域で販売する予定であった。

満業は、GMが日本の自動車会社と提携しようとしていたことには関心をもたなかった。日産と日本フォード社との交渉が山場を迎えていた一九三九年二月、GMのブリッツ・トラックを輸入することを検討したことはあった。しかし、フォードとの交渉が進展していくなか、同年四月一九日、鮎川は、満洲国に多大な影響力をもつ関東軍第四課にGM車の輸入を中止し、同社の部品のみの輸入に限定するよう要請したのである。

3　フォード社の満業以外の自動車会社との提携構想の推進

フォード社は、鮎川率いる満業傘下の自動車会社との交渉を行う一方で、トヨタ自動車のほか満業系以外の日本の自動車メーカー二社と提携構想を推進していた。満業とトヨタの双方が、フォードと交渉していることを鮎川が正式に知ったのは、一九三九年三月のことであった。フォード社がトヨタ自動車に提携を持ちかけたのは、一九三八年七月である。その際、日本フォード社は、トヨタ自動車に、同社が古河財閥、浅野財閥とも交渉を行っていることを告げたのであった。満業については言及していなかった。

トヨタ自動車は、日本フォード社との交渉に先立ち商工省と陸軍省に相談した。陸軍省は、トヨタのトラックの戦地での性能がよくなかったことから、この両自動車メーカーによる合弁会社の設立を歓迎した。陸軍は、ともかくすぐにでもトラックの供給を大幅に増やす必要性を痛感していた。商工省も、技術革新などのメリットから、この合弁会社設立構想に承認を与えたのであった。

満業（日産）と日本フォード社との交渉が山場を迎えていた一九三九年二月、日本フォード社とトヨタ自動車は、合弁の条件にかんする暫定的合意に至った。この暫定的合意内容は、鮎川とコップがかつて（一九三八年一一月）話し合った内容と類似していた。すなわちトヨタが日本フォード社の株式を五一パーセント取得するものであった。トヨタは、この株式取得に必要なドルの支払いをフォード本社へ送金することを予定していたのみならず、横浜で日本フォードが建設を期していた鶴見工場の建設費用の五一パーセントをも賄う予定であった。同工場は、着工後二年で稼働を開始、年産三万台を予定し、これらの車が日本帝国領内と日本の中国占領地域で販売されることになっていた。

『大阪毎日新聞』は、一九三八年一一月二五日、日本フォード社が満業と交渉を行っていると報道していたが、トヨタ自動車は、このことについてコップ社長に尋ねたところ、コップは、満洲国における合弁構想を却下したと伝え、彼は、同地で自動車工業を勃興させる展望はないと正直に述べたのであった。ただし、満洲における合弁会社の件について、コップは正直に答えていたものの、既述の通り、日産とフォードは、日本における合弁会社設立については、その後も交渉を進めていた。トヨタがこのことを把握したのは、三月二九日であった。

商工省は同日、日産とトヨタに対して対日本フォード交渉を暫定的に停止するよう要請した。ただ、日産とトヨタは、水面下で引き続き、それぞれ日本フォード社との交渉を進めていたようである(7)。

このことが判明する二日前、デトロイト本社への一時帰国に先立ってコップ社長は、満洲の新京にある満業の本社で、鮎川と会談していた。鮎川は、フォードが日産・フォードの合弁会社に新規の投資を行う予定がないことに不満を述べたが、両者は合弁設立を望んでいる点では一致した。鮎川は、この合弁構想に満洲国政府の了解も取り付けていたが、フォード社が、日本フォード社の円建て資産をドルにして送金することにこだわるのではないかと警戒していた。もしもフォード側がこのことにこだわるのであれば、この合弁構想は立ち消えになると鮎川はコップに述べたのであった。これに対してコップは、フォード社にとって日産は合弁相手の第一候補であると述べた。もっともこの会談にあたり、鮎川と三保は、日本フォード社によるトヨタ自動車との合弁会社設立構想についてこの時点ですでに把握していたようで、コップがこの構想をいまだ進めているのではないかと尋ねた。コップは商工省工務局長東が、フォードにトヨタと提携するよう圧力を加えていると白状したのであった。東の部局は、日産よりトヨタのほうが実力不足であると考え、提携による強化が必要であるとみなしていたのであった(8)。

五月一八日、マレーは、デトロイトから鮎川宛に打電した。電報の内容は、コップ日本フォード社長とフォード本社の重役たちと協議した結果、検討されていた合弁会社にかんする日産の出資は円建てでよいと判断し、フォードが合弁会社へ供給する機械類については、ドルで支払うことを回避できる方策で行えると判断したのであった。この直前の同月一六日付の三保宛の書簡でマレーは、合弁会社への日産とフォードの出資は、それぞれ四八・七五パーセントとし、残りの二・五パーセントは、日本フォード社の日本人社員が保有する、という出資比率をフォード本社が提案したと伝えたのであった。フォード本社は、この合弁構想が米国内のマスコミに漏れた場合、米国内の反日感情は、合弁会社についてフォードが少数株主になることを許さないだろうと考えていた。この出資比率であれば、フォード本社は、日本フォード社の日本人株式保有者を含めれば合弁会社の五一パーセントの株を握り、それをコントロールしていると主張することができると、考えていた。一方、日産と日本フォードの日本人従業員の株式シェアをたせば、この合弁会社が日本の自動車製造事業法が定める日本の自動車会社とみなせる規定の、五〇パーセント超が日本側にコントロールされていると主張できるのではないかとフォード本社は指摘したのであった。

この合弁会社は、新しい工場を横浜市の鶴見で稼働させ、そこでは、フォードのエンジン、トランスミッション、後部アクセルを生産する予定であった。鮎川と三保はこれら三点以外もすべてこの工場でフォードの技術で生産されることを望んでいたが、コップ社長はこれらについては、日産製で十分であると主張した。またフォード本社は、合意が交わされてから二年以内に日産は合弁会社の六〇パーセントを支配できるようになると約束した。そしてもしこの日産との合意が達成されなかった場合、フォードは、日産に提示した同じ内容をトヨタ自動車に提案すると鮎川たちに伝えたのであった。

この提携内容は、一九三九年六月一九日、日本フォード社のアンケニーから鮎川に打診された。この合弁会社は、一九三六年に頓挫した横浜市鶴見のフォード工場用地に新たな工場を建設できるだけの十分な資本金を有し、一九三六年の自動車製造事業法の許可会社の条件を満たすよう設立し、同社が製造した車は、日本帝国領内と日本の中国における占領地域で販売される予定であった。日産は、この合弁会社の六〇パーセントをゆくゆくは支配し、フォードは同社の四〇パーセントの支配に留まる予定であった。フォード本社は、この合弁会社が建設の検討されていた鶴見工場で必要とする機械類や設備の入手を斡旋し、また、良好な資金調達方法を仲介することを予定していた。七月になると、フォード本社は、日産に最初から合弁会社の五一パーセント支配を認め、合弁会社の設立に正式に合意後、二年以内に、日産に同社の六〇パーセント支配を認めることとしたのであった(9)。

日産と日本フォード社の交渉について、日産は商工省に報告を行っていた。商工省は、日産とトヨタに対して日本フォード社との交渉を停止するよう要請しながら、この交渉を黙認していた。というのも、商工省機械局は、七月一五日にこの三社による自動車製造事業法が認可した合弁会社の設立構想を打ち出していた。この日付で、同局は、「輸入自動車の国産化に関する件」と題した覚書を作成していた。これによると、三社により設立された合弁会社は、自動車部品から自動車の完成品まで製造する新しい工場を設立し、フォードは、この工場が必要とする機械設備と技術者を提供することになっていた。

八月五日、鮎川は、日産自動車の役員であった朝倉毎人に、商工省からの要請にもとづき日本フォード社との提携交渉へのトヨタ自動車の参加に応ずる意向を明らかにした。鮎川が商工省の政策に呼応した背景には、国内の自動車製造会社すべてを統合するという野心があった。八月一一日、商工省は「フォードとの主要提携条件」という文書で、フォードが、設立が構想されていた合弁会社の四割を経営支配し、日産とトヨタはそれぞれ三割を支配することが構想されていた。商工省は、構想されていた新しい会社が、自動車部品から完成された自動車までを一貫生産し、また、フォードと同等の質の汎用性タイプの自動車を生産することに、強い関心を抱いていた。フォードは新会社が必要としていた技術を提供し、新工場は、新会社設立にかんする契約調印後二年以内に完成させる予定であった。そしてフォード本社が提供する機械設備と技術に対する外国為替の支払いは、半年ごとに三年間支払っていく予定となっていた(10)。

商工省が、三社による合弁会社設立を認めるかどうかをまもなく決断する時期に鮎川は、トヨタ自動車の創業者と会った。九月一日、鮎川は、愛知県で飛行機製造工場を見学後、その近くに位置するトヨタ自動車工業の工場を訪問した。鮎川は、そこで、トヨタ自動車社長の豊田利三郎と会談を行った。利三郎は、トヨタ自動車を創業した豊田喜一郎の娘婿であり、鮎川も喜一郎もそれぞれの妻が高島屋の創業一族飯田家の出身であったことから、縁戚であった。九月六日付の豊田利三郎から商工省に宛てられた報告書によると、商工省が合弁会社設立を認めた場合、日産とトヨタは、日本の自動車工業の強化のために協力することで一致した。また両者は、日産とトヨタがフォードの日本市場における覇権の再現を阻止することでも一致した。

ただし最後の点について鮎川と豊田は、そのような目的達成のためにいかなる手法をとるべきなのかという点で見解に違いが見られた。まずフォードとの提携について、鮎川のほうが豊田より熱心であった。そして、これまでの日産とフォードの交渉内容を反映して、鮎川は、この合弁会社は年産三万台の車の製造を目標とすべきで、これを行うにあたり、フォードがすべての自動車部品を提供すべきであると主張したのであった（前述の交渉では、フォードは、エンジン、トランスミッション、後部アクセルのみを供給するとしていた）。

鮎川の主張に対して利三郎は、構想されている合弁会社は、日本政府の保護のもとで製品開発を行うべきであると考え、過度にフォードへ依存することを警戒したのであった。利三郎は鮎川が抱いていたような、日米分業体制を敬遠していた。鮎川はフォードがすべての部品を供給した場合、日産やトヨタの既存の部品を生産する設備を廃棄するコストが生ずることは承知していたが、こうしたコストより、鮎川が抱いていた三社合弁構想がもたらす利益のほうがはるかに大きいと判断していた。しかし豊田は、こうした機械設備を自社製品のプロセス・イノベーションに活用していくために、残しておきたかった。

豊田利三郎は、構想されている合弁会社は年産二万台を目指すべきで、商工省はこの合弁会社設立の検討を行うほか、日本の自動車工業の発展のため外国人の技術者を多く雇うことを政策的に検討すべきであると働きかけたのであった。利三郎はディーゼルエンジンや重油で走行する車といった、国内のプロセス・イノベーションの発展に強い関心を払っていた。日本政府の保護のもと、トヨタと日産は既存の自社製の自動車と自動車部品の質的改善を図っていくことを優先すべきで、フォードのユニバーサル型自動車と自動車部品を輸入する必要性は必ずしもないと考えていた。

利三郎はまた、新たな自動車会社設立を政府が認めることで、国内の自動車市場が飽和状態になる可能性が高いと恐れていた。商工省が日産とトヨタに認めていた最大年産台数は、それぞれ四万台で、これらに合弁会社の二万台を加えた年間一〇万台を、はたして市場が消化できるのか懐疑的であった。たしかに国内の自動車道路網の整備・拡大や、安いガソリン価格といった自動車需要刺激策は必要であったが、これらの政策が実施されても供給過剰になるのではないか、と利三郎は懸念を抱いていた。(11)

九月二六日、商工省は日産、トヨタ、フォードの三社を統合する計画を発表した。この計画は、前述の日本フォード社が商工省に八月二四日に提出したこの三社を統合した合弁会社を設立する提案にもとづく内容であった。同省は、計画発表を行うにあたり、八月二六日、コップが鮎川率いる満業に打電して要求した、米国政府の介入と米国内世論による批判をかわす狙いからフォードの合弁会社の株式取得を同社発行の株式の五一パーセントにすることを暫定的に許すことを考慮していた。商工省は二六日の発表の際、これを認め、残りの株式を日産とトヨタの間で折半することとした。ただしこの五一パーセントのうち何パーセントかは、五月二九日に日本フォード社幹部アンケニーが主張したように、日本国籍のフォード社社員により所有されなければならなかった。もっとも商工省は、日本フォード社の八月提案が暫定措置終了後も四九パーセント維持を主張していたのに対して、前提措置終了後は、フォード社の合弁会社への支配を合弁会社株式の三四パーセントに引き下げることを求めていた。

さらに合弁会社の年産の台数は、フォード社が求めていた汎用型自動車五万台ではなく、三万台としたのであった。またフォードが、この合弁会社で生産される車の製造権と販売権がフォード社に属し、販売対象地域を日本帝国と日本の中国占領地域としたのに対して、商工省の発表は製造権と販売権については言及がなく、さらに販売対象地域は日本帝国と中国と表記するにとどまっていた。そしてフォード社が一九三五年以来求めていた工場の建設については、二年以内に新工場を建設すべく、五百万ドル相当の機械や設備の輸入を認める方針を打ち出していた。

一二月一九日、日産、トヨタ、日本フォードの三社は、合弁会社設立を実現するために合意した模様であった。九月下旬の商工省の発表からこの日まで、合意文書案の内容は少なくとも三回改訂されていた。この合弁会社は、自動車製造事業法が許可した第三番目の会社となる予定で、二年以内に新工場を稼働させて、そこでの年産はフォード製の自動車をゆくゆくは七万台製造する予定であった。この合意文書の期限は一〇年で、合意後最初の二年間、フォード社は合弁会社の株式五一パーセントを支配するものの、その後二年以内にこれを四〇パーセントへ引き下げることにしていた。この間、日産とトヨタの合弁会社に対する支配権については、日本フォード社保有分を除いた残りの合弁会社株式を均分にして増やしていくこととなっていた。

さらに日産とトヨタは、合弁会社への出資を行うにあたり、フォード本社の技術者が認めた場合、土地、機械、設備といった形で出資の一部を充当できることになっていた。この手法は、新工場建設にあたり有効な方法であるかもしれないと三社は考えていた。最後に、この新工場が必要とする機械や設備を米国のメーカーから購入する斡旋をフォード社が有利な融資条件で行うこととなっていた。この合意文書は、日産とフォード社が交渉していた内容に沿うもので、フォード本社によって、合弁会社に日本帝国領内と日本の中国占領地域における製造権と販売権を専属的に認められていた。

おわりに

一九三九年一二月の合意文書を実現する上で最大の難問となったのが、日本の外国為替管理法が、合意文書を実行する上で、米国から購入する必要があった新規の機械や設備、また、特許料、商標権使用料、技術指導料、米国人株主が保有する日本フォード社の株式の取得といった費用をドル建てで支払うことを認めるかどうかという課題であった。

この問題を日本側が迅速に解決できなかったため、一九四〇年五月になるとフォード本社のこの合弁会社設立への関心がすっかり薄らいでしまった。フォード本社は、長期間のドル融資や新規のドル建て投資を行うつもりはなく、構想されていた合弁会社に日本側から十分なドル建て資金の捻出ができないことを問題視していた。彼らは日本側が十分なドル建ての支払いを行えることを示せない限り、合弁会社の五一パーセント支配権を手放すつもりはなかった。マレーはフォード本社の重役クロフォードとこの時期会談を行っているが、クロフォードは、そもそもフォード本社が合弁会社の六〇パーセント支配権を当初考えており、同社の発展状況を見ながら徐々に日産とトヨタによる合弁会社の過半数支配権に移行していくことを好んでいたと述べ、暗に昨夏以来の交渉は、フォード本社から見ればかなり譲歩した内容であったことを示唆したのであった。[12]

マレーが鮎川に一九三九年秋に手紙で報告したところによると、米国内でドル建ての日本向け融資を受けるのは、ほとんど絶望的になりつつあった。ニューヨーク市の銀行家をはじめとする経済人たちは、第二次世界大戦勃発にともない、米国政府がフォード社をめぐる交渉を注意深く見ていることについて神経質であった。このほか反ドイツの米国市民たちは、独ソ不可侵条約締結後、日独関係に隙間風が吹いていることは承知しておらず、ドイツと親密な関係にある日本というイメージから反日的でもあった。マレーはこの傾向がユダヤ系米国人に見られると論じていた。そして、もし日本にドル建て資金を供与しているということが米国内で判明した場合、政府からの制裁や米国人による自社製品不買運動といった事態になることを、ニューヨーク市の米国経済人たちは恐れていると、マレーは強調したのであった。

鮎川の米国の対満洲資本導入構想は、政府系金融機関である米国輸出入銀行が、横浜正金銀行を介した形で日本側が米国で買い付けたものに対して、米国企業がドル建ての資金を供与することを認めない方針を打ち出したことで、絶望的になったと言えよう。当時の日米貿易では、日本側は、日本の国策会社横浜正金銀行を介した日米金融取引に完全に依存していたからである。[13]

一九四〇年五月以降、日産とフォードの提携話は立ち消えとなった。このような事態は、日本市場における日本の自動車製造会社を統合するという鮎川の野望の挫折と時期的に重なっていた。このことは次章で短く紹介する。

第4章　鮎川の日本自動車産業界統合の挫折

日満の経済政策が急速に変更されていくなか、一九三〇年代終わりから四〇年にかけて、鮎川は、国家と市場を利用しながら、日本自動車産業界において支配権を確立し、満洲国で自動車産業と航空機産業を興すことを模索した。満業発足直前の一九三七年一一月一一日、鮎川は朝倉に、日本の全自動車製造会社の統合を実現していくつもりであると述べていた。鮎川は、そのような統合により、資源、技術、生産を統合する形で自動車製造の生産性を向上させられると確信していた。この目的達成のため、鮎川は、軍と市場を利用すると語った。翌年四月、日産自動車は、東京瓦斯電気工業の株式の大半を取得することに成功した。このとき同社の株式二四万株中一二万四、七〇〇株を第一五銀行より取得していた。同月、満業は、自動車生産のために必要な資源を入手するため、東京瓦斯電気工業が保有していた東京自動車工業の株式二七万株を、日本高周波重工業と半分ずつ買い取ることにした。これは、陸軍兵備局長の仲介で行われた。

この陸軍の仲介による東京自動車工業株式取得は、商工省に根回しをすることなく行われていた。そのため、この買い取りが公表される前日の四月一九日、商工省の革新官僚美濃部洋次は、陸軍も自動車会社もこの自動車業界再編の動きを根回ししていなかったと不快感を朝倉に伝えていた。

鮎川の次の照準は東京自動車全株の取得で、トラックやバスに対する軍需が伸びるなかでそれへの対応としてこの買収を急ぐべきであると七月に判断していた。しかし、鮎川のこのような構想に商工省は横槍を入れた。同省に加えて、陸軍省内でも経済統制動員局は、商工省と同じ見解であった。彼らは、日本の自動社業界を一社に集約する必要はないと考えていた。

鮎川にとって、彼の壮大な自動車業界統合構想を少しではあるが後押しする事態が一九三九年と四〇年初頭に起きた。三九年五月、東京瓦斯電気の残りの株式を日立製作所が購入した。東京瓦斯電気工業は、日立航空機、日立兵器、日立工作機械に分割された。三九年一一月一一日、陸軍次官の阿南惟幾は、陸軍省が自動車業界を一社に集約していく業界の統合を支持しているものの、当面同業界における混乱の回避のため、現状維持としたいという同省の意向を伝えた。日産自動車はこれを受けて、引き続き水面下で業界統合の活動を展開した。一九三九年の年末から四〇年初頭にかけて、朝倉は、日本高周波重工業の高橋省三専務と、日産が東京自動車の吸収に関心があることを相談し、日本高周波が保有する東京自動車工業の株式を日産に売却する働きかけを行った。一月二二日、高橋は、陸軍と日本高周波の役員会から、日産が東京自動車を吸収することについて同意を得たものの、当面、日産、日本高周波、東京自動車の関係と、東京自動車工業の役員構成を現状維持とするという回答を朝倉に示した。しかし、役員会構成の現状維持については、日産が反対であったため、この話は立ち消えとなった。(1)

一方、鮎川は、日満両政府から満洲で自動車産業と航空機産業を実現するよう圧力を受け続けていた。一九三九年三月二四日、満洲国と満業は、満洲自動車製造会社の設立を行うことを決定した。この特殊会社設立の法律が公布されたのは五月五日であった。六月一五日、朝倉は満洲より帰国した浅原源七から、満洲国が満業から石炭と鉄鋼の生産を取り上げ、満業を自動車と飛行機に特化することを検討していると伝え聞いた。日産の役員と商工省の関係者は、鮎川率いる日産自動車が満洲国へ直接投資を行うことに同調していた。一方満業は、満洲自動車工業の社長に就任した日産自動車の役員山本惣治を、自動車製造に必要な機械や設備を買い付けるべく渡米させた。満洲国は、この渡米を支持し、山本に一、五〇〇万ドルの外貨の枠を付与した。(2)しかし、第二次世界大戦勃発で山本の出張は中断を余儀なくされた。満洲の外貨獲得のドル箱であった大豆を欧州へ輸出できなくなったからであった。鮎川は山本に電話で帰国を命じた。[3] 欧州での大戦特需で米国の機械類の値段は高騰したが、しかし山本は注文を中止したにもかかわらず、売り手はすぐ買い手が見つかるため、契約解除に伴う違約金を払わずに済んだ。しかも帰国時に機械設備にかんする青写真を無料で入手できた。[4]

満洲で自動車工業を興すことについては、日産とフォードの提携を通じてこれを実現する可能性は、第3章で紹介したように、まだ残されていた。一一月二一日、鮎川は、朝倉に満洲における自動車と航空機生産開始の構想について話した。満洲国政府、関東軍と満業は、安東に工業都市を建設する決定を行った。そこを年産五万台の自動車と六〇〇機の飛行機を生産する拠点に育てていくという構想であった。ここには自動車部品の製造を担う、機械や鋳物の工場を経営する中小企業と、自動車製造会社を誘致する計画であった。この構想の目標は、日本から自動車部品などの自動車製造に必要なものを輸入せず、独自の生産システムを安東に構築することにあった。この生産を支える従業員数は七万人で、家族を含めると二〇万人の人口増加になる予定であった。総工費は一七億円を見積もっていた。[5]

鮎川がこの構想を検討していた頃、山本は米国でペンシルヴェニア州のライカミング社と商談を成立させていた。同社は工場の設備を刷新するところで、廃棄される予定の旧設備を安値で山本に売却した。山本は二七〇万ドル支払った。これは新規に購入するより七割安く、日本陸軍は、米国にあるドル預金口座からの出金を満洲国政府に認め、山本は決済を行うことができた。この機械設備は、当時の日本の自動車産業界では最新式のものであった。日産は、一九二七年に導入した設備でそれまでエンジンを生産していた。ライカミング社からの設備は、一九四〇年、日本に到着した。しかし同設備の満洲輸送前に日米戦争が勃発し、太平洋戦争中は日産の横浜工場で、航空機エンジン製造のために利用された。[6]

結局満洲国は、日産自動車から自動車工業設立のための投資をほとんど受けなかった。鮎川は、日産自動車を安東へ一九四〇年春に移す計画を進めたが、日産の役員たちは猛反対であった。朝倉もその一人で、彼らは鮎川が考えていたほどには、満洲国に協力するつもりはなかった。何もないところへ従業員や下請けも含めて根こそぎ日本から移しても、おおよそ日本の国防に貢献しないと彼らは論じた。朝倉によれば、この安東誘致計画を推進していたのが陸軍であった。これに対して企画院は反対で、現状維持を唱えていた。

朝倉は、このような政府内の対立を伝え聞いていたが、四月一一日、陸軍の関係者から日産自動車の安東移転は、国策であると言われ、憂鬱になったという。同日彼は、『読売新聞』で、日産が満洲で自動車産業を興すべく、三年がかりで安東へ移ると報じる記事を読んだ。五月二六日、鮎川は、朝倉ら日産自動車の役員たちの前で、満業設立時に満洲で自動車産業を興すことが目標の一つであったことから、日産自動車の安東移駐は止むを得ないと論じた。彼は満洲で、場合によっては、ドイツのダイムラー・ベンツ社と提携してディーゼル車を生産する予定であると述べた。朝倉の情勢判断はシニカルで、五月二四日の日記において彼は、この問題は、満洲で自動車産業を興したい陸軍と、日産自動車を日本国内市場から追い出したい他の日系自動車会社との共同謀議であると綴っていた。

日産自動車の役員たちは、鮎川に反対意見を声高に訴えた。六月一四日、これを代表して、日産自動車の村上社長（一九三九年五月に鮎川の日産自動車会長就任に伴い昇格）は、日産の安東移駐は、日本、日産自動車、そして鮎川にとってよくないと、役員会で発言した。(7)

その後この問題については、一九四〇年半ばに行われた満洲国の経済政策の根本的な変更のために、鮎川と日産に対する満洲移駐の圧力は和らいでいった。五月八日、満洲国総務庁長官星野直樹は、満洲国が総合的な経済開発を断念し、経済開発の目標を鉄鋼、石炭、非鉄金属、そして重要な農産物のさらなる増産に優先的におくと宣言した。他の産業部門の生産目標は、下げるか、延期するか廃止するかのいずれかになることとなった。

この経済開発計画の根本的変更の背景には、日本国内の旺盛な満洲の石炭や鉄鋼への需要があった。この変更にあわせて満洲国は経済的引き締め政策を断行した。そして、現在と将来の生産能力の廃止か延期をも決定し、既存の施設を重点的に利用する政策に転じた。一九三七年に始まった満洲での五カ年計画は、日中戦争の泥沼化にともない、急速に満洲における重化学工業を大規模に実現していく路線が後退し、原料と半加工品の対日供給源という従来の満洲の位置付けが強まっていたが、ここにきてこの傾向が完全に明確となった。このような根本的な政策転換は、一九四一年一二月二二日に始まった第二次満洲産業開発五カ年計画に明確に反映されていた[8]。また、一九四〇年夏に発足した第二次近衛内閣は、新体制運動を国内で展開した。これは、日本の政治経済を改革しようとする運動であった。このため日本の政策決定者たちは、満洲における生産能力の増強ではなく、日本におけるそれに専ら関心を抱いていた。

近衛新体制運動の経済面での特徴の一つが、産業統制協会の設立であった。九月二二日、鮎川は、自動車業界における その協会設立に対する代替案を提唱した。鮎川は、自動車業界統合のための最後の試みを行った。日産、満洲自動車、トヨタ自動車、東京自動車工業が、共同出資して統制会社を設立することを提唱した。彼はこの統制会社が自動車生産を監督すべきであると論じた。そして、この統制会社の下に生産された車を販売する流通会社を設立することも提案した。こうすることで自動車業界の産業統制協会設立に代わる手法で、資源の有効利用と効率的な生産を達成し、また、同時に鮎川の夢であった日本の自動車業界を事実上統合する目標も達成できると見ていた。鮎川は、革新官僚が好んだ統制経済の色彩が強い産業統制協会をやめて、市場原理を利用した形態による統制を推進しようとしたのであった。また鮎川は、満洲国での苦い経験から、軍人や官僚の民間部門への介入をなるべく遠ざけようとしたのである。

しかし、結局自動車産業統制協会が設立され、鮎川は失望させられる。戦後鮎川が指摘しているように、戦争経済の生産能力を高めるため、資源を効率よく配分するという統制協会設立の目論みは見事に外れた。日本の財閥は、こうした産業統制協会を支配し、協会において自己統制を守ったものの、産業界の効率的な生産性向上と生産能力向上という目標とは程遠い状況となった[9]。

結局、満業は満洲で自動車部品の生産を行い、一部の組み立て工場で自動車を少し生産しただけであった。航空機については、ややましな成果となった。満業は高品質な練習機を生産し、これは一九三九年五月から八月のノモンハン事件で実戦に使用された。太平洋戦争末期になると、満業は、爆撃機を製造するようになっていた。[10]

第5章　フーヴァーと米国の東アジア政策

——第一次世界大戦終結後から日米開戦前まで

はじめに

満洲をめぐる日米関係は、盧溝橋事件（日華事変）後どのような展開をたどったのであろうか。満洲事変直後の一九三二年一月以来、米国は満洲については不承認政策を取り続けていた。注目すべきことは、米国が不承認政策を維持しながら、満洲は中国の一部であるという前提のもと、満洲における領事機能を維持していたことであった。そのなかでも中心的役割を果たしたのが、満洲の軍事的要衝であった奉天の米国総領事館であった。本章と次章では、一九三七年から四一年まで、同総領事館が行った満洲動向の情報収集・分析、そして、満洲国が推進した経済政策に対する評価と分析を考察してゆく。これらを通じて浮かびあがってくることは、①米国が領事機能を維持することで、国際法上満洲国の承認につながらないよう対応したり、②鮎川義介ら日本の満洲国関係者が推進した日本版修正門戸開放主義を認めることはなかったものの、③在奉天米国総領事館関係者は領事機能の一環として、満洲国関係者の渡米手続きを行い、また満洲国の経済情報についての米国企業などからの問い合わせについては、この傀儡国家が推進していた統制経済政策が外国企業に不利益をもたらしていることを指摘する一方、経済的機会があること自体は認めていた、という点である。在奉天米国総領事館の館員であったジョン・P・デーヴィスは、鮎川率いる満業が発足した直後から、満洲の重工業化の成功の鍵を握っているのは、どれくらい米国資本を満洲に導入できるかにあると分析していた。米国政府の姿勢を反映して、在奉天米国総領事館は、日本版修正門戸開放主義を認めることはなかった。むしろ、日中戦争が拡大して泥沼化しながら日米関係も悪化していくなかで、また、満洲国が治外法権撤廃を米国に強要していくなかで、米国は、門戸開放の定義を厳格化していったのであった。加えて、在奉天米国総領事館は、満洲国の高官や要人と会談したり、また、抑圧的な権威主義的傀儡国家であったわりには情報統制が緩かったことも手伝って、満洲国のマスコミ報道や刊行物を通じて、満洲において日本が推進していた計画経済は失敗していることをよく把握しており、このことを極東の国務省の出先機関や本省に的確に伝えていたのであった。つまり、満洲における経済開発は対日資源供給という点では重要ではあったものの、満洲における重化学工業の発展は日本側が想定した目標をはるかに下回っており、その結果、日本側が抱いていた対中侵略戦争と対ソ戦における満洲国への期待は非常に大きく外れていたことをよく理解していたのであった。以上のことは次章で考察を行うが、まず本章では、第一次世界大戦後から日米開戦前までの米国の対東アジア政策の特徴についてハーバート・C・フーヴァーの世界認識および活動と関係付けながら考察を行う。というのも、フーヴァーこそ戦間期の対日・対満米国外交を体現していた人物であったからである。

1　ハーバート・C・フーヴァー——実業家から政治家へ

フーヴァーはアメリカで初めてのクエーカー教出身の大統領（一九二九年三月から三三年一月まで在任）である（二人目はリチャード・ニクソンである）。彼の生い立ちはアメリカの成功物語の好例である。フーヴァーは一八七四年にクエーカー教徒が多いアイオワ州ウェスト・ブランチ村で三人兄妹の次男として生まれた。両親はクエーカー教徒であった。父はそこで農機具の販売や鍛冶屋を営み、また村議を務めていたが、一八八〇年に他界し、元小学校教諭で禁酒運動の支持者であった母は一八八三年に亡くなった。

両親と死別後、三人の子どもたちは親戚にそれぞれ引き取られ、ハーバートを引き取った父方の親戚のもとで彼は聖書を一〇歳になるまで精読した。一〇歳以降フーヴァーはオレゴン州在住の医者でもあったおじ夫婦に引き取られた。オレゴン州で少年期のほとんどを過ごした後に、フーヴァーは創立されたばかりのスタンフォード大学への進学を決意するが、第一次募集では不合格となってしまった。しかしながら、当時のスタンフォードは創設されたばかりで、フーヴァーが狙った一期生の募集は、定員割れをおこしていた。そこで、秋の開校直前の追加募集に志願した結果、作文を上達することを条件に一八九一年秋の一期生入学が許された。専攻は地質学を選んだ（因みに、この条件が解除されたのは彼が四年生のときであった）[1]。振り返って見ると、スタンフォード大学にとって一期生から大金持ちになり、ましてや大統領になった人物を輩出したのは予想外の収穫であったといえよう（彼の後ろ盾もあって同大学は大きく成長し、学問、ビジネス、科学の面で世界的な貢献をはたしている）。

一八九〇年代の米国経済は大不況の最中であったが、彼は立身出世の人生を歩む。卒業後の数カ月間、フーヴァーはネヴァダ州のネヴァダシティで鉱夫として働き、そのあとは約一年間サンフランシスコの著名な鉱業技師のもとで勤務した。そして、この人物の紹介でロンドンの鉱山開発会社ビュウィク・モーリング社（Bewick, Moreing & Co.）に就職した（兄の学費を稼ぐ必要も転職の理由の一つであった）。同社により一八九七年五月豪州へ送られ、それ以降一九一七年までほとんど海外で生活を送ることになった。彼は豪州で金鉱を掘り当てることに成功し、その後本社の共同経営者の紹介で一八九八年に転職し、中国へと向かった。

歴代の大統領で極東事情を一番よく知っていたといわれるフーヴァーであるが、彼は一八九八年中国最大の鉱山会社チャイニーズ・エンジニアリング・アンド・マイニング社（Chinese Engineering & Mining Co.）に、中国政府から雇われる形で技師長に就任した。一八九九年二月に大学の同期生で、また女性で唯一の地質学専攻であったアイオワ州生まれのルウ・ヘンリーと結婚したが、新婚早々の二人は、天津で義和団による天津攻略に遭遇した。その際、フーヴァーは外国人居留区防衛のため戦闘に参加した。事件直後に中国政府の会社であるチャイニーズ・エンジニアリング・アンド・マイニング社のモーリング社への売却を仲介し、巨額の手数料を獲得した。

このあとフーヴァーは、一九〇一年一一月から一九〇八年七月までビュウィク・モーリング社のロンドン本社で同社の共同経営者（パートナー）となり、一九〇七年までに同社の株を三割所有するに至った。在任中同社の事業が高収益をあげていたことにより、彼は鉱山技師業界ではトップクラスの収入を得ていた。ロンドンを拠点に海外出張を頻繁に行ったフーヴァーだが、同社の保有鉱区の四分の三が集中する豪州が中心であった。一九〇一年から一四年にかけて、彼は一カ所に平均三カ月滞在するペースで、米国、ハワイ、カナダ、西ヨーロッパ、ロシア、エジプト、南アフリカ、インド、ビルマ、マレー半島、中国、豪州、ニュージーランドを探訪した（一九一〇年には朝鮮半島の鉱山開発の勧誘を日本の銀行家たちから受け、日本と朝鮮半島の鴨緑江周辺を視察していたが、彼は当該事業の収益性はないと判断した）。

一九〇八年から一四年の時期、フーヴァーは独立して鉱山関係のコンサルティング会社をロンドンに設立したが、ニューヨーク、サンフランシスコ、パリ、ペテルスブルクに支社を構えたこの企業の収益基盤は、一九〇七年、一〇年、一一年に訪ねたビルマの鉱区の開発にあった。一九〇九年から一三年まで毎年訪ねたロシアではウラル山脈地方とシベリア地方の開発に関与するようになった。このほか米国内などの鉱山開発を推進することで、フーヴァーは一九一四年に鉱業会社を退職した時点で四百万ドルの資産を蓄積していたのである(2)。

実業で成功したフーヴァーであったが、政治的な野心は一九一〇年代の前半にはまだ生まれていなかった。しかしながら、一九〇九年には共和党員となり、また、一九一二年にセオドア・ローズヴェルト元大統領が進歩党候補として大統領選に出馬した際、彼の考えを支持するフーヴァーは同党へ千ドル献金した。一方、この頃、スタンフォード大学理事にも就任し、初代の米国鉱山局長に就任することを夢見た(3)。

彼を政治家の道へ引き込んだのは第一次世界大戦であった。個人主義にもとづき四〇歳までに巨万の富を築いたフーヴァーであったが、クエーカー教の影響もあってか社会奉仕活動を開始し、ＮＰＯ・ＮＧＯの設立、組織化、運営で辣腕をふるった。一九一四年、欧州で立ち往生していた米国人一二万人の帰国を支援すべく民間団体米国援助委員会（American Relief Committee）を民間人の支援で設立し、その委員長を同組織が解散した一九二〇年まで務めた。これに続いて中立国ベルギーの戦災に対応すべく、ベルギーの一般市民向けの食糧や生活必需品を米国から調達し、配給するベルギー援助機関（Commission for Relief in Belgium, CRB）を創設した。フーヴァーは、ベルギーとフランス北部を占領するドイツ政府の理解と協力、米英仏各政府の財政援助と協力、民間人による資金を含む援助を勝ち取り、同機関の委員長を組織が解散する一九一九年まで務めた。そして一九一五年に入って一時帰国したフーヴァーは、ＣＲＢの活動への支持をウッドロー・ウィルソン大統領とセオドア・ローズヴェルト元大統領とのそれぞれの会談において得た。

米国が参戦するまでフーヴァーは連合国側と同盟国側を往来できる数少ない米国人であったことも手伝って、ウィルソンと親密であった顧問エドワード・ハウスがロンドン入りすると、フーヴァーの欧州情勢にかんする見解をたびたび求めた。このようにしてウィルソン政権との関係が親密になったフーヴァーであったが、一九一七年春に米国が連合国側として参戦すると、ウィルソン大統領の懇請により米国食糧庁長官に就任した。その任期は同庁が存在した終戦までで、その任務は米国内での配給などの食糧問題の統制であった。これら諸活動により、フーヴァーは米国内外で一躍有名になり、英国では軍需大臣になるよう打診もあったほどである(4)。

彼はまた、終戦時にＣＲＢが推進した戦災地への援助活動を継承しながら、より多彩な復興援助を推進する米国政府のアメリカ援助機構（American Relief Administration, ARA）の事務局長を、同機構が解散する一九二三年まで務めた。ＡＲＡは、欧州における連合国、中立国、同盟国、東ヨーロッパの新興独立国の食糧・疫病対策を中心とする復興問題について絶大な権限を得たのであった。同機構はヴェルサイユ条約の締結まで米国議会から授かった一億ドルを復興支援に活用した。条約締結後議会はＡＲＡへの支出を打ち切ったが、一九一九年から二〇年の冬にかけてフーヴァーはＡＲＡをＮＰＯに再編した。それからフーヴァーは、ＡＲＡの他、赤十字社や教会団体など大戦中から戦災地への支援活動を行っていた米国系ＮＰＯ団体を統括する欧州支援協会（European Relief Council, ERC）を発足させた（この頃スタンフォード大学のフーヴァー研究所を創立している）。ヴェルサイユ講和会議ではウィルソン大統領の要請で会議の六つの小委員会の委員長を務め、また、二〇の小委員会の委員を務めたが、彼は目立たない非公式なかかわり方を好んだ。これは後の政治家としての彼のスタイルとして続いた。そして経済問題では非公式の大統領顧問として活躍したが、国際連盟加盟問題でウィルソンと対立し、やがて袂を分かった。

2　フーヴァーと一九二〇年代のアメリカ外交

フーヴァーがウィルソンと不仲になった原因は国際連盟をめぐる見解の違いにあった。フーヴァーは国際連盟が米国の主権にさまざまな制約を課す存在になり、また国際連盟による集団安全保障などの枠組みにより欧州諸国や諸外国により米国が利用されることを懸念した。ウィルソンの経済顧問委員会のメンバーの大多数も同様の見解で、彼らは天文学的な額となった対独戦争賠償金、さまざまな対独経済制裁、委任統治問題でフーヴァーと同様にウィルソンの姿勢を懸念した。ただ、フーヴァーはこれらの批判点をウィルソンへ個人的に具申し、また、そのあとに公にしたため、大統領の逆鱗に触れたようである（因みに、経済顧問団の一人であり、一九二〇年代から三〇年代にかけて米国の経済外交で活躍したモルガン投資銀行の番頭トーマス・ラモントは対独戦争賠償を支持していた）。

ただ米国が世界と相互依存関係にあることを強く自覚していたフーヴァーは、懸念はしながらも米国の国際連盟加盟を支持し、議会が大統領にさまざまな修正案をつきつけてきた際、それらを受け入れるようウィルソンに説得を試みている。そして、ハーディング政権で国際連盟加盟が却下されるまで加盟運動を他の共和党有力者とともに展開したのであった。このようにフーヴァーは国際協調に一定の理解を示しており、太平洋戦争中に国際連合への加盟をめぐる政治論争が国内で起きた際も、フーヴァーはアメリカの加盟を支持している。

極東問題についてであるが、ヴェルサイユ講和会議頃までのフーヴァーは、日本の中国大陸進出を警戒し、ウィルソンが山東半島のドイツ権益を日本へ譲るという妥協を講和会議で行った際には、辞表提出を検討したほどの反発を示した。この時点でウィルソンはシベリア出兵を日英などとともに行っていたが、フーヴァーが当初希望していたのは、彼が東欧で共産主義の拡張を封じ込めることに成功した手法、つまり食糧を政治的な駆け引きに活用することによりロシアの共産主義を封じ込めるという手法だけに依存することであった（飢餓がかえって民心を共産主義に引きつけるというのが彼の持論であった。しかし、一九二〇年代初頭に彼はARAにより対ソ食糧援助を推進したが、後年この措置がかえってソ連の政権基盤を固めることに寄与したと認めた）。ウィルソンがシベリア出兵を決定すると、彼やフーヴァーが懸念していたように、日本は要請された規模をはるかに上回る出兵を決行していたのであった。(5)

極東における日本の影響圏の拡大以上にフーヴァーが懸念したものは、ウィルソンと同様、共産主義の広がりであった。フーヴァーは熱狂的な反共主義者と見られがちである。たしかにフーヴァーは熱心な反共主義者たちと親しかった。例えば、熱狂的な反共主義者であったリチャード・ニクソンの初当選にフーヴァーが寄与したり、初代連邦捜査局長官でニクソンと同様熱狂的な反共主義者であったJ・エドガー・フーヴァーの長官任命に当時商務長官であったフーヴァーが貢献したこともあった。しかし、第一次世界大戦直後アメリカ国内でパーマー司法長官（クエーカー教徒）が推進した赤狩りについては、共産主義者と思われる容疑者の人権擁護を主張し、また、大統領在任中は赤狩りを行うことを避けた。フーヴァーの赤狩りに反対する姿勢は、冷戦による米ソ対立のなかで軟化したが、それでも議会の非米活動委員会やトルーマン大統領の反共活動（国務省内の共産主義者の存在にかんする調査など）への関与を避け、国務省を含む米国政府が共産主義者に乗っ取られるとは信じなかった。ただし彼は、フランクリン・ローズヴエルト政権時代にアメリカ国内で容共的な価値観が広まったと確信し、ニューディール支持者たちを激しく非難したのであった。

このように反共的であったフーヴァーであったが、先述のARAでの活動が示すように、対ソ人道援助には積極的で、ハーディング、クーリッジ両政権時代商務長官であった彼は、米国の初期（一九二〇年代前半）対ソ外交では、ARA活動を通じて、商務省が外交政策の縄張りを争った国務省より重要な役割を果たしていた。商務省も国務省もローズヴェルト政権までは反共主義にもとづく対ソ不承認という姿勢を崩さなかったが、一九二〇年代から三〇年代はじめのアメリカは対ソ不承認のままで食糧援助や対ソ貿易・投資を行ったのであった。(6)

日本の大陸進出を警戒しながらも極東における安定勢力として日本を評価し、その満洲における権益を尊重するというアメリカ外交上の一つの潮流は、一九〇〇年代後半以降のセオドア・ローズヴェルト大統領と彼の国務長官エリヒュ・ルートの見解まで遡れるが、フーヴァーはこの考え方を継承していた。(7)先述のごとく、ヴェルサイユ講和前後のフーヴァーは、日本の大陸進出に懐疑的であったが、一方で反共主義者の観点からソ連の極東進出を憂い、また、群雄割拠の中国を懸念した。極東における唯一の安定勢力は日本であり、その近代化を高く評価していたのである。ワシントン会議が行われた際、ハーディング政権の商務長官であったフーヴァーはアメリカ側の諮問委員会のメンバーとして出席したが、会議の開催前と開催中において、ヒューズ長官はたびたび彼の見解を求めていた。そして、会議前にフーヴァーはヒューズに対して、日本の中国における市場と資源に対する依存度の高さから考えて、日本の大陸進出が領土的な拡張でない平和的なものであるならば支持すると説いた。その一方で、彼は孫文の国民党政権の統治能力を評価せず、孫文がソ連の顧問を雇っていることを警戒した。それでも彼は国民党からの共産主義の一掃と統治能力の改善を条件に国際協調融資を中国に与えるべきであると、ヒューズに進言したのであった。(8)

結局、ワシントン会議における中国問題は、ルート／フーヴァー路線の流れに沿ったものとなった。ワシントン会議でアメリカ全権のリーダーであったルート元国務長官は、九カ国条約のほとんどを書き上げたが、彼は、門戸開放にもとづいて中国を守ろうとするヒューズの主張を取り入れながら、中国における門戸開放を条約の一部にした。それと同時に、四カ国借款団をめぐって起こった日米の対立をへて一九二〇年五月にJ・P・モルガン投資銀行のトーマス・ラモントと日本の銀行家たちとの間に成立した合意（四カ国借款団は満洲における日本の鉄道事業を妨げる行為はしない）も取り入れることで、満洲を門戸開放から除外した。(9)

門戸開放にかんするこのような見解は、極東において米国がこれについてどれだけ真剣であったかという疑問を投げかけるが、商務長官フーヴァーは、中国市場の将来性を否定し、その結果、極東における門戸開放政策も実質的には修正していた。先述の中国の経済開発については、モルガン銀行のラモントと同様、日米協力にもとづく中国経済の平和的発展を支持したのであった。ただし、フーヴァーはヒューズと同様、四カ国借款団のアメリカ代表団の中心的な存在であったモルガン投資銀行のラモントが推進した日本への資金援助を積極的に支持したわけではなかった。借款団は、米国が指導的な役割を果たす形で日本の大陸進出の抑制、中国における門戸開放の定着化、国際協調にもとづいた中国経済開発を推進させるという、第一次世界大戦後世界最大の債権国となったアメリカ側の思惑もあって設立されていた。しかし、借款団への中国側の反対に加え日米の両代表団が対中融資のリスクが高すぎると考えたため、対中融資をまったく行わずに一九三〇年代に消滅した。四カ国借款団の機能不全に直面したフーヴァーは、商務長官時代から大統領時代にかけて対中貿易法の制定と改正に尽力し、税制上の優遇により米国企業の対中進出を促進させようとした。これは、米国内で対中貿易への関心を高め、また、四カ国借款団の機能不全の結果としての、米国金融機関の対中貿易融資に対する消極的な姿勢を補おうとする狙いがあったが、このような考えは、商務省の国務省による四カ国借款団支持に対する苛立ちが背景としてあった。このように商務省対国務省という縄張り争いという要素を含めた両省の間に生じた緊張関係はあったものの、フーヴァーは、ヒューズとケロッグ（ヒューズの後任）が推進した極東政策を基本的には支持した。モルガン投資銀行の対日金融取引については、日本側がアメリカで調達したドルを満洲における「門戸閉鎖」や中支における日本の排他的権益確保のために使っているのではないかという観点からモルガン投資銀行を非難するヒューズと国務省をフーヴァーは支持した。彼らからすればJ・P・モルガン投資銀行のこのような行為は、一九二二年に国務省が発表した一般融資政策（後述）という対外民間融資に対する禁止事項（融資の禁止対象は、日本の対満経済への排他的影響力の拡大に寄与する融資、徴税不足による財政赤字国、ソ連のような不承認国家、武器の購入、米国が必要とする物品・資源を高値で米国に売りつける外国独占資本、対米債務不履行国）に抵触すると考えたからであった。

ただし、このガイドラインには強制力はなかったし、米国内における当時の一般的な考えでは、平時においての政府の経済に対する直接介入については極めて消極的に捉えられていた。戦間期の米国経済外交が民間主導にもとづく官民協調で推進されていたこと、そして、米国政府が欧州、特にドイツの復興にモルガン投資銀行などの巨大民間資本の協力を必要としていたことを考えると、フーヴァー、ヒューズ、ケロッグ国務長官はこのような事態を黙認せざるをえなかった。ましてやフーヴァーからすれば日本を極東における唯一の安定勢力と位置づけて日米協調をもっとも重視していた。フーヴァーは満洲事変以降の日本の対中侵略には批判的であったが、彼の反共主義にもとづく日米関係観により、一九二〇年代以降極東における日本の覇権を黙認したのであった。

極東において門戸開放原則を修正して適用する考えであったフーヴァーの貿易政策にかんする見解は、純粋な自由貿易支持ではなかった。というのも最恵国待遇にもとづく貿易協定を各国と締結することを通じて米国の世界貿易を拡大することを支持する一方で、米国が輸入品に高関税を課すことを厭わなかったという点では保護貿易主義的な側面があったからである。フーヴァーは高関税政策を一貫して支持し、統計分析などの社会科学的手法で裏付けながらこれが国内の繁栄をもたらし、そしてそれを通じて世界経済に貢献すると信ずる一方で、英国のポンド圏など欧州の宗主国と植民地との間にあった排他的経済権益を非難した。彼は米国が必要とした海外の戦略物資など重要産品の安定的な輸入を米国経済の輸出依存度以上に重視していた。世界経済が機能している限り、米国の繁栄は世界経済に依存しているため、経済的孤立主義は不可能であると考え、世界不況が戦争を引き起こす大きな要因であるという考えにもとづいて、世界経済の繁栄による平和の達成を重要視したのであった。

フーヴァーのこのような考え方は、第二次世界大戦勃発後、紛争地域への経済依存を解消すべく緊急措置として貿易の制限と国内経済の自給自足を高めるという考えに転換していった。一方、米国の安全保障は西半球を防衛する能力で十分であると考え、また、同地域へ欧州の国々や日本が軍事的に介入する意志も能力もないので、そのような事態はまず有り得ないと信じたのであった。反共主義であり、また、反ファシズムでもあったフーヴァーは、共産主義やファシズムといったイデオロギーが米国内の秩序に対して脅威となる可能性は認めたが、このような問題は米国内で対応することで十分に済む問題であると主張した。民主主義の国々と同盟を結ぶことで、ソ連や日独伊といった独裁主義的な国々とのイデオロギー的な対立を形成することは、中世の宗教戦争のような事態を惹起することとなろうとフーヴァーは反対理由の一つとして指摘したのであった。(10)

フーヴァーは、このように世界的な相互依存に対して複雑な心境を抱いていたのである。経済的な相互依存により平和を達成する重要性を指摘する一方で、彼はグローバル経済を競合する文明同士が覇権をかけて衝突する場であると捉え、米国はその中で「アメリカらしさ」を維持しなければならないと信じていた。フーヴァーは文明の衝突論的な考えの持ち主であったのである。例えば、商務長官時代のフーヴァーの日米関係に対する見解にはこの心境が如実に現れていた。一方では、日米間の相互補完的な貿易の増大、そして両国間の経済相互依存の強化を通じた平和と文化交流が強化されていく流れを歓迎し、また、日本の近代化を高く評価したものの、フーヴァーは、フランクリン・ローズヴェルトと同様、排日移民法（米国が植民地支配をするアジアの地域以外からのアジア系移民を受け入れないことにし、欧州、なかでも南欧と東欧からの移民を大幅に制限し、他の地域からの移民も大幅に制限した一九二四年移民法）を支持したのであった。フーヴァーの排日移民法支持の思想的背景として、ラマルクの進化説（ラマルキズム）を支持（非白人も教育などを通じて思考や行動様式において白人のようになれるという考えで、同世代の白人と比べれば進歩的な発想）し信奉する一方で、非白人は十分に欧化できないという考え、そして（ローズヴェルトや他の多くの日米の人々が当時信じていたが）日米の混血児は双方に好ましくないという考えを強く持っていたことが指摘できよう。

3　米国の東アジア政策——一九二〇年代

第一次世界大戦終結時、米国は世界最大の債権国となり、国際金融市場の中心はロンドンからニューヨークへシフトしていた。一方米国内は、対外問題に軍事的にかかわることを嫌う、対外紛争不関与と平和志向の機運が世論や議会で強まり、米国は戦時体制を短期間で平時体制に戻すため、陸海軍の兵力の急速な削減を推進したのであった。この機運は、第一次世界大戦の終結に伴う米軍の欧州からの撤兵のみならず、シベリアからの撤兵、中国と西太平洋における米国の軍事的プレゼンスの縮小論議、西半球における軍事介入の見直しへと波及していった。ただ、海軍力については、軍縮を進めることとなったとはいえ、戦時中世界最強の海軍となった米国はその地位を守る政策を推進したのであった。イギリスの国際金融面での影響力を凌ぐのみならず、第一次世界大戦勃発時まで世界最強であった英国海軍とは対等な立場を維持した。一九二〇年代の米国外交は、軍縮を推進する一方、政府が国内の金融グループと協力関係を築きながら、米国民間資本を国際金融市場の安定化、戦災復興、戦争債務問題、そして戦争賠償問題に積極的に活用する、民間経済外交が主体となっていた。(11)(12) 米国は、巨額の対米戦争債務について米国側の柔軟性を期待した英国の対米協調姿勢が背景となって、英国に対して求めていた日英同盟の破棄と海軍力における米英の対等をワシントン会議で実現させ、英国を金本位制へ復帰させ（一九二五年）、また、英国を戦争債務と戦争賠償問題の解決に協力させたのであった。(13)

戦間期の米国の東アジア政策を研究する際、留意しなければならないことは、米国政府が、一九二〇年代中国の内戦、内政の混乱、排外主義を警戒する一方、日本の内政の安定性と民主化を歓迎していたことである。また、経済面では、中国の国内の混乱と工業化の遅れが背景となって、米国の対日貿易・投資がその対中貿易・投資をはるかに凌ぎ、米国にとって東アジアにおける経済上の最大の貿易相手国は日本であった。米国側は、日本がその帝国内の経済発展のために米国資本を必要とし、米国はこの依存をてこに日本を軍備管理と中国問題の関係で米国の利益に合致するように仕向けることができるのではないかと考えていたのであった。(14) また次の点にも留意しなければならない。一九二八年に蔣介石率いる国民党政権が北伐を完成させた。これにより中国ではなお内戦が続いたものの、その排外主義が従来欧米日を対象としていたものが、日本に集中するようになったのである。

一九二〇年代のアメリカ外交は、フーヴァーの商務省が推進した民主導の官民協調による経済外交に象徴されていたが、もしも第一次世界大戦のような大戦争へ発展していくような事態となった場合、そのような紛争を抑え込む手段としてフーヴァーをはじめとする米国の政策決定者の多くが頼みとしていたものは、国際世論であった。ただし、この国際世論の中心的な構成主体は欧米諸国であったわけであるが、ウィルソン大統領やフランクリン・ローズヴェルト大統領が国際世論が紛争解決につながらない場合、米国の軍事的な介入を選択していったの対して、フーヴァーは前述のごとく西半球に米国の防衛ラインと自給自足圏を確立していく方向を打ち出したのであった。フーヴァーからすれば、第一次世界大戦の教訓は、総力戦への参加は米国内が尊んできた思想的・経済的自由と民主主義を破壊しかねず、また、国内では独裁主義的・全体主義的な体制が形成される気運となるという憂慮であった。

しかし、満洲事変の勃発後、日本が平和的手段ではなく、武力により中国での影響力の拡大を行うようになり、また、日本の満洲における経済政策と中国における軍事行動、占領政策が米国の権益を侵すようになってから、米国はその対中政策を不関与から関与に少しづつシフトさせていった。

一九二〇年代の米国の対東アジア政策は、ワシントン会議の諸条約により、日米英のそれぞれの海軍の影響圏（米国は西半球、英国は英連邦圏、日本は西太平洋）を相互に尊重することを旨とするものとなった。一方、東アジアについては、中国との条約改正の問題と中国における門戸開放の問題があり、米国は、中国、特に満洲以外における日本の主導権を認めることはなかった。日本は米英が提唱した、日本の中国における経済的支配に歯止めをかけることを狙う対中国借款団に米英仏に続いて一九二〇年一〇月に加入することに応じた。その際、日本側と借款団の幹事役（米国が当時世界最大の債権国で英仏は米国に巨額の戦争債務を負っていた）を務めるモルガン投資銀行のラモントは、日本側と米国務省双方が受け入れられる妥協を成立させていた。すなわち、南満洲の日本の鉄道事業を、四カ国借款団は妨げないとする内容であった。それ以外については、借款団の承認なく中国政府への融資や資金調達の斡旋を米英日仏の金融資本は行えないとする内容であった。グラッドが紹介しているワシントン会議で調印された、中国における門戸開放を尊重する九カ国条約成立の経緯を参照すると、この一九二〇年一〇月の合意が前提とした石井・ランシング協定は一九二三年四月に廃止されたが、一九二〇年合意は同条約のなかに実質的に取り入れられていったことがわかる。

四カ国借款団は、北京政府に中国の鉄道、道路、港湾関係に必要な資金を提供することでこうした施設の国有化と開発の支援を行い、また、中国政府の財政を実質的にコントロールできる影響力を狙った。英国は、中国の塩に対する税の徴収と海関の運営を任されており、これら収入は香港上海銀行で中国の債務と相殺され、そのあとの余剰分は、北京政府に対する信託財産として保管されていたのであった。英国は、中国において米国を利用しながら影響力の維持を図ろうとしたのであった。

英国は、満洲の東清鉄道を四カ国借款団が開発することを目論み、一九二一年八月、ラモントとニューヨーク連邦準備銀行総裁ベンジャミン・ストロングは、この問題を含めた米英金融協力について協議するために英国から秘密裏に訪問したイングランド銀行上級幹部モンテギュー・ノーマンとチャールズ・アディスと会談を行った。ラモントは、アディスが東清鉄道のことについてヒューズ国務長官と会談する斡旋も行い、この二名の英国の銀行家は帰国する際、欧州と東アジアにおける米英協力を米国が支持していると確信したのであった。

しかし、米国は欧州における戦争債務問題でイギリスが期待していたような妥協に応じず、また、ワシントン会議開催中アディスが訪中して英国が借款を中国の地方政権に行う意向を表明すると、米国国務省は、そのような行為は、北京政府のみを対象とする四カ国借款団の目的に反するとアディスの見解を却下したのであった。

結局、四カ国借款団はそれが存在した全期間対中投資を行わなかった。というのも、北京の中国政府は、借款団による中国の鉄道の国際的支配と、中国政府の累積債務問題解決への支援を通じた金融的・政治的影響力を警戒し、四カ国借款団を受け入れる姿勢を示さなかったからである。また、この借款団を構成する四カ国の金融資本は中国の政治経済を不安定でリスクが高いと見ていたのであった。[15]

米国は、東アジアに対する投資政策について独自の考えを持っていた。ブランデスによると、一九二一年夏フーヴァー商務長官の進言で、ウォーレン・ハーディング大統領のよびかけにより大統領官邸で開催された、フーヴァー、ヒューズ国務長官、アンドリュー・メロン財務長官、J・P・モルガンをはじめとする米国の大手投資銀行の代表者たちの会議を出発点として、一九二二年三月にヒューズ国務長官が発表した一般融資政策（General Loan Policy：対外投資にかんするガイドライン）により、法的拘束力はないものの、米国金融資本の外国と外国企業に対する融資・借款に規制を加える方針が打ち出されたのであった。これは、ローゼンバーグが指摘するように、一般融資政策の対象となりうる案件として、融資や借款の対象となる外国企業や国が、ライバル関係にある米国企業を外国市場から追い出す危険をはらんでいる場合（例えば、日本の満洲における経済権益を拡張して同地域から米国企業を排除していくような案件）、ソ連のような米国が国家として承認していない国の経済プロジェクトへの融資・借款、米国が必要とする物資や資源を高値で売りつける外国独占資本への融資や借款の供与、債務不履行国への融資・借款の供与、徴税不足による赤字財政国、などがあった。国務省は、米国の投資銀行や銀行が外国や外国企業に融資や借款の供与を行う前に国務省に書面で当該投資案件が米国の国益上問題ないか照会することを奨励し、当該投資案件が米国の国益に反するか否かの判断を、商務省・財務省とも相談した上で、下したのであった。グラッドが指摘するように、この判断は、当該投資案件の政治的側面を審査するものであって、その経済的側面を審査するものではないことを国務省は表明していた。しかし、米国の金融機関は、外国や外国企業へ融資や借款の供与を行うにあたり、いちいち国務省の顔色を伺うことに難色を示したが、国務省を無視して対外融資や対外借款の供与を行ったあと、万一外国政府による国有化や財産没収に直面した場合、米国政府の支援を得られないことを恐れて一般融資政策に従ったのであった。

フーヴァーは、ヒューズ国務長官やフランク・ケロッグ国務長官が唱える一般融資政策の審査対象を当該融資・借款の政治的側面にとどめるべきであるという主張に反論し続けた。すなわち、コーエン、ローゼンバーグ、ブランデスが指摘するように、フーヴァーは、その借款の経済的側面も審査対象にすべきであると主張したのであった。具体的には、コーエンが指摘するように、米国民間資本の投資が、平和と生産的活動に使用されることを狙い、次の基準を提示した——外国の軍事産業の育成に直接的・間接的に貢献しないこと、外国の経済発展や経済復興に寄与すること、外国社会の安定とそこでの消費社会の発展に寄与すること、外国経済の財政的健全化と生産力拡大に貢献すること、当該投資案件が返済の見込みのある手堅い内容であること、投資家たちが当該投資案件のリスクをよく承知していること、以上である。

一方、フーヴァーの考えには英国や日本などに見受けられた経済ナショナリズムの側面も存在していた。ブランデスが指摘するように、フーヴァー率いる商務省は、米国の一般投資家に特定の外国証券のリスク性について情報を提供したり、また、米国の投資家の外国証券への投資は支援する一方、国内産業の空洞化と外国政府による国営化などを恐れて、米国企業が海外へ直接投資を行うことについては、支援はしたものの、全体としては消極的姿勢を示したのであった。ブランデスが言うように、フーヴァーは、英国の投資家が中国に融資・借款を供与する際、英国人技師を雇う条件をつけることで、その技師を介して英国製品を買わせることに成功していたことを理解しており、これが背景となって、コーエンが紹介しているように、米国投資家による融資・借款供与の条件として米国人技師の雇用と米国製品の購入を条件とすべきであるというフーヴァーの意見表明がなされたと言えよう。

フーヴァーのこうした外国への融資と借款について経済的側面から審査したり条件をつけたりしようとする見解は、

政府が民間企業の投資活動へ介入することを警戒する、投資銀行家、ニューヨーク連邦銀行総裁、有力上院議員カーター・グラスの反対を招いた。一般融資政策は、ヒューズ、ケロッグ両国務長官が推進したように政治的側面のみを審査対象としていった。

しかし、それでも米国の投資家が日本に投資を行う場合、ブランデスが活用している米国立公文書館資料（RG一五一：六四〇〔Japan〕）が示すように、必ず事前に商務省に当該投資案件と一般融資政策との関係について照会していたようである。一般融資政策は、米国資本の対満洲投資を阻害することにある程度成功したのであった。このガイドラインは、日本が特殊権益を主張する満洲にかんする日本の立場を明確に容認することを回避し、また、米国資本の同地域への参入と同地域での競争に障害となる行為に貢献しない狙いがあった。

しかし、ホッフが問いかけるように、満洲における日本の主導権に米国資本が協力することに歯止めをかけようとした一般融資政策は、本当のところどの程度成功したのであろうか。つまり、日本が米国資本より得た融資や米国で調達した資金が国務省のガイドラインに反する目的――満洲の経済開発など――にどの程度使用されたのであろうか。

この点については未解明の部分が多いが、コーエンの研究書を中心に参照すると[16]、一九二〇年代の対東アジア経済外交について以下の指摘ができよう。

南満洲鉄道のようにその名称からして日本の満洲における経済活動と簡単に理解できる投資案件については、ハーディング政権時代のヒューズ国務長官もマクマレー国務省極東部長もともに反対で、クーリッジ政権のケロッグ国務長官とジョンソン極東部長（一九二八年春以降はホーンベック極東部長）もこの方針を推進していた。しかし、東洋拓殖会社などのように米国資本の融資対象や債権発行の斡旋対象である日本の企業や日本政府が、その資金を満洲へ回しても米国は黙認するのであった。

後述するように段祺瑞政権崩壊後の中国にかんする「事実上の政府承認」も行っていない米国は、一九二七年三月、南京事件に直面するのみならず、日本政府保証を受けた南満洲鉄道の米国における資金調達問題にも直面する。クーリッジ大統領は、三月の閣議で資金調達を日本政府が行う場合は黙認する意向であったが、南満洲鉄道の資金調達は、米国が掲げる門戸開放の原則に反する満洲における日本の立場を米国が明確に承認する恐れがあるため、慎重な態度を示したのであった。

一方、南満洲鉄道側は、中国における日米共同経済開発と満鉄の米国資金調達に肯定的な米国の大手投資銀行Ｊ・Ｐ・モルガンのラモントと米国における資金調達にかんする話し合いを開始した。一九二七年一一月、日本の統治下にある南満洲こそ米国の対中投資対象として優良であり、満鉄は具体的投資案件として理想的であると主張するラモントの見解にオールズ国務次官は説得され、また、ケロッグ国務長官も満鉄への米国資本の関与についての従来の方針を覆すかに見えた。

しかし、この状況は、おそらく中国側によるものと思われる米国内のマスコミへの働きかけと、国務省内のマスコミへの情報漏洩（おそらく一九二九年に国民党政権の顧問に転出したアーサー・ヤングが情報源）により、米国内世論からモルガン銀行の米国内における満鉄の資金調達の仲介に反対する見解が噴出し、モルガン銀行はこの投資案件を事態が沈静化するまで見送ったのであった。

ラモントは、国民党政権と米国政府が南京事件の事後処理にかんする合意を三月に達成した直後にあたる四月、満鉄が日本国内で行った既存の資金調達のリファイナンスを行う用意があるとケロッグ国務長官に伝えた。この投資案件は、新規の建設や既存の路線の延長工事を目的としないとするラモントの説明に対して、国務長官もマクマレー駐華公使も止むを得ないと判断していたが、五月の山東半島における日中軍事衝突と七月の米中関税条約改正にともない、国務省は八月、この案件に明確に反対の立場をラモントに示した。

満鉄への米国資本の関与を認めなかったものの、一方で国務省はその一カ月後にあたる九月の東洋拓殖会社の米国における債券発行による資金調達、そして、一九三〇年五月のモルガン銀行を引き受け幹事とする米国銀行のシンジケート団による日本政府の米国金融市場からの資金調達を斡旋したのであった。

米国は、東アジアにおいて対日貿易・投資が政情不安定な中国との貿易・投資関係よりはるかに利益を得られることを重視する一方、日本との親密な関係が中国の民族主義を刺激して中国の反米活動に火をつけることを警戒すると同時に、日本の満洲における特殊権益を明確に認めることを避けたのであった。

一九二〇年代の米国の対東アジア政策決定者たちは、総じて日本の米国資本への依存が、日本の国内政治体制の民主化、日本の中国大陸への平和的進出を助長するものであると信じていた。南満洲鉄道にかんしてはその見解が揺れ動くような経緯も存在していたが、米国は、一九二〇年代中国の内戦状態と排外主義に直面するなか、日本の西太平洋と東アジアにおける影響圏を結果的に黙認することとなった。

ホッフが指摘しているように、一九二〇年代の米国の対中外交を考察する際、ハーディング政権のヒューズ国務長官とマクマレー国務省極東部長が、ワシントン会議で調印された九カ国条約にもとづき日英と協調しながら対中政策を行っていた傾向があり、両者は極東における米国外交の主軸を中国ではなく日本により置いていた。両者は、内政を安定化できる政権が中国に存在し、その政権が既存の条約を遵守しながら外国人の生命と財産を保護するのであれば、不平等な関税条約と治外法権の段階的撤廃に応ずる用意があった。しかし、中国の政権に統治能力がなく、中国在住の米国人の生命と財産を脅かす中国情勢に直面した場合、米国は単独あるいは日英などと共同で中国に軍事介入を行えると唱えたのであった。対中強硬姿勢は、ヒューズよりマクマレーがより顕著であったが、ヒューズは英仏と交渉することで中国がその貧弱な海軍を増強するための経済支援を行わないようにさせたのであり、また、日本の要請を受け入れて日本が反対するような四カ国借款団の案件は進めなかったのであった。

一方、ホッフによると、クーリッジ政権時代、極東部長から駐華公使に転出したマクマレーは対中強硬姿勢を崩さなかったものの、国務長官に就任したケロッグと極東部長に就任したネルソン・ジョンソンは、その対東アジア政策において、前政権と比べやや中国よりに軸足を置いており、日英と対中政策で協調を模索することはあったが、その政策はより単独主義的であり、両者は中国で北伐を開始した国民党政権にチャンスを与える姿勢を示し、特にジョンソンは関税自主権の回復と治外法権の廃止を狙う交渉に応じてもよいという見解を持っていたのであった[17]。ホッフが指摘するようにたしかにケロッグとジョンソンは、米国が「事実上の政府承認」すら行っていない時期の中国（一九二六―二八年）に対して忍耐強く対応したようには見えるが、彼らの対中姿勢は、実際には前政権が維持した対中姿勢と比べて大きな違いはなかったように思われる。そもそもヒューズ自身、ワシントン会議において中国にチャンスを与え、その内政の安定化を確保していくよう支援する意向であったのである。

一九二八年五月の山東半島における日中軍事衝突の段階で、前年の南京事件にかんして中国国民党政権（南京政権）の米国に対する謝罪と賠償支払いなどによる決着を三月に米中両国が受け入れていたとはいえ[18]、米国は、なお中国のどの政権に対しても「事実上の政府承認」すら行っていなかった。こうしたなか、米国は、国民党軍が北京を制圧する以前にあたる山東半島の日中軍事衝突、五月一八日前後の日本の対中政策（天津から中国軍を二〇里撤兵させ、国民党の北進に苦戦する北京の張作霖政権を満洲へ撤兵させ、国民党政権に対しては張作霖の万里の長城以南への進出を容認しない日本の姿勢を伝える一方、天津における租界地の人命と財産の保護のため米英をはじめとする列強と居留民保護活動を共同で行うことを呼びかける）、北京を撤兵して満洲へ移動中の張作霖の爆殺（六月三日）において、その対中政策は中国での内戦に対する段祺瑞政権崩壊以降の中立の立場を維持していたのであった。米国は、この時期の田中政権の対中政策は、門戸開放および九カ国条約に違反していないとする立場をとっており、日本の政策を黙認していた。一九二八年四月に大学教員から国務省に極東部長として復帰していたホーンベックは、五月一八日の田中首相の対中覚書が満洲における日本の影響力を強める危険性をはらむと考察したものの、彼も国務長官ケロッグもその対中政策は日本との対立ではなく協調が主軸であった。ただ、この協調は消極的な協調から積極的な協調まで、ばらつきが当然存在していた[19]。

日本の東アジアにおける影響圏を黙認する米国の対中姿勢は、満洲事変後まで続いたのであった。問題は、日中全面戦争となって以降、米国が中国における日本の行動をもはや黙認しないという姿勢に急速に転じていったことにある。このことは、日中全面戦争勃発以降のホーンベックの対中政策の転換とローズヴェルト政権の対中経済援助政策からその流れがはっきりしていったのであった。

4 「事実上の承認」の問題

一九二〇年代の米国の対中外交で見逃されがちな事実がある。ボーグの研究書で比較的詳しく紹介されているが、米国は他の列強とともに一九二四年一一月末、中国北京政府の暫定的大統領に就任した段祺瑞の政権を中国を代表する政権として政府承認を与え、一九二五年七月にフランスがワシントン会議の条約とその関係文書すべてを批准すると、段祺瑞政権が求めており、またワシントン会議でも取り上げられていた中国の関税自主権の問題について北京で関税会議を開催することが可能となったのであった。しかしながら、一九二六年四月に段祺瑞政権が崩壊し、内戦と政治的混乱に拍車がかかった中国のどの政府に対しても、米国は、「事実上の承認」(de facto recognition)、ましてや「法律上の承認」(de jure recognition,「完全な外交上の承認」ともいう) を与えなかった。

「事実上の政府承認」とは、政権の国家領域に対する実効支配を見極めて、その大部分に対する実効支配の継続が見込まれる段階で、その政権と、取り消しあるいは撤回が可能な実務的な公式関係の設定にとどめる承認である。一方、「法律上の政府承認」とは、政権の国家領域の大部分あるいはすべてに対する実効支配が安定的・恒久的となることが確定した段階で行う承認である。ただし、政府承認は、その承認を行う国の政治的判断に委ねられがちである。(20)

段祺瑞政権崩壊後も、米国は中国という国家自体は承認していたので、米中間には当然両国間にある既存の条約などの権利義務関係が存在しており、中国には米国公使館、総領事館、領事館が維持され、米国には中国の大使館が存在していた。そして、北京には米国の公使館を引き続き置いたものの、各地域の勢力と必要に応じて個別に話し合いと交渉を行ったのであった。つまり、当時米国は中国と外交関係を持っていたものの、それは必ずしも政府承認を意味するものではなく、この外交関係は中国を代表する政権が誕生したと米国が判断するまでは非公式な外交関係にとどまっていたと考えられる。しかし、もしも特定の政権と条約の制定あるいは改正の交渉を開始した場合、それはその政権の少なくとも「事実上の承認」を意味するものであった。

一九二八年六月、米国が元来冷淡に対応していた国民党が、北伐（一九二六年七月開始）により北京の制圧を行うと、米国は国民党政権に「事実上の政府承認」を与え、国民党政権が要求する関税自主権と治外法権の問題の交渉に応ずるようになった。ケロッグはもともと弁護士であり、また、条約交渉は国際法にもとづいて行われるものであることから、中国の特定の政権に政府承認を与えることは――特に政権崩壊と内戦の激化というリスクを抱える中国情勢を考えると――米中関係の内容と性質を規定する重大な意味を持っていた。

それゆえ、一九二七年一月に連邦議会下院外交委員会委員長ステービン・G・ポーターが委員会に提出した決議（中国に対して、米国が中国を代表しているとみなすことができる政権に、関税自主権を互恵平等原則にもとづいて与える交渉や、治外法権などその他の不平等条約を互恵平等原則にもとづく二国間条約に変えていくことに応じる用意があるとする内容）の採択があったにもかかわらず、ケロッグ国務長官と国務省の対中外交が非常に慎重だったことは、この時期中国の政府承認を行っていなかったことから、止むを得なかったといえよう。一九二六年の英国のクリスマス・メッセージ、ポーター決議の提出、その後のケロッグ国務長官の中国問題にかんする声明文の底流には条約改正と表裏一体の関係にある政権承認の問題が存在しており、このケロッグ声明文が単にこれまでの米国の対中政策を繰り返したに過ぎなかったとしても、それは国際法の手続きと中国国内の混乱を考えると仕方がなかったように思われる。(21)

ポーター決議については、当時の世論（新聞の社説、雑誌記事、ポーター決議の公聴会）は支持する傾向にあったが、世論も中国の統一政権の不在を問題視していた。そして一九二七年三月に国共対立、国民党右派対左派の対立、そして排外主義を背景とする南京事件および、その後の国民党左派と共産党・ソ連人顧問の分裂、国民党右派と左派の合流が起きると、米国内の社説の多くは中国は革命のさなかにあり、そうしたなかで米国は、中国の排外主義や外国人排斥から中国在住の米国人を、武力行使などにより守る必要があると考えるようになった。もっとも、それでも中国への本格的な軍事介入には反対であったといえよう。

コーエンが指摘するように、当時の米国世論と議会からは、メキシコとの対立を外交的に解決する道筋をつくるように大きな圧力がかかっていた。一九二〇年代半ば以降の米国世論と議会は、中央アメリカやメキシコなど西半球で進めてきた米国の帝国主義的な外交政策に反対して、こうした外交政策に変化をもたらしていたのであった。

中国に対しても政策決定者たちと世論は外交的解決を優先していたといえよう。一九二〇年代の初頭、米国内では中国からの米軍の撤収を求める意見も聞かれた。マクマレー在華公使のような米国政権内の対中タカ派の見解は、ケロッグに代表されるような対中ハト派に比べて劣勢であったが、両者の違いは、中国を代表する政府が誕生することに対する疑問視の度合いであったように思われる。また、ケロッグの対中姿勢は、米国議会や米国世論の雰囲気を反映していたといえよう。こうした一九二〇年代の中国情勢にかんする米国議会と世論の動向分析はまだ研究の余地がある。例えば、一九二八年春に米中が南京事件にかんする謝罪や賠償問題を解決した際、ケロッグが中国に対する不平等条約の是正を米国世論が求めていると、マクマレー公使に伝えている事実についても詳細の解明が待たれる。

米国は、国民党への「事実上の政府承認」を与えたあとに、一九二八年七月、そのような承認を反映させる形で、最恵国待遇相互付与を条件とし、関税自主権を中国に認めた米中の関税条約に調印した。この条約は一九二九年二月、米中両国が批准手続きを済ませたことで効力が発生したのであった。米国はこの時点で中国と関税条約にかんする実定法上の関係にあることを認めたが、中国の政府承認はなお「事実上の承認」にとどめていた。

一方、治外法権撤廃についてケロッグは、交渉する用意はあったものの、クーリッジ政権が一九二九年初頭にフーヴァー政権にかわったため、この問題はフーヴァー大統領とスティムソン国務長官に引き継がれた。国民党政権は、一九二九年、列強に治外法権の撤廃に応ずるよう圧力を強め、同年一二月には新年より治外法権を原則として撤廃すると一方的に宣言を行った。これは列強のこの問題への対応をなおさら慎重にさせたかもしれない。また、コーエンが指摘するように、日本は米国と比べて早くから国民党の蔣介石を交渉相手として重視していたが、米国は蔣介石に対して不信を抱いており、また、同党の安定性を疑問視していた。国民党は外交交渉を行う上で、日本と米国の国民党に対する温度差を逆手にとって利用しようとした。この点についても——例えば国民党のこのような手法はどの程度奏功したのか、また日米はこのことを認識していたのか——さらなる詳細の解明が必要である。[22]

治外法権の撤廃問題について、スティムソンはホーンベックの助言に同調し、条件付かつ段階的な撤廃は可能であるとしながらも、直ちに撤廃に応ずる意向はなかった。この判断は、「事実上の政府承認」が「法律上の政府承認」にいたっていないことと、それと密接にかかわる中国国内の秩序とそれを維持する法体制の整備に対する米国政府の不信が根強かったことに関係があったと考えられる。張学良が一九二九年一二月に国民党政権に従う意思を表明することで同政権の影響が満洲まで及ぶようになったとはいえ、一九二九年から三〇年の中国は内戦が続いており、米国は国民党政権の安定性を疑問視していたのであった。[23]

5　フーヴァーの東アジア政策

フーヴァーは、ヒューズ国務長官の信任の厚かったマクマレーと同様反共主義者で、これも、マクマレーと同様に、孫文が行った国共合作を、その政権の安定性のみならず、イデオロギーの観点から問題視していた。フーヴァーは、ワシントン会議開催とほぼ重なる時期、ヒューズに対して、次のような対東アジア政策認識を示していた。すなわち、①日本は、中国大陸に市場と資源獲得の両面で依存しており、米国はその平和的大陸進出については支持すべきである、②孫文の政権に対しては、その統治能力の向上と共産党との関係を切ることを条件に国際協調融資を行うべきである、というものである。

フーヴァーは中国に対する列強の進出は平和的に行われるべきであると考えていた。彼は、商務長官就任直後から対外貿易と対外投資を奨励する商務省の機能を同省の他の機能とともに拡充した。そして、中国での同省の出先機関は、中国の内政の安定化を重視する国務省と比べて、中国への貿易と投資こそが中国の内政に秩序をもたらしうるという政策姿勢を示した。もちろん、フーヴァー商務長官も彼の中国駐在の部下たちも中国の内政の不安定さについて何ら幻想をいだいていなかったが、四カ国借款団が中国資本や中国政府・政府系資本への投資を一向に行わないことには苛立った。とはいえ彼らは、国務省と同様、中国の銀行家に投資にかんする自主性を与えたり、また融資案件のリスク内容や案件が借款団の管轄に該当するプロジェクトであるかどうかについて精査すること自体には異論はなかったのである。

しかし、借款団の米国銀行家グループが、一九二一年に取り扱った米国籍の連邦電信会社の件で、商務省の借款団に対する忍耐強い対応は限界点に達した。当時同社は、北京政府と締結した電信施設を二〇カ所開設する契約の履行のために、借款をぜひとも必要としていた。ヒューズ国務長官は、この案件の契約の正当性を日英に認めさせることに成功したものの、借款団は米国銀行家グループにこの案件に融資を行うことを認めず、さらに米国銀行家グループ以外から融資を得ることも許さなかったのであった。

四カ国借款団が機能しなかった理由についてはさきにも触れたが、商務省は連邦電信会社の一件があった後、借款団の影響力――例えば、中国への投資案件に借款団の米国銀行家グループ以外の米国銀行の関与を確保するには、借款団の米国銀行家グループによる同案件への関与の承認を得る必要があることや、中国における経済開発プロジェクトについて借款団の管轄以外の融資案件の成否を左右できること――を回避する政策を打ち出した。その一例が一九二一年夏頃から、在中国商務省商務官、在中国貿易担当官、在中国米国経済界が推進しようとした、在中米国資本の全額出資、あるいは中国資本との合弁で設立する対中投資会社の構想であった。これは現実のものとならなかったが、こうした模索について、商務省本省は出先のこのような提案に必ずしも反対ではなかった（国務省と借款団の米国代表団は反対であった）。

もうひとつの借款団迂回のための政策は、フーヴァー商務長官が一九二一年以降その制定に尽力した対中貿易法（China Trade Act）であり、同法は、一九二二年九月に連邦議会で法案が可決された。フーヴァーはこの法律の制定を議会に働きかけるにあたり、中国で貿易と投資を行っている米国の会社に連邦法にもとづく法人格を与え、またほとんどの連邦税を免除することで、中国における米国企業の貿易・投資活動を活性化させようと考えたのであった。当時中国で貿易と投資を行っていた米国企業のうち、米国の州法にもとづいて設立されている件数は少なく、大半は、英国法にもとづいて設立されていた。ところが、第一次大戦終結後英国は、英国法にもとづき設立されたすべての企業の役員構成の半数以上は英国市民でなければならないと定めた。フーヴァーはこの改定により米国企業が中国市場から英国により駆逐されると恐れたのである。そこで当時存在していなかった連邦法にもとづく法人企業の設立を提唱し、その普及の一環として連邦税免除を唱えたのであった。この見解に対して、メロン財務長官は、連邦税免除については中国貿易に限定せず、外国貿易を行っているすべての米国企業を対象に連邦税法を改正すべきであると提唱し、こうした企業については米国内で派生した取引を対象に課税することに限定すべきであると論じた。結局、最初の対中貿易法が制定された際、連邦議会はフーヴァーが要請した連邦税免除を認めなかった。フーヴァーは、一九二五年の対中貿易法の改正で連邦税免除を限定的ながら確保できたが、彼にとっては不十分で、大統領在任中の一九三二年までたびたび免除の拡充を試みていくのである。一九三五年に連邦設立法が制定された際、その税金関係の条文は一九二五年の改正対中貿易法の連邦税免除を継承する内容であった。しかし、フーヴァーが推進した、対中貿易法により対中貿易を行う、連邦法にもとづいて設立された米国企業の数はあまり増えず、一九三〇年に対中貿易を行う米国企業が全体で五〇〇社以上存在していたのに対して、そのうち連邦法にもとづいて設立された会社は七四社に過ぎなかった。これは、英国法や他の外国法にもとづいて米国企業を設立するメリットが、フーヴァーの構想よりいかに大きかったかの証左であるかもしれないが、フーヴァーの構想が普及しなかった理由についてはさらなる検証が必要であろう。また、フーヴァーが中国における米国企業の発展を支援する際、ホッフが論じるように、米国の中国における治外法権と影響圏の拡大を前提とした構想を推進しようとしたといいうるであろうか。この点については、一般融資政策において、米国製品購入を条件とすることをフーヴァーが持論としていたことを考えると、その可能性が高いようである。(24)

対中貿易法を推進する一方、フーヴァーはラモントとともに、日米協力による中国での経済発展を支持し、満洲における日本の権益を黙認していた。両者は、ヒューズとケロッグと同様、対中門戸開放政策を実質的に否定していたのである。ただしホッフが指摘するように、ヒューズとフーヴァーの見解はラモントの対日見解と一致していくようになったのであるが、それがいつごろのことであったのかは議論の余地がある。あるいはワシントン会議以降であったかと推察される。また、前述のようにラモントをキーマンとするモルガン投資銀行などの対日投資活動の資金が、満洲や中国における日本の経済権益の強化に貢献しているのではないかという、国務省の見解をフーヴァーも共有していたが、フーヴァーも国務省と同様この問題については黙認していたといえよう。(25)フーヴァーは、天津滞在中に義和団事件に巻き込まれて天津の外国人居留地の防衛のため銃撃戦に参加した経験もあるために、中国の内政の安定化にもともと懐疑的であった。この懐疑的見解は根強く、彼がラモントに近い見解をもった背景要因になったと思われる。そして対中貿易法を推進する一方で、日米による中国経済開発を唱えたラモントとフーヴァーは、一九二〇年代半ば以降、かなり歩み寄っていたのではないだろうか。両者は、日米の貿易が相互補完的な依存関係を強化することで両国の関係が平和的に発展することを歓迎したのであった。(26)

さて、フーヴァー大統領の対東アジア政策を考察する上で、彼の安全保障にかんする人事面での以下の特徴を指摘しておく必要があろう。

(1)　フーヴァーは安全保障政策を推進する軍事関係のトップと強い信頼関係を築いていた。彼らは決して大統領のイエスマンではなかった。フーヴァーの安全保障政策チームのトップは、陸軍の中心人物が二人おり、一人は政治的野心家であったパトリック・ハーレー陸軍長官（一九二九年一一月、前任者の死去にともない陸軍次官補からフーヴァーが抜擢）、もう一人は同じく野心的なダグラス・マッカーサー参謀総長（一九三〇年夏にフーヴァーが抜擢）であり、両者はフーヴァーと政治的見解を共有する傾向が強かった。海軍の中心人物はやはり二人で、一人は第二代と第六代米国大統領を輩出したアダムズ家の出身であるチャールズ・アダムズ海軍長官、もう一人はウィリアム・V・プラット海軍軍令部長（大統領就任早々から次期軍令部長となるようフーヴァーが指示し、一九三〇年五月同職に就任）であった。フーヴァーは回想録で当時アダムズのことをもっとよく知っていたら国務長官に抜擢していたであろうと賞賛したのであった。プラットは、ワシントン会議においてヒューズ国務長官の要請により五：五：三の米英日海軍比率を実現した中心人物であった。プラットは、米海軍単独では世界の海を支配できないと認識しており、フーヴァーと同様、海軍三大国がそのようにならない状況、つまり、三つの影響圏にわかれる状況を維持していればよいと考えていた。

(2)　外交面では、フーヴァーは彼が任命した国務長官ヘンリー・スティムソンと満洲事変への対応をめぐってやや対立があったものの、それまでは良好な関係を保っていた。国務次官には当初スティムソンが抜擢したジョセフ・コットンが就任していたが、彼が一九三一年三月に急死すると、フーヴァーの意向を反映して、フーヴァーが大統領選に出馬して以来その腹心となっていたウィリアム・キャッスル国務次官補（ロンドン海軍軍縮会議の交渉のために一九三〇年には数カ月間駐日軍縮大使を経験）が次官に昇格した。[27]

フーヴァー大統領の東アジアと西太平洋に対する安全保障政策は、一九二〇年代の米国の同地域への安全保障政策を集大成する内容であった。その特徴とは、①世界の国際秩序を米英日を中心に考え、米国は西半球に影響圏を、英国は英連邦に影響圏を、日本は東アジアと西太平洋に影響圏を確立することを米英日が相互に容認しあう。②軍事介入や武力の行使による紛争解決ではなく、外交交渉、軍縮、条約、国際世論による平和の維持と確立を行う。③軍備の削減は財政負担の縮小と経済の活性化にプラスであると考える一方、④米国本土と西半球が侵略されないために必要な軍事的能力は必要であり、これは紛争防止につながると考えた。

フーヴァーの安全保障構想は、全体として世界を日米英の三つの勢力圏にわけ、一九二九年一〇月以降世界恐慌に突入したことも手伝って経済的観点（国の財政の健全化、米軍の経済的に効率的な運営、軍縮を通じた世界と米国の経済的発展）から安全保障政策を推進する傾向があった。この見解について、陸海軍内では、大統領が西半球防衛重視に軸足を置きすぎているのではないかという批判が存在しており、特に日本を仮想敵国としていた海軍内には、米国の商業権益とアジア・太平洋における米国領土を軽視しているのではないかという疑問を投げかける将校たちが数多くいたが、大統領は両軍をよくコントロールしていたのであった。フーヴァーの軍縮は、陸軍より海軍にとってより厳しい内容となった。フーヴァーは、クーリッジ政権期に建造された一隻の航空母艦に続いて二隻目を建造することに反対し、結局大統領在任中連邦議会はあらゆるタイプの軍艦の建造を承認しなかったのであった。この点、後任のフランクリン・ローズヴェルト政権期、議会が新政権発足後二年間で三隻の航空母艦の建造を承認し、大統領も経済恐慌対策として軍艦の建造を支持したこととは対照的であった(28)。

フーヴァー政権が、ハーディング政権以来の政策として極東と西太平洋における日本の影響圏を結果的に認めていたとはいえ、極東における紛争解決に無関心であったわけではない。東清鉄道をめぐる一九二九年の中ソ軍事衝突の際、スティムソン国務長官は、事態の様子見を主張するキャッスル国務次官補（西欧担当）とホーンベック極東部長を抑えて、不戦条約の効力発生（七月二四日）直前の七月一八日、日英仏の大使と中国の公使に不戦条約遵守を呼びかけ、ソ連にはフランス外相を通じてこのことが伝えられたのであった。また、スティムソンは、不戦条約の効力発生の翌日に両国が紛争を中立的な国際委員会の仲裁を通じて解決することを呼びかけようとし、日英仏独と相談した。これに対しホーンベックは、これは一九〇九年から一〇年にウィリアム・H・タフト政権のフィランダー・ノックス国務長官が提案した満洲と中国の鉄道の国際管理構想の復活ではないかと日ソに疑われることを恐れた。事実、この提案について日本は疑問を提示し、駐米日本大使は、中ソがこの呼びかけを受けいれなかった場合列強は強制的措置を講じる意思も方法もないので恥をかくことになると指摘したのであった。また同大使は、中立的な国際委員会の満洲への関与を警戒して、一九二四年の中ソ条約が両国の紛争は両国間で解決することを唱っていると指摘し、中ソ両国間のみで紛争解決を行うべきであると主張した。スティムソンの提案に対して仏独英も日本と同様に消極的で、やはり様子見を唱えた。それでも、一一月に中ソの紛争がソ連の軍事行動の激化と中国領土への侵入に伴い悪化すると、スティムソン、キャッスル、ホーンベックは、キャッスルのスティムソンへの助言とホーンベックの提案文をもとに不戦条約の遵守を中ソに呼びかけたのであった（米ソは、国際連盟加盟国でなく、また、ソ連は九カ国条約締結国ではなかったので、これ以外に方法はなかった。米ソ間に正式な国交がない関係で、米国はこの問題についてフランス経由でソ連に連絡を行っていた）。この呼びかけを行うにあたり、スティムソンは、日英仏独伊の反応を聞いた上で中ソに呼びかけを行ったが、これら五カ国中極東に利害のほとんどないイタリアを除いて残り四カ国は消極的支持であった。一一月三〇日、スティムソンは、彼には察知できない水面下での中ソの紛争解決のための秘密交渉が最終段階に入るなか、中ソに不戦条約遵守を呼びかける文書を同条約の全締結国に送り、各締結国にも同様の呼びかけを他の締結国に行うことを要請したのであった。中ソは、一二月三日に休戦と紛争前の原状回復を内容とする暫定的講和の合意に達していた。ホーンベック自身は、スティムソンの措置に消極的であったようで、中国政府から条約締結国に対して同条約第二条に則して行動するよう呼びかける文書を受け取った際、制裁規定のない同条約の具体的解釈にかかわる返答を避けるべきであると主張した（結局国務省は、一九三〇年三月中国政府からこの文書を受け取った旨にとどめる返答を行ったのであった）。この紛争を通じてスティムソンは、自らの対応が極東の平和を保ったと確信したようであるが、極東部長のホーンベックは、スティムソンは極東情勢の複雑さをよく理解していないと見ていたのであった。[29] 満洲事変以降の米国の対応は、それ以前と同様、日本と満洲をめぐって戦争をすることはまったく想定しておらず、基本的に日本の西太平洋・東アジアにおける影響圏を結果的には黙認していた。国務省内でこの対日安全保障構想を忠実に政策に反映させていたのはキャッスル国務次官であった[30]。もちろん、フーヴァー大統領とスティムソン国務長官は、対日不承認宣言を行い、日本の満洲と中国における軍事的行動と支配への非難を、国際連盟を利用しながら行ったのであったが、対日経済制裁、ましてや対日武力行使の意思はなく、全体として中国情勢に対しては、中国における米国市民と米国財産の保護を除いて、日中間の紛争への仲介などを行わない不関与政策を維持したのである。

満洲事変勃発直後、国務省内は情報不足もあって事態を様子見する状況であった。九月二二日に国際連盟が日中両国の兵力引き離しを呼びかけた二日後、スティムソン国務長官はフーヴァー大統領の承認をえて、日中両国に双方の兵力引き離しと二国間での紛争解決を呼びかけた（九月三〇日には国際連盟が両国の関係正常化を呼びかけている）。一方、キャッスルは、ホーンベック極東部長と意見交換を行い、次の点で一致を見た。①日本は、不戦条約と九カ国条約に違反する行為を行っているが、米国は日本という極東における最大のパートナーとの友好関係を失うことなく、同国のこれら条約に違反する状況を修正するように促す、②満洲は中国の領土ではあるものの、同地域が日本の手中に収まることはその地域の安定化につながる[31]、以上である。当時、モルガン投資銀行のラモントが、井上準之助蔵相による満洲事変擁護の声明文を米国世論に向けて公表するための手助けをしたことを考えあわせると、満洲事変勃発時の国務省の対応は奇異ではなかった。ラモントが日本に対して厳しい態度を示すようになるのは、ホーンベックと同様、日中全面戦争勃発後の一九三七年七月以降であるが、ラモントの場合はホーンベックより約三年後の一九四〇年夏、日独伊三国同盟締結以降のことであった[32]。

一〇月八日、日本が錦州を爆撃した直後、スティムソンは、一〇月一三日に国際連盟理事会が再開されたときに不戦条約の遵守を日中に呼びかけるよう連盟に働きかけ始めた。一方、大恐慌への対応に追われているフーヴァー大統領は、国際連盟が満洲問題の解決を米国に押し付けることを警戒したのであった。一〇月九日の閣議終了の時点で、大統領、国務長官、国務次官、極東部長は次の点で一致していた。①日本の行為が不戦条約に違反していることを日本と国際社会に知らしめる必要がある、②国際社会とは具体的には国際連盟を指すが、米国は、連盟により満洲事変の解決の責任を負わされないように気をつけ、日中に対して中立姿勢を維持する、③対日経済制裁には反対する（不戦条約の遵守を呼びかけることで、国際連盟における戦争状態の認定にもとづく制裁措置の発動にまではいたらないとする理解）、④日本の行動が九カ国条約違反かどうかを加盟国間で議論するのは、連盟が問題を解決できなくなった場合であり、この条約を持ち出す場合、満洲における軍事行動は領土的野心のない警察行動であるとする日本の主張と対立することは目に見えている。④については、この時点では暗黙の了解であるかと思われる。フーヴァーは、②について神経質であった。キャッスルは、不戦条約を国際連盟が取り上げた場合、日本は米国がそれを煽っていると疑うに違いないと考えていた。スティムソンとホーンベックは、当初国際連盟の理事会が不戦条約について議論した際、在ジュネーヴ米国領事のそうした会議への出席を認めていたものの、フーヴァーに同調するようになり、一〇月一九日に国際連盟が、不戦条約の遵守を日中に呼びかけたとき、スティムソンは、ただちに米国領事に以後の理事会を欠席するように命じたのであった。この後、領事の会議へのオブザーバーとしての臨席を認めるように方針を再び変更したものの、連盟が対日制裁を議論することと責任を米国に押し付けることを警戒して、米国は国際連盟から距離を置く姿勢を強めた。米国は一〇月二〇日に不戦条約遵守を日中に呼びかけたが、英仏伊は同様の措置を一七日に行っている。こうした対応のばらつきはホーンベックには不満であった。

ホーンベックは、満洲事変の背景要因として中国の排日運動と日本の中国における軍事的野心を指摘し、この問題について双方が納得のいく解決を米国が提案することも、また、事変前の状況に戻ることも無理であると考えたのであった。それでも一〇月二四日に連盟がパリで理事会を再開する一一月一六日までに日本が直近に占領した地域から撤収するよう呼びかけることについては、これに日本が応ずる可能性については否定的であったものの、連盟の呼びかけを支持した。フーヴァーは、一一月九日の閣議で二つの見解を示した。ひとつは、後述するように駐英米国大使の連盟との接触を承認するが、この時点では米国が国際連盟にこれ以上関与すると、連盟から満洲事変を解決する責任を負わされるリスクが高いのでこれ以上連盟とかかわるべきでないこと、もうひとつは、第一次世界大戦中ブライアント国務長官が推進した不承認政策（日本の対華二一カ条要求は、武力を背景に中国に強要したものであり、国家間の合意として承認しない）を日本に適用することを検討すべきであると提案したのであった。つまり、日本の武力による中国での権益の確保は認めないという政策であり、スティムソンはこれ以降フーヴァーが提案したこの政策を検討しはじめた。ホーンベックとキャッスルはフーヴァーとスティムソンを支持した。国務長官とホーンベックは国際社会と共同歩調をとりながらこの政策を推進すればその効果は大きいであろうと考えたのであった。

フーヴァー政権が不承認政策を検討するなか、日本は連盟の要請を無視し、一一月一九日にはチチハルなどを制圧した。こうしたなかで、国際連盟では日本側の提案がきっかけとなって満洲事変を調査するリットン調査団が結成されたが、米国はこの調査団への参加に応じ、スティムソンと親密な関係にあったフランク・マッコイ少将を米国代表として調査団に派遣し、マッコイは同調査団（一九三二年三月～六月訪中・訪満、一〇月二日調査結果公表）の副団長として重要な役割を果たしたのであった。この調査団への関与に、ホーンベックは反対であったが、スティムソンとキャッスルは賛成であった。スティムソンは、調査団の結成に協力する一方、一一月一六日に連盟理事会がパリで再開された際、駐英米国大使ドォーズ（クーリッジ政権副大統領）をパリへ派遣し、滞在先のパリのホテルで連盟関係者との接触を許したのであった。[33]

ホーンベックは、一一月後半から一二月上旬にかけて複数の対東アジア政策を提言していた。すなわち、①連盟が満洲事変に対応できない場合、国際社会は九カ国条約にもとづいて、日中双方が中立的なオブザーバーの臨席のもとで話し合いを行うように対応すべきである。②不承認政策について一一月二二日のメモにおいて考察を行い、そのなかで彼は、一〇月に考察した満洲における現状追認を要する可能性（日中双方が満足できる解決方法はなく、満洲における日本の影響力拡大を容認する新たな現状維持を想定せざるをえないかもしれない）を前提として、不承認宣言は、事変前の原状に戻すことを必ずしも日本に要求しない解釈を残せるようにすること。③政策の選択肢として対日経済制裁を検討すべきであること、以上である。③については、日本が錦州への侵攻を行っていた一二月六日、スティムソンの自宅で、ホーンベックと国務省の経済関係担当者が作成した対日経済制裁政策提案書をもとに検討された。この問題については、キャッスルの反対意見（対日経済制裁を行った場合、世界経済にマイナスとなり、日本との戦争に米国を巻き込む恐れがあり、そして、対日輸出に依存する南部の綿花業者などが国内で政治問題化するであろう）が優勢となり、スティムソンはホーンベックとその同調者を抑えてキャッスルの見解を支持したのであった。スティムソンとキャッスルの判断が現実的であったのだろう。当時、①ドナキーが指摘するように、フーヴァー大統領が対日経済制裁は戦争を引き起こすので米国は行うべきではないと反対であったこと（ただし、民間と国際連盟が行うことに反対しない）、②ホッフが指摘するように、商務省とフーヴァー政権の閣僚は対日経済制裁に反対で、連邦上院議会外交委員長ウィリアム・ボーラを含む上院議員のほとんどもこれに反対し、さらに米国の世論と経済界もその圧倒的多数がこれに反対であった、③ソーンも指摘しているが、国際連盟の対応が示すように、他の西欧諸国も対日経済制裁を行う意思がなかったのであり、せいぜい満洲事変を調査するための、国際連盟により一二月一〇日に結成されたリットン調査団の派遣が精一杯できることであった[34]。

日本では、リットン調査団の派遣決定と同時に若槻内閣は総辞職となり、政友会の犬養毅が後継首班となった。一方、一二月一五日、国民党政権内では、蔣介石の下野にともなう政治的混乱が生じていた。関東軍は、錦州への侵攻を続け、一月三日錦州を征服した。この直後スティムソンは、不承認政策の宣言を行うためホーンベックやキャッスルの助言を求めた。ホーンベックは、スティムソンの草案に前述の一一月二二日のホーンベック・メモの内容を反映させることに成功し、米国は日本がつくりだした新しい現状に柔軟に対応できる余地を残したのであった。すなわちこれは、キャッスルがホーンベックと意見交換してスティムソンが七日に不承認宣言を行う直前の会議で修正させたことであるが、中国の領土保全を米国が保障するような印象を与える表現を修正させたのである。一月七日、スティムソンは、ワシントンの日中両政府の代表に通牒を渡した。その内容は日中間の紛争解決の条件などについて提言するものではなく、ただ、その解決にあたって、米国の中国における米国と米国民の条約上の権利の保護と不戦条約の遵守、そして中国の主権・領土保全と中国における門戸開放の障害とならないことを呼びかける内容であった。ホーンベックは、スティムソンがこの宣言を行うにあたり当初から米国が単独で宣言を行うことについては慎重であったようである。連盟理事会は二月一六日、そして連盟総会は三月一一日にスティムソンの不承認宣言を支持したのであった。なお英国は、日本を極東におけるもっとも安定した勢力で中国における共産主義拡大の防波堤とみており、その対日政策に国際連盟における活動以上の期待はできなかった。

米国と国際連盟の不承認政策をよそに、日本の軍事行動は収まらず、一月中旬以降米英の経済権益が集中する上海にも軍事作戦が及んでいた。フーヴァー大統領は、長期的には日本軍は中国の人口に圧倒されて敗北するのではないかと考えたり、また、日本の満洲への影響力拡大は、中国の民族主義およびソ連の共産主義との対決に忙殺されることを意味し、米国にとって、日本によるこれら急進主義の封じ込めという利点もあるかもしれないと考えることもあった。しかし、一月三一日、彼は陸軍、海軍、国務の各長官、海軍軍令部長、陸軍参謀総長、キャッスル、ホーンベックを呼び、上海居留地の米国民の保護のためアジア艦隊の派遣を、国務長官の進言もあって、決定したのであった。二月一日、スティムソンは、戦闘の中止と緩衝地帯の設定、およびホーンベックの意見である、日中双方の中立的オブザーバーのたちあいのもとでの問題解決を呼びかけたのであった。米国の世論は、米国が中国での戦争に巻き込まれるのではないかと危惧した。二月一一日から一五日の間、スティムソンは英国外相と、九カ国条約に言及する不承認宣言を共同で行うことを模索したが、英国は、国際連盟がこれを取り上げるべきであるとかわしたのである。

この時期、ホーンベックは、スティムソンの九カ国条約を援用した不承認宣言を支持し、二月二四日、大統領の了解をえて公表された国務長官のボーラ上院外交委員長宛の書簡の第一草稿を作成した。このスティムソン書簡は、ホーンベックの草案に、日本を揺さぶる内容を加えたものであった。すなわち、米国は日本による九カ国条約違反の中国の領土保全侵害の状況が続く場合、ワシントン会議により課された軍備面と西太平洋の米国領土における要塞化を制限する条項から解放されると理解できると論じたのであった[35]。

この書簡は、当時ホーンベックが政策提言していた米国海軍のロンドン海軍軍縮条約で認められている範囲内での増強を反映させていたと考えることができるかもしれない。しかし、フーヴァーは前述のごとく軍縮論者であったことから海軍の増強には反対であり、スティムソンもこの見解に同調していた。スティムソン書簡が一大センセーションを巻き起こすと、フーヴァーはこの内容のトーンダウンに躍起になった。フーヴァーもスティムソンも軍備の増強と西太平洋の要塞化の再開は脅しに過ぎないことをよく知っていたのであった。というのもフーヴァーは、世論の支持と自身の信念から、スイスで二月以来開催されていたジュネーヴ軍縮会議（世界軍縮会議）を支持していたからである。また、ウィルソンが指摘しているように、連邦議会は米西戦争終結以来、グアムやフィリピンの充分な防衛に必要な財政支出を拒否してきたのであり、フーヴァー自身、日本との戦争を行う場合、グアム、サモア、フィリピンなどは米国の防衛能力から考えて犠牲にせざるをえないことを悟っていたのであった。そして、コーエンやグリズウォルドが指摘しているように、当時の米国議会では、一九二九年以来たびたびフィリピンへの独立付与が議論され、一九三一年から三二年にはこれが顕著となった。一九三二年一二月、連邦議会はついに、一定期間を経た後にフィリピンに独立を付与する法案を可決した。議会はさらに、独立付与が時期尚早であるとするフーヴァーの拒否権行使を覆す可決を一九三三年一月に行った。しかし、当時米国陸海軍もその維持を望んだ米国によるフィリピン統治からの撤退には、フィリピン議会でこの米国法が可決されることがこの法律が成立するための最終要件であった。政治家マニュエル・ケソンをリーダーとするフィリピンの有力者たちは、米国の独立付与法は、フィリピン経済のドル箱である対米農産物輸出とフィリピン人の米国移住に配慮しておらず、また、米軍基地の維持を可能としているため、これらをめぐる条件闘争を行うため却下したのであった（米国はこの独立付与法と類似の法律を一九三四年に可決し、フィリピン側もこれを受け入れ、一九三六年に米連邦の一員となったフィリピンの初代大統領ケソンは、一〇年後の独立に向け準備を始めたのであった）。満洲事変の最中の米国は、およそ西太平洋における米軍のプレゼンスを増強するような意思はなかったのである。

日本は三月一日、満洲国建国の宣言を行った（九月一五日正式承認）。三月三日上海での戦闘は停戦となったが、上海事変は五月までくすぶり続けた。

二月上旬から三月にかけて、ホーンベックは、ソ連の国家承認と対日経済制裁も提言していた。ソ連は一九三〇年と三一年、米国の農産物と工業製品の最大の輸入国であった。スティムソンは、ソ連の国家承認とソ連と米国が日中間の紛争解決に関与していくことについて、この問題における米英共同歩調を模索することを優先的に考えていたため、政策オプションとして推進しなかった。

また、対日経済制裁については、四月下旬にスティムソンがジュネーヴで開催されていた世界軍縮会議に米国代表として出席するため出国した後に、フーヴァーとキャッスルは、キャッスルの発言により、米国が対日経済制裁を行う意向がないことを公表した。スティムソンはこれを知り怒ったが、その理由は米国内で秘密裏に議論されていたことを明らかにしたからであった。スティムソンとしては手の内をあかしたくなかったのであろう。

スティムソンの怒りは、米国の海軍力が西太平洋において思っていた以上に日本海軍に対して劣勢であるということに気づいたことと関係していた。ホーンベックは、二月一二日の政策提案で、仮に米国が一連の海軍軍縮条約で認められている上限までその海軍を増強したとしても、こうした軍縮条約に違反する形の海軍増強と西太平洋の米国領土の要塞化を行わない限り日米間の西太平洋における軍事的不均衡は覆せないと指摘したのであった。ホーンベックは、三月二八日の政策提案で、米国が日本からの攻撃を抑止するため米国海軍の増強の必要性を主張した。ホーンベックの提案が政治的に現実的でないことをよく知っていたスティムソンにできることは、五月に海軍が毎年行う軍事演習終了後、大西洋へ帰還させる海軍の一部を対日牽制の意味で翌年までハワイに残すことぐらいであった。この提案について、フーヴァーとキャッスルは乗り気でなかったが、スティムソンはプラット海軍軍令部長の支持をえて両者を説得することに成功した。

レフラーが指摘するように、スティムソンはフーヴァーが行おうとしていた世界軍縮会議におけるおもいきった提案に反対であったが、大統領の強い要請に従った。そのかわりにフーヴァーは、米国の太平洋の安全保障にかんする国務長官の前述の要望を受け入れたが、大統領は日本が米国のアジアにおける権益に挑戦するとは考えていなかったのであった。六月二二日、フーヴァーは英仏への事前の根回しに対する最終返答を待つことなく、一九二一年ヒューズがワシントン会議で行った電撃的な効果を狙って、陸海空軍の軍備にかんするおもいきった削減（攻撃用兵器の廃止、その他の兵器を三分の一まで削減）を提案したのであった。会議の参加国の多くは、この提案を当初大歓迎する雰囲気であった。しかし、世界恐慌の進行、第一次世界大戦の戦争賠償と戦争債務問題の未解決、この軍縮を基本的に経済と財政の観点から考えるフーヴァーの、安全保障面から軍縮を考えているフランスの立場（ドイツの再軍備を恐れている）への無理解、独伊ソは関係したものの、フランスの他英日は歓迎しなかったこと、六月以降のヒトラー率いるナチスの急速な台頭、一一月の大統領選でのフーヴァーの大敗、一九三三年二月の国際連盟総会のリットン報告書採択に反発した日本の連盟脱退などにより世界軍縮会議は失敗に終わった[36]。

フーヴァーの最大の関心は、彼にとってはもっぱら軍縮と表裏一体の関係にあった米国経済・世界経済の立て直し、そしてなによりもこの経済の状況に自らの政治家としての浮沈がかかっていた一一月の大統領選への対応であった。国務省内では、満洲国による大連の海関の支配は問題として取り上げられたが、英国は米国と相談することなく単独で日本に抗議した。国務省内では、ホーンベックは、国際連盟とともに対日経済制裁を行うべきであると提案したり、西欧諸国と対日防衛同盟を結成すべきであると論じたりしたが、前者を除き彼の提案に同調するような上司はいなかった。ラパポートが紹介しているように、スティムソン国務長官は、フーヴァーの「検閲」（米国は国際連盟とともに対日制裁を検討すべきであると唱えた部分を削除——ホッフの指摘による）と承認を経て、八月外交評議会の演説で、不戦条約は、締結国が共同歩調をとりながら侵略国を非難するため相互に連絡を取り合う義務が暗黙のうちに条約にこめられていると主張した。これは一九二九年の中ソ紛争のときにスティムソンがすでに考えていたが、彼ははじめてこのことを公にしたのであった。スティムソンの演説は内外で大きな反響を呼んだが、ハースト系の新聞から国際主義者のレッテルを貼られることを恐れていたフーヴァーは、こうした国務長官の発言について、不戦条約違反国に対して共同歩調をとるため相互に連絡することはあっても、米国は武力行使は行わないと公言したのであった。同時に彼は、一月七日の不承認宣言の狙いは、不戦条約に違反する領土取得の権利を認めないことであると論じ、同条約に違反する状況、同条約に違反する条約と合意を対象とするというスティムソン宣言の解釈を狭めたのであった。ただ、この経緯で見過ごされていることは、ウィルソンが指摘するように、不戦条約の作成過程でフーヴァーが、不戦条約に違反する領土取得を認めないとする文言を挿入する意向をもっていたことである。しかし、この文言が国際連盟の手続き・規約と重複するため、挿入を求めなかったのであった。(37)

結局、米国は、満洲事変に介入する意思はまったくなかった。スティムソン自身、八月の演説を行った直後駐米日本大使に対し、米国は日本を刺激するつもりも、また、満洲における日本の権利に疑問を投げかけるつもりもないと釈明したのであった。スティムソンは、中国政府からの要請――借款の供与、余剰軍備の供与、空軍教官の派遣――をことごとく断ったのである。(38)フーヴァー政権の末期にあたる一九三二年一二月、対日経済制裁にかんする国務省、財務省、商務省の共通見解が出されたが、日米通商航海条約が存在する限り、そのような措置はこの条約に違反するという内容であった。(39)

おわりに――満洲事変以降の日米関係

フーヴァー政権は、満洲事変で不承認宣言を行ったが、中国の国防政策に秘かに加担していた側面があった。満洲事変直後から蔣介石政権は、中国空軍の創設のため、米国政府に空軍パイロット養成学校創立のため米軍航空隊操縦士の教官の派遣を要請したのであったが、陸軍省と国務省は、日中間の紛争に巻き込まれることを恐れて中国政府の要請を却下した。ところが、フーヴァー政権内では、おそらく大統領の了承をえて商務省がジョン・ハミルトン・ジョウェット大佐を筆頭とする一三人の米軍航空隊予備兵を派遣した。このことを政権内の他省は知らず、国務省が彼らの中国行きを知ったのは、彼らが中国政府との契約を済ませて国務省にパスポートの申請を提出してからであった。国務省極東部長ホーンベックをはじめとする国務省関係者はジョウェットたちの中国行きに反対であったが、すでに後の祭りで、パスポートの作成に応じざるを得なかった。この問題もさることながら、一九三一年に米中合弁の航空会社が設立されて以来、商務省が軍事目的、民生目的の航空機とそれに関係する機器類の対中輸出を支援していたことに、ホーンベックなど国務省関係者は苛立っていたのであった。ジョウェットを筆頭とする米軍操縦士（全員予備兵）たちは、中国空軍とその養成学校の中核をつくることに大きく貢献したが、彼らは、蔣介石政権が一九三三年秋以降イタリア空軍顧問団に依存しはじめると急速に影の薄い存在となり、一九三五年までに蔣介石政権との関係は解消されてしまった。米国の元航空隊パイロットたちが中国空軍の発展に貢献するようになるのは、蔣介石政権が、一九三六年締結の日独伊防共協定が背景要因となってドイツやイタリアの軍事顧問との関係を解消し始める前年にあたる一九三七年以降のことである。一九三七年、蔣介石は、元米国軍操縦士を中国空軍の教官として雇用し始めたが、この米国人たちは、米国軍航空隊内の爆撃機と戦闘機の編成をめぐる議論に破れて一九三六年に退役したクレア・シェンノルト少佐を招請し、シェンノルトは蔣介石の空軍顧問に就任した。中国空軍の大佐となったシェンノルトが、ローズヴェルト政権の支援を得ながら元米空軍パイロットが操縦するP四〇戦闘機の傭兵チーム（米国志願グループ）の編成に着手するのは武器貸与法が連邦議会で一九四一年三月に可決された後であり、同年四月に発動された大統領令により、米軍パイロットを中国へ傭兵として派遣することが可能となってからである。ただ、同チームが実際に訓練を開始したのは同年一一月で、実戦を始めたのは、日米開戦後であった（中国陸軍の近代化のためドイツから軍事顧問団が来たのは一九三三年以降である）[40]。

満洲事変以降の米国の対応は、それ以前と同様、日本と満洲をめぐって戦争することはまったく想定しておらず、基本的には日本の西太平洋・東アジアにおける影響圏を結果的に黙認していた。国務省内でこの対日安全保障構想を忠実に反映させていたのはキャッスル国務次官であった(41)。もちろん、フーヴァー大統領とスティムソン国務長官は、対日不承認宣言を行い、日本の満洲と中国における軍事的行動と支配に反対する対応を、国際連盟を利用しながら行ったのであったが、対日経済制裁、ましてや対日武力行使の意思はなく、全体として中国情勢に対しては、中国における米国市民と米国財産の保護を除いて、日中間の紛争への仲介などを行わない不関与政策を維持した。

米国政府の対東アジア政策の変調は、一九三七年七月以降に見られるようになった。日中全面戦争に突入すると、米国は、西太平洋と東アジアにおける日本の影響圏を認めず、中国を支援する政策に転換していった。フーヴァーに圧勝して政権を発足させたフランクリン・ローズヴェルトは、国内経済の立て直しを最優先課題としていたために、当初対東アジア政策については、中国問題についての不関与政策を維持し、その結果、前政権と同様、一九三七年までは結果的には東アジアと西太平洋における日本の影響圏を黙認していた。

ただし、ローズヴェルト政権は大統領の側近で財務長官のモーゲンソーが政権発足まもない時期から、米国余剰農産物対策もあって麦と綿を中国が買い付けるための借款供与を開始した。また、財務省と中国は、一九三五年末以降は、中国銀とドルの交換協定を結んで、米国の銀買占め政策（一九三四年）で疲弊した中国の外貨準備高の改善を支援した。米国は、日本を牽制する意図もあって一九三四年ソ連の国家承認を行った。日英米が中心となって一九二一年以来推進されてきた海軍軍縮条約が一九三六年以降無条約時代に突入するようになると、米国政府は、一九三七年ローズヴェルト政権の急激な財政均衡政策への転換がもたらした大不況対策を直接の理由に、一九三八年以降国内景気回復の方策のひとつとして建艦を本格的に推進し、同時に空軍の増強にも力を入れ始めたのであった。そして、当面は西太平洋における日本の軍事的優位をくつがえせないことを承知で、グアム島などの要塞の増強に着手したのであった。

ローズヴェルト政権内では、対中シフトを推進するモーゲンソー財務長官・国務省極東部顧問ホーンベックと、極東政策における「中立」を主張するハル国務長官と駐日大使グルーとの綱引きとなった。後者の政策が可能であったのは、米国世論が極東情勢については圧倒的に日本ではなく中国に同情的であったものの、その同じ世論が、極東情勢への米国関与については圧倒的に反対だったからである。ホーンベックは水面下で、九カ国条約違反国であった日本に対する道義的な禁輸を訴えるよう民間団体「日本の侵略行為への不参加委員会」(Committee for Non-Participation in Japanese Aggression) と、米国連邦上院議員キー・ピットマン（中国銀買占めをもたらした法律の制定に貢献したネヴァダ州選出の上院議員）に働きかけた。こうした動きは、日米通商航海条約の廃止を呼びかける運動へと展開し、ピットマンは、一九三九年七月にこれを実現したのであった。また、米国政府は、日本へ米国製の航空機やその部品が輸出されないよう、該当品目を一九三八年後半までに輸出許可制の対象にすることで、こうした製品を日本が買いつけられないようにした。モーゲンソー財務長官は、一九三八年一二月に米国政府系金融機関（米国輸出入銀行）による対中融資を実現させた。モーゲンソーは、一九三九年に入ると中国へ米国空軍パイロットを中国空軍の傭兵として派遣し米国製中国機を操縦して日本軍を攻撃することを提唱したのである。

こうした対中シフトの流れは存在していたものの、大不況にあえぐ米国の極東における最大の貿易相手国は日本であった。第二次大戦の勃発にともなう中立法の解消と自国船使用、自前払い方式（cash and carry）導入による交戦国への対応は、この新方式の想定対象であった大西洋での制海権を握る英仏には、独伊と比べて有利であった。この新方式の導入にあたり、これの中国への波及効果は想定されていなかった。新方式は、中国沿岸部と西太平洋を支配し、世界有数の輸送船団を抱える日本に圧倒的に有利であった。日本にとっての懸念は、一九四〇年一月に日米通商航海条約が廃棄されてからの展開が対日経済制裁に発展するかどうかであった。[42]

一九四一年一一月二六日のハル・ノートでは中国からの日本軍撤退は満洲を含んでいなかったとする見解が有力視されているが、日米開戦前夜の米国は門戸開放の概念を再び厳格なものに再定義していたことを考えると、そのような見解には引き続き疑問がつきまとう。特に、上記のごとく米国が満洲の経済的実態をよく把握しており、また、独ソ戦を戦うソ連を支援していたことを考えると、ハル・ノートの作成過程で、国務省極東部が満洲を除外した形での日本軍の中国からの撤退を考慮していたとしても、ハル・ノートには、満洲問題にかんする言及はなく、また、満洲を中国と区別する表現はまったくなかった。須藤眞志が指摘するように、ハル・ノートを日本側に手渡す直前まで、国務省極東部は、中国からの日本のすべての軍隊と警察の撤退を求めるにあたり、満洲を除くという挿入句を入れることを検討していた。なぜ、ハル・ノートが最終的に中国と満洲を区別しなかったのかという点については、次の三点を考慮する必要があろう。①米国が、厳格な門戸開放の定義に回帰していたこと、②ハル・ノートで提唱したような中国全土における列強の治外法権撤廃には応じるものの、満洲において日本が進めた治外法権撤廃の動きは、これが米国の満洲国承認と同義となることから反対していたこと、③中国全土からの日本の軍事力の排除は進めるものの、日本の軍隊と警察の撤退のタイムスケジュールには言及していなかったこと、以上である。③にかんしては、満洲事変後の満洲全域を日本が軍事占領したことを、米国側は一九三二年一月に宣言した不承認政策以来当然認めてこなかった。しかし、ポーツマス講和会議で日本が取得した南満洲の鉄道権益を守備するための軍事力まで排除するのは、米国がポーツマス講話条約とそれにもとづく枠組みを否定しない限り無理であった。米国はこのことを考えて中国からの日本軍の撤兵については強硬に映る表現をハル・ノートで示したものの、タイム・スケジュールには触れなかったのではなかろうか。米国自身がハリマンの経営構想を講和会議の時期に示すなど、日本の南満洲における権益を決して積極的に支持はしていなかったとはいえ、全面的に否定することもできなかったことを考慮すれば、なお交渉の余地はあったのかもしれない。須藤が指摘するように、日本側がハル・ノートについて、中国と満洲を区別して議論しているのかどうかを照会しなかったのは問題である。これは本章が明らかにしたように、一九三〇年代後半の満洲をめぐる日米関係で、日本側が満洲は中国と区別されるという認識にもとづいて行動していたのに対して、米国側はそのような区別については曖昧な姿勢をとりながら、原則論としては、米国の厳格な門戸開放への回帰により、区別しなくなっていったという構図が大きく寄与した結果であった。無論、須藤が指摘するように仮に米国側が中国と満洲をある程度は区別しているとする回答を行ったとしても、日米戦争を回避できたかは疑問視せざるをえない[43]。というのも別章で考察するように、米国の対日石油禁輸措置について、日米間で妥協が成立しえたのかを考えれば、それがほとんど無理であったと思われるからである。

本章で考察したように、鮎川が満業総裁になった時点では、米国が鮎川構想に同調していく可能性は比較的存在していたと言えよう。国務省の一般融資政策と米国資本の対満投資の問題はあったものの、鮎川は、第1章で紹介したゲアリーとの中国における日米合弁の鉄鋼会社構想を有益なものとして記憶していた。最後にこの構想について、本章と関係する限りで、触れておきたい。米国政府が一般融資政策を策定した時期と重なるが、ゲアリーと米国の財界人たちは、一九二一年、満鉄傘下の鞍山製鉄所所長井上匡四郎と満洲で日米合弁の鉄鋼会社を創設する交渉を行った。井上は、原敬首相、田中義一陸相、野村龍太郎満鉄総裁、そして井上準之助日銀総裁の支持を得ていた。ゲアリーは井上匡四郎に、交渉を行うにあたり、久原の同意を得ることを要請した。この交渉で、日米合弁鉄鋼会社の出資比率を日本側が五一パーセント、米国側が四九パーセントでまとめることについて、陸軍内で十分な支持を得ることに田中は成功したが、六月に健康問題を理由に陸相を辞任した。その前月には、野村が満鉄内のスキャンダルのため、総裁を辞任していた。そして一一月、原が暗殺されると、この日米合弁交渉は立ち消えとなった。それでも、一九二二年一月、満鉄は、ゲアリー率いるU・S・スチール社と主要取引銀行であったモルガン投資銀行、新興の投資銀行ディロン・リードから五千万ドルの融資を受けることに成功しつつあったが、日本の大蔵省の反対でこの商談も成立しなかった。この年の夏以降、本章で考察した国務省とフーヴァー率いる商務省による一般融資政策が始まったが、フーヴァーは、一九二〇年代半ばまでにはモルガン投資銀行のラモントと同様中国における日米共同の経済開発論者に転じた。また、国務省は、特に一九二七年三月の南京での国民党政権と米英の軍事衝突以降、日本の満洲における経済的主導権を黙認していた。それでも、本章で考察したように、モルガン投資銀行が一九二七年に満鉄に行おうとした資金調達の斡旋は失敗に終わった。翌年、山東半島で日中両軍が衝突するなか、英国政府は、英国の金融機関が満鉄に行おうとした六百万ポンドの資金調達の斡旋を、中国政府の反対が背景となって止めさせていた。満鉄がこの二年間米英で行った資金調達の試みは、山本条太郎が満鉄総裁の時期（在任は一九二七年七月から一九二九年七月）に推進された。山本は、満鉄の民営化と米英そして中国からの投資を満洲へ呼び込もうとする見解の持ち主であった。山本のこの見解は、田中内閣の後継となった浜口雄幸首相、井上準之助蔵相、そして仙石貢満鉄総裁に引き継がれていった。鮎川の構想は、こうした満州事変前の満洲における米英（主に米国）との協調による経済開発の模索を復活させようとする側面をもつものであったことを見逃すことはできない。次章では、満洲における米国政府の出先機関が鮎川構想をどのように捉えていたのかについて考察を行う。(44)

第6章　米国総領事館の満洲動向分析

はじめに

鮎川は、満洲視察より帰国した一九三七年一一月一四日、同日の『東京日日新聞』のインタビューに応じた。これは翌日同紙に掲載されたが、米国有力紙『ニューヨーク・タイムズ』の一面記事としても紹介されることとなった。このインタビューで鮎川は、満業の役員に米国人を迎え入れる用意があることを語り、また、フォード、GM、米国金融機関により構成された米国投資シンジケートを設立する考えを示した。鮎川は、満業が一〇億円（約三億ドル）相当の米国からの機械類、機材、資金といった資本を受け入れる用意があるとも語った。[2]

翌年一月一六日の『ニューヨーク・タイムズ』は、満業設立の要綱作成に携わった政策決定者たちが、一〇月二二日に満洲国における国家社会主義が失敗したことを間接的に認めたと報道した。鮎川率いる満業の設立は、満洲経済の大部分を民間主導での運営に回帰させるものであり、それは、満洲国で門戸開放を復活させるものであると語っていた。[3]

こうした動向について、横浜総領事リチャード・F・ボイスは、鮎川と満業にかんする本省への報告を行っていた。ボイスは、鮎川率いる日産が満鉄より財務面で強いことからより多くの民間資本を満洲に呼び込むことに成功するかもしれないと分析していた。とはいえ、ボイスの満業に対する見方は、本章で紹介する在満洲米国総領事館の満業に対する見方より厳しい内容であった。本章では、ボイスの見解と、在奉天米国総領事館の満洲における情報収集能力について考察と分析を行う。後者については、満洲国と諸外国との経済関係、なかでも米満経済関係にかんする同総領事館の見解と情報収集能力、満洲国の治外法権撤廃と日本の修正門戸開放主義に対する同総領事館の対応、鮎川が招請した米国人地質学者H・フォスター・ベイン等の技術者と同総領事館の関係等を取り上げていく。米国政府は、満洲における日本の経済開発の状況が芳しくないことを在奉天米国総領事館が収集した情報によりよく把握していた。他方ベインは、満洲国の経済開発については楽観論を展開していた。それは、フィリピン大統領マニュエル・ケソンの中立化構想とも関係するものであった。鮎川がベインを招請したのは、次章で詳述するような満洲の経済開発の実現にあたって、その潜在的可能性の高さを調査によって裏付けてもらうためであったが、そこにはフーヴァー元大統領とのチャンネルを開拓する狙いもあったと考えられる。本章では、鮎川がベイン、そして髙碕達之助を通じて進めたフーヴァーへの働きかけの経緯までを概観する。

1　横浜総領事リチャード・ボイスの鮎川構想批判

ボイスは、満業が満洲で手掛けようとしていた事業に経済的メリットがあまりなく、また、陸軍がこうした事業を手掛ける企業を支配していると指摘した。その上、日本経済が数年先経済的に危機を迎えることが必至であり、また、ソ連との軍事衝突のリスクが高いことも考え合わせると、鮎川の勧誘に米国の投資家たちはのるべきでないと論じたのであった。ボイスによれば満業の設立を、民間資本にとっての大きなチャンスと解釈すべきでなかった。なぜなら、日本の企業が以前から満鉄の経済開発事業を手掛ける満鉄子会社の少数株主として常に参加しており、米国の投資家が主導権を握ることのできる可能性が乏しかったからである。そして、関東軍が満洲国政府の支配を通じて満鉄と同様、満業の事業活動に干渉するであろうとボイスは指摘した。世界的に軍部が産業への影響力を拡大するなか、満洲事変後の満洲では、関東軍が満鉄に対して戦略的・軍事的観点から経営に介入し、経済的観点からのそれが二次的に捉えられることとなった。満業設立後もこの傾向は続き、その結果日本と外国からの民間資本導入の大幅な拡大は満鉄時代と同様困難であるとボイスは判断していた。ゆえに彼は、満洲で日本が実現しようとしていた計画経済による重工業化は実現できないと見ていた。さらに、ボイスは、外国人投資家は満業傘下企業の株式の過半数を取得できないし、また、こうした外国人株主は株主となっている企業に対して発言権を持っていないと論じていた。

ボイスが指摘した最後の点については、事実と異なるとして、鮎川は異論を唱えたであろう。またボイスは、鮎川が久原の娘婿であると勘違いしていた。しかし久原は、ボイスが言うようにたしかに二・二六事件に連座して逮捕されたことがあり、日産系の重化学工業の多くが軍からの注文に依存していたことも事実であった。ボイスは、鮎川を久原と同様信ずるに値しない人物であるとして、強い不信をにじませた報告を国務省宛に行っていた(4)。

2　満洲重工業の発足と在奉天米国総領事館

一九三八年三月、前年末に発足した満洲重工業株式会社（満業）総裁の鮎川義介は、『ニューヨーク・タイムズ』東京特派員ヒュー・バイアスによるインタビューで、自身が満洲国政府関係者や日本政府関係者の了解のもとで進めていた対満洲外国資本導入構想について米国向けにアピールを行った。鮎川は、満洲国の重化学工業の育成には三〇〇億円必要で、その約三分の一を外資、なかでも米国資本の機械、技術・サービス、パテントに依存する構想を披露したのであった。鮎川は、明治維新直後の日本が行った、「お雇い外国人」の導入と同様の手法を満洲国で実現するつもりであった。鮎川は、満業が米国の投資家向けに社債や議決権のない株式を発行する予定であることも語ったのであった。

バイアスは、こうした鮎川が熱く語る構想に対して疑問を呈した。米国の投資家たちは、満洲国が一九三五年に米国石油資本を、原油の販売を除いて満洲の市場から追い出したことを教訓に、満洲では門戸開放ではなく門戸閉鎖が実施されていると指摘した。これに対して鮎川は、米国石油資本に対する補償金の支払いが検討されていると指摘する一方、自ら門戸開放を実現する決意を表明したのであった。(5)

しかし、バイアスと同様、在奉天米国総領事館は、星野直樹総務長官をはじめとする満洲国高官が外国為替管理や貿易管理を日中戦争や日ソ間の緊張緩和にともなって緩め、米国の満洲におけるビジネスチャンスが高まる可能性については、満洲周辺の厳しい安全保障面での状況に照らして、懐疑的であった。(6)

一方、在奉天米国副領事ジョン・P・デーヴィスは、満業が日本人と満洲国人以外の投資家には議決権のない株式しか発行しないことを問題視していた。しかし、満業が発足し、満洲国における治外法権撤廃が行われた直後の一九三七年一二月二四日に満洲国総務長官星野直樹とデーヴィスが会談した際、星野がデーヴィスに、一九三八年一月か二月に当時検討されていた鮎川の訪米による米国資本導入の成功の可能性について尋ねたところ、デーヴィスはそれまでの日本の満洲における米国資本排除を米国側は忘れていないものの、もしも満洲国を支配する関東軍が統制経済政策を米国資本に対して緩めた場合、鮎川の訪米は成果をあげられるかもしれないと論じたのであった。ただし、デーヴィスはソ連が新経済政策で統制経済を緩めたのと同様に満洲国と関東軍がそれを行うのかどうかについては疑問視していた。

中国四川省でキリスト教の布教活動に従事していた両親の間に生まれたデーヴィスは中国の専門家で、中国語が堪能であった。彼は、一九四二年から蔣介石政権の参謀総長を兼任した米国軍人ジョセフ・スティルウェル元帥の国務省政治顧問を務めた。デーヴィスは、中国国民党の腐敗を批判して国共内戦となった場合の中国共産党の勝利を予言し、国民党と米国の関係を維持しながら、中国共産党と米国の関係も強化することを提唱したために、一九五〇年代初頭の米国内の赤狩りの時代に国務省を追われた中国専門家であった。一九四五年から四七年までモスクワでデーヴィスの上司であったジョージ・F・ケナンは、彼の分析能力を高く評価していた。

デーヴィスは、満洲の重化学工業の成功の鍵を握っているのは、米国資本と英国資本の参入であり、日本、ドイツ、イタリアからの満洲の重化学工業育成のための投資は期待できないと論じたのであった。彼は満洲興業銀行総裁の一九三八年一月一日の談話から、満洲国内では十分な投資資金を、民間資本不足と金融制度の未発達のために確保できないことを把握しており、英米資本の対満洲投資が実現できない場合、日本帝国陸軍の中国大陸における戦争遂行のための工業基地は失敗に終わるという見解を示した。(7) デーヴィスの上司であるウィリアム・R・ラングドンは、デーヴィスに比べ慎重な判断を示し、独伊がそれぞれ満洲国とバーター貿易協定を結んではいるものの、米国の資本財などに対する満洲国の需要は一九三九年もおそらく引き続き衰えないであろうと、一九三九年一月に予想したのであった。(8)

在奉天総領事館は、米国の満洲向け重工業関連の輸出がほとんど日中戦争に活用されていることをよく認識していたが、米国政府の満洲政策が曖昧であったため、米国と満洲国の貿易を妨げるような措置をとらなかった。満洲国の日本人視察団（一一名）が外交関係のある欧州の国々を視察後、米国内の工場見学などを行いながら米国経由で満洲に戻る申し入れを、満洲国外交部が在奉天米国総領事館に行った際、視察団のヴィザの発給に応じたのみならず、視察団が連絡を取りたい米国メーカーがあれば紹介するよう米国商務省に依頼することを約束した。奉天総領事館は、視察団の活動が民間レベルのものであると解釈していた。(9)

3　日本の修正門戸開放主義

満洲事変後において、米国の対東アジア政策が、日本の中国大陸における軍事的展開を黙認する姿勢からそれを牽制する姿勢に転換していくのは、日中が全面戦争に突入して以降である。たしかにそれ以前からローズヴェルト政権は、前任のフーヴァー政権と違い対中経済援助を政権発足後行ってきたが、その規模が拡大したのは、日中戦争突入後であった。国務省で東アジア政策に絶大な影響を及ぼしていたスタンレー・ホーンベックは、ローズヴェルト政権の対東アジア政策転換を反映して日本に対して厳しい態度をとるようになっていた。一九三〇年代の前半、彼は満洲がやがて日本の支配下に入ることは止むを得ないかもしれないという見解を国務省内で示したことはあったが、一九三七年以降彼はそのような見解を示すことはなかった。[10] この時期満洲国では鮎川の日産コンツェルンが満洲へ移り、同年末には満洲重工業が発足した。

既述のように米国の場合、門戸開放を他国に主張するのは、中国や満洲など自国が経済的に大きな影響力を築いていない地域であり、むしろ中南米・カリブ海のように米国が経済的支配権を確立した地域では「門戸閉鎖」を適用していたのである。門戸開放に対する米国の一貫性のなさは、米国や日本などこの条約の締結国のほとんどが、中国と満洲における門戸開放を守るよりは破る傾向を示したことにも象徴されている。[11] ここで注目しなければならない点は、一九二〇年代の米国は、経済的ナショナリズムとあからさまな企業間競争から、多国間および企業間の経済的協調に移行する傾向が見受けられ、その結果、米国政府の政策決定者たちは、米国経済界が要請する経済的秩序・安定・協調を通じた進歩という考え方を受けて、門戸開放の概念についてこのような新しい傾向を反映するように再定義する場合が生じてきたのである。[12] 日本は、中国と満洲における従来の意味での門戸開放を受け入れていなかったが、一九三七年夏以降回復しつつあった米国経済が再び恐慌に突入するのを目のあたりにすると、鮎川は、満洲事変以降拡大傾向にあった米国の対満輸出と、日産が推進した米国自動車業界との提携交渉を根拠に、満洲における日本主導の修正門戸開放主義に対する米国の黙認と、鮎川の対満米国資本導入構想に対する米国の同調の余地があると判断したのであった。

この判断の通り、当初には日中戦争勃発と日満の重工業化政策の推進により、日満、とくに満洲国において、拡大傾向にあった米国の輸出品に対する依存度が高まり米国政府も対日満輸出を黙認していたという追い風もあった一方、①日中戦争の泥沼化に伴う日満の統制経済政策の強化、②期待はずれの満洲の資源、そして③日米関係の悪化、は満業設立直後から鮎川の外資導入構想に逆風をもたらすものとなる。

4　米満経済関係

米国の対満洲貿易・投資は、米国のアジアにおける貿易・投資のごく一部にしか過ぎなかった。例えば一九二九年、満洲は、米国の全中国における貿易の七％しか占めなかった。投資については、一九三一年、満洲は全中国における米国の投資の八％しか占めなかったのに比べて、上海のそれは六五％であった。[13] 一九三一年以降、日本の満洲に対する貿易と投資は増加する一方、日本以外の外国の満洲に対する投資は減り、貿易には振幅があった。[14] しかしながら、こうしたことと、満洲国の輸入品に占める米国製品のシェアから、満洲国と米国の貿易関係は重要でないと即断してはならない。

一九三七年以降、満洲国の主たる輸出品は大豆であり、その主たる輸入品は、資本財と消費財であった。満洲国はその五カ年計画にもとづく急速な経済発展を行うべく、日本と米欧からの資本、技術、機械類を必要としており、日米独からの工業製品の輸入を増加させていったのであった。一九三八年から四〇年にかけて、満洲国は、日本を除くと、米国からの資本財や技術にもっとも依存するようになった。米欧諸国のなかで、米国はドイツに次ぐ満洲国の輸出相手国であった[15]。

たしかに、満洲事変後、米欧の満洲に対する投資は、一般的に減少した。これは世界恐慌と、外国為替規制や米欧の石油資本を満洲における石油精製事業から排除したことなどの新重商主義政策が原因であった[16]。しかしながら、満洲帝国政府編『満洲建国十年史』の統計データによると、一九三七年から四〇年の時期、満洲国における米国の毎年の輸出額（円建）は、それ以前の水準をはるかに上回っていた。米国の対満洲輸出は次のように推移していた――二、〇八〇万円（一九三〇年）、一、二六〇万円（一九三一年）、二、〇一〇万円（一九三二年）、二、九〇〇万円（一九三三年）、三、五三〇万円（一九三四年）、二、四九〇万円（一九三五年）、二、三七〇万円（一九三六年）、五、七九〇万円（一九三七年）、九、三一〇万円（一九三八年）、八、〇二〇万円（一九三九年）、七、一〇〇万円（一九四〇年）。また、米国の対満洲輸入は次の通りであった――七〇〇万円（一九三〇年）、六一〇万円（一九三一年）、五一〇万円（一九三二年）、七六〇万円（一九三三年）、六〇〇万円（一九三四年）、一、五六〇万円（一九三五年）、一、六四〇万円（一九三六年）、一、八七〇万円（一九三七年）、一、一四〇万円（一九三八年）、一、五四〇万円（一九三九年）、二、一〇〇万円（一九四〇年）。米国の満洲との輸出入額、特に輸出は、満洲事変以降急速に増加していく傾向を示していた[17]。

満洲国における自動車のシェアについては、米国自動車がその市場を支配していた。一九三八年秋の時点で、満洲国には自動車が一万一千台余り存在していたが、その六三％は、フォード社製自動車かGMのシボレーであった。この他ドッジやビュイックも走っていた[18]。一九三九年二月、在奉天米国領事ラングドンは、在上海米国商務官の依頼により、満洲における米国自動車の利用状況を報告した。これによると、ラングドンは、自動車関係の統計は軍事機密であることから正確な数字は提供できないと前置きした上で、おおよそ次の通りであると述べたのであった。

ガソリン自動車　九〇％　（四、〇〇〇台中三、六〇〇台）

ガソリン・バス　六五％　（三、六〇〇台中二、三四〇台）

ガソリン・トラック　七五％　（五、二〇〇台中三、九〇〇台）

この報告書では、米国製のディーゼル・バスとディーゼル・トラックは満洲に存在せず、米国製のオートバイと三輪自動車は、一五％（一、〇〇〇台中一五〇台）であった。[19]

こうした米国の対満洲貿易ブームについて、米国の外交政策当局は、不満を示すか首をかしげていたのであった。例えば、一九三九年四月四日、孤立主義者で知られる米国連邦議会上院議員で上院軍事委員会の委員であったジェラルド・ナイは、こうした統計データを根拠に、国務省が日本の中国および満洲における米国商業権益の侵害を誇張していると批判したのであった。これに対して翌日の連邦議会公聴会で、コーデル・ハル国務長官は、このことを否定できなかった。ハル国務長官は、日本が極東における米国の商業権益を侵害していることを強調したものの、特に一九三七年以降の米国の満洲に対する輸出は突出していることを認めた。その上で、国務長官は、満洲に輸出された米国製品が日本の中国に対する侵略戦争に使用されていることについてナイ上院議員がよもや喜んではいないであろうかと切りかえした。ハル国務長官は、一九三五年、連邦上院外交委員会が満洲における米国資本の排除に対抗して、日本の対満洲政策が九カ国条約および不戦条約に違反していないかを調査する決議を審議しようとした際、日本側が主張するような米国の満洲国承認を前提とした上で米国経済権益侵害問題について日米で協議することを拒否する一方、連邦議会内のこうした動きをも封じたのであった。ハル国務長官は日本とは水面下で交渉することを望み、満洲国で米国経済権益が侵害されているという一般的見解にとどめたのである。

このナイとハルとの論争について、米国の極東専門誌『ファー・イースタン・レヴュー』は、一九三九年七月号で、ナイ上院議員の見解を支持したのみならず、ハル国務長官を批判した。同誌は、もしも門戸開放を貿易と同義語で扱えば、米国の対満洲輸出ブームは、日本が極東で門戸開放を遵守していることになると論じた。ただ、もしも誰がこの貿易を取り仕切っているかということを門戸開放の定義に含めた場合、中国と満洲における米国人商人が日本により差別を受けているために門戸開放が侵害されていると論ずることができると指摘した。しかしながら同誌は、米国の対満洲ブームが不況にあえぐ米国内経済にはプラスであることを評価していた。[20]

5　治外法権撤廃問題と国務省

国務省は、米国と満洲国の貿易関係の発展を、日本の満洲占領が米国に同地域における門戸開放をもたらした結果とは考えなかった。むしろ、日中戦争が日本の満洲における米国製品の備蓄をもたらしたに過ぎないと論じた。[21]米国と満洲国の貿易ブームは、米国の満洲国承認には帰結しなかった。国務省極東部長スタンレー・ホーンベックは、一九三四年二月に米国が「かなり遠い将来」「満洲国」を国家承認する可能性は否定できないと思っていた。しかし米国政府は、フーヴァー政権の不承認政策を踏襲し、米国政府が米満貿易や、一九三七年一二月に実施された満洲国における治外法権の撤廃を公式に認めることを許さなかった。米国政府は、満洲における米国の国際法上の権利を侵害していることを日本に対してたびたび警告したのであった。こうした問題について米国はあくまでも「満洲国」の「主権」行使を黙認することに留めたのであり、国務省は在満洲米国領事館にこのことについて周知を徹底させていた。このような対応は、満洲事変以来影を潜めた中国の反米欧感情を再燃させないという狙いもあった。もしもそのような状況となった場合、満洲以外の中国の米国権益に不利益が及ぶことを在満洲米国領事館は危惧していた。[22]国務省と在奉天総領事館は、満洲における米国企業が「満洲国」の治外法権撤廃に伴い「同国」の企業として登録するか否かは、各企業の裁量に委ねたのであった。[23]同時に、一九三七年一〇月に満洲国で外貨規制にもとづく輸入品の許可制の導入や対外投資・渡航目的の外貨持ち出しの規制強化が実施されると、国務省の了解をえた在奉天米国領事ラングドンは、満洲国外交部外務局長の大橋忠一に、このような措置は、門戸開放の原則に反すると抗議した。[24]

満洲における米国の治外法権について米国は、満洲が中国の一部であるという立場をとっていたために、中国における治外法権を維持している立場から、一九三七年一二月に満洲国が行った治外法権の廃止を認めなかったのである。これを認めることは米国の満洲国承認を意味し、中国の反発を招くのみならず、中国が米国に対して治外法権撤廃を要求することになるからである。米国は、治外法権廃止に抗議して米国領事館を満洲から撤退させることなく、満洲国不承認を貫きながら満洲に領事機能を維持したのであった。これは、満洲国における米国民と米国権益の管轄について、満洲国当局と交渉しながら、在満洲領事館の裁判機能を維持しようとしたことを意味した。治外法権撤廃が実施された当時満洲国国務院司法局参事官であった武藤富男が回想するように、当時満洲国に在留していた四万二千人の外国人のうち治外法権適用対象者は千二百人であったが、こうした「旧」治外法権国からは、満洲国の治外法権撤廃に伴う行政権と課税権の委譲、つまり同国の課税および産業法規の適用、に対して、「積極的意思表示」はなかったのである。

しかし、日米関係の悪化と連動する形で、このような在満洲米国総領事館の治外法権にもとづく領事裁判権は不可能となっていった。日米通商航海条約が、半年前の米国側による通告にもとづき廃棄された一九四〇年一月以降、満洲国は、在満米国領事館の裁判権を否定した。その結果、一九四〇年秋以降、在満米国領事館の勧告にもとづき、在満洲米国人のほとんどは帰国することとなった(25)。このことは、前章で考察したようにハル・ノートにおける中国からの日本軍撤兵が、満洲を除外していたとする見解に疑問を投げかける問題となる。

6　在奉天米国総領事館の情報収集——鮎川構想に対する評価

盧溝橋事件から真珠湾奇襲攻撃までの時期、米国は、満洲にあった複数の領事館、なかでも奉天の領事館を通じて満洲国の動向、つまり、満洲における重化学工業化の可能性、満洲とドイツの貿易関係、満洲国の日本経済に対する従属化などをつぶさに把握していた。

米国は、フーヴァー政権が満洲事変について不承認宣言を行っていたが、これは満洲国建国後も維持された。米国は、満洲は中国の一部であるという認識から満洲国建国後も満洲における領事館を維持した。このことは、領事館の開設は国家承認を必ずしも意味しないという国際法上の原則から可能であった。

満洲にあって、奉天の総領事館は、在満洲米国領事館のなかで情報収集など領事活動の中心的役割を果たしたのであった。ここで領事を務めたのは、すでに言及しているようにウィリアム・R・ラングドンという、マサチューセッツ州デダム市出身の職業外交官であった。彼は、両親の赴任先のトルコで生まれ、安東、天津、奉天、大連で領事を務めたのち、一九三二年に再び奉天領事となり、中国南部へ転勤となる一九四一年半ばまで同職にいた。ジョセフ・W・バレンタイン在奉天総領事が、一九三七年に本省に帰国後、ラングドンは領事として、在満洲米国領事館の実質的総責任者を一九四一年半ばまで務めていた。奉天が満洲における軍事産業の中心地であったことも、奉天総領事館の満洲国情報収集上の重要性を高めていた（なお、ラングドンは、終戦後ホッジ司令官の政治顧問として、朝鮮半島南部に赴任している）。

鮎川構想が打ち出されるなか、ラングドン領事とデーヴィス副領事は満洲国の経済開発のデータを在北京米国大使ネルソン・ジョンソン、本省、在大連米国領事館、在ハルビン米国総領事館、在日米国大使館などに送ったのであった。

たとえば一九三八年四月に、在奉天米国総領事館は、鮎川の招請で満洲の鉱物資源調査に来た地質学の権威H・フォスター・ベイン博士（当時フィリピン植民地政府大統領の鉱物資源顧問）から満洲の資源動向について、満洲視察後の博士の見解を聴取していたのであった。ベインの訪満は、フィリピン自治政府（The Commonwealth Government of the Philippines）マニュエル・ケソン大統領が打ち出していたフィリピン中立化構想とおそらく関係があったものと思われる。ケソンは、日本が日中全面戦争に突入するなか東南アジア方面へも勢力を拡大することを懸念していた。一方、米国が約束していた一九四六年より早く独立することを目指していたケソンは、当時ダグラス・マッカーサー・フィリピン軍事顧問団長が推進していた国防軍創設計画に幻滅し始めていた。彼は六月に訪日した。それは、前年に日本経由で訪米した際のマッカーサーを含む大勢の訪問団とは違い、ごく少数の、しかも、マッカーサーの頭越しでの（彼に知らせることもなかった）訪日であった。米国のマスコミがこの訪日を嗅ぎつけると、ケソンは、訪日は休暇のためと称した。しかし実際は、当時マスコミで憶測を呼んでいた通り、ケソンは日本の政府高官に対して、フィリピンが中立国となった場合、それを日本が尊重するという約束を取り付けたかったのであった。宇垣一成外相らと会談して帰国したケソンは、その夏フィリピン議会でフィリピンの武装警察をフィリピン陸軍から組織上別個の存在に法律上改編する法案を議会で可決させた。その結果、フィリピン陸軍の十分な人員確保がますます困難になった。マッカーサーは、フィリピン陸軍の弱体化は彼が推進しようとしていた国防計画の実現性をさらに阻害するという観点から、秋に入ってからケソンに再考を促そうとしたが、ケソンはその要請を聞き入れなかった。ケソンの方針転換を促した背景には、七月八日に宇垣一成外相の大臣官邸で行われたケソン・宇垣会談があったものと思われる。その際宇垣は、次のようにケソンに語った。「唯一言茲ニ申述度キハ、比島カ完全ナル独立ヲ為ス暁ニ於テハ中立保障ノ問題モ漸ク世ノ中ノ問題トナルヘク、其ノ際日本ハ極メテ好意的考慮ヲ加ヘテ善処シ度キ所ナルニ付、此ノ点ハ十分御含ミ置ヲ戴キ度シ」。これに対してケソンは喜び、次のように外相に返答していた。「今回ノ旅行ノ結果日比間何等恐ルルモノナキヲ知リ甚タ愉快且ツ満足ト考フル次第ナリ［中略］大統領任期終了後ハ一比島市民トシテ自己ノ個人的勢力ヲ以テ日比親善関係ノ基礎ヲ固ムルニ終世ヲ捧クル心組ナリ」。ベインの訪満は、ケソンが推進しようとしていた中立化構想の一環としてフィリピンと満洲の経済的相互依存を深める模索であったと言えよう(26)。

ベインによる調査は、満洲重工業の依頼によるものであったが、その了解をおそらくとらない形で、ベインは、満洲重工業にとっては秘密事項であることをラングドンたちに内報していた。ベインは、満洲の豊富な石炭から頁岩油を抽出した場合、これが米国から輸入している原油と十分に価格競争できると指摘した。また彼は、満洲の鉄鉱石の質は、米国では精錬の対象にしない低質のものであるが、満洲最大の製鉄所である昭和製鋼所は、それらから鉄を精錬する米国では行われていない手法で鉄の生産を行っていると、昭和製鋼所を高く評価したのであった。ベインのこのような見解は、同製鋼所に出入りしている二人の米国人技師とは対照的であると、ラングドン領事は指摘していた。この他、ベインは、満洲北部は金が豊富である可能性を指摘したり、石油が満洲にある程度賦存しているかもしれないと論じ、また、マグネシウムの埋蔵量は世界有数であると指摘したのであった。[27]

一九三八年三月、在奉天米国総領事館は、米国の満洲への鉄鋼製品や機械類などの輸出が一九三七年以降急上昇している事実を本省に報告した。デーヴィスの同年一月の国務長官宛の報告書で、満洲国の経済が関東軍に支配されており、その経済は主に軍事目的を満たすために存在するとともに日ソ間の緊張関係が背景となって不安定であると論じている。そして、鮎川率いる満洲重工業にかんする米国企業からの総領事館への問い合わせが増えていくであろうと指摘した上で、満業が満洲国政府に統制されていること、また、満洲国の外国為替管理や貿易管理などの統制経済政策の実施内容についての問い合わせにどう回答するかについて、つまり、政治的判断を示すことの可否について、苦慮している状況を述べている。在奉天米国総領事館は、こうした問い合わせに、その対象となっている満洲の該当市場の動向に言及しながら、満洲国の外国為替や貿易管理などの通商上の統制政策について注意を喚起し、満洲国の企業との取引でこうした統制政策により外貨による支払いが妨げられないことを確認するよう慎重な対応を呼びかけていた。奉天総領事館は、こうした問題点を指摘しながら、機械を満洲に輸出したい製造業者に、満洲国の統制経済政策のもとでも、同国の工業化と国防に役立つ輸入品にはビジネスチャンスがあることを示唆し、その製造業者に大連の輸入代理店リストや在大連米国領事館の問い合わせ先について情報を提供している。[28] 在奉天米国総領事館は、一九三九年も米国製造業者からの問い合わせについて引き続き同様の対応を行ったのであった。[29]

7　フーヴァーとの接触――ベインと高碕達之助

鮎川にとってベインが果たした役割はもうひとつあった。それは、ハーバート・C・フーヴァー元米国大統領との間接的接触が可能となったことである。ベインは、鮎川が東洋のフーヴァーであると思い、フーヴァーに宛てた書簡で、鮎川は第一次世界大戦勃発時のフーヴァーを思い起こさせる存在であると語っていた。ベインは、鮎川が「フーヴァーを敬愛しており」、彼に対して「訪満して支援を賜りたい」と思っていることをフーヴァーに知らせたのであった。[30]鮎川とフーヴァーの対外経済戦略も似ていた。フーヴァーは、高い輸入関税と最恵国待遇にもとづく相手国への効果的なアクセスにより対外貿易を米国に有利に進める考えをもっていた。フーヴァーの日米関係論は、日米経済相互依存を中心に展開されており、この点も鮎川と一致するところであった。[31]ベインは、訪満後、ニューヨーク市マンハッタンのウォルドーフ・アストリア・ホテル内のマンションを五月九日に訪問した。そこは、大統領退任後東海岸滞在中の自宅にしていたフーヴァーの住まいであった。フーヴァーはこの時点で、ベインがフーヴァーに送った以下の書簡を読んでいたものと思われる。

鮎川は、私が今まで会った人たちのなかでもっとも面白く、また、もっとも有能な人物の一人です。彼はヴィジョンを持つビジネスマンで実践的です。［中略］むろん、［満洲の経済開発という］困難な状況において実際は目標をはるかに下回るものですが。

東アジアにおける恒久平和に近い状況という真の目的を達成するためには、その地域に住む人たちの経済的状況を改善していくことです。［鮎川は、］旧財閥に不信感を抱いているものの経済界出身者による指導力が必要と痛感している「青年将校たち」を魅惑しています。[32]

ベインとフーヴァーの会談は長時間にわたり、ベインは鮎川の対満米国資本導入構想について語った。ベインが会談後鮎川に送った書簡によると、フーヴァーは東アジア情勢に多大な関心を示し現在の東アジア情勢についてよく理解していた。

ベインとフーヴァーの交友関係は第一次世界大戦期に遡る。ベインは一八七一年一一月二日生まれで、フーヴァーより一つ年下であった。ジョンズ・ホプキンズ大学で地質学を勉強したベインは、同大学を卒業後アイオワ州の地質調査所の地質学研究員として採用された。在職中、一八九七年にシカゴ大学より地質学の博士号（Ph. D.）も授与された。一九〇三年にベインは米国地質調査所（U.S. Geological Survey）の研究員になり、その二年後イリノイ州地質研究所の所長に就任した。フーヴァーと面識を持つきっかけになったのは、当時国際的に知名度の高かった鉱山技術者トーマス・A・リッカードとその従兄で同じく鉱山技術者エドガー・リッカードがサンフランシスコで編集していた鉱山開発の専門誌『ザ・マイニング・アンド・サイエンティフィック・プレス』（*The Mining and Scientific Press*）の編集者として一九〇九年から六年間活動したことであった。第一次世界大戦勃発後、二人のリッカードは、別の鉱山開発の専門誌『ザ・マイニング・マガジン』（*The Mining Magazine*）の創刊者としてロンドンで活動を開始した。ベインも、一九一五年から一六年までこの雑誌の編集に従事した。この雑誌を創刊するように二人のリッカードに強く働きかけ、彼らをロンドンへ引っ越させたのが、フーヴァーであった。フーヴァーは、鉱山開発雑誌の多くが、こうした雑誌に出資していた鉱山開発会社のいいなりになっていたことを憂慮していた。また、鉱山技術者は鉱山開発会社の経営陣とは別個の存在であるという当時の風潮を打破すべく、技術的知識と経営ノウハウを兼ね備えている人材を育成し啓蒙する専門誌が必要であると痛感していた。そうしたなかこのような課題を先駆的に取り上げ、また高い水準の記事や論文を刊行していたリッカードたちが編集していた前述の専門誌をフーヴァーが高く評価していた。フーヴァーを筆頭に合計三〇人の有名な鉱山技術者たちは、二人のリッカードがこの専門誌を出版するために立ち上げた出版事業会社のために、購読者として同社の優先権付株式を購入して同社を経営面で支えたのであった。資本金の大半は、二人のリッカードが出資していた。

第一次世界大戦の勃発はフーヴァーの人生も大きく変えることとなったが、これ以降エドガーは、フーヴァーの生涯にわたる側近中の側近として活動をともにすることとなった[33]。ベインも大戦下のロンドンでフーヴァーとの親交を深めていった。彼は、フーヴァーが立ち上げ、また、委員長を務めていたベルギー援助機関ＣＲＢの活動に従事し、戦後ＣＲＢで活躍した他の仲間たちと同様、ベルギー国王より勲章を授与された。この後、ベインは一九一六年から二〇年にかけて南アフリカと中国を含む東アジアの資源調査をたびたび行った。そして一九一九年から二〇年にかけてベインは米国鉱山局の幹部（assistant director）として、戦争関係の鉱物資源、ヘリウム生産、毒ガスなどの問題に取り組む。さらに一九二一年から二四年、ベインは、同局の長官を務める。前章で述べたように、この職はフーヴァーがかつて望んだポストであった。フーヴァー商務長官は、この時期ベインに中国における窒素生産コストの調査を依頼して、訪中させている。ベインのその後の主な経歴は以下の通りである。一九二四年冬、彼は、アルゼンチンにおける鉄鋼産業勃興のために同国政府の顧問を務めている。一九二九年には、コロンビアにおいて石油法制定について同国に諮問する国際委員会の委員を務めていた。この他ベインは、一九二五年から六年間米国鉱山・金属工学学会の事務局長（secretary of the American Institute of Mining and Metallurgical Engineers）、一九三一年以降銅・真鍮資源調査会社役員（managing director of the Copper and Brass Research Corporation）、そして一九三四年から三六年まで東アジアの鉱物資源開発についてコンサルティングの仕事を行っていた。最後に、ベインは、マニラでフィリピン政府の仕事を始める以前には、鉱物資源開発のコンサルティング会社ライト・ドルベア・アンド・カンパニー（Wright, Dolbear and Company, New York）の共同経営責任者を務めていた。鮎川と東京で初めて会った一九三七年夏、ベインはマニラでフィリピン政府が新しく立ち上げた鉱物資源開発局長として同局の組織化と運営を推進し、ケソン大統領の鉱物資源開発の顧問を務めていた[34]。

ベインは、鮎川の誘いにフーヴァーがのるかどうかについては、満洲経済開発の「具体的案件がどのような性質」（exact nature of the particular project）であるのか、そしてその案件がどのような経緯で持ちかけられたのかに左右されるのではないかと鮎川に自身の見解を述懐した。少なくともフーヴァーが、「私に対し、この件について、これ以上話を受け付けないようには命じなかったこと」自体が伝えることのできるいい知らせであると鮎川に述べた。ベインは、もしも鮎川が訪米する場合、フーヴァーを訪問するよう勧めた。その場合、「少なくとも両者はお互いに面白い人間に会うこととなり、私は、お二人がお互い気に入るものと思います」と論じたのであった。(35)

鮎川が、フランクリン・ローズヴェルトの政敵である共和党の重鎮に満洲国の経済開発に対する協力を要請することは、もしもそのことが米国政府に知られた場合、不利益のほうが大きくなるリスクがあった。しかしながら、前章で紹介したように、フーヴァーは中国に鉱山技術者として住んでいたこともあり、また、第一次世界大戦直後からフーヴァー政権退陣の一九三三年初頭まで東アジア政策に深くかかわっていた。しかも、歴代の大統領のなかで、東アジアにおける政治と経済の関係をもっとも熟知していた。(36)

鮎川がフーヴァーに接触を行ったもう一つのチャンネルがあった。高碕達之助であった。高碕は、フーヴァーに生涯にわたって畏敬の念を抱くフーヴァー信奉者であった。彼がフーヴァーと最初に会ったのは、一九一二年春、スタンフォード大学でデイヴィッド・スター・ジョーダンが両者を引き合わせたときである。このとき高碕は、ジョーダンとフーヴァーによって災難から救われたのである。

一九一二年春、黄禍論を展開して日系人の迫害を煽るウィリアム・ランドルフ・ハーストが所有するロサンゼルスの有力紙『ザ・ロサンゼルス・エグザミナー』(*The Los Angeles Examiner*)は、高碕が、マグダレナ湾で日本政府が行おうとしていた同地への大規模な日本人移住計画のために活動をしていると報道した。

この湾は、カリフォルニア州南端の軍港サンディエゴから、メキシコ領土内へ入り、カリフォルニア半島の太平洋岸を北から半島の長さの四分の三ほど南に下がったところにあるサン・マルガリータ島とマグダレナ島に囲まれた天然の良港である。高碕自身がこの報道を知ったのは、米国へ入国しようとした際、米国の入国管理官がそれを許可しなかったときであった。高碕は、当時マグダレナ湾で彼の雇い主であったメキシコ人オウレリオ・サンドヴァルというロサンゼルスに本社を構えるメキシコ万国漁業会社（Mexico International Fishing Company）社長の指示で、メキシコの企業でもあった同社がカリフォルニア半島で手広く行っていた漁業の新規事業として、マグダレナ湾に新しい工場の建設と運営を進めようとしていた。しかしながら、タイミングが悪かった。当時、日米関係は悪化しており、また、この湾をめぐっては、一九一〇年に始まったメキシコ革命により米墨関係が悪化し、直前にメキシコ政府が、米国海軍が同湾で一〇年間演習を行うことを米国と合意した文書を破棄したばかりであった。高碕は、一九一一年にサンドヴァルのもとで勤務すべくメキシコに到着したところであったが、サンドヴァルと会ってまもなく、水産講習所製造科で学んだ製缶方法をサンドヴァルに教え、すぐさま新工場の立ち上げと運営を任されたのであった。

高碕は、この災難に遭遇して、ただちにジョーダン学長に連絡をとった。魚類学者であったジョーダン学長は、高碕が生徒であった水産講習所を視察したことがあり、その際彼はジョーダンの面識を得た。このとき高碕は、メキシコ行きのことをジョーダンに話していた。

スパイ容疑事件後、高碕は、翌年までサンドヴァルのもとで働いた。しかし、メキシコ革命の激化に伴い、同国政府がサンドヴァルの所有権と営業権を剝奪すると、高碕は一九一五年春に帰国するまで、サンドヴァルのカリフォルニア州におけるビジネスに従事した(37)。

帰国後、高碕は、出国前に勤務していた東洋水産に戻らず、東洋製缶を創業した。フーヴァーに対する畏敬の念は、一九二八年にフーヴァーを称えるパンフレットを同社が刊行するほどのものであった（"Herbert Hoover and Our Corporate Policy"）。同社の専務取締役時代の高碕は、一九二七年にフーヴァーへ感謝状を送っていた。というのも、創業してからこの一〇年間業績が上昇基調にあったのは、フーヴァーの紹介でアメリカン缶（American Can）社から機械類や技術サポートを取得することができ、また、フーヴァーが商務長官に就任後広めた経営理念、組織理念、科学的経営を東洋製缶の経営に積極的に取り入れたからであった。高碕は、この感謝状に日本の製缶業界の歴史にかんするパンフレットを同封しており、フーヴァーは、一〇月二七日付の書簡でこれを受け取ったという返信を高碕に送っていた。そして一九三三年七月には東洋製缶の使命にかんするパンフレットもフーヴァーに送っていた。このパンフレットは、前述のパンフレットの内容に加えて、同社の経営原則は、フーヴァーの教えにもとづくものであると論じていたのであった。[38]

高碕がフーヴァーに連絡を行ったのは、日米通商航海条約を米国が条約の条文にもとづき半年後の一九四〇年一月に廃棄すると宣言した一九三九年七月以降のことであった。一九三九年秋、高碕は、鮎川の要請によるものと思われるが、中国と満洲国で経済開発を日米共同で行うため、米国の製造業や金融機関の協力を得るための助言をフーヴァーに求めた。さらに高碕は、フーヴァーに中国と満洲国の経済の復興を行うために必要な勧告を行う国際委員会の委員長に就任し、同委員会の人事を取り仕切って欲しいという話を持ちかけたのであった。これは、高碕が鮎川と相談した上で非公式に行われた打診で、このことについて言及していたフーヴァー宛の高碕による書簡では、そのような委員会の設立の前提として、この問題に関係する「各国政府と利害関係者」の調整がつけばという但し書きがあった。日中全面戦争は、東アジアの商業と工業の発展を中断させており、フーヴァーのような効率の追求と無駄の排除を論ずる人道主義と技術者精神を兼ね備えた経済人からの提言が必要であると、フーヴァーの関心を引き付けようとしたのであった。高碕は、日中戦争の先行きは不透明ではあるものの、中国と満洲国の経済復興には米国資本が必要であると強調したのであった。高碕は、人類の人口の四分の一の経済を軌道に乗せるには、非常に大規模な水力発電、灌漑、交通網、鉱山開発、製造活動と農業開発が必要で、これらを日米共同で行いたいことを強くフーヴァーにアピールしたのであった。[39]

フーヴァーはこれに返信をしなかったようであるが、高碕は、この書簡のフォローアップを狙って一九四〇年初頭、彼と親しい東洋文化協会会長の中村嘉壽にフーヴァーを訪問させた。ニューヨーク大学卒業生の中村は、高碕の懇請により、フーヴァーとの面談を実現することができた。しかし、フーヴァーからは中村と会ったという返信のみが後日届いただけであった。[40]

8　在奉天米国総領事館と米国自動車産業動向分析

在奉天米国総領事館が作成した満洲国にかんする報告書や、米国企業、ビジネスマンと同領事館との書簡のやりとりを解析していくと、次のようなことが判明する。すなわち、満洲国における石炭は豊富であるが、人造ガソリンをはじめとする人造燃料の生産規模は少量であること[41]、また満洲国は、暫定的には、米国製自動車の利用に依存するであろうが、満洲国の究極の目的は独自の自動車工業の育成であり、満洲国における自動車工業の国営化であることである。しかしながら在奉天米国総領事館は、米国自動車メーカーと満洲国との商談については、事態の推移を見守る態度をとっていた。同総領事館は、フォード自動車が奉天に本社を構える満業傘下の同和自動車に自動車を供給することにかんする情報を三月上旬、新京の満洲国政府関係者が米国機械メーカー関係者に話した内容を通じて得ていた。しかもその直後に、GMの日本現地法人幹部がラングドン領事を訪ね、同和自動車が一九三九年の自動車発注はすべて間に合っている旨を同社に伝えており、また、大連でフォード自動車が五、〇〇〇台の対満洲輸出契約を結んだ噂を聞いたことを根拠に、フォードの満洲国における自動車供給の真相を問いただしたのであった。これに対し、ラングドン領事は、この噂の信憑性を否定しなかった。

しかしながらラングドンは、五月に満業傘下の満洲自動車工業が設立され、また、同和自動車の設立法が改正されることを知ると、満洲はいよいよ米国製自動車を排除していくと判断し、在北京米国大使館宛の報告書で、満洲はもはや米国自動車にとって輸出市場ではないと論じたのであった[42]。六月上旬、ラングドン領事はフォード自動車が同和自動車に五、〇〇〇台供給する契約を交わしていた確証を新聞報道と人的情報源から得、そのことを国務長官ハル、在北京米国大使館、在重慶大使館、在日大使館、在ハルビン総領事館、在大連領事館に伝えた[43]。在日米国大使館や国務省は、鮎川の日産自動車が日本フォードと同年二月二三日に交わした契約にもとづき一九三九年中にフォードが五、〇〇〇台の自動車を同和自動車工業に供給することについて、それを中止させようとしたが、すでに一、〇〇〇台を供給済みであったことから、黙認したのである。(44)

一方、GM社は、一九三九年一一月三〇日、ラングドン領事宛の書簡で、満洲国は日本とともに引き続き有望市場であり、今後は満洲国へGMの自動車用ディーゼルエンジンの輸出を模索する意向を伝えたのであった。これに対してラングドン領事は、前述のように満洲の自動車市場の有望性には懐疑的であったが、職責からGMが要請すればいつでも対満洲輸出の支援を行うことを約束した。(45)

9　第二次世界大戦勃発と在奉天米国総領事館

ラングドン領事は、第二次世界大戦の勃発にともない、日独貿易がほとんど寸断されたことで、満洲国の重化学工業の発展を狙う五カ年計画を支えてきた日独バーター協定は意味をなさないものとなり、その結果満洲国の五カ年計画はその目標を達成できなくなって、日本の国防政策に大きな打撃を与えたと分析していた。というのも、このバーター協定により、満洲国は一九三九年五月三一日までの一年間、ドイツに満洲円一億一、八七九万五千円相当額を輸出し、その結果満洲円八、三七九万五千円相当の外貨を稼いでいたのである。この外貨取得額は、日中独伊を除く外国との貿易で同時期獲得した外貨が、満洲円五、三五三万九千円相当であったことを考えればその影響の大きさがわかる。欧州での戦争勃発は、ドイツ側の満洲国への支払いの延滞をもたらしたが、より深刻な問題はドイツから輸入していた機械類をほとんど入手できなくなったことであった。満洲国は、ソ連のシベリア鉄道を利用してドイツとの貿易を試みようとしたが、ラングドン領事は、これによる両国の貿易量は、高い輸送費用も手伝って少しの回復を見るに過ぎないと論じた。その結果、満洲国は日本製を除けば、ますます米国製の資本財への依存を深めることとなったのである。

ラングドンは、こうしたことを在北京米国大使ネルソン・ジョンソンに伝えた。彼は、この他、鮎川による前述のフォードの同和自動車への自動車供給に伴う資金を除き、満洲国が欧米から資金を獲得することに失敗していると指摘し、鮎川の渡欧（後述）もこれを打開すべく、欧州経由の訪米で米国における製造業用の資金確保を目論むものであると報告しており、以下のような論点が注目される。(46)

同領事館は、満洲国建国後同国が米国資本をはじめとする外国資本を排除していったことについては、批判的であった。しかしながら、日中が全面戦争に突入していったなかで満洲国が米国資本を必要としていることはよく把握していた。

米国企業やビジネスマンは、鮎川の米国資本の対満洲導入構想が米国で報道されると奉天の米国総領事館へ問い合わせを頻繁に行っていたが、同総領事館は、満洲国が過去に米国資本を排除したことについて注意を喚起し、満洲は投資やビジネスのリスクが高いことを指摘した。しかしその一方では、満洲の重化学工業に貢献する企業や投資家にとってはビジネスチャンスであるという見解をたびたび示していたのであった。

このようなビジネスチャンスにかんする見解は、領事館という存在が、米国の通商を支援する機能をはたしていたことを裏付けるものであった。在満米国領事館は、先に見たように、満洲における米国製自動車の利用状況を調査し、この市場の有望性について本国政府や在上海米国商務館に報告を行っている。

それと同時に、在奉天米国総領事館は、星野直樹ら満洲国高官や鮎川構想を支援する米国人の鉄鋼業コンサルタントと接触を行い、満洲国の経済政策動向について情報収集を行い、満洲の鉄鋼業、石炭の生産、人造エネルギーなどの生産動向と質について把握していった。一九四〇年五月になると、日本からの資本流入減少、外貨不足、深刻な対日貿易赤字もあって、満洲国の計画経済は大幅な見直し（目標の下方修正と限定化）を迫られていると見ていた。在奉天米国領事館は六月に入ると、満洲経済とその五カ年計画は、日本の債券市場の混迷もあってさらに厳しい状況にあると分析していた[47]。この時期は、鮎川がドイツにおけるヒトラー総統との会談やドイツ工業視察などを行った訪欧の直後にあたる。一九四〇年四月、ラングドン領事は、満洲重工業の鉄鋼部門の技術顧問を務める米国人ラルフ・ヴェールと、彼の新京訪問中に偶然再会した。ラングドンは、満洲における新聞報道から、鮎川のドイツ訪問は、満洲の重工業化における米国資本への依存度の高さを物語っていると見ていた。同領事は、ヴェールと前年八月に会談を行っていたが、当時ヴェールは、満洲重工業の要請で鞍山の昭和製鋼所のコンサルタントを務めていたH・A・ブラサート社の同製鋼所における代表であった。ラングドンは、ヴェールがその後米国に帰国してもう満洲には戻ってこないであろうと思っていたが、鮎川の依頼でラングドンと偶然会った日の前日に満洲に戻ってきたのであった。鮎川が、近いうちに満洲国の東辺境の資源開発のために米国人技術者二〇名前後を雇い、米国製機械類を導入するため米国で交渉中であると打ち明けてくれた旨、ヴェールはラングドン領事に語った。ラングドンは、日米通商航海条約廃止後も鮎川が確固たる自信にもとづいて再び強気の姿勢で満洲に米国資本導入を進めようとしていると在北京米国大使ジョンソン、在重慶米国大使館、国務省本省、在日米国大使館などに報告していたが[48]、こうした鮎川の努力も一九四〇年夏の米内内閣の崩壊で挫折するに至る[49]（第8章参照）。

興味深いことは、日中戦争突入後も満洲国の新聞報道の統制内容や政府刊行物へのアクセスが十分に可能で、また、こうした情報に米国領事館がアクセスできたことであった。在奉天米国総領事館の報告書は、満洲国五カ年計画がうまくいっていないことを満洲国の主要紙が掲載した座談会などからよく把握しており、このことを本国政府に伝えていた。例えば、同総領事館の一九三九年年末の動向分析書では、『満洲新聞』に一〇月掲載された座談会を翻訳していた。この座談会では、満洲国総務庁次長岸信介の発言から分かるように、同国の日本人の官僚（岸や星野など）や経済人（鮎川など）が、欧州での大戦勃発に伴い、満洲五カ年計画が計画の前提にしていたバーター取引によるドイツからの機械類の輸入と満洲産大豆の輸出が停止してしまったことについて強い懸念を抱いていたことが示されていた。同座談会では、総務庁長官星野直樹は、日中戦争の早期収拾と欧州大戦へ巻き込まれることの回避を訴えたのであった。星野は、日中戦争の長期化が満洲国の計画経済に修正を迫っていると示唆した。星野は、英仏とドイツのどちらが勝利するかは二年たたないと判明しないと考え、当面の課題として国力を温存する必要を論じ、もしも日中戦争が早期に解決されれば、欧州交戦国に対して満洲国は輸出を通じて外貨を稼げると考えていた。星野は現状では、経済統制を強化しなければ満洲国の計画経済の目標達成はますます困難になるであろうと示唆した。鮎川も同感で、満洲国はドイツ製の鉄鋼製品を直接または日本を経由して間接に輸入できず、そして、外貨不足でもあることから、計画経済の目標達成に否定的であった。鮎川は、満洲産の大豆などを日本へ輸出するのみならず、満洲産の農産物の製品開発を行い、日本へ輸出することを唱えたのであった。この時期、彼は満洲における重化学工業の発展にも懐疑的な姿勢を示し始めていた(50)。

もうひとつ興味深いことは、在奉天米国総領事館の独自の調査が、上記の新聞記事の刊行以前から、ラングドン領事が行った満洲経済動向分析の裏づけとなっていたことであった。ラングドンは、一九三九年一〇月一四日の駐華米国大使ネルソン・ジョンソンに宛てた報告書のなかで、満洲国の五カ年計画経済の発電所と重化学工業（とくに航空産業、軽金属、鉄鋼、液化石炭）が、ドイツからの機械類の輸入停止に伴い深刻な見直しを迫られており、欧州大戦勃発により、満洲国の重化学工業の発展は、日本を除けば米国にもっぱら依存することになろうと満洲で入手した報告書などをもとに指摘したのであった。しかし、日米通商航海条約が年明けに廃棄される状況では、満洲国が必要とする資本財の米国からの安定的な輸入が流動的になることから、ラングドンは、このような状況が新日米通商条約をもし日米で話し合う場合に、米国の対日交渉上の優位をもたらすであろうことを論じたのであった(51)。

おわりに

在満洲米国領事館が閉鎖されたのは、日米開戦直前であった。在奉天米国総領事館の閉鎖を担当した外交官の一人に、戦後駐日大使を務めたU・アレクシス・ジョンソンがいた。彼は当時ラングドンの後任ケネス・C・クレンツ領事のもとで副領事を務めていた。一九四一年、在奉天米国総領事館は、日中戦争の泥沼化の継続、米国の対日経済制裁の強化（前年に実施された屑鉄の対日禁輸から一九四一年夏に実施された在米日本資産の凍結と対日石油輸出の禁止）、六月の独ソ戦勃発により、満洲国は以下のような重大な問題に直面していることを把握し、在北京米国大使館、在重慶大使館、在日大使館、在ハルビン総領事館、在大連領事館、在上海領事館に報告していた。①ジョンソン副領事と在奉天米国総領事館は、満洲重工業が一九四一年半ば（正式には八月）に満洲における重工業化推進の中心的役割を担わなくなっていたことを把握していなかったが、同社とその傘下の企業の収益の悪化と一九四一年六月の予定配当利回りの下方修正という事実をよく把握していた。②このような満洲重工業の収益の悪化は、満洲をめぐる国際環境とかかわっていた。すなわち、満洲五カ年計画が策定された当初想定されていなかった日中全面戦争と欧州における第二次大戦勃発が、五カ年計画目標の未達成とその大幅な見直しをもたらしたのである。満洲の経済的な自給自足を目指すために必要な欧米からの資本財・資本の輸入が困難となり、ジョンソンが一九四一年一〇月に本省などに報告しているように、米国の対日経済制裁が徹底化されて実施されるなかで、日本は、満洲に独立した工業拠点を構築するのではなく、石炭、鉄鉱石、粗鋼など、資源と半加工品を満洲が日本に供給する政策に完全に転換したと指摘したのであった。③電力供給については南満洲で二つの水力発電所が一九四一年に稼動することで、比較的問題ない見通しとなったものの、石炭の生産力拡充は、中国人労働力の確保が困難なためにこの産業部門のみならず、満洲経済全体に深刻な影響を与えている。④人造石油の生産事業は多少進展している。⑤一九四〇年に発見されたかにみえた油田は短期間に枯渇し、満洲ではいまだ大規模な油田の発見は報告されていない。⑥日米欧からの資金調達が困難となり、外貨不足が次第に深刻化するなか、満洲在住の人々からの経済発展を目的とした貯蓄の動員が大きな課題として浮上してきている。⑦米国の対日資産凍結に対する満洲国の対米資産凍結は、数少ない在満洲米国人（主に宣教師）には打撃をもたらしたものの、米国側にとっては全体としては深刻な問題ではなかった。治外法権の撤廃にともない満洲国法人となっていた英米煙草会社（British-American Tobacco Company）はすでに同国政府の事実上の支配下におかれている[52]。

在奉天米国総領事館は、米国政府の満洲に対する姿勢を反映して、満洲における門戸開放の原則については、満洲国の外国為替管理政策などが門戸開放に違反すると主張する一方、全体としては満洲における経済面での門戸開放について、曖昧な態度をとっていた。しかし、門戸開放との関係で特に問題となったのが、満洲国における治外法権の撤廃に伴い、在満洲米国人をどう取り扱うかという事項であった。米国は、満洲は国際法上あくまでも中国の一部であるという立場を堅持していたため、満洲国の治外法権撤廃はこれに違反すると一九三七年暮以来主張し続けていた。米国側が主張する治外法権の問題が米国と満洲国との間で問題となったのは前述のように、一九四〇年に入ってからであった。

第7章　見果てぬ夢
——経済外交　一九三七〜四〇年

はじめに

一九三七年から三九年の間、鮎川の米国資本導入構想が実現するかは、米国の企業が、日中戦争の行方をどう見ているのか、また米国政府が、日本や満洲と商業取引がある米国資本をどう見ているかに左右される問題であった。鮎川は、満洲へ流入してきた欧州系ユダヤ人難民への対応を通じて、米国内のユダヤ系資本および米国内世論の満業への好意的反応を醸成し、それをビジネスにつなげる可能性を模索した。本章では、満業とマックスウェル・クライマン、満業とフランツ・モーデルハンメル、そしてメスタ機械と満業との提携交渉を考察していく。こうしたことから浮かび上がってくるのは、一九三七年から三九年の時期、米国内の不況問題が背景となって、また、ユダヤ人難民問題も懸念材料となるなかで、米国企業や金融機関は、満業とビジネスを行うことに大きな関心を示し、そのため、鮎川率いる満業は、米国資本との提携でビジネスチャンスを見いだせそうになったことが何回かあった、ということである。また本章では、モーデルハンメルを利用しながら行った対米工作を考察する際に、朝鮮半島最大の金鉱脈が存在していた雲山鉱区の独占的開発権を有する米国企業と日本鉱業の交渉の重要性についても分析を行う。さらに、鮎川は著名な米国人地質学者ベインより満洲の重化学工業発展の可能性について楽観的な観測を得たものの、鮎川自身がそれについて悲観的になったため、日系米国人を満洲へ移住させて米国式農業を興すことを検討した時期があったことにも言及する。

1　満業創設期の米国資本導入への模索

鮎川は、自分の構想は時間との戦いでもあることを強く認識していた。いったん米国経済が回復軌道にのれば、米国企業の対満洲国輸出への関心が弱まるからであった。一九三九年四月、鮎川は新京で、米国の著名なジャーナリストであったウィリアム・O・イングリスによるオフレコのインタビューに、満業創設時鮎川が抱いていた米国資本導入構想について次のように語った（イングリスについては次章で詳細を述べる）。

あの頃米国の対外貿易は低迷していました。その関係で、例えば、米国の鉄鋼と自動車の生産量は、稼働率が三分の一を下回っていましたので、私は、米国の金融界と産業界に満洲の経済開発への協力を呼びかければ大歓迎されると思いました。というのも満業が必要とする資金と物資を米国企業が提供することで、米国は産業活動と雇用を活性化できるからです。もしもこうした取引に米国企業が資金を供与してくれる場合、それを提供した米国企業は、満洲国の鉱物資源を担保にそれを行えるという点で安心していただけると思っていました。［中略］私は、貴国民の［満洲経済開発への］協力を得ることを切望していました。これは時間との戦いでして、というのも米国経済が自律回復して対外貿易が伸長し始めると、貴国民は資金供与による物資の［対満］輸出に関心を持たなくなっていくと思ったからです。(1)

鮎川が自身の構想の成否は時間との戦いであるという点を意識していたことは、的確な判断であったと言えよう。それでも、序章で確認したように、米国経済が大恐慌以前の水準に戻ったのは、一九四一年の夏であった。それもニューディールの国内経済政策が主導して回復を導いたのではなく、一九三九年九月の第二次世界大戦の勃発に伴い、この戦争に対して当初中立を宣言していた米国の輸出が伸びていったことが緩慢な回復をもたらしたのであった。米国の企業が満業や満洲と取引を行うことに関心を持たなくなっていった理由には、欧州へのこのような輸出が伸びていったという側面も存在している。しかしそれ以上に重要な原因は、米国務省の鮎川構想への横槍と、米国政府による日米通商航海条約廃棄および対日経済制裁の実施であった。

満業設立直前の一九三七年一〇月、鮎川は、秘密裏に側近の三保幹太郎と、元コロンビア・レコードとビクター・レコードで財務を担当していた幹部ジェームズ・マレーを欧州と米国へ派遣した。彼らの狙いは対満外資導入であった。鮎川自身、年末に訪米する予定で、米国行きの浅間丸の客室を予約していた(2)。しかしながら、中国でパネー号事件が起きたため、鮎川は、当時の日本人の多くと同様、米国内の孤立主義の根深さを過小評価し、米国内の一部の人々や団体がこの事件に抗議して始めた反日運動が、米国の日本に対する見方をもっとも代表していると判断して、渡米を見送ったのであった。

もっとも鮎川は、米国内で増加した反日世論はすぐに鎮静化すると考えた。それまでの間、彼は友人で東京在住の米国大手鉄鋼会社リパブリック・スチール社の日本代表ロバート・モスに助言を求めた。モスは、米国企業トラスコン・スチール社の社長でもあった。モスは、ルイス・ストロースが井川忠雄に述べたこと（後述、第4節参照）と同様のアドバイスを行った。彼は、日本が米国民向けのプロパガンダ・広報活動に力を入れて対米世論工作を行うべきであると主張した。中国のほうがこれに成功していたからであった。また、モスは満業が米国資本からの出資を引き出すことができるのかを疑問視していた。なぜなら、ニューヨークとロンドンで取引されていた日本国債の利回りが年一〇パーセントであったのに対して、満業の配当利回りは六パーセントを予定していたからであった。このモスの疑問に対して鮎川は、満業傘下の企業の配当利回りは六パーセントよりよくし、また、投資収益の本国送金についても現行の外国為替管理法が困難にさせている海外送金をしやすくすると論じたのであった。

モスとこうした意見交換を行っていた頃、一九三八年一月一六日の『ニューヨーク・タイムズ』紙は、一面記事で満業がインターナショナル・ビジネス・マシーン（ＩＢＭ）社長トーマス・Ｊ・ワトソンに米国からの工業用設備購入に必要な五、〇〇〇万ドルの資金の供与を打診していると報じたのであった。当時ワトソンは、国際商工会議所の会長も兼任しており、またワトソンの会社は前年に一〇〇パーセント出資の日本現地法人、日本ワトソン統計会計機械株式会社を創設したばかりであった。満業と米国企業との間で取引を行うことが可能であるかについて水面下で模索していると、同紙は紹介したのである。もしも取引が実現した場合、米国資本から供与されたドル資金を米国へ送金できるよう外国為替管理法に特例を設けることになると、鮎川側は水面下でワトソン側に伝えていた。この資金供与にもとづく設備の建設には多くの米国人専門家を雇うこととなり、彼らは日本人と中国人のスタッフがこうした設備を管理運営できるまで現場に滞在することができるように手配する予定であった[3]。

おそらく鮎川は、ハーバート・Ｓ・ハウストンを通じてワトソンに連絡をとっていたものと思われる。彼は米国商工会議所創立メンバーで、国際商工会議所の委員でもあった。この他、彼は、米国貿易協会（the National Foreign Trade Council）の教育委員会委員、そして、映像教材を制作していたニューヨーク市の視覚教育と職業訓練促進協会（Institute for the Advancement of Visual Education and Vocational Training Inc.）の会長を務めており、ワトソンの教育映画事業に参画していた。ハウストンは、ワトソンの他、モルガン投資銀行のトーマス・ラモント、ゼネラル・エレクトロニクス（ＧＥ）社のオーエン・ヤング、ナショナル・シティ銀行のフランク・ヴァンダーリップといった米国財界の大物たちと親交があった。

鮎川とハウストンの世界観は共通するところがあった。両者はともに、国内外の経済競争者同士がお互いを理解する精神にもとづき平和と開かれた交易を達成すべきであると思っていた。このような抽象的な次元の考えには、国際商工会議所も当時のローズヴェルト政権も賛同していたと言えよう。鮎川は、一九三七年八月、世界教育協会（World Education Council）が東京で開催した、教育議会（Education Congress）にハウストンがニューヨーク世界博覧会東アジア委員長として出席した際に、彼と会ったものと思われる。

ラモントは、一九三七年九月九日、「日本は友人のすべてを失いつつある」とハウストン宛の書簡で述べていたが、ハウストンは、東アジアにおける日本の立場に同情的であった。ハウストンは帰国後、オレゴン大学で行った講演で、同大学とウェルズリー大学に東アジア学部を創設する提案を行った。前者の卒業生には松岡洋右があり、後者の卒業生には蔣介石夫人であった宋美齢がいた。ハウストンは彼らにちなんでそれぞれの大学で同学部を立ち上げることを提唱したのであった。ハウストンは、松岡と親交があり、松岡の提唱していた朝鮮半島や満洲での経済政策の修正版を、中国において中国人の協力を得ながら進めるべきであると論じた。ハウストンは、朝鮮や満洲における経済の発展に好印象を得たとオレゴン大学の聴衆に語った。

鮎川も松岡もハウストンの講演内容を聞いていたならば歓迎していたであろう。しかし、国務省のスタンレー・ホーンベックは、その内容を憂慮した。ハウストンの講演は日本の広報にはうってつけであろうが、ホーンベックは、国務省で執筆した覚書のなかで、「これは老人の単なる一人言ではなく、ニューヨーク万博の東アジア委員長が語ったものである。よって、米国内の、実情を周知されていない人々に対しては一定の重みのある発言かもしれない」とハウストン発言を警戒していた。

さらにホーンベックは、松岡を人物として敬遠していた。彼は松岡が、「我が国の典型的なボス政治家の部類に見受けられるどちらかというと荒々しくてハードボイルドな人柄に似つかわしい一般的対応としぐさ」をする人物であると見ていた。彼は、松岡が少年期から青年期にかけて、オレゴン州ポートランドで日々の困難に立ち向かい戦いながら育っていたことを知っていた。

鮎川と同じ年に生まれた松岡は、鮎川より米国での生活が長かった。一八九二年春、従兄と二人で米国西海岸行きの運搬船に乗り渡米した。彼はオレゴン州ポートランドの中学校を卒業後サンフランシスコの隣町オークランドの高校に進学した。松岡は高校を卒業せずにユージンのオレゴン大学へ進学することができ、通常四年で卒業するところを二年で卒業したのであった。大学時代の「フランク」松岡こと松岡洋右は、オレゴン大学を二番で卒業する秀才であった。ポートランド時代の松岡は、ベヴァレッジ夫人が提供した温かな家庭環境で育っていた。高校時代彼はアルバイトで農場やレストランで働き、大学時代は法律事務所や建設会社の事務員、新聞記者、そしてプロテスタント宗派の代理の牧師を務めるなど、豊富な経験を得た。

一〇年におよぶ米国生活を優秀な成績で終えた松岡が経験した米国生活は、高碕と同様、移民に対する排斥運動の流れで、西海岸で顕著になっていた日系移民に対する反移民感情の高揚期と重なっていた。松岡が米国生活で学んだことのひとつは、米国人とかかわりあう上で重要なのは、米国人に対しては卑屈な態度をとるのは最悪の選択肢で、何かで対立した場合は、正々堂々とぶつかりあう、ということであった。もしも先方が殴りかかってきたら殴り返す、こうした、ともすると激しくなりかねない正面衝突を経て、米国人と真の友情を築く機会が訪れる、と信じたのである。

松岡は、一九〇四年に外務省に入省し、それから一九一二年まで中国の上海と北京、そして日本が満鉄の権益を確保した関係で設立された関東都督府で外交官生活を送った。中国滞在中、松岡は三井物産上海支店長山本条太郎の庇護を受けるようになった。この山本との縁で、松岡は一九二一年満鉄の役員へ転職することとなった。

松岡は、山本の他に山県有朋に近づき、また、満鉄総裁時代の後藤新平に師事した。後藤は、当時米国が展開していたドル外交に対抗すべく、ロシアおよびドイツとの協力、なかでもロシアとの協力を提唱しており、こうした勢力均衡的な考えが彼の外務大臣時代に影響を与えていたと言えよう。

松岡は、シベリア出兵の際、米国と協力することなく単独で行っても構わないという見解であったし、また、幣原外交が繰り広げた英米協調路線と中国への軍事的不介入には批判的であった。こうした松岡の考えの根底には、米国が東アジアに経済的に進出してくることへの警戒心が存在していた。(4)

さて、鮎川によるワトソンへの接近の試みは失敗に終わったが、そのために、次に持ち掛けられた案件に慎重になった。それは、サンフランシスコ在住のアンダートンというビジネスマンが提唱したものであった。アンダートンは、クーン・ローブ投資銀行と良好な取引関係にあると鮎川宛の書簡で自己紹介しながら、米国市場で国債や社債を発行してはどうかと提案した。彼は日本の電力債を米国市場で売った経験があった。彼には日本人の友人村木謙吉がおり、この村木を介して鮎川とのやりとりを行った。アンダートンによると、米国で日本関係の国債や社債を売るのは不可能ではなかった。鮎川は、村木と一九三八年一月に会ったが、四月までにこの件のこれ以上の追求を放棄した。理由は、この件にかんしての成功の見込みを疑っていたからであり、もしも失敗した場合、米国内で満洲国が米国資本導入に必死であることを印象づけてしまうと憂慮したからであった。もっともこれにかわって、新たに前述のフォードとの交渉に加えて、後述する別の米国資本の対満導入構想を推進していた。

アンダートンは、鮎川がドル資金を集めるにはタイミングが悪いと語っていたことを村木経由で聞き、米国内では資金があり余っていたが、米国政府はこれを国内の経済復興に使うよう、すなわち海外投資ではなく、国内投資に流れるように仕向けていると鮎川に指摘した。さらに、日本関係の国債や社債を米国市場で販売できるようにするためには、米国世論が日本の中国における軍事行動や中国における米国の権益侵害に批判的であり、また日本経済が日中全面戦争で相当疲弊しているという見方が根強いといった課題を克服しなくてはならないと考察していた。そのためには、日中戦争を終結させ、日本経済の財政を健全化させ、米国の中国における権益侵害をやめ外国人投資家たちの権利を保護する手立てを講じなければならないと、アンダートンは鮎川に論じていた(5)。

2　日系アメリカ人たちと米国式農業構想

満業設立時から鮎川は米国資本を満洲に呼び込むことの困難に直面した。鮎川は、満洲国政府が満業の経営を鮎川に一任していると認識していた。しかし同政府と関東軍は、満業の経営に介入した。さらに満業とは別の満洲国国策会社日満商事は、満業に対しても、原料、半加工品、最終製品の流通を独占的にコントロールするようになってきた。そして、こうした生産活動に必要な物資の調達が日満商事により邪魔されるようになったことに加えて、満業のエネルギー供給を妨げるようになったのが、満業傘下の満洲石炭の非協力的姿勢であった。同社の社長は一九二八年に張作霖を爆殺した関東軍元大佐河本大作であった。[6]

もっとも、鮎川の米国資本導入構想の成否の鍵を握る満洲国に自立した国防国家を樹立する計画自体が日中全面戦争の泥沼化によってますます困難になりつつあった。こうしたなか、満洲国は急速に日本へ原料と半加工品を供給する拠点に限定された位置付けになっていき、この「降格」は終戦まで続いた。このような傾向は、一九三九年一月に近衛内閣が企画院「生産力拡充計画要綱」を承認したことで明確になった。これは陸軍省が一九三七年五月一九日に作成した「重要産業に関する五カ年計画要綱」にもとづいて作成されており、一九三五年一二月にその起源をたどることができた。この計画要綱は、石原莞爾が同時期に作成していた計画経済要綱案と似ていたが、石原や参謀本部が作成したものとは別のルートで作成されていた。陸軍省主導で作成された計画経済要綱は、日満と北支で重要産業の拡充を計画するもので、満洲国の計画経済と違い、日本の経済発展の必要性に満洲国を従属させていた。[7]

鮎川は、本章で後述するさまざまな米国資本の対満導入構想を進める一方、これまで取り上げてきた国際情勢と国内情勢の制約要因を考慮して、満業による満洲国における重化学工業の実現を模索しつつ、満洲に米国式大規模農業を導入できないかを検討し始めた。満洲で米国式の機械化農業を実現できないか、鮎川は、拓務省の村上龍介と、東洋製缶専務取締役高碕達之助に相談したのであった。村上は大学時代農学を学び、卒業後渡米して米国の農業大学で学んだ経歴の持ち主であった。高碕がフーヴァー信奉者であることは前章で述べた通りである。三人は、満洲は収穫可能期間が五月から一〇月までのみの気候風土であることから、米国式の機械化農業を実施することで、収穫を効率よく行い、かつ最大化できるのではないかと考えた。

しかし、三人の考えは、当時日本政府が推進していた農民の満洲移住計画と真っ向から対立する内容であった。この移住計画は、一〇年で五〇〇万人の農民を送るもので、前提となっていたのが、機械化されていない小規模農業の実施であった。

機械化農業を提唱したのは、高碕であった。彼は、一九三八年五月、満業の活動を視察し、その際鮎川と会談していた。その会談時に高碕はこの話を取り上げたのであった。高碕が満業視察を行ったそもそもの理由は、製缶業に必要な鉄鋼製品の調達であったが、これは実現できなかった。しかし、高碕と鮎川はそれぞれ五〇万円出資して満洲で大規模な機械化農場を実現するための土地の購入を行おうとした(8)。この考えは、両者による資本金三千万円の満洲農業開発の設立構想に発展した。同社は、一〇〇人程の大学で農業を専攻した日系二世・三世を満洲における大規模機械化農業実現に参加させることを狙い、彼らに一人一万ドル相当の農業用機械を持たせて渡満させる構想を推進しようとした。これにより百万ドルの農業用機械を満洲に導入することが可能となる。

鮎川と高碕は、日系人の渡満により満洲国における人種間の共存共栄を促進できると考えていたのである。一九二〇年代鮎川の義弟久原房之助は、米国の日系人向けの奨学金事業を行っていた。この事業で毎年一人のハワイの日系人が米国の大学で四年間の学部教育を受けることができた。鮎川は優秀な日系人が米国におり、その多くが人種差別のため就職に苦労していたことを知っていた。

鮎川は、村上と高碕に計画の実施を依頼した。村上は渡米し、日系二世と三世のリクルートを行うことになっていた。一方、高碕は、帰国後シアトルやサンフランシスコ在住の日系人たちに連絡をとった。高碕は一〇〇人ほど採用できないかと思い渡米を予定していた。鮎川と高碕は、アムール川から水を灌漑用水として引き込み、ハルビンからチチハルまでの未開拓で肥沃でない土地を耕せるようにすることを狙った。鮎川と高碕は、リクルートされた日系人を錦州での果物農園と果物工場の立ち上げに派遣することを検討した。高碕の試算では米国式の農業は満洲の農業の生産力を四倍に増加できる予測となっていた。この見通しは、鮎川が作成した報告書で二〇倍から三〇倍に上方修正されていた。

しかしながらこの構想は、関東軍首脳であった植田司令官、東條参謀長、石原副参謀長により却下された。彼らは、一〇年間で満洲への日本人一〇〇万世帯（五〇〇万人）移住計画の推進論者で、農地は大規模農場ではなく、小規模農場を前提に満洲の農業開発を行うべきであると主張していた。鮎川は村上の米国行きをキャンセルした。

日系アメリカ人を満洲の経済開発にリクルートする最後の試みは、満業傘下の満洲飛行機製造の前原謙治海軍中将（予備役）が団長を務める一行が米国、イタリア、ドイツ、フランス、スイスを一九三八年に視察したときであった。前原たちは、米国でシアトルのボーイング社とロサンゼルスのビーチ飛行機の工場を見学していた。シアトルの日系アメリカ人向けの新聞『ザ・ジャパニーズ・アメリカン』(*The Japanese American*) は、一〇月二二日の紙面で、満洲国が航空機関係の工学あるいは技能面のスキルを持つ日系人二世を探していると報じたのであった。(9)

3　ベインの満洲鉱物資源調査報告書

そもそも鮎川が満洲の農業開発に関心を持つようになったのは、満業があてにしていた東辺道の鉱物資源が当初予想よりもはるかに質が悪いことが、日本鉱業の島田利吉の調査で判明したからであった。鮎川は、米国や欧州からの満洲への資本導入を進める上でこのような悪いニュースを公表したくなかった。なぜなら東辺道の鉱物資源を担保に欧米資本を満洲に導入しようと考えていたからである。

島田がこの報告を鮎川に行ったのは、シカゴ市に本社を構える工場設備関係のコンサルティング業務を手掛けていたブラサート社から満業へスタッフを派遣していた時期であった。ブラサート社とは、ドイツのゲーリング製鉄所でサインし、満洲では鞍山の昭和製鋼所を拡充する計画を手掛ける予定になっていた。昭和製鋼所は、当時アジアでもっとも大きい製鉄所のひとつであった。鮎川たちは、ブラサート社を通じて米国の投資家たちにアピールできないかとも考えていた。

そこで、鮎川は、島田利吉の報告を検証するため、第三者からも意見を聴取することにした。そして前年の夏、ハウストンを通じて聞き知った当時マニラ在住の著名な地質学者ベインの名前を思い起こしたのであった。鮎川はベインを満洲へ三月一日招請した（第6章も参照）。鮎川は、ベインに満洲の鉱物資源調査を行うため三月中旬に満洲へ赴くことができないか打診し、この調査にかんする報告書を視察旅行後一カ月以内に鮎川に提出することを求めた。三月一六日、ベインはマニラから横浜に到着した。出迎えたのは三保であった。彼らは早速新京へ向かい、鮎川と会談した。[10]

ベインは、鮎川と満洲国に良い印象を持った。「鮎川は、私に今まで仕事を依頼してきた人たちのなかでもっとも面白い人物の一人です。彼は水面下で将来にわたり強い影響力を行使していくことでしょう」。ベインは、初対面のときからお互いのことに好印象を持ったと感じ、[11] また鮎川が実践的で平和に尽力していると思った。ベインは鮎川をさらに次のように評した。

鮎川はビジネスマンが戦争がもたらす無秩序、無駄、不必要な犠牲には我慢できないことを知っている。［中略］しかし、彼の考えはそれより奥深い。［中略］彼のビジネス面での経験は、人々をありのままに受け入れ、結果を達成するためには現実にある手段を使って行うという教訓を得ている。「青年将校たち」は現在大変重要な役割を果たしている。彼はこれらの若者たちが強い理想主義に魅了されていることを認識している。彼らは、満洲国がまっさらの状態から始まった国家であることから、ここで資源開発を行ってそれが主に利潤のためでなく人々への奉仕のために使われていくという理想をとことん実現する決意を持っている。鮎川は、財界に長くいたことから、日本の工業化が一般の人たちを本来ならもっと豊かにできるはずであったと考えている。彼らは、満洲国がまっさらの状態から始まった国家であることから、ここで資源開発を行ってそれが主に利潤のためでなく人々への奉仕のために使われていくという理想をとことん実現する決意を持っている。鮎川は、財界に長くいたことから、こうした経済活動は、利己的な側面があるものの、若手将校が完全に理解していないことではあるが、利己主義は、啓蒙されていれば、世の中を動かすもっとも強力な動機になるものである。私が信じていることと同様に、鮎川は、良き秩序に向けて斬新的に進むしかなく、そのために近道をとろうとすると普通失敗すると考えているように思う。鮎川は、これら将校たちが現実の勢力として存在し、また、理想主義を持っていることにどう対応すべきかについて、われわれが抱いているような理想を実現するには、それをどのように実現するのか、これら将校たちに、経済活動を乱用でなく利用することを通じて行うことを、友好的に示していけばよいと思っている。彼は構想力があり、精力的で、そして勤勉である。大変まじめであるが大変ユーモア感覚のある人でもある。どの程度達成できるか分からないが、彼と仕事ができるのは大変光栄である。(12)

ベインは、満洲国の経済発展に強い衝撃を受けた。新京は建設ラッシュで、「テキサスの経済ブームによりにわかにできた町か、それとも未完成の万博」のような街並みに見えた。満洲国の広大な平原は、アメリカ合衆国の風景に似ているとベインは思った。石炭は豊富で、他の鉱物資源とあわせて開発を進める計画に、ベインは、満洲の山岳風景とともに、魅了された。ベインは、満洲での滞在が短いために、もっと視察できないことを悔やんだ。鮎川がベインに訪満を打診した際、彼は、ちょうどこの話が持ち上がる以前から予定していた米国の家族のもとへの一時帰国の直前であった。四月中旬、彼は日本からカナダ行きのカナディアン・パシフィック社の客船に乗船し、バンクーバーに五月上旬到着した。(13)

満洲の鉱物資源調査の結果は、五月に本文と要約から構成されている「満洲における産業基盤となる鉱物資源」(“Mineral Resources of Manchuria as a Basis for Industry”)と題された報告書として鮎川に提出された。この報告書提出前にベインは鮎川に、満洲の鉱物資源について、四月九日の覚書と四月一〇日付の報告書で考察を行っている。

島田と同様、ベインも東辺道の鉱物資源はあまり期待できないと判断したが、満洲国の工業化については楽観的であった。五月の報告書でベインは、満洲国の重工業は、「忍耐をもって、また注意をかたむければ手堅く実現でき、それは、豪州とインド程度の重工業を東アジアにもたらすことができる」と論じたのであった。(14)

しかし、満洲へ米国資本を導入することについて、ベインは楽観的ではなかった。ただし、これは米国政府あるいは政府系の資本が満洲に流入することについてであり、ベインは鮎川に米国民間資本導入の可能性には望みが残っていると述べていた。ベインは米国全体としては、「日本人を根本的に嫌う風潮ではなく、［日本人が］東アジアにおいて大きな建設的な勢力であることは、東アジアのことを知る米国人たちの間では理解されている」と鮎川に述べた。しかしながら、東アジアの問題を軍事的に解決しようとする日本の対応は間違っており、それはどんな崇高な目的を掲げても失敗をもたらすと論じた。軍事手段でこれを遂行しようとする行為は日米を含んだ全世界に対して危険であると、ベインは鮎川に警鐘を鳴らしたのであった。ベインは米国内は、中国に対して同情的であると指摘していた。

ベインは帰国後、鉄道機材、石油、マグネシウム、浚渫機、石炭、鉄鉱石、鉱物資源調査にかんする商業機会について鮎川に報告を行った。彼は訪満中鮎川と松岡に述べたように、鉄道機材の購入についての一般的な条件を伝えていたが、それが実現可能であると述べた。この件については、ベインが信頼する人物が、満鉄より了解を得られれば、話を進められると鮎川に伝えた。石油にかんしては、ベインは二回スタンダード石油のパーカー社長と同社にて話し合っていた。この話は、鮎川の提案をパーカーに示したものであった。それは、満洲の石油探査について、スタンダード石油の技術スタッフが探査に必要な機械類を満洲へ持ち込み、満業傘下の会社が自国通貨で支払うことができる労働力など必要な人員と物資を提供し、利益については両社が分配する、という構想であった。パーカーとスタンダード石油の役員たちは、ベインによると興味を示したものの、鮎川の提案については引き続き協議したいと述べるだけに止めた。ベインは鮎川に、パーカーから直接連絡があるかもしれないと述べたものの、他の提携候補者を探そうとも伝えた。マグネシウムについてベインは、彼が以前働いていたドルベア社が、満洲におけるマグネシウム開発を手掛けることに関心を持つ企業を紹介できるかもしれないと鮎川に話した。新しい金鉱脈の探査と掘削に必要な浚渫機について、時間があれば、米国からマニラへ戻る途中サンフランシスコへ寄って、浚渫機を使って満洲の金鉱脈の探査と開発に関心を示す可能性のある企業を何軒か回ろうという考えを示した。このような事業について、日本の企業がすでに手掛けているので米国資本は不要と考えるよりは、蓄積された豊富なデータと計画手法、そして世界中の金鉱山開発動向をよく把握している米国系企業が、満洲の金鉱脈探査と開発に参加するほうが得ではないかと、鮎川に助言した。もっともベインは、満業が満洲の金鉱脈の探査と開発を独占していることから、この方面での日米提携は容易ではないだろうと思っていた。

石炭、鉄鉱石、その他鉱物資源調査についてベインは、さらなる調査のため、米国のこの方面の専門家を雇うことを鮎川に進言した。特に撫順の石炭開発については、ベインは鮎川に一流の米国人専門家に調査させることを勧めた。鉄鉱石と鉱物資源探査については、まだ基礎データの収集が不十分ではあるものの、満業が効率よくこれを推進すべきであるとベインは鮎川に論じた。(15)

ベインはこうした助言を鮎川に行ったほか、フィリピンの独立後の経済的自立が課題であることを念頭に、満洲とフィリピンの経済的つながりを構築できないか、具体的な提案を鮎川に行った。一九三八年九月、ベインは、フィリピン国立調査協会（the National Research Council of the Philippines）が刊行する機関誌で「鉱山部門の適応課題について」（"Problems of and Adjustment in the Mining Industry"）と題する論文を発表した。同論文でベインは、今後フィリピンの鉄鉱石会社は、日本帝国への輸出を目指すべきであると勧告した。これは、フィリピンにおける鉄鉱石の消費が少ないことを考えるとなおさらそうすべきであるとベインは論じていた。フィリピン鉄鉱は、米国東海岸や欧州に輸出されていたが、その輸送コストが、鉱山開発のコスト（税金と適正な利潤を含む）を上回っていることを考えるとこれは合理的選択であると考えられた。ベインは関税の動向以上に輸送コストが鉄鉱石輸出の制約要因として大きいと指摘するとともに、フィリピンに地理的に近接する日本帝国内の製鉄所は、潜在的需要が強いと考察していた。(16)

もしも日本帝国へフィリピンの鉄鉱石を輸出するのであれば、その一部は、満洲国へも行うべきであるとベインは進言した。フィリピンはこれと引き換えに満洲の石炭を輸入すればよいのであった。ベインは五月の報告書で、今後さらなる調査が必要と前置きしながら、満洲の石炭の埋蔵量は、日本・朝鮮のそれを上回り、ベルギーのそれを下回る程度と考察していた。ベインは、満洲の石炭が広範囲に分布しており、また、その多くが開発しやすい地理的条件にあることから、炭鉱の生産性を上げることで、世界的にも競争力のある石炭価格にまで引き下げられると論じていた。これは米国の専門家たちの助言で実現できようとベインは指摘した。こうすることで、フィリピンが現在日本の石炭輸出シンジケートから輸入している石炭の価格も満洲石炭の出現で下がっていくであろうとベインは予想した。ベインは、遼寧省沿海部の都市葫蘆島市（第3章参照）に新しい製鉄所を建設し、この製鉄所の炉では、フィリピンのスリガオで産出された鉄鉱石を使用すればよいと、五月に鮎川に提出した報告書で勧めていた。ベインは、スリガオの鉄鉱石が日本帝国向けの他の地域からの鉄鉱石より安く提供でき、そのコストは、フィリピン向けの満洲産出の石炭で一部相殺できると鮎川に指摘した。スリガオの鉄鉱石は、日満で使用されている鉄鉱石と性質が違うが、鉄鉱石の精錬方法は技術面では米国における数年間にわたるこの鉄鉱石を使った試験運転で解決されているとベインは指摘した。葫蘆島市では、スリガオ産の鉄鉱石から粗鋼を生産できるようになるとベインは予想し、さらに満洲は、フィリピンから鉄鉱石を輸入することで、満洲産の鉄鉱石を保全できるメリットがあると指摘した[17]。

鮎川は、ベインによるスリガオ鉄鉱石の対満輸出には関心を示さなかった。それでもベインは、スリガオ鉄鉱石の産出を推進しようとニューヨークの会社ドール社、ブラサート社、オハイオ州コロンバス市の研究調査会社バテル記念研究所の関係者たちと連絡を取りながら、鉄鉱石の精錬所を建設しようとした。この案件は、フィリピン開発会社（the National Development Company of the Philippines）という政府系機関の支持を受けていた。しかし、この建設を行い、満洲に輸出できるだけの精錬に成功した場合、満業がスリガオ鉄鉱石を購入する先約が必要であった。ベインは、これを一九四〇年四月三保に求めた。しかしこの話は、一九四〇年の年末に自然消滅した[18]。

4　クーン・ローブ投資銀行とユダヤ人難民対満洲移住構想

鮎川の対満米国資本導入構想には、クーン・ローブ投資銀行との接点を通じてそれを実現する試みが存在していた。満洲重工業設立時と時期的に重なる一九三七年一二月か一九三八年一月、ニューヨーク市のクーン・ローブ投資銀行の本社を一人のロシア系ユダヤ人、マックスウェル・クライマンが訪問した。クライマンは、日系アメリカ人ケイ・スガワラと貨物輸送船事業を興し、中東から日本へ石油を輸送する会社として世界的にも大手の海運会社となったフエアフィールド・マックスウェルを興したことで戦後の日米経済関係に足跡を残している。彼は、一九〇四年キエフ生まれで、一九一〇年に両親が米国へ移民した。当時のロシアではユダヤ人排斥運動が激しかったが、クライマン一家は、マンハッタンの移民居住区に定住、一九二一年、クライマンは、米国市民権を取得した。一九二〇年代半ば、クライマン家は経済的に困窮したため、クライマンは、高校を卒業できなかった。しかし彼は、ユダヤ系アメリカ人で大手税理士事務所ケーマーマン・アンド・ウィトキンの創立者デヴィッド・ケーマーマンのもとで才覚を認められるようになった。こうしたなか、彼は自動車会社クライスラー社の会長ウォルター・クライスラーの知己を得、クライスラーに一目置かれるようになった。人脈の開拓に才能のあったクライマンは、ハドソン・モーターズ社やインターナショナル・メタルズ・アンド・マイニング社の重役たちとも知己を得られるようになった。

クライマンが日本の財界人の人脈開拓を行い始めたのは一九三三年であった。彼は、日本郵船から依頼を受けたコンサルティング関係の仕事において、同社の実力派の社長で三菱財閥の岩崎家と姻戚関係にあった各務謙吉の信頼を得ることとなった。

彼はクーン・ローブ投資銀行の共同経営者ルイス・ストロースと会談後、訪日した。在京中、彼は後に大蔵大臣となる石渡荘太郎と会談し、石渡はクライマンを鮎川に紹介したのであった。クライマンは、次のように鮎川に提案した。すなわち、もしも満洲国がドイツからのユダヤ人難民に門戸を開いてくれるのであれば、クライマンは、クーン・ローブ投資銀行や他のユダヤ系金融機関から満洲重工業向けの融資を斡旋しよう、と。

クライマンの提案に鮎川は俄然関心を示した。これは経済的なメリットがあるのみならず、ユダヤ系米国人が米国政府の対日外交政策と満洲国の取り扱いにおいて、日本の立場に好意的な影響力を行使する政治的メリットが生まれる可能性もあったからである。鮎川は、ユダヤ人が英米で大きな経済的影響力を持っていると信じていたため、その影響力を満洲国の工業化に活用したいと目論んでいた。

当時日本の当局は、欧州出身のユダヤ人難民の多くが米国に親戚を持ち、彼らの支援のもと米国へ入国できる許可を米国政府より得ようとしていたことを把握していた。また、上海在住のユダヤ系難民に対しては、米国内のユダヤ系団体から経済的支援が行われていたことも理解していた。こうしたユダヤ系難民を日本政府が支援することで、日本の工業化と対中戦争遂行に必要な経済的支援を、ユダヤ系アメリカ人がもたらしてくれるかもしれないという期待が日本側に存在していた。仮にそうならなくても、ユダヤ系アメリカ人が米国内政治における影響力を行使してくれることで、日米間で強まりつつあった緊張関係を和らげてくれるかもしれないと期待したのであった。一九三八年一〇月頃になると、上海では、陸海軍、満鉄、在上海日本総領事館が、在上海ユダヤ系英国金融財閥であったサスーンのようなユダヤ系資本を、日本の工業化に活用するための共同研究を行っていた。

鮎川は、日露戦争の時期の日本人の多くがクーン・ローブ投資銀行のようなユダヤ系アメリカ人銀行家に対して抱いていたイメージと同じイメージを持っていた。日露戦争の最中、ジェーコブ・シフは、日本の戦争遂行に必要な対外戦費調達の大きな部分を仲介したのであった。鮎川は、支援を求めていたユダヤ系難民の多くが満洲国の工業化に役立つ知識や技術を持っていると判断していた。鮎川自身、こうした難民が日本在住のユダヤ人の親戚や友人たちに送った書簡や書類を持っており、これらの文献は、日本の当局から日本における一時滞在を可能にする特別なヴィザの発行を要請するものであった。鮎川はユダヤ系難民について対応するにあたり、日独関係が良好であったことに留意しなければならないのみならず、直近にドイツが満洲国に国家承認を与えていたことから、その観点からもユダヤ人難民を満洲へ流入させることについて慎重に対応せざるをえない立場にあった[19]。

とはいえ、鮎川が模索したユダヤ系難民を満洲に受け入れる政策は、日本の指導者層に理解者たちが多かったと言えよう。関東軍の一九三三年以来のユダヤ系難民や在満ユダヤ人に対する姿勢は、比較的好意的であった。満業設立後、関東軍は、満鉄調査部に対してユダヤ系難民を受け入れて彼らの経済的能力を満洲国の工業化に利用する場合の経済的効果について調査を行わせたのであった[20]。また、日本政府は、こうしたユダヤ人に対する鮎川や関東軍の対応について一九三八年一二月六日の五相会議で公式政策に位置づけるようになった。この会議で近衛文麿首相、有田八郎外相、池田成彬蔵相、板垣征四郎陸相、米内光政海相は、ユダヤ系の人々を歓迎することは、日本の独伊との外交関係を考えると難しいところがあるものの、日本は公式見解として人種平等を唱えており、そのため、これを否定するような行為は日本の精神に反するとしたのであった。なによりも、日本は外資が必要で、ユダヤ系の人々が多く住む米国との関係で溝を深める行為を避けるべきである。それゆえ、日中満に住むユダヤ人の扱いは他の外国人と同様に平等に扱うべきであると結論づけたのであった。ただ、この公式見解は、ユダヤ人に対して日本が特別に招聘するのではなく、外国からの資本家や技術者を歓迎するという見解に止めたのであった。

ユダヤ系難民の東アジア移住を研究したクランツラーによれば、この会議は、日本政府のユダヤ人問題に対する基本的な枠組みを三年間にわたって形造ることとなった。そして、オーストリアとドイツからのユダヤ人難民の移動先に大きな影響を与えたのであった。一九三八年一二月の時点で、ユダヤ人難民の上海への流入は千人にも達していなかった。ユダヤ系難民のこれ以降の流入増加は、この地域に住むユダヤ人がオーストリアやドイツなどに住むユダヤ人に提供した情報と前述の五相会議が決定的に貢献したのであった。一九三九年の前半は、多くのユダヤ系難民が上海に入り、一九四一年になるとそれより少ない難民が日本経由で上海入りしたのであった[21]。結局、第二次世界大戦中の上海在住のユダヤ系難民の数は、豪州、ニュージーランド、カナダ、南アフリカとインドが受け入れたユダヤ系難民の総数を上回っていた。日本はユダヤ人を排斥しなかった。日本が行ったユダヤ人政策は、人道的な観点からというよりは、国益の追求にもとづくものであった。それは、日本や満洲における工業化でユダヤ人の経済的能力を利用することと、対米政治関係を日本に有利にさせることを狙う姿勢が色濃く出ていた。[22]

クライマンは、一九三八年三月、鮎川からと思われる商談を持ちかけられたのであった。「東京の友人たち」は、日本の経済政策に必要な外貨資金三千万ドルか四千万ドルを、短期か長期の期間で得たい。クライマンは、満洲国不承認政策の維持のために目を光らせている国務省が、このような商談に横槍を入れる可能性があることを知っていた。しかしながら、このような不承認政策を米国がソ連に対して行っていた時期、米国資本は、ソ連経済が必要とする機械類や設備の購入のためのドル資金を供与していたことをよく覚えていた。さらに、ソ連が対外債務の支払いを遅滞なく行っていない過去があるのに対して、日本の対外債務支払いは、完璧に行われていた。こうした違いがあったにもかかわらず、米国は、一九三三年ソ連に国家承認を与えたのであった。こうしたことを考えると、鮎川もクライマンも満洲国に米国資本を導入できる機会はあると思っていた。

クライマンが初めてクーン・ローブ投資銀行の共同経営者ストロースと間接的に接触したのは、同社に勤める人物が義父にあたるワイスという銀行家の友人を通じてであった。クライマンは、ワイスを通じて同投資銀行に米国市場で日本と満洲国の国債を売り出すことができないか問い合わせたところ、目下の日中戦争をめぐる米国内の対日世論の悪化を考えると困難であるという回答を得た。他方、同投資銀行は、日本が必要とする機械類と設備の購入へ融資を行うことについて話し合うことは可能であると示唆したのであった。[23] クーン・ローブ投資銀行の事実上の最高責任者であったストロースは、日本との金融取引については、直接的な取引は不可能にせよ、間接的に行うことは可能であると考えていたようである。

ストロースは、義父がクーン・ローブ投資銀行の共同経営責任者であったが、彼自身一九二〇年代の終わりに同投資銀行の最年少の共同経営責任者に昇進していた。行商人であったストロースは、第一次世界大戦期ウィルソン政権の食糧庁長官に抜擢されたハーバート・C・フーヴァーの事務所の門を叩き、フーヴァーのアシスタントとして採用された。フーヴァーは、この青年のやる気に強い印象を受け、機会を与えたのであった。ストロースは、フーヴァーの期待に見事に応え、瞬く間にフーヴァーの側近として登用されていった。第一次世界大戦終結後、クーン・ローブ投資銀行から就職の話が持ち上がった際、フーヴァーは、同投資銀行に、もしもストロースを採用して彼が同投資銀行の期待に見合う業績を上げられなかった場合、同投資銀行がストロースを見習い期間として採用した期間の給料を自ら支払おうと述べるくらい、ストロースの実力に太鼓判を押したのであった。

フーヴァーがクーン・ローブ投資銀行に推薦したストロースは、数年のうちに同投資銀行で頭角を現した。そして一九二六年、ストロースは、日本、満洲、中国を視察すべく、クーン・ローブ投資銀行から派遣された。帰国後、同年の一二月にストロースが作成した内部レポートで、南満洲鉄道沿線の満鉄、三菱、大倉などによる工業化は大変大きな経済的発展をもたらし、こうした区域とそれ以外の区域における生活水準には大きな違いが見られると考察していた。その上で、こうした実績は、中国が「日本の支配下にあることの証左である」と結んでいたのであった。この旅行中、ストロースは、鮎川の義弟久原房之助と会談していた[24]。

ストロースは、一九三八年九月に長年の友人であった井川忠雄から届いた書簡への返信で、米国内の対日世論の硬化を述べていた。井川は近衛文麿首相と第一高等学校時代の同級生で、一九二〇年代駐ニューヨーク財務官を務めていた時期にストロースとの親交を深めていた。井川の妻はアメリカ人であった。井川はこの書簡で、日本軍が中国の漢口を陥落させたことで、中国は日本の指導のもとで東亜新秩序の一員となり、米国型モデルにもとづいて生まれ変わっていくであろうと論じていた。こうした見解により井川は、ストロースに訪日して商談を行うよう要請したのであった。しかし、ストロースは井川に、以前から日本からの来客たちにたびたび述べていることであると前置きした上で、中華民国は、対米世論工作に成功しているのに対して、日本はそれに失敗している、と指摘したのであった。ストロースは井川に、日中間で平和を確保できない限り商談を行えないと伝えたのである[25]。当時のユダヤ系米国人は、米国政治に影響力のあるユダヤ系米国人の市民団体「ユダヤ系米国人議会」の会長であったユダヤ教聖職者スティーブン・S・ワイズが唱えていた見解を公式見解としてそれに従っていたのであった。すなわち、日本に対してユダヤ系米国人は支援を行わない、というものである。ローズヴェルト政権内の対日最強硬派で対中支援を唱えるヘンリー・モーゲンソー財務長官はユダヤ人であったが、財務長官とワイズの見解は対日関係では一致していたと言えよう。(26)

ストロースが井川に助言をした時期は米国政府が日本の東亜新秩序宣言を否定する時期と重なっていた。一九三八年一〇月六日、グルー大使は、中国における日本の当局の行動と日本の対中政策は、米国が唱える中国における門戸開放の原則に違反していると近衛首相に抗議した。日本が中国で行っていた外国為替管理、関税政策、独占的経済活動、日系企業に対する商業上の優遇政策、米国船籍、米国人に対する中国内の移動の自由への制限、電話や郵便物への検閲行為は、米国の貿易と企業に対する機会均等の原則を侵害していると近衛の門戸開放への違反の内容を具体的に説明したのであった。(27) そして、一九三八年一二月三〇日、米国政府は、近衛内閣が行った東亜新秩序宣言に対してそれを明確に否定する声明文を発表した。米国政府は、どんな国も自国の主権の管轄下にない地域に対して「新秩序」を一方的に押しつける権利はない、と表明したのである。(28)

ストロースが鮎川たちと水面下での接触を行う判断をしたのは、ユダヤ人の難民問題が理由であった。一九三八年春、首都ワシントンの大統領官邸では、ユダヤ人難民問題が政府高官たちにより話し合われたが、当時米国は未曾有の経済恐慌に再突入していたため、効果的な具体的対応策に話は至らなかった。しかしながら、その後も政府高官に強い人脈を持つバーナード・バルークやルイス・ストロースといったユダヤ系アメリカ人の指導者たちは、欧州にユダヤ人難民の受け入れ先を探し求めていた。(29) 彼らは、満洲を含めた中国も候補地として検討していた。

ニューヨークで対日資金供与を数カ月にわたって模索したクライマンは、一九三八年九月、日本を再び訪れた。彼は、まず石渡荘太郎に連絡をとり、石渡を介して鮎川と再会した。九月二二日付でクライマンが石渡に提出した覚書によると、五月から八月にかけてたびたびクーン・ローブ投資銀行の関係者たちとワイスを通じてやりとりを行ったところ、同投資銀行は、次のような構想を日本側と話し始めることとした。この構想では、まず日本側が手形交換所と物資の集配センターの機能を果たす組織、できれば日本の大手銀行を指定する。この組織は、日本企業が必要とする機械類をはじめとする物資の注文をとり、その注文をクーン・ローブに伝える。これを受けてクーン・ローブは、米国企業に日本からこうした注文が来ていることを伝え、この注文は日本の銀行により支払保証がついていることも指摘し、これら企業が日本側の購入に資金を供与することを要請する。一方、クーン・ローブは日本側が提供した支払い保証について手形の割引に応じる。(30)

鮎川が、この構想に強い関心を示すようになったのは、それから数カ月後の年末であった。彼の反応に時間差が生じたのは、この後紹介するモーデルハンメルというオーストリア人を利用しながら行っていた米国資本の対満導入工作に時間を費やしていたためであった。

翌年の二月七日付の鮎川宛の書簡で、クライマンはクーン・ローブを介した資金の供与には、難問が山積していると指摘した。(31) 続いて四月、クライマンは鮎川に、ストロースや他のユダヤ人指導者たちとの接触について経過報告を行った。ストロースは、クライマンに、日本政府がドイツと同様ユダヤ人を迫害する方針であるか質問していた。クライマンは、『ニューヨーク・タイムズ』紙が二月二七日に報じた有田八郎外相の貴族院における演説を紹介し、同紙がこの演説で有田外相が、ユダヤ人を含めた外国人について日本は差別を行わないと宣言していたことを指摘したのであった。クライマンは、ユダヤ系米国人が満洲国の経済開発を支援することを見返りに日満が欧州からのユダヤ系難民を支援するという構想について、ユダヤ系米国人の指導者たちがどの程度乗り気であるかまだ見極めているところであると、鮎川に報告したのであった。

その後、クーン・ローブ投資銀行から経済的支援を得る構想は、立ち消えとなった。同年七月二〇日付の外資導入構想の進捗状況についての報告書に記された、同投資銀行との接触をクライマン経由で試みているという記述が、この交渉の最後であった。同年九月、第二次世界大戦が勃発したことで、満業とクライマンとの接触は失われた。これは、ストロースがクライマンに対する懐疑の念を強めていったこととも密接に関係していた(32)。

5　モーデルハンメルとドイツ資本の導入構想

ユダヤ人難民を満洲国へ受け入れることでユダヤ系金融資本を満洲へ呼び込むことを模索した鮎川であったが、これと同時進行の形でフランツ・モーデルハンメルというオーストリア人による対満資本導入構想を推進していた。モーデルハンメルを介した構想のほうがクライマンを介して進めた構想より可能性があった。鮎川は、モーデルハンメルが、米独経済界に人脈を持つことに注目し、一九三八年五月、彼を採用したのであった。鮎川は、彼をメキシコ、米国、ドイツへ派遣し、秘密の商談を行わせようとした。満業発足後半年となり、外資を満洲へ呼び込むことが想像以上に難しいと痛感していた鮎川は、モーデルハンメルを介したドイツ資本の満洲導入を検討した。しかし、モーデルハンメルを介して推進した構想についての鮎川の優先順位は、あくまでクーン・ローブ投資銀行を含む米国資本の満洲への導入の次であった。

モーデルハンメルは、一八九五年七月二九日生まれで第一世界大戦勃発時オーストリア軍に従軍していた。彼は、戦時中ロシア軍の捕虜として一九一六年から二一年までロシアで過ごした。一九二二年以降モーデルハンメルは商業に従事することとなり、翌年から一九三一年まで満洲や北支で複数のドイツ系企業の代理人を務めていた。モーデルハンメルは、一九三三年から三四年までオランダ系航空業界の代理人として中国と満洲で活動していた。

東アジアでこうした仲介業を営んでいたモーデルハンメルは、極東の国際情勢に多大な関心を持っていた。彼は、ドイツでソ連の極東における勢力拡大に警鐘を鳴らす啓蒙書を刊行した。同書は、ドイツの反コミンテルングループに依頼されて執筆したものであるが、同書の序文を当時ドイツ大使であった武者小路公共とリッベントロップ外相が寄せていた。同書は日本の陸軍に注目され、日本語でも刊行された。

モーデルハンメルが鮎川と最初に会ったのは、一九三六年であった。当時彼は、唯一の仕事であったドイツのヘンシェル社の極東代理人を務めていた。その後一九三八年、ドイツから訪日直前のモーデルハンメルは、鮎川の知人であったアルブレヒト・ウラクと会った。ウラクは、一九三四年から三九年に駐イタリアの外交官に転出するまで、日本在住のジャーナリストとして日中戦争やノモンハン事件を取材していた。父親のウラク侯爵は第一次世界大戦期のドイツ陸軍の将軍で、フランスの横槍が入るまでは、モナコ公国の第一継承者であった（フランスは、ドイツ系の貴族がモナコの王になることでドイツの潜水艦基地がフランスに隣接するモナコに誘致されることを警戒していた）。母親は、オーストリア皇帝の王女の姪にあたり、母親の妹は、ベルギー王の王女であった。ウラク家の三男であったアルブレヒトは、東京駐在時代ユーゲン・オット大使の信任が厚く、彼らは、やはり大使の信任が厚かった特派員ゾルゲと親交を深めていた（ゾルゲはソ連のスパイとして一九四一年一〇月に検挙される）。ウラクは、ジャーナリストになるためナチス党の党員になっていた。ウラク家では唯一のナチス党員であった。[33]

モーデルハンメルはドイツでウラクに会ってから鮎川に、ドイツで対満投資に応じる企業を開拓するためにはウラクを介して進めることが望ましいと論じたのであった。モーデルハンメル自身、米独経済界に有望なコネがあることを鮎川にほのめかした。この時期のモーデルハンメルは、ドイツ系企業五社と米国系企業一社の極東代理人を務めていた。

鮎川は、モーデルハンメルの信頼度を確認すべく、ヘンシェル社のオスカー・ヘンシェル、オット大使、外務省通商局長松嶋鹿夫、参謀本部第二部長樋口季一郎少将などに照会した結果、モーデルハンメルを利用することに決めた。九月二六日、鮎川は、モーデルハンメルにドイツにおける資金のシンジケートを組織する活動を開始する依頼文を提示したのであった。この文書で鮎川は、米国内でモーデルハンメルが満業に関連した活動を行うことを依頼してはいなかった。また同文書では、モーデルハンメルが満業あるいはその子会社すべてについて、法律上の代理人ではないと明言していた。そしてモーデルハンメルは、その活動が公けになるような事態を回避することを命じられたのであった。最後に、メキシコとの石油取引については、満業傘下の日本鉱業からの指示に従って行動することを命じていた。

モーデルハンメルは、北米経由でドイツへ行く際、満業がメキシコ原産の石油と米国からクライスラー車を輸入する試みを手助けした。しかしこれらは、いずれも失敗した。(34)

6　朝鮮半島雲山金山と米国経済権益

モーデルハンメルは米国滞在中、日本鉱業への米国のオリエンタル・コンソリデーティッド鉱業株式会社（東洋合同鉱業）からの朝鮮半島の雲山金山の権益の譲渡にかんする交渉を行っていた。譲渡は、第二次世界大戦が勃発した一九三九年九月上旬に日本鉱業のオリエンタル・コンソリデーティッド鉱業社買収という形で実現した。

日本帝国の領土およびその支配地域で産出された金は、鮎川の満業にとってはもちろんのこと、帝国が必要としていた輸入品を支払う重要な財産であった。鮎川の日本鉱業は、満洲事変から日米開戦までの一〇年間、日本帝国内の金の約三割を産出していた。日本鉱業は、朝鮮半島第二位の金山を所有し、満業傘下でもっとも収益を上げていた企業のひとつで、満業の創立と経営において中核的な存在であった。

鮎川が、雲山の金鉱脈権益の譲渡を狙ったタイミングは、日本政府の金山開発の政策とも関係していた。日中戦争遂行のために米国などからの輸入品が激増するなか日本の外貨準備高は急速に減っていた。そこで日本政府は、一九三七年三月貿易取引決済のため、金の現送を開始したのであった。この四カ月後に日中全面戦争が始まると、帝国内の金の産出を大幅に増加させることが急務となった。翌年、日本政府は、日朝台における金の産出を増やす政策を実施し始めた。目標とした産出量は、一九三七年の五〇トンから、五年後に一三一トンにまで増加させることであった。この計画で朝鮮半島が東洋のトランスバールに変貌することが求められていた。それが帝国の重化学工業化に必要な物資を十分に購入できる一助になるはずであった。この政策がもたらした税金や補助金の優遇政策で恩恵を受けたのは、日産（満業）、三菱、三井、住友、古河、藤田の計六財閥傘下の日本国内で金鉱山開発を手掛けていた企業と、朝鮮半島で同様の開発を行っていた、日産（満業）、三菱、三井、古河、野口の計五財閥傘下の企業であった（日産財閥系の企業は日本鉱業であった）。

鮎川は、朝鮮半島で生産量第一位の金の産出を手掛けることを狙っていた。というのもオリエンタル・コンソリデーティッドが独占的開発を行っていた鉱区は、朝鮮半島最大の金の産出を誇っていたからであった。同鉱区を手に入れることができれば、朝鮮半島での金の産出量二位であった日本鉱業はダントツの一位になり、満業の重化学工業関係に必要な米国からの物資購入がより容易となる。

オリエンタル・コンソリデーティッド鉱業社の起源は、閔妃暗殺三カ月前の一八九五年七月一五日に遡る。一八八四年甲申事変以来、朝鮮国王の厚い信任を得ていた、駐朝鮮米国公使館書記官ホーレス・N・アレンが、国王とニューヨークの投資会社アメリカン・トレーディング会社の幹部ジェームズ・モースおよび彼の投資仲間が出資して、雲山鉱区の独占的開発とそれに付随する鉄道事業などを手掛ける朝鮮開発会社（Korean Development Corporation）を開始すべく、雲山鉱区の独占的開発権をモースたちのために取得したのである。

権益取得後、この鉱区を開発するために、一八九七年八月独占開発権の譲渡を得たのが、モースの投資仲間であったレイ・ハントであった。最終的に雲山の独占的開発権は、ハント、ハントの投資仲間で後述するJ・スロート・ファセットと韓国皇帝（前述の国王）が取得した。ハントは、アイオワ州立農業大学元学長で、同職退任後ワシントン州シアトル市で実業家として一時成功していたが、一八九三年の経済恐慌で巨額の借金を抱え、一攫千金の夢を追い、中国上海へ渡った後に、モースの依頼でアレンを一八九六年四月に訪問していた。ハントの妻ジェシーは、ハーバート・C・フーヴァーの妻ルウ・ヘンリーの遠縁にあたる。

ハントとファセットは、一八九七年九月雲山の鉱山開発を手掛けるオリエンタル・コンソリデーティッド鉱業社を五〇年の年限でウェスト・ヴァージニア州において設立した。モースから同社へのモースの権利に関係する譲渡が完了したのは一八九八年五月であった。本社は、ファセットの住むニューヨーク州エルマイラで、一九〇一年一月以降は、ニューヨーク市へ移転した。同社の初代社長は、ファセットの友人シーモア・デクスター、副社長はファセット、常務取締役はハントという三人体制であった。

同社の株主は、共和党と深いつながりのある米国人と彼らの一族たちにより構成されていた。その一人は、フーヴァー政権時代の財務長官オグデン・ミルズと彼の家族であった。オグデンの祖父ダリウスは、大富豪で、後述するパーキンズの勧誘により同社へ出資していた。フーヴァーと人脈的につながっていた他の株主に、ファセットと彼の一族がいた。

同社が一九〇一年一月付で組織再編を行った際、同社の創業者であったハントとファセットは、それぞれ約二〇〇万ドルという巨額の富を得ることに成功した。この組織再編で鉱山開発の実業家ヘンリー・クリーブランド・パーキンズが社長、ハントが副社長、ファセットは取締役の一人に就任した。この他、新聞王ウィリアム・ランドルフ・ハーストと彼の一族もオリエンタル・コンソリデーティッド社の株主であった。

鮎川たちが交渉を進めたオリエンタル・コンソリデーティッド鉱業社の社長ルイス・ヘンリーは、一九二二年から一年間共和党の連邦下院議員（ニューヨーク州）を務めたことがある弁護士であった。ヘンリーは、ファセットと同じニューヨーク州エルマイラの有力者であった。彼の妻の叔父が鉄道王・銀行家のチャールズ・クロッカーというカリフォルニア州経済界の大物であった（クロッカーが創業したクロッカー銀行はサンフランシスコを中心に勢力を拡大していった米国の大手銀行であった）。

一八九九年に同社は、国王の同社への出資分を買い上げ四〇年間の独占的開発権を国王より得た。オリエンタル・

コンソリデーティッド鉱業社は発足当初イギリスの金融機関の出資を得ていたが、鉱区は有望でないと判断したため、英国金融機関は投資を回収していた。

しかし、同社の初代社長に就任していた著名な鉱山技師でもあったパーキンズが雲山鉱区の金の保有量が有望であると、一九〇〇年同鉱区視察後投資家たちに公けに述べていた通り、一九〇三年、同社は、巨大な金鉱脈を掘り当てたのであった。同社は、日本による韓国併合後も李朝時代の契約の特典が維持され、毎年二万五千円を朝鮮総督府に支払う以外は、一切のあらゆる課税と輸出入関税が免除されていた。ただ、満洲事変以降、日本政府は、朝鮮半島からの金の輸出を認めない方針に転換し、その結果、オリエンタル・コンソリデーティッド鉱業社の金は、日本が世界価格より低い価格で買い取り、しかも支払いは円払いにするという煮え湯を飲まされていた。同社の発行済株式四二万九、三〇〇株を保有していたのは、八二九人の株主で、その構成は、米国人二二四人、英国人三五〇人、フランス人一四九人、その他一〇六人であった。(35)

ハントは日本が朝鮮半島を植民地支配下に置いたあと、満洲、さらには東シベリアを支配していく運命にあり、こうした地域に住む人々の生活水準の向上に貢献し、また、ソ連の拡張を封じ込めるという持論を、米中関係が悪化していた一九二七年有力紙『ロサンゼルス・タイムズ』のオーナー社長ハリー・チャンドラーに語っていた（ちなみにチャンドラーとフーヴァーは親しく、釣り仲間であった）。そして満洲事変後フーヴァー政権のスティムソンが不承認宣言を一九三二年一月に行った際、ハントが当時住んでいたネヴァダ州の連邦上院議員キー・ピットマンに、五年前にチャンドラーに語ったことを改めて述べたのみならず、スティムソンが日本と敵対することは愚策であるとピットマン宛の書簡で語っていた。(36) ハントは、一九二〇年代から日中全面戦争勃発の一九三七年頃までの米国の東アジア政策を支持しており、フーヴァー政権内のスティムソンではなく、フーヴァーとキャッスル寄りの政策を支持していた。

オリエンタル・コンソリデーティッド鉱業社の雲山鉱区の独占的開発の権益の期限は、一九三九年三月二七日に終了する予定であった（ただし、一五年の更新が可能であった）。加えて、当時日本帝国が実施していた外国為替管理政策は、米国本社への利益の送金を事実上できないようにしていた。そこで同社は、権益の譲渡を前倒しに行おうと判断していた。

一〇月一八日、モーデルハンメルは、オリエンタル・コンソリデーティッド鉱業社長ルイス・ヘンリーが、ニューヨーク市本社で一一月に譲渡にかんする交渉を始めてもよいと言っていることを鮎川に打電した。鮎川は、この朗報に接すると一〇月二四日、モーデルハンメルに、譲渡に必要な資金として数年ベースのドル建て資金の出資をモーデルハンメルの知己のニューヨーク市のビジネスマンたちに依頼するよう指示を行った。モーデルハンメルは同日直ちに返信をし、彼のニューヨークの経済人脈は鮎川がどれくらいの金額で購入するつもりであるかによって資金の供与を検討するであろうと指摘したのであった。鮎川は、このあと六〇〇万ドルの資金供与が行われるのであれば、同額をクレジット供与で支払う用意があることをモーデルハンメルに伝えた。鮎川は、横浜正金銀行ニューヨーク支店にオリエンタル・コンソリデーティッド鉱業社の調査を依頼することを検討すると同時に、秘密裏に日本鉱業の幹部をヘンリー社長と会談させるべく渡米させることも検討した。

一一月一二日、モーデルハンメルは、ニューヨークの投資家たちが雲山の権益を取得した上で満業に転売することを伝えた。後に鮎川は、この投資家たちの中心的人物が、H・オットー・シュンドラーというビジネスマンであることを知るが、彼はクーン・ローブ投資銀行のルイス・ストロースとも面識があった。この投資家たちは、満業に現金二五〇万ドルの支払いを望んでおり、残額については、横浜正金銀行の保証を条件に、年率五パーセントの金利で三年間ドル建てのクレジット供与を行うという内容であった。

この二日後、満業は、この取引については、総額六〇〇万ドル支払う用意があるとモーデルハンメルに打電した。満業は、投資家たちから雲山の権益の転売契約が成立した際二〇〇万米国ドルを現金で支払い、残額については、先方が二日前に示した資金供与条件を受け入れると伝えた。満業は、この取引について、日本政府の承認は得られようと述べ、年末までにこの取引を成立させるよう指示した。

しかし、オリエンタル・コンソリデーティッド鉱業社は、六〇〇万ドル以上を要求した。ただ、もしも総額で合意が成立すれば、あとの取引の枠組みは、満業が一一月一四日に示した条件でよいと返答してきた[37]。満業が、この提案に返答する前に、この交渉は一二月二二日以降中断することとなった。理由は、オリエンタル・コンソリデーティッド鉱業社の有力幹部が発病したためであった。翌年一月二三日、満業は、モーデルハンメルに本件にもうかかわらなくてよい旨を伝えた。というのも鮎川は、日本鉱業を代表する幹部をオリエンタル・コンソリデーティッド鉱業社との直接交渉に当たらせることにしたからであった。三月の独占的開発の期限が迫るなか、オリエンタル・コンソリデーティッド鉱業社は契約の一五年更新の権利を行使した[38]。

米国有力誌『タイム』は、第二次世界大戦勃発直後の九月一一日号で、前週日本鉱業とオリエンタル・コンソリデーティッド鉱業社との間で行われた買収交渉が成立したことを伝えたのであった。一九三九年九月上旬、オリエンタル・コンソリデーティッド鉱業社長は、同社を八一七万四、五〇〇ドルで日本鉱業に売却することに同意した。両社の間でこの取引の支払い方法は次のように決まった。現金七五万六、七〇〇ドルを直ちに日本鉱業がオリエンタル・コンソリデーティッド鉱業社へ支払い、同額を三〇日以内、さらに同額を六〇日以内に支払う。それから四五四万二、〇〇〇ドルは、一九四二年八月三一日までに支払いを済ませ、最後の残額一三六万二、五〇〇ドルは、一九四三年八月三一日までに支払いを済ませることとなっていた。最初に現金で支払う金額以外については、横浜正金銀行が支払いに保証を与え、支払いが済むまでは四パーセントの金利負担が日本鉱業に生じることとなっていた。『タイム』の九月一一日の記事が掲載されるまでの約三週間の間に、ロンドン証券取引所で売買されていた同社の株価は、米国ドルに換算して二・八七ドルから八・〇五ドルへと、約二・七倍に急騰していた。

7　米国金融機関・大手鉄鋼会社との交渉

一九三八年一一月二二日、満業は、モーデルハンメルに米国における新たな購入案件を命じた。これは、鮎川が満洲国および日満商事と相談したことを踏まえて行われたが、銅二トン、鉄鋼製品二〇トンの買い付けであった。これらについてはドル建て資金の供与も必要であった。モーデルハンメルは、彼が知るニューヨークの投資家たちと相談してU・S・スチール社、クルーシブル・スチール・オブ・アメリカ社、ベツレヘム・スチール社の幹部に商談を打診したのであった。

当時の米国鉄鋼業界は、深刻な稼働率の低迷に直面していた。クルーシブル社の社長ラウール・E・デスヴェアニンは、鮎川の満業と取引を行うことにもっとも関心を示した。デスヴェアニンは、日米開戦前の日米交渉に登場する人物であり、この点は後述する。

また、モーデルハンメルは、ベツレヘム・スチール社の会長チャールズ・シュワッブと接触を行っていたが、シュワッブは、亡くなる直前の一九三九年一〇月、ナショナル・シティ銀行、チェース・マンハッタン銀行、マンハッタン銀行とマニファクチャラーズ・トラスト銀行などが参加する金融シンジケート団を編成して満業への鉄鋼製品の輸出におけるドル建て資金調達を行うことを模索していた。シュワッブは、鉄鋼王アンドリュー・カーネギーのカーネギー鉄鋼会社で頭角を現し、一九〇三年に同社の後身であったU・S・スチール社のゲーリー社長と訣別してベツレヘム・スチールに入社するまで同社の役員を務めていた。しかし派手な生活と振る舞いが災いして、一九二九年一〇月のニューヨーク株価大暴落以降の世界恐慌下で、マンハッタンのアッパー・ウェストに構えていた七五室の巨大な邸宅の税負担ができなくなっていた（ここに住む彼の母親が死去した一九三九年一月以降ニューヨーク市に差し押さえられた）。

モーデルハンメルがシュワッブと接触していた時期、シュワッブは、モーデルハンメルを含めたほとんどの人に知られていなかったが、個人破産に近い状態であった。数少ない資産は、大恐慌発生前まで隆盛を極めていたベツレヘム・スチール社の株式であったが、ローズヴェルト恐慌下では、引き続きその株価は紙くずに近かった。シュワッブは、米国の第二次世界大戦参戦による国内での戦争景気まで生きていたならば、ベツレヘム・スチール社の株価復活により、資産家の地位に返り咲いていたであろう。あるいは、もし満業との取引が成功していたならば、そのようになっていたかもしれない。

モーデルハンメルがシュワッブを介して試みようとしたクレジット供与は、一、五〇〇万ドル相当の鉄鋼製品買い付けを、三年間支払いを据え置いたあとに二年間の分割払いで行うという概要であった。[39] この構想は、シュワッブが母親の死去後リバーサイドの豪邸の問題などに忙殺され、また、それより格段に小さいマンションへ引っ越したりしたことなどから立ち消えとなった。

しかし、モーデルハンメルは、J・W・セリグマン投資銀行を介してドル建て資金供与の金融組織の立ち上げを試みながら鉄鋼製品の買い付けを行おうとした。それでも鮎川は、モーデルハンメルの手腕を危ぶみ、浅原源七を目付役としてニューヨークへ派遣した。

米国鉄鋼大手は、満業が持ちかけた商談に関心を示したが、彼らの対外貿易に影響力を行使できる国務省は、横槍を入れたのであった。二月八日、セリグマン投資銀行は、満業の一、五〇〇万ドル規模の商談を断る旨をモーデルハンメルに伝えてきた。

このような状況をもたらしたのは、セリグマン投資銀行の幹部ヘンリー・ブレックが、一月二七日米国務省のマックスウェル・ハミルトンと会談した際、後者が同投資銀行が満業との商談を検討していることについて不快感を示したことと関係していた。モーデルハンメルと商談の可能性について話していた大手鉄鋼会社や大手金融機関の幹部たちは、満業と商談を行おうとしていた企業に対して米国政府が報復する可能性があることを恐れた。というのも、米国政府は一九三八年五月、国防費の支出を大規模に増やす決断をしており、彼らは、米国政府によるこれら支出がもたらす商談から排除される不利益のほうが、満業との商談がもたらすかもしれない利益より大きいかもしれないと考えていたのであった。彼らは、満業や日本との商談は、大恐慌のさなかにあって関心はあったが、日米関係が悪化していくなか、彼らは、国務省の顔色をうかがう傾向を強めたのであった。

鮎川はこうした事態について、渡米していた浅原から国際電話で聞いていた。このとき浅原は、セリグマンの件は、鉄鋼関係（シュワッブ）の件と同様、政府の少なくとも暗黙の了解を必要としているのではないかと分析していた。浅原は、モーデルハンメルと彼の相棒であったドイツ系米国人H・オットー・シュンドラーが、ワシントンの政府関係者を二、三回訪問しており、彼らはこのような了解を得られなかったと鮎川に伝えていた。

鮎川と浅原のモーデルハンメルとシュンドラーに対する評価は厳しかった。鮎川と浅原は、米国経済がいまだ大恐慌の真っ只中にあることから、モーデルハンメルは、セリグマン投資銀行を中心とするナショナル・シティ銀行、マンハッタン銀行、クーン・ローブ投資銀行、マニュファクチャラーズ・トラスト銀行といった金融機関を含む銀行団から二、〇〇〇万ドルのクレジット供与を、鮎川がモーデルハンメルに送ったカウンター・プロポーザルにもとづいて受けられる合意文書までこぎつけられたはずであると思っていた。浅原は、モーデルハンメルが交渉に失敗したと判断していた。

一方、モーデルハンメルとシュンドラーは、鮎川の行動が遅すぎたと思っていた。前述のカウンター・プロポーザルを一月二一日モーデルハンメルへ送るのに、鮎川は一週間を費やした。鮎川は、セリグマンから受けた提案を、大蔵省幹部、横浜正金銀行頭取、日本銀行副総裁と相談する必要があった。

鮎川は、ワシントンを訪問して米国政府に、満業が得ようとしていたドル資金に少なくとも暗黙の了解を与えてくれるよう働きかけられないものか浅原に相談した。浅原はクーン・ローブ投資銀行の幹部から、セリグマン投資銀行を介した商談にかかわって日本の有力者の関与が表面化することは、米国メディアにより取り上げられるリスクがあり、そのような事態は日本の日中戦争における行為に批判的な米国内勢力の反日運動の火に油を注ぐことになるので、避けなければならないと助言された、と鮎川に伝えた。

鮎川はモーデルハンメルの働きぶりが不満であったため、彼との契約を更新しなかった。モーデルハンメルのドイツ行きも不必要であると鮎川は判断していた。というのも、その頃ドイツと満洲国の間で合意された協定にもとづき、満洲国はドイツ政府から政府間資金供与を受けられるようになったからである。しかし、モーデルハンメルは、過去数カ月の満業の対応は自分の助言にすぐに反応しない遅いものであり、自分に一方的に責任を負わせるものであると、引き下がらなかった。モーデルハンメルの活動が公けになることを避けたかった鮎川であったが、モーデルハンメルは一九三九年春、満業をニューヨーク市の裁判所へ提訴した。両者はまもなく和解し、鮎川と満業は、このような最悪の事態に素早い幕引きを行った。

8　ナショナル・シティ銀行、U・S・スチール社と米国務省

モーデルハンメルとシュンドラーがニューヨークの大手金融機関や大手メーカーと接触を行ったことがきっかけとなって、当初予想されなかった二つの案件が派生した。そのうち一件はシュンドラーが引き続き関与し、もう一件はこの二人はかかわっていなかった。

一九三九年の前半、つまり、米国議会が日米通商航海条約を同条約の該当条項にもとづき半年後の一九四〇年一月に廃棄すると決断するまでの期間、鮎川は米国企業が満業との商談に応じてくるという強気の姿勢を崩していなかった。たしかに、国務省の本省は、満業の対満米国資本導入構想に横槍を入れ、また、日中戦争はますます泥沼化していた。それでも米国経済は、大恐慌の最悪期に近い状況にあった。第3章で考察した満業のフォード社との極秘交渉

はこの時期に進められていた。

一九三九年一月、U・S・スチール社とナショナル・シティ銀行は、セリグマン投資銀行を中心とする満業と交渉中のグループから離脱し、満業と二社のみで話し合うことに関心を持った。鮎川が最初にこのことを知ったのは、浅原が鮎川に送った二月一日の電報によってであった。それは、U・S・スチール社が、同社東京代表のバートンに満業と話し合う指示を行ったこと、また、ナショナル・シティ銀行の幹部（vice president）で東アジア地域の統括責任者であったボイス・C・ハートを派遣する決定を行ったことを伝える内容であった。

しばらくして鮎川に、二月一〇日付のモーデルハンメルからの手紙が届いた。モーデルハンメルとシュンドラーは、ナショナル・シティ銀行が、おそらく満業を含めた日本の経済界と直接交渉したほうが有利であると判断したのではないかと考察したのであった。また、U・S・スチール社、ベツレヘム・スチール社、クルーシブル・スチール社は、モーデルハンメルとシュンドラーに満業との「商談は、鉄鋼会社にとって非常に関心の高いもので、この商談を行う必要がある」と言っていたと鮎川に伝えたのであった。モーデルハンメルによると、彼とセリグマンを中心とする投資グループのなかでは、ベツレヘム・スチール社のチャールズ・シュワッブが、「この投資グループに参加していた金融機関に対してこの商談に資金を供与するよう強く要請し、その努力を現在も続けている」のであった。ただし、前述のようにこの時期のシュワッブがこのような努力を行えるような状況であったのかは疑問が残る。

シュンドラーに言わせると、ナショナル・シティ銀行がセリグマンを中心とする投資グループから離脱したため、セリグマン側が満業のカウンター・プロポーザルを却下したのではないかと分析したのであった。これは、鮎川に転送された、シュンドラーのモーデルハンメル宛の二月一一日の書簡にそう記載されていた。鮎川もこの分析には一理あると考えた。というのも、セリグマン投資銀行が満業からの逆提案を受けたときは、ナショナル・シティ銀行が離脱する前で、受け取った際、セリグマンは、提案が妥当なものであると評していたからであった(40)。

ナショナル・シティ銀行は、一九三九年二月満業と商談を進めることを真剣に検討していた。一九三三年以来、同行は満洲国承認を支持していたし、日本を東アジアにおける一番のビジネスパートナーであると思っていた。中国の経済が不安定であったことが同行が日本寄りの姿勢をとった最大の理由であった。このことは、同行の上海支店の幹部（assistant vice president）ジェームズ・A・マッケーからニューヨーク本店のハート宛の報告書に反映されていた。マッケーは、中国の商業銀行の財務内容が最悪で、これら銀行が乱脈経営の状態にあり、また蔣介石一族に腐敗した人たちがいて、さらに蔣介石一族内部で宋子文支持派と宋の義兄孔祥熙支持派とに分かれ前者が後者を財務大臣から追い落とそうとする権力闘争が起きている、と報告したのであった。

しかしながら一九三九年三月、ナショナル・シティ銀行は、国務省の介入を受けた。当時日本は華北と上海で新通貨と中央銀行の設立をそれぞれの地域で実施しようとしており、外国の銀行にこのような新制度移行を受け入れるよう要請していたのであった。国務省は、ナショナル・シティ銀行とチェース・マンハッタン銀行に対して、このような日本の新政策に反対する英仏系金融機関と共同歩調をとるように迫ったのであった。両行は、華北については国務省の要請を受け入れる姿勢を示していたが、国務省は、ナショナル・シティ銀行が上海で国務省の要請に沿った対応を行うのかについて、疑問視していた。三月、ナショナル・シティ銀行の本社幹部（assistant vice president）ガイ・ホルマンは、米国政府が中国に対して門戸開放の適用を保留にし、日本主導の秩序形成に反対し続けることを回避すべきであると述べたのであった。

このようにナショナル・シティ銀行と国務省との間で緊張関係が高まるなか、四月下旬にハートが鮎川と会談した際、ナショナル・シティ銀行は鮎川に具体的提案を行えなかった。ナショナル・シティ銀行は東アジア情勢が落ち着き次第商談を行う関心があることを鮎川に伝えるのみとなった。(41)

鮎川との会談後、ハートは、六月にホーンベックに上海から書簡を送った。米国は正しい経済戦略を推進すれば、日本が日中戦争に勝利した場合、大変大きな経済的恩恵を受けられると論じた。「日本が全面的に勝利した場合中国の経済開発は日本単独ではあまりにも大きすぎるのです。この方面の世界では大変大きな貿易機会が訪れてくるのです」と論じていた。「戦争は、中国内でこれまで商業と工業が発達していなかった地域にも波及している」ため、「中国はこれまで以上の経済機会を〔日本の全面勝利後〕もたらすとの確信をもっています」と綴ったのであった。

ハートは、この書簡で政策提言を行っていた。米国政府は、「中国で貿易を行っている米国企業に政府による経済援助ではなく、何かしらの政府による保険」で対中貿易促進を行うべきであると論じていた。これにより米国企業は、日英独が中国で展開している経済競争にコスト面で太刀打ちできると主張していた。こうした保険は、米国企業が行う対中貿易資金供与に対する保険という形態であり、これは、手続き的に時間がかかり複雑な対中貿易促進のための金融支援よりはるかに早く実施でき、しかも効果的であると、ハートは持論をホーンベックに売り込んだ。このような保険により、保険の対象となったリスク資金の七五パーセントをこの保険が万一の場合カバーし、保険料は保険対象の貿易案件がもたらす収益の何パーセントという具合に設定すればよいとハートは考察したのであった。この枠組みのもとで、米国の経験豊かな中国貿易担当者たちは、中国の金融機関、企業とパートナーシップを形成しながら、米国が供与する資金がもっとも適切で投資回収のできる案件に回るようにすればよい、と彼は述べている。もっとも、この保険の話とは別に、中国に対しては中国通貨の安定化のためかなりの対中金融支援を米国政府が行う必要があることも指摘していた。

ホーンベックは、第5章で紹介したようにこの時期水面下で日米通商航海条約の廃棄を画策し、これを七月に成功させていた。八月一日、ホーンベックは、ハートの書簡をハル国務長官に転送し、その際、「これを読んで興味深く思うことでしょう」とコメントを添えておいた。

おそらくこの一件のため、九月中旬、国務省はナショナル・シティ銀行の頭取ゴードン・S・レンシュラーに同行の幹部の国務省訪問を要請することになった。彼らはホーンベックと一時帰国中の駐日大使グルーと会談した。この会談後、ナショナル・シティ銀行の姿勢は国務省の政策に沿うようになった。一〇月二〇日、ハートは、ホーンベックに宛てた書簡でグルーが東京で日本の東亜新秩序を非難したことを称賛したのであった。(42)

満業とナショナル・シティ銀行の話し合いが不発に終わったのと同様、満業とU・S・スチール社との会談も具体的な商談に進展しなかった。しかしこの問題は、モルガン投資銀行のラモントがホーンベックにこの時期相談しに行ったことと重なるところがあった。本章で取り上げた一連の大型商談の話し合いが行われていることが、ホーンベックをして日米通商航海条約廃棄に全力を注がせた大きな背景要因であったと見ることができよう。

ラモントは、モルガン・グループ傘下のギャランティ・トラスト銀行が、満洲国がU・S・スチール社から購入しようとしていた一、一〇〇万ドル相当分の資金を供与する決断を行おうとしていることをホーンベックに伝えてきた。モルガン投資銀行は、U・S・スチール社とナショナル・シティ銀行に役員を送り込んでいたことから、モーデルハンメルたちが進めようとしていた商談を知っていたのかもしれない。ラモントは、株主たちへの責任という観点からこの商談を進めざるをえないと伝えたが、ホーンベックはこれに反対した。一週間後、ラモントは、商談が保留となったが、「後日再開されるかもしれない」とホーンベックに伝えたのであった。

ナショナル・シティ銀行とU・S・スチール社がモーデルハンメルとセリグマンの投資銀行のグループから離脱したのは、このようなギャランティ・トラスト銀行とU・S・スチール社の動向と関係している可能性が高い。

ラモントは、日本の中国における侵略戦争には大変批判的ではあったが、日米は共存すべきであるという見解を維持していた。彼は対日経済制裁が、日米戦争をもたらす危険性があることから少なくも一九四〇年秋までそれを公けに論じなかった。一九三九年初頭、米国経済は引き続き大恐慌の最悪期に近い状況で喘いでおり、ラモントはモルガン投資銀行傘下の金融機関や同行と取引関係にある企業が日本の企業と商談を進めることに反対できなかったのであった。ただし、国務省がこれに異論を唱えれば、話を保留にせざるをえないとラモントは考えていたと言えよう。(43)

9　米国財界人の日本帝国視察招請案

ナショナル・シティ銀行が国務省の東アジア政策に従う決断を行った一九三九年夏、シュンドラーが鮎川に提案した構想が、形を変えて具体化されようとした。

二月中旬、シュンドラーは、モーデルハンメル経由で満業に連絡をとった。シュンドラーは、彼が連絡をとっていた金融機関、メーカーと話し合って、米国大手化学工業デュポン社とマンハッタン銀行を通じて、満業が、民生用の物資の購入を実現できるようにしようと提案してきた。鮎川は、シュンドラーが無名の人物であったことから、これが実現できるのか疑ったが、満業向けの資金供与にマンハッタン銀行が関心を示しているようであり、また、デュポン社が満業との商談に応じてくれるかもしれないという可能性に賭けたのであった。鮎川が関心を示したことで、モーデルハンメルとシュンドラーは、三月六日鮎川に三人で構成する米国人の視察団を送る構想を打電した。それは、銀行家一名、実業家一名、広報担当者一名を東京へ派遣し、資金供与の条件を交渉しようとするものになっていた。この三人は、一緒に訪日するかもしれないし、別々に訪日するかもしれない。この提案を受けて、鮎川は、大蔵省、日銀、横浜正金の各幹部たちと話し合った。しかしその結論は、シュンドラーの提案を却下するものとなった。理由は、シュンドラーの提案が日本経済が破碇寸前であるかの印象を与えており、また、日満貿易関係の枠組みを根本的に見直すことが前提となっていたからであった。

三月一〇日、鮎川はシュンドラーの提案を却下する電報を彼に送った。しかし、このとき三人の米国人の満洲を含む日本帝国視察について引き続き協議してもいいことも伝えていた。ただし、旅費は米国側が支払うことと付け加えていた。翌日、モーデルハンメルは満業に対して、この三人の米国人は、デュポン社と緊密な取引関係にあったマンハッタン銀行役員、デュポン社とやはり緊密な取引関係にあった独立系実業家、そして連邦上院議員となる見込みであると伝えた。浅原は彼ら三人を知っており、モーデルハンメルは、鮎川と浅原にシュンドラーの提案を断らないよう伝えていた。モーデルハンメルは、この三人が視察に行けば、そこから展望が開けるであろうと語った。彼は、シュンドラーがニューヨークの財界とつながりが強いと主張していた。しかし浅原は、モーデルハンメルは能力的に問題があり、ドイツに併合されたオーストリア国籍であることが米国内における交渉を不利にさせていると思っていた。

シュンドラーも三人の米国人による訪日は、米国の満洲国承認につながるかもしれないと強気の議論を展開していた。浅原もシュンドラーが指摘していたこと、つまり、米国企業が米国政府が不承認としている国家と商談を進めるよりは、米国により国家承認された国と商談を行いたがっている点については同感であった。しかし浅原は、米国企業や米国金融機関で満業と取引を行いたい会社は、モーデルハンメルとシュンドラーなどを通じて間接的に行うのではなく直接交渉を行いたがっていると鮎川に報告したのであった。浅原は、三人の米国人は自己負担で日満中を視察すればよいとする点鮎川と同感であった。そうすることで、彼らは米国内で、日本の資金的影響下にあるという印象を与えずに済むからであった。

しかし、鮎川は、三月一五日の電報で、独立系経済人とはシュンドラーのことであると知ると、彼はこの話も却下することにした。シュンドラーは無名であったし、実業家として成功しているような地位にはなかったからであった。(44)この一件と、モーデルハンメルとシュンドラー対満業という先に述べた裁判も当然鮎川の決断を促す大きな要因であった。(45)

三人の米国人を日本帝国視察に呼ぶという構想は、その後も続いた、米国の有名人や有力者を日本の財界関係者が視察に招請する構想の一つであり、同様の構想はこの時期複数存在していた。そのなかでも九月に日本側が打ち出した構想に米国務省は一番神経を使った。

それは三人の著名な米国財界人を日本帝国視察に招請するという内容であった。これを推進しようとしたのは、一九三九年四月にニューヨーク市駐在の大蔵省財務官として赴任してきた西山勉であった。彼はそれまで横浜正金銀行員としてキャリアを積み上げ、中国や米国などの国際金融経験が豊富な人物であった。その西山は、財務官になる直前まで、横浜正金銀行大阪支店長兼取締役であった。鮎川が検討したシュンドラーの提案について、西山は、横浜正金銀行の役員であったことから知っていたはずである。鮎川たちも同時期そうであったように、日米開戦前、西山は第9章で紹介する開戦回避の外交交渉を支えていたが、第二次世界大戦勃発時のニューヨークで、彼は、鮎川が検討した構想を復活させようとしたのであった。

西山は、まず、ロックフェラー財閥系のチェース・ナショナル銀行会長ウィンスロップ・アルドリッチに提案を行った。ロックフェラー一族のひとりであったアルドリッチに対して、西山は、もしも同行が日本の交通システムのための借入をチェース銀行に変更することに応じてくれるのであれば、中国市場における利権の事前指定に応じようとアルドリッチを勧誘したのであった。さらに西山は、日本帝国視察のために、大手銀行の役員、鉄道会社の重役、そして鉄鋼業界の大物という三人構成のグループを結成する方式の可能性をアルドリッチに打診したのであった。

しかしながら、この構想が国務省の極東担当者ホーンベックとハミルトンに伝わると、彼らは、直ちにハル国務長官にこの構想を潰すよう進言したのであった。九月二五日、ハル国務長官は、アルドリッチに電話を行い、西山の提案を却下するよう要請した。ハルは、国務省が、米国から日本へ、あるいは、日本から米国へ、特使や善意の視察団を送ることは無駄であると思っているとアルドリッチに伝えた。これらは、「誤解や、いろいろなところで避けたい憶測を呼び起こす」と指摘したのであった。

米国政府は、七月に日米通商航海条約を翌年一月に破棄すると決定しており、もしもこの時点で米国から視察団を日本へ送り込んだ場合、日米双方の財界は、日米経済協力へ向かっていると誤解する、とハルはアルドリッチに論じたのである。(46)

10　合弁会社の設立

満業は、欧米資本一二社と合弁の設立を話し合った。そのうち四つは米国資本であった——ハービソン・ウォーカーとマグネシウムの精錬機製造について、ユナイテッド・エンジニアリング社と重機械製造について、メスタ・マシーン社と重機械製造について、そしてフォード社と自動車製造について、である。六社は、ドイツ資本とであった——ダイムラー・ベンツ社とは自動車製造について、ブイシング社とはディーゼル車製造について、ヘンシェル社とはディーゼル車製造について、ライヒメタル社とは軽合金製造について、BMW社とは航空機エンジン製造について、そしてヘンケル社とは航空機製造についてであった。残りの二社は、イタリア系企業とスウェーデン系企業と行った合弁交渉であり、イタリアは、フィアット社と自動車製造について、スウェーデンは、SKF社とボール・ベアリングについてであった。

満業が推進した欧米資本との合弁構想のなかで、唯一合意文書までこぎつけられたのがメスタ・マシーン社と満業傘下の企業が重機械を製造するという案件であった。これは一九四〇年一月に合意文書が交わされた（これに近い達成が、第3章で紹介したフォードとの合弁交渉で、これは合弁には至らなかったが、生産という点では一部実現していた）[47]。

一九三九年四月、満業はペンシルヴェニア州ウェスト・ホームステッドに本社をおくメスタ・マシーン社と合弁交渉を開始した。満業は、当初ユナイテッド・エンジニアリング社との合弁を目指して同社と交渉していたが、ユナイテッドは、芝浦製作所と合弁を始めることとした（合弁会社に対する出資比率は、芝浦五一％、ユナイテッド四九％）。

メスタ・マシーンにとって日満への製鉄用機械の輸出は大きな事業であった。同社にとって満洲国への輸出は非常に重要であったため、一月に同社の幹部パウエルは、国務省のジョセフ・バレンタイン東アジア局長代理（Assistant Chief of the Division of Far Eastern Affairs）を訪問、米国政府はメスタ・マシーン社のような米国企業の満洲輸出を後押しすることで、ドイツなど同地域への輸出で競合関係にある国の企業に対して優位に立てるようにすべきであると論じた（ドイツは当時満洲国とバーター協定を結んでいた）。パウエルは、米国政府が日本が要望している満洲国の承認に応じるべきであり、また、ドル資金を供与することで米国製品の購入が満洲国で促進されるようにすべきであると説いたのであった。

パウエルがバレンタインと話し合っていた時期、満業は、メスタ・マシーン社から一〇〇万ドル相当の製鉄用重機械を購入する交渉を始めていた。この交渉は、六月下旬パウエルの満洲国訪問へと進展した。彼の訪問でこの案件の細部とそれを支える合弁が話し合われた。

一九四〇年一月一八日、満業の役員矢野美章は、ニューヨーク市でメスタ・マシーン社長L・アイヴァーソンと合弁会社（the Heavy Machinery Manufacturing Company）設立の合意文書を交わした。この合意文書にもとづき、一九四〇年六月、合弁会社重機械製造会社が満業とメスタ・マシーン社により設立された。メスタ・マシーン社は同社に一〇パーセント出資する少数株主になった。満業は、メスタ・マシーン社からこの合弁会社に少なくとも二名役員を派遣できるようにすると確約し、毎年支払う六パーセントの配当利回りは、ニューヨーク市でドル建てで支払われることになった。満業はこの合弁を通じてメスタ・マシーン社より重機械製造の設計図を入手できることを期待していた。

しかしながら、日米通商航海条約が廃棄され、合弁会社設立の話がまとまった直後、つまり一九四〇年夏以降日米関係はさらに悪化し、合弁会社は計画段階から離陸できないままとなって、立ち消えになっていった。(48)

おわりに

この章で紹介したベイン、クライマン、モーデルハンメル、メスタ・マシーン社などの満業とのかかわりから判明するように、米国経済界は、一九三九年、とくに第二次世界大戦勃発前、日満との経済協力に比較的強い関心を示していた。しかし鮎川は、満洲の重工業化が思うように進まないなかで、重工業化と並行して一時日系米国人を満洲に移住させて米国式大規模農業を構想した時期もあった。第二次世界大戦の勃発は、米国の対欧州輸出を伸ばすことになったが、これにより米国経済が大恐慌発生以前の経済水準に戻ったのは一九四一年夏であった。また、連邦議会が一九三九年七月に日米通商航海条約を廃棄する決定を行ったのは、日本帝国にとっては大打撃であった。第５章の最後に考察したように、これにより、それまでの道義的禁輸措置（moral embargo）と違い、米国政府は、対日経済制裁を実施できるようになったからであった[49]。

米国政府は一九四〇年半ば以降、日満が必要としていた機械製造装置の輸出を、米国の需給が逼迫していることを理由に許可制にすることで規制し、航空機燃料製造用や航空機製造用の機械を禁輸対象にしたりするなどの対日経済制裁を徐々に開始した。それがさらに強まるのは次章で紹介する日本の北部仏印進駐以降である[50]。

日中戦争の泥沼化は、日米関係の悪化と米中接近を招くこととなった。国務省は、米国政府による国防費支出増を武器に、米国政府の東アジア政策に沿わない米国企業に対して横槍を入れ、その結果、鮎川の米国資本の対満導入構想はさらに困難になっていった。このようななかで、日本鉱業が朝鮮半島の雲山金山をオリエンタル・コンソリデーティッド鉱業社から購入できたことは大きな収穫であった。満業の金の保有量を高めることで財務内容を強化し、それにより米国における買い付けや合弁交渉を有利にできるはずであったからである。しかし、これも日米関係の悪化により一九四〇年から四一年の時期において役立つことはなかった。

第8章　アメリカによる満洲国の事実上の承認の模索

――鮎川の渡欧とディロン・リード投資銀行

はじめに

満洲国へ米国民間資本の直接投資・間接投資を呼び込もうとしていた鮎川は、当初は、米国による満洲国承認については、明確な見解を述べていなかった。彼は、米国の満洲への輸出ブームと米国のローズヴェルト不況を考えると、米国資本は、満洲国承認問題ぬきに満洲へ流入してくると見ていた。しかし、満洲国を米国が承認することは、日中戦争解決、日米協調の再確立、米国資本の満洲への流入を実現する上で必要な前提条件であると考えるようになった。鮎川は、米国が一九三三年に行ったソ連の承認のようなおもいきった決断を行うことに期待を寄せた。本章は、鮎川と米国の著名な新聞人ウィリアム・O・イングリス、在日米国人外交官ドゥーマン参事官とグルー大使との会談、鮎川の渡欧、米国大手投資銀行ディロン・リード社との交渉、そしてジョン・オライアンの来日の経緯と展開を考察しながら、鮎川により米国の満洲国の事実上の承認を目指す構想が推進されていった経緯を検証する。一九四〇年の春から夏にかけて、鮎川のディロン・リード投資銀行との交渉や、オライアン将軍率いる訪日団が示したことは、鮎川が米国に満洲国の事実上の承認をさせることにわずかながら望みがあった、ということである。

日本が日独伊三国同盟に署名する前の鮎川たちの対米関係改善の努力は、彼らが、フーヴァー元大統領、ディロン・リード投資銀行のクラレンス・ディロンや同銀行社長ジェームズ・V・フォレスタル、バーナード・バルーク、ジョセフ・グルーのような有力者と接触を行うことで、次章や戦後の章で考察するように、日米開戦前と終戦の時期から少なくとも一九五三年頃まで生かされた米国との有力者ネットワークの形成に大きく貢献したのであった。ナチス・ドイツやイタリアと違い、日本人のなかには、対米協調を模索していた勢力が戦前存在していたことを、こうした米国人有力者は理解していた。たしかに真珠湾奇襲攻撃により米国人の間で日本人は、卑怯者であるというマイナス・イメージが生じ、戦後の日米関係に暗い影を落としたが、上記のような米国人は、米国外交における日本の地政学的重要性に加えて、対米関係打開を模索していた日本の政財界人を忘れていなかった。

1　イングリスとの会見

一九三九年三月、日本経済連盟会は、ウィルソン主義者（第一次世界大戦期米国大統領であったウィルソンが披露した国際連盟による集団安全保障の枠組み、自由貿易体制、民族自決といった考えに共感している人）として知られるベテランのジャーナリスト、ウィリアム・イングリスを日本と満洲の視察に招請した。日本経済連盟会の狙いは、日本や満洲の現状を米国の有力なオピニオン・リーダーに見せることで、日本の対外政策への理解者を獲得し、外資導入に役立たせたいというものであった。鮎川も彼と会談を行い、その際、前章で紹介したように鮎川は何故米国から対満外資導入が可能であると思っていたのかを語ったのみならず、以下で紹介する米国政府への働きかけをイングリスを介して行えないか検討したのであった。

イングリスは、一九世紀末から彼の出身地であったニューヨーク市の大手新聞社の記者として頭角を現した。ピューリッツァー賞で知られるジョセフ・ピューリッツァーの下で活躍した時期もあり、移民問題にかんする日米紳士協定が取り交わされた一九〇七年の日米関係、キューバでの政変やパナマ運河建設などの国際報道において豊かな経験を積んでいた。

イングリスは、ロックフェラーⅡ世とのつながりが強く、彼の父親で、ロックフェラー石油財閥の創始者ロックフェラーⅠ世の伝記の原資料となるロックフェラーⅠ世へのオーラル・ヒストリー調査を行い、ロックフェラーの伝記刊行の資料編纂の中心的人物であった。結局、ロックフェラーⅠ世の伝記は、一九四〇年米国史の権威でコロンビア大学教授のアラン・ネヴィンスにより、イングリスの行ったオーラル・ヒストリーを最重要資料の一つとして使いながら、刊行された(1)。

鮎川は、四月一五日に新京でイングリスのオフレコのインタビューに応じた。鮎川は、前章で紹介した井川忠雄がストロースに日本主導の東アジア新秩序を受け入れるべきであると呼びかけたことと同様の趣旨のことをイングリスに語った。鮎川は、英米による蔣介石政権支援が行われているなか日中戦争が長期化しているものの、日本がこの戦争を戦い抜く自信を示した。しかし、その一方で、欧州で世界大戦が近い将来起きそうな雲行きであることに言及し、ローズヴェルト大統領は、まずは満洲国を承認し、その上で日中間の和平成立を仲介して東アジアでの平和を確立させた上で、欧州での戦争防止に専念すべきであると論じたのであった。鮎川は、第一次世界大戦勃発時にウィルソンが戦争拡大防止を図ったときと同じように第二次世界大戦を回避する絶好のチャンスをローズヴェルトは手にしており、まずは東アジアでの平和の確立を行った上でそれを欧州で実行すべきであるとイングリスに強調した。同時に鮎川は、米国がそのような行動をとって東アジアで平和を確立させることで、満洲を含む日本主導の秩序のもとでさまざまなビジネスチャンスに恵まれ米国の生産能力はようやくフル稼働するであろうと指摘した。鮎川は、あたかも米国共和党あるいは米国内の反ニューディールの人たちが米国経済が当時不況から脱却できないなか展開したニューディール政策の批判のような言及を行った。すなわち、同政策は、経済的には効果がなく意気沮喪させる結果を招いていると指摘したのであった。鮎川は、ローズヴェルトが米国経済が不況にいまだ喘いでいるなか、米国政治の慣例に従って三選は目指さないし、彼の後継者は弱い指導者であろうから、ローズヴェルト在任中に日中戦争打開と欧州大戦回避に尽力して欲しいと述べた。鮎川は、イングリスとの会談のおわりに、日本は、一度も対外債務の延滞を起こしたことはないので、米国資本は、積極的に日本と満洲に投資を行って欲しいと訴えたのであった。(2)

鮎川は、満業の対満米国資本導入構想に米国財界人の一部が関心を示したものの、米国政府がこれを了承していないことは遺憾であると述べた。ただ日中戦争については、日本は進んで戦争を行っておらず、止むを得ず戦争に追い込まれたという、当時日本が対外的に行った弁明を行うだけであった。彼はしかも、日本は「共産主義」との戦争にも追い込まれるかもしれないと述べていた。これは、鮎川とイングリスが会談を行って一カ月もたたない五月一一日にソ連軍・モンゴル軍と関東軍・満洲国軍が、交戦を始めたことをあたかも予言する発言であった。このノモンハン事件の戦闘について停戦合意（日本側が大敗）が成立したのは九月一六日であった。鮎川は、米国が満洲の経済開発を支援した場合、それは、日本帝国の戦闘能力を高めることに貢献するだけではないかという米国内に根強い見解にどう答えるのかというイングリスの質問に十分に答えられなかった。鮎川は、満洲の五カ年計画経済は、共産主義（ソ連）から身を守るだけでなく、満洲の人々の生活の向上にも役立っていると強調したのであった。(3)

イングリスは、鮎川との対談をぜひ米国紙の記事にして掲載したいと、オフレコのインタビューを公けにすることの許可を求めた。しかし、鮎川は日本国内で枢軸国派と英米派が対立していたことを反映してか、イングリスによる鮎川へのインタビューが米国紙の記事となることを、当初了解する方向で検討していたものの、最終的には五月一日、これを拒んだのであった。鮎川は当時、渡米して米国の有力者たち、できればローズヴェルト大統領との会談を希望しており、そのような渡米のシナリオがある以上、イングリスによるインタビュー記事がかえって米国内の反日感情を高めるのではないかと懸念していたことも記事にすることを拒んだ理由であった。(4)

2　ジョセフ・グルーとユージン・ドゥーマン

一九三九年七月から八月の時期、まだノモンハン事件が収束しないなか、日本国内では七月に内大臣湯浅倉平の暗殺未遂事件が事前に発覚した。八月上旬、陸軍は、クーデターを起こし戒厳令を敷くのではないかという噂が流れていた。こうして国内が不穏な情勢となるなか、八月二三日独ソ不可侵条約が署名された。日本は政府内で枢軸国側につくか否かを論争していたが、この条約の成立にともない、ドイツと連携して反共産主義を推進することを目指した平沼首相は、「欧洲の天地は複雑怪奇」と声明文を出して総辞職した。後継内閣は阿部信行海軍大将を首班とする内閣であった。一方、日本国内の日独伊三国同盟推進派は、リッベントロップ外相が提唱する日独伊ソの連携に共感するようになっていった。(5)

独ソ不可侵条約締結後の日本外交は、米英との関係改善に乗り出すこととなった。鮎川もこの流れを利用し、また、そのような関係改善に貢献しようと試みたのであった。一一月二七日、駐日米国大使グルーは、ハル国務長官に、グルーの側近であったユージン・ドゥーマン参事官と鮎川が行った四時間におよぶ会談を報告した。ドゥーマンは、鮎川が提唱する満洲や中国における日米連携による経済開発構想は、日本の経済的利益を満たすのみで、中国の経済的利益をほとんど、あるいはまったく満たすものではないと論じた。ドゥーマンは、鮎川のこのような構想が米国で成功することはまずないと論じたのに対して、鮎川は、少なくとも害にならないのであれば、訪米するつもりであると述べたのであった。(6)この時期の鮎川の対満米国資本導入構想について、日米のそれぞれの政府内では、否定的な見解に圧倒されていたと言えよう。

日米通商航海条約の廃棄に成功したホーンベック国務省顧問は、鮎川を「ミスターX」と略称している覚書のなかで、「ニューヨーク市におけるさまざまな〔経済的〕利益グループやその他の金融（や産業）」は、鮎川が行おうとしていた「満洲国における重工業が特に必要としている、米国の物資の「大規模商談」とドル資金供与の確保に好意的である」と警鐘を鳴らしていた。(7)

日本では、鮎川の友人で外交官大橋忠一（八月まで満洲国参議で、そのあと一九四〇年四月に外務省嘱託という形で蘭印出張、同年八月から松岡外相のもとで外務次官）は、鮎川の秘書であった友田寿一朗に、鮎川の対満米国資本導入構想は国内の日独伊三国同盟推進派の間で大変評判が悪く、気をつける必要があると忠告したのであった。(8)

鮎川の米国外交官との接触としては、ドゥーマンとの会談以降では、「信用できる共通の米国人の友人」（おそらくロバート・モス）を介して行われたグルー大使への二つの助言がある。一つ目は、日本国内では、日独伊ソの四カ国協商という構想を推進する一部の動きが存在しているものの、鮎川は、日本と米英との経済的・金融的協力にもとづく友好と信頼の構築が実現できると思っていた。二つ目は、陸軍は、面目を損なうことを最小限に止めながら中国から撤兵することを模索しており、これは中国における日米の経済協力により実現できると論じていた。鮎川によると、中国における門戸開放は、機会均等の原則と中国の経済開発に必要な米国資本の供与により堅固に確立できるのであった。

鮎川のこうした主張に対して、グルーは、前述の仲介者を通じて、現在の状況では、鮎川の構想を実現できるような情勢ではないと語った。(9)

3　鮎川の訪欧——来栖三郎と鮎川の渡米構想

日米経済関係の支柱であった日米通商航海条約が一九四〇年一月に廃棄されようとするなか、鮎川は、ドイツから必要な物資を獲得することにも関心を示した。一九三九年秋駐満洲国公使ワグナーは、シベリア鉄道を利用しながら、日満が鉱業生産に必要としている物資をシベリア鉄道経由で輸出する生産能力の余裕があると鮎川に語っていた。鮎川は、当時独伊を訪問していた山本惣治に相談し、訪欧する決意を固めた[10]。

鮎川の訪欧は、独伊と満洲国の経済的連携を模索することであったが、彼の真の目的は、欧州経由の渡米であった。鮎川はドイツで、満洲産大豆とドイツ製の機械類のバーター協定を成立させてから、中立国スウェーデンから米国に行くことを目論んだ。鮎川は訪欧と秘密の渡米構想を満洲国総務長官星野直樹に打ち明けた。星野はこれらに反対せず、ドイツとのバーター協定成立の場合に備えて鮎川に大豆一万トンを割り当てたのであった。一二月二二日、鮎川は、側近の三保幹太郎と岸本勘太郎を帯同して東京を出発した。鮎川たちは、満洲とシベリア経由でドイツへ向かった。彼らの渡欧について外務省もソ連も珍しく迅速に渡航に必要な書類上の作業やヴィザの発行といった手続きを進めた。鮎川たちの渡欧は、松嶋鹿夫公使を団長とする日ソ通商協定交渉団と同じときに行われた[11]。モスクワで鮎川は、ミコヤン貿易大臣とシベリア鉄道で満洲産大豆をドイツへ輸送する手続きを行った[12]。

鮎川はドイツで大歓迎を受けた。ベルリンに駐在していた三井物産と三菱商事のスタッフたちは、これまでの日本人になかったVIP待遇であると評した。鮎川のドイツ企業の工場見学は、本人が見たくないようなものまで馬鹿丁寧に見せるほどの徹底ぶりであった。鮎川たちはほうぼうの工場見学に勧誘されたが、これは、単にドイツの生産余力を誇示するだけでなく、工場主にとって、ナチス政権下の社会における工場の地位にかかわる問題と位置づけられている印象を受けたのであった。

満洲国はドイツ製の機械類がのどから手が出るほど欲しかったが、一方ドイツは、植物性油と動物用飼料として満洲産の大豆をのどから手が出るほど欲しがっていた。ドイツでは、第二次世界大戦の勃発に伴い、南太平洋の植物とインド産のピーナッツから確保していた植物性油が途絶えていた。インドはもちろん当時イギリスの植民地であり、イギリス海軍がインド洋の制海権を握っていた以上、南太平洋からのドイツ向けの輸送は非常に行いにくくなっていた。満洲産の大豆の海上輸送についてもそうである。ドイツは欧州で、ルーマニア産の大豆を入手できたが、その生産量は少量であった[13]。

しかし、鮎川は、ドイツを早く離れ渡米する機会を窺っていた。とはいえヒトラーは多忙であったため、バーター協定成立の話を行うため鮎川とすぐに会えるような状況でなかった。二月一六日から三月一日まで、鮎川たちは、イタリアを訪問した。

二月二〇日、鮎川は、訪米先からイギリス経由で帰国の途上にあった白洲次郎と数時間会談した。白洲は、ロンドンで三保と会っていた。白洲は米国情勢について、同日イタリアから渡米する山本惣治満洲自動車社長の一行に解説を行っていた。山本は、イタリアで鮎川と会う前まで米国で商談をまとめていたが、鮎川は、山本に再度渡米することを要請したのであった[14]。

三保幹太郎も鮎川の要請でロンドンからイタリアにいた鮎川のもとへ駆けつけた。鮎川は自身が渡米することについて三保と相談したかったのであった。鮎川は、ニューヨークからイタリアへ駆けつけた甥で満業ニューヨーク支店に勤務していた久原光夫に米国情勢について意見を聞いた。

白洲、山本、久原は、おしなべて米国内の反日感情が高まっている状況下では、鮎川の訪米は何ら収穫を得る見込みがないという意見を述べた。さらに岸本は、以前ドイツが英仏との戦争で敗北すると述べていたものの、欧州視察を行うなかで、ドイツは英仏との戦争で、引き分けにまで漕ぎつけられるかもしれないと思うようになっていた。岸本は、戦争が長期化するとドイツの生産能力は限界に達して敗北すると思っていた。しかし、もしもドイツが、バルカン半島、北欧、東欧、中欧、そしてベネルクスを制圧できてこれら地域の生産能力を有効利用できるようになれば、ドイツは、これと独ソ貿易により、長期戦に耐えられるだけの生産能力を確保できるかもしれない。

岸本は、ドイツは勝利するとは考えていなかった。彼は、白洲と同様、仮に英仏が米国から必要な戦争物資を補給できても、ドイツの潜水艦部隊がこの供給ルートを不安定にさせるであろうから、枢軸国と英仏は一進一退の軍事情勢に陥ると考えていた。ドイツと英国は、欧州の戦後の経済秩序をめぐって壮絶な覇権戦争を行う運命になると岸本は論じていた。白洲のみが英仏が最終的に勝利するであろうと語っていた[15]。

鮎川の部下たちは、鮎川の渡米に反対であったが、ローマ滞在中の二月二六日、鮎川は、米国大手投資銀行ディロン・リードのパリ支店に勤務していたH・S・ウェラーと一時間会談を行った。ウェラーは、同投資銀行の創業者クラレンス・ディロンの甥であった。ディロンは、ローズヴェルト大統領と親密な関係にあることで知られていた。鮎川は、ウェラーと欧州における金融情勢について話し合った。鮎川にウェラーを紹介したのは日本人で、鮎川文書において「羽衣」という暗号名でしか知らていない。この人物は前の晩にローマに現れ、二時間半にわたって、夜中の二時まで鮎川と話していた[16]。

鮎川の渡米は、結局見送られた。しかも、イタリア滞在中、来栖駐独大使からヒトラーとの面談の予約で取れたので至急ベルリンに戻ることを要請する電報が届いたのであった。イタリアでの部下たちとの会議で渡米を見送る方針に傾いていた鮎川は、ベルリンで、来栖から国際情勢分析を踏まえた同様の結論を聞かされ説得されることとなる。

鮎川は、来栖とは以前から面識があった。ヒトラーとの面談の前に来栖は、鮎川の対満米国資本導入構想は、「賢い戦術」であったが、外交情勢が好転するまで渡米を待つ必要があると論じたのであった。鮎川は、イタリア滞在の前後に来栖と何度も行った会話を通じて、両者が共通の世界観を共有していることに気付いたのであった[17]。来栖は、鮎川が米国へ行き、ローズヴェルト大統領や米国政府高官との会談を実現させて日米共同で満洲国の経済開発を行いながら日米関係を改善していく構想に共感していた。一九三四年、当時外務省通商局長であった来栖は、陸軍省軍務局長永田鉄山に、満洲国の経済開発に米英の協力を仰ぐべきであると進言していた。すなわち、米英資本に満洲への進出を打診し、米英に商業上の機会が与えられることをもって日本の対中政策への米英の理解を勝ち取ろうとすることを提案していた。この構想の第一段として、軍務局は、満鉄が英国の鉄鋼製品を輸入することを承認したが、最後の段階で、満鉄内から引き続き日本の八幡製鉄の鉄鋼製品を輸入する意見が巻き返しに成功し、この構想は立ち消えになった。来栖が、一九三七年から三九年までベルギー大使を務めていた時期、駐英日本大使は、一九三八年まで吉田茂であった。来栖も吉田も、日本が米英と連携していくことこそが極東における日本の国益を守ることであると思い、日本を独伊から遠ざけようと努力したのであった。

来栖は、鮎川に以下の見解を示した。①独ソ不可侵条約は近い将来破棄されるであろうから、鮎川は独ソ戦争開始後に渡米すべきである。②日本は太平洋で米英と戦争をせず、平和を維持すべきである。③日本はソ連と友好関係を維持すべきである。これら三つの条件が確立されれば、日本の国際的地位は強くなるであろう。鮎川は、来栖のこのような外交動向分析に共感して、①が起きることを静観しながら②と③を確立する外交戦略を支援しようと思った(18)。しかし両者とも、半年後に来栖が、近衛内閣の方針で日独伊三国同盟に署名することになるとは予想できなかった。

満洲へ戻る前の鮎川にとって二つの愉快でないことが起きた。ひとつは、三月一六日のドイツのラジオにおける対談で、ドイツはその生産能力の高さにより戦勝国になるという談話を行うことが要請されたのであった。鮎川は、ドイツ製の機械類は欲していたが、英仏の生産能力を視察していないことを理由に、ドイツの産業は日本の産業より高度に発展しており、相対的に強い意思を持つ国が戦勝国になるというコメントに止めたのであった(19)。

また、鮎川は、三月五日昼頃にヒトラー総統と面会した。鮎川が提案した満独バーター協定をヒトラーが却下したことも愉快に思わなかった。鮎川が、満洲産の大豆とドイツ製の機械類などの物資のバーター協定を四〇分間の会談中に持ち出すと、ヒトラーは、「その必要はない。むしろ私の話を聞きなさい。まず、政治と経済の関係であるが、一般的には、経済が政治を引っ張っていると思われているが、政治が経済を引っ張っている。政治により大豆や植物油の問題が解決される。ドイツが現在取り組んでいる最優先課題は、軍需用物資の増産であり、我々は、大豆とバーターするような余剰機械類を持っていない。それから余も貴方も知っているように、ドイツのあらゆることが日本より進んでいる。しかし、ドイツが持っていなくて日本が持っているものがある。国体、すなわち皇統である。これは一昼夜でできるようなものではない。少なくとも五〇〇年はかかる。これは日本にとって最大の宝であり、他のどの国も模倣できない。日本民族は、これを永遠に守るべきである」。鮎川は、ヒトラー総統の周囲が欲しがっていた満洲産大豆を総統がいともたやすく却下したことに衝撃を受けたが、それ以上に日本の国体の重要性を理解していたことは鮎川に強烈な印象を与えたのであった。彼はただのドイツ人ではなく、東洋人の血が流れているのに違いないと鮎川は思った。日満の新聞は、鮎川とヒトラー総統の会談を日満独の経済連携強化を象徴するイベントとして報道したが、日満のメディアは、鮎川とドイツ政府との潜在的緊張に気付いていなかった。[20]

ドイツにおける工場見学を通じて、鮎川も岸本も、日本で根強いドイツの生産能力頭打ち説は妥当ではないと判断した。彼らは、イタリアにおける工場見学を通じて、イタリア経済は沈滞しており、日満にとってビジネスチャンスはあまりないと判断した。岸本は、ドイツ経済が十分な生産能力を維持できていたのは、ヒトラー総統の政治が経済を引っ張るという強い信念にもとづく強力な指導力のためであると思っていた。とはいえヒトラーは、経済に細かく介入していないという印象を彼らは受けた。鮎川は、ヒトラーの指導力のもとドイツ経済は、各産業分野間の生産関係を整合性のとれたものにできたと考えた。それから、五〇以上ものドイツ工場見学を通じて、鮎川はドイツの重工業はもともと実力があり、しかも、米国の技術を「ドイツ化」することに成功していたとも感じた。日満の経済をドイツ経済と比較すると、鮎川は、日満はドイツから学ぶことが多いと考えた。日満の重工業は、各産業分野間の生産関係を整合性のある形で実現できていないことを痛感した。鮎川は、イタリア経済は、創造的ではあったが、各産業分野間の生産関係は非計画的であると思った。

鮎川の訪欧は、渡米の目論見も秘めていたが、日米通商航海条約が一月に廃棄されたなかで、満業はドイツからの機械類のバーター協定による確保をより優先することとなった。[21] 渡米を見送った鮎川は、三保に欧州から米国へ向かい、日米関係が改善するまで米国に滞在するよう命じた。

鮎川は、ドイツの生産能力は、日満に機械類や技術を輸出するほどまでの余裕はなく、また、ドイツ—日満間の輸送ルートとしてシベリア鉄道に依存することもあまりあてにできないと思った。仮にドイツから物資を調達することが可能であったとしても、シベリア鉄道は輸送手段としては日満の需要にこたえるだけの安定的なルートではないと判断した。

それでも、鮎川は、来栖と同様、ソ連との友好関係を重視した。鮎川はドイツ滞在中、来栖とともに駐独ソ連大使を訪問し、その際、同大使が、ソ連は第三国へ共産主義を広める意思はないと述べると、鮎川は、帰国途上のスターリンとの面会を要請したのであった。かつて鮎川の義弟久原は、これに成功していた。鮎川は、スターリンから駐独ソ連大使と同じ発言を得たかった。もしそれに成功すれば、鮎川は、共産主義を恐れる日本の財界にスターリンは共産主義を日本に広める考えはないと伝えることができるからであった。モスクワ滞在中、鮎川はスターリンとの面談は実現できなかったが、本人から丁重な書簡が届けられた。このこと自体、駐モスクワ日本大使館のスタッフに言わせると稀なことであった。

シベリア鉄道で満洲に向かう途中、鮎川は高熱に苦しめられながら、三月三一日夜満洲里に到着した。途中ソ連政府のはからいでロシア人医師が同伴していた。鮎川は、帰国すると、満洲国の新聞記者たちに、ドイツは米国の技術を「ドイツ化」することに成功したと語った。これは、ドイツの重工業が突出した発展を遂げてきたのは、もともとドイツでは重工業が独自の発展を遂げてきており、これを基盤に、米国技術との融合を図ることに成功したことを意味していた。ドイツと比べて日満の重工業は弱く、日本経済の場合、縦と横の生産関係の整合性も欠けていると鮎川は指摘した。イタリアの産業については、鮎川は器用ではあるが、整合性のとれた生産システムではないことを暗に指摘した。

鮎川は、欧州の軍事情勢について、ドイツは英仏との対決姿勢をかえず、両者の間で妥協は生じないと語った。というのも、①ドイツはヒトラーの指導力のもと士気が高く、②ドイツ経済は強く、③ドイツのエネルギー問題は、ポーランドの液化石炭産業の開発を急速に行うことで解決されつつあり、④独ソ関係は良好であるからであった。

鮎川は、日本の重工業の水準はイタリアのそれに近づいていたが、ソ連がかつてフォード社の自動車工場を誘致しながら重工業を発達させたように、鮎川は、日満の重工業を米国資本導入、しかも市場経済の原理を利用した共産主義的計画経済ではない形によって発展させ、さらに産業間の縦と横の生産関係において整合性がとれたシステムを構築したいと考えていた。

満洲国に戻った鮎川は、星野総務長官が大豆の割り当てを確保していなかったことを知らされた。また鮎川は、星野が、シベリア鉄道がドイツから物資輸送するルートとしては、あてにならないことを最初からわかっていたことも把握した。星野は回想録で、同鉄道は機械類を輸送するための輸送設備が不十分であったことを指摘した。さらに、第10章でも紹介するように、星野は、鮎川の留守中、満洲国の経済政策を大きく変更してもいたのであった。また彼は、岸とともに、日本経済連盟会が米国資本を日満に導入する働きかけを米国に対して行う活動を秘密裏に資金面で支援し始めていた。これは、鮎川率いる満業以外の日系企業にも満洲の経済開発を開放していく、という方針転換であった。

鮎川は、大豆の件について星野にだまされたと考え、ヒトラーがバーター協定を却下してよかったと思った。このことで鮎川は、満洲から手を引こうと考え始めた。しかし、それはすぐには行われなかった。(22)

4　ディロン・リード投資銀行とオライアン訪日団

鮎川が帰国したときにはすでに米内光政を首班とする内閣が成立し、米国との和解に努力を傾けていた。春にドイツが破竹の勢いで欧州での戦争に勝ち進むと、日本の国内政治では枢軸国を支持する風潮が強まっていった。このような状況下で、鮎川の側近で欧州から米国に渡った三保幹太郎は、米国で日米関係の改善について国務省幹部、米国財界人と会談をしていた。一九四〇年五月から七月中旬の米内内閣崩壊までの時期、日本に対米関係を大きく改善させるチャンスが訪れた。鮎川たちは、三保を通じて、米国が満洲国承認と日本主導の東アジア秩序を受け入れるよう対米工作を行った。

ドイツが破竹の勢いで欧州における勢力拡大を遂行していくなか、ローズヴェルト大統領は、太平洋における日本との妥協を検討する姿勢を示した。五月から七月にかけて、ローズヴェルトは、日米の外交官に両国の関係打開を話し合わせたのである。

六月と七月のセーヤー・有田、グルー・有田による公式会談の最中に、日本の財界は、米国との和解に大きな努力を払い、日本と満洲国の工業化のために必要な米国の経済援助を得ようとした。日本経済連盟会と鮎川のグループがそれぞれ日米関係の改善に努力した。鮎川は、おそらく初めから経済連盟の工作に関与していたが、この二つの工作は別々に行われていた。日米の公式会談とほぼ同じ頃に展開した財界によるこの二つの工作は、相互補完的な関係となり、日本の政府・軍部ともある程度連携をしながら、日米の政府間の会談の成功の可能性を拡大しあるいは強化する役割を果した。

日本経済連盟会の財界人と鮎川は、米国が歴史的に東アジアに経済的進出を積極的に図る傾向が根強いと信じていた。[23] 当時の米国経済は、第二次世界大戦がもたらした欧州への輸出により回復途上にあったが、なお景気回復からはほど遠い状況にあった。そのようななか、米国資本は、東アジアへ輸出と投資を積極的に推進したいのではないかと日本の財界人たちは考えていた。既述のように米国経済が大恐慌以前の水準にようやく戻ったのは、一九四一年夏であった。[24]

ドイツがノルウェーへの侵攻を開始して約一カ月、オランダへの侵攻を開始する三日前にあたる五月七日、三保幹太郎は、国務省高官たちを訪問した。その前日、有田外相は東京で、フィリピン高等弁務官に就任したばかりのフランシス・セーヤー元国務次官補と会談を行っていた。しかし両者の会談においては日米関係の改善には至らなかった。

セーヤーは、米国からマニラへ赴任する途中東京へ寄ったのであるが、それは大統領による日米の関係改善を進めるようにという指示にもとづいた行動であった[25]。セーヤーは、有田外相との会談は、次の対日関係担当者が日米関係を改善させていくためのきっかけを作ったと大統領に報告した。セーヤーもグルー大使も、日米通商航海条約が廃棄された日本にとって、米国の対日経済制裁発動の可能性は看過し難いものであり、これによって日本を対米関係改善に仕向けさせる絶好のチャンスであると考えた。しかし少なくとも日本が自らつくった窮地の責任を米国が負うような事態は回避すべきであると考えていた[26]。

このような状況下で、三保は、米国の経済界の有力者を介して、国務次官サムナー・ウェルズと会談を行った。ウェルズは、セーヤー・有田会談に終止符を打った人物であった。五月八日、三保は、前日会ったウェルズに加えて、国務省極東政治関係顧問ホーンベック、そしてマックスウェル・ハミルトンと会談を行った。ホーンベックとハミルトンは、日本が北支と中支で構築した経済システムは、日系企業が米国など他の第三国と比べて優位にたつ状況をつくっていると論じた。これに対して三保は、誰にも間違いはあるもので、過去についていまはとやかく言うのではなく、将来の情勢に関心があって国務省に来ているのと述べたのであった。ホーンベックもハミルトンも同感で、三保と同様、日米関係を好転させる可能性を検討したい意向であった。ホーンベックとハミルトンが、日本の対中政策は、中国、日本、米国そして他の国々の利益を損ねていると指摘したことについて、三保は、日本の中国における行動は、日本の国益に反していることを認めた。ホーンベックは、日本が中国の復興に必要とするドル資金を、日本が戦闘および軍事行動を止めない限り供与することはできないことを強調した[27]。

三保が米国の首都ワシントンで国務省高官たちと会談を行っていた同じ頃、鮎川は日本で、近い将来の世界秩序の展望を描ききれないでいた。三保からこれらの会談についての情報がいつ鮎川に伝わったのか不明であるが、もしもドイツが欧州の戦争で勝利した場合、日本と満洲国の工業化は、ドイツ資本と技術に依存しなければならない。五月一三日、鮎川はこのようなシナリオを近衛文麿侯爵、木戸幸一内大臣、伊藤文吉と伊藤の邸宅で話した。伊藤は、木戸のゴルフ仲間であり、親しかった。[28]

鮎川は以前木戸に満業が直面している課題について話していた（一九三八年一月二七日）。[29] 二人は、伊藤の邸宅でこれまで意見交換を行ってきた。例えば米国の対日観（一九三八年一二月九日）、[30] 国際政治と国内政治（一九三八年一二月二五日）、[31] 日中戦争収束の方法（一九三八年一〇月三〇日）などである。ここで記されている最後の会合には野村吉三郎と青木一男も出席していた。[32]

近衛と木戸に対して、鮎川は、ドイツはおそらく勝利し、その場合勝利後ドイツから資本と技術を取得する機会を待つべきであると論じた。このことを前提に、日本は、現行の計画経済を二年延長させて、ドイツから資本と技術が日本に来るのを待つべきとした。また、ドイツは満洲国の工業化を支援すべきであるとも論じた。そして、日本はソ連と友好関係を保ち、日本はソ連と中国に余剰生産品を輸出すべきであると提唱した。木戸は、鮎川の意見は傾聴に値すると思った。[33]

三保の努力の一方、日本経済連盟会はニューヨークのマックスウェル・クライマンと財務官西山勉を通じてジョン・オライアン将軍による日本帝国の視察を準備していた。オライアンは米国が欧州で英国を支援してドイツに対抗することに集中する必要上、日本と平和な関係を維持することの重要性を信じていた。

日本経済連盟会は、米国資本を日満そして日本が占領している北支地域に導入することで、日米関係の改善を図ることを構想していたが、その前提は鮎川と同様、米国に日本主導の東アジア秩序を受け入れさせることであった。日本経済連盟会は、この構想を推進すべく、対外委員会とその事務を担当する対外部を一九三九年四月に立ち上げた。同委員会と同部の活動は、日本の軍部と社会の反米グループの反発を招きかねないことから、秘密扱いにされていた。岸信介と星野直樹は、この構想に対して年間一〇万円の資金を供与していた。これは、事実上満洲国の承認を得て行われていた構想であった。[34] 対外委員会は、満洲の二つか三つの鉱山と北支の工業化に米国資本を導入する具体的案件に傾注するようになった。対外委員会はこれら案件の視察のため米国の財界人を招請し、その後、対外委員会の副委員長で外交官の澤田節蔵が訪米、これら案件に必要な米国資本導入を交渉することになっていた。

ニューヨークでは、西山財務官がクライマンを通じて訪日する米国人有力者を選定したが、その結果がオライアンであった(35)。オライアンは、元陸軍少将・元ニューヨーク市警察長官で当時弁護士であった。クライマンは、日本の商社の法的紛争処理を行っていた関係でオライアンに接触することとなったと思われる。日本経済連盟会の構想は米国の財界人の招請をもともと考えていたが、オライアン訪日団には米国系金融機関の関係者が参加することとなった。オライアンの知名度は、日本ではもちろん、米国でも高くなかったが、ニューヨーク経済界とパイプが太いことに西山や日本経済連盟会は期待していた。

オライアンが訪日準備を行うなか、一部の米国金融機関が彼の訪日団にスタッフを派遣した。その一つにイーストマン・ディロン投資銀行（ディロン・リード投資銀行とは無関係）があった。同銀行を代表してライオネル・エディ社のサイモン・ウィットニーを派遣した。この人選は、同投資銀行と西山財務官の話し合いにもとづくものであった。この話し合いでは、イーストマン・ディロン投資銀行が日本に融資を行う商談が出発点であったが、それが不調に終わったためにウィットニーを派遣することとなった(36)。

国務省は、オライアン訪日団は、日本が米国資本を満洲と中国に流入させようとする試みの再開であると判断し、警戒していた。上海の米国総領事はそのようにオライアン訪日団に対する日本の狙いを分析し、本省も同様の見方であった(37)。国務省は、オライアンの訪日を民間人の活動と位置付け、表立ってはオライアンの訪日を静観していた。

しかし実は、オライアンは、訪日前（六月三日）、ニューヨーク州民主党の古い知人であるローズヴェルト大統領と会談していた。ローズヴェルト大統領は、オライアンの訪日を歓迎する姿勢を示した。大統領もハル国務長官も、欧州情勢が激変するなか、対日関係を改善したいと考えていた(38)。オライアンが米国大統領と会談していたことは、週刊誌『タイム』七月二九日号で取り上げられていたが、日本はこうした会談があったことを把握していなかったようである。オライアンは、グルー大使宛の紹介状を大統領に書いてもらうつもりであったが、国務省は、これを阻止した。大統領は書いてもよさそうな意向であったが、極東部長のハミルトンは、自分がグルー宛に紹介状を書くと介入した[39]。

国務省は、南京の汪兆銘政権がオライアンの訪日を歓迎したことを注視した。同政権は、オライアンの訪日が、日米関係の改善および蔣介石政権と日本との戦争終結につながる流れを形成していくのではないかと期待する見解を示した。国務省はグルー大使に、オライアンが一九三八年六月八日に成立した外国政府代理人にかんする法律にもとづき米国政府に登録した外国政府代理人であるが、米国大統領と訪日前に会談していることを伝えた。同省は、グルーに対してオライアンの訪日を米国政府が行った公式行事であるような印象を日本に与えてはならないものの、オライアン訪日団の滞在が快適で建設的なものとなるよう支援するよう指示したのであった。国務省は、六月一五日、在上海米国総領事館、重慶および北京の米国大使館にオライアンが外国政府代理人であることを伝えた[40]。

オライアンは、サンフランシスコから日本へ渡航する直前、イーストマン・ディロン投資銀行のマケナの斡旋で、米国言論界の重鎮ウォルター・リップマンと連絡をとる機会を与えられた。リップマンは、オライアンと同様、米国にとっての脅威はドイツで、ドイツは、西半球の安全保障も脅かしうるが、日本にはそのような能力はないと見ていた。オライアンは、米国がドイツに対して宣戦布告をすべきであるという見解を公けにしており、またソ連の侵攻に苦しめられていたフィンランドに米国が資金援助を行うことで、フィンランドが対ソ軍事抵抗に必要な武器購入をできるよう活動していた。リップマンもオライアンも日米戦争は絶対回避すべきであると考えており、リップマンは、オライアンに必要ならいつでも支援を要請するよう伝えたのであった[41]。

ニューヨーク市マンハッタンの高級ホテル、ウォルドルフ・アストリア滞在中の三保幹太郎は、オライアン訪日団が渡日する直前にそのことについて米国人の知人から知らされたようである。彼は独自のルートで、フーヴァー元大統領やクラレンス・ディロンと会っていた。三保は、西山とオライアンのことについて話していたが、オライアンは過去の人であり、米国内では忘れられた存在であると評したのであった。また、三保も西山もオライアンに同行するクライマンについて問題視しており、後に彼がいろいろ問題を引き起こすのではないかと懸念していた。そして、三保は、鮎川に極秘情報として若杉要ニューヨーク総領事と部下の井上が、このプロジェクトが公式の日米対話を阻害するかもしれないとして、反対していると報告したのであった。

三保は鮎川に、国務省高官との会談、フーヴァー元大統領との会談、そして、米国社会の全般的な空気について報告した。三保は、ローズヴェルトが三選を果たす見込みであり、首都ワシントンは、米国内の海外報道を反映して、日中戦争に関心を払っておらず、むしろ欧州情勢から目が離せない状況にあると考察したのであった。リップマンは、六月六日の『ニューヨーク・ヘラルド・トリビューン』紙の社説で対日関係の改善を訴えており、この見解は、同紙を読むインテリに影響力があると指摘した。

当時米国内では、日本が蘭領インドシナへ軍事的に進出して石油などの天然資源確保を目指すのではないかと懸念する見解が存在しており、その場合、蘭領インドシナを日本から守るため米国が保護する必要性を訴える政府関係者もいることを指摘した。フーヴァー元大統領が、蘭領インドシナをめぐって日米関係が緊張を高めることを懸念していると三保は鮎川に伝える一方、財務次官は、選挙後日米関係は好転するであろうという見通しを語ったことを三保は鮎川に述べた。三保は、ウェルズ国務次官と堀内謙介駐米大使と会ったことも鮎川に報告した。状況次第では、ローズヴェルトは日米関係打開のため日本に対して好意的に動くかもしれないと三保は鮎川に語っていた。三保は、この後デトロイトで、フォードの本社を訪ねる予定であった。

鮎川は、三保に日満両政府がオライアンの訪日に関与していることについては知らせていなかったようである。(42)鮎川は、オライアンの訪日については中心的役割を果たしていなかったが、この訪日団について三保が指摘した問題点を、陸軍に報告していた。鮎川は、そのことを六月六日、三保に宛てた電報で伝えたのであった。

鮎川、三保、日本経済連盟会の財界人たちは、オライアンが大統領と会談していたことを把握していなかったようであるが、三保は、フランスがドイツと休戦協定を結んだ前日にあたる六月二一日の鮎川宛の電報で、日米関係は重要な局面に入り、大統領に近い米国人政財界関係者たちの話によると、大統領は、対日関係打開のため、特使を日本に派遣すべきであると語っていたことを報告した。[43] オライアンの訪日はそのような役割を事実上果たす可能性を秘めていた。

鮎川が、こうした三保の報告を六月二一日の電報で読んだ頃から、オライアンの訪日が日米関係の打開につながるかもしれないと期待を寄せるようになった。鮎川は今回は、日本が米国に提案するのではなく、米国が日本に状況打開の提案を行ってくることを待つときであると思った。[44]

英仏連合軍が六月四日ダンケルクの戦いに敗北し、イギリスが大陸から撤退する状況になるなか、日米両政府は、グルー大使と有田外相が、太平洋不可侵条約を構想する話し合いを、ドイツがフランスへの侵攻を開始した六月一〇日に再開した。この件は、有田・セーヤー会談で話し合われていた。その内容は、太平洋における植民地の地位や所属関係の変更は、平和的手段のみによって行われるというものであった。

また、日米通商航海条約を復活させるために、経済機会の均等の原則にもとづく国際貿易秩序に日本が同意することを国務省は求めていた。これに対して有田外相は、日米は双方の太平洋における影響圏を認めあうこと、蔣介石政権への米国の援助をやめること、日本が主導して形成する中国における新秩序に米国が同意し支援すること、そして新しい日米通商航海条約を成立させること、を求めた。

しかし、六月二八日、有田はグルーに対し、日本政府は欧州の大戦に不関与の立場をとるものの、米国が提案してきた太平洋不可侵条約のような暫定協定への同意を明言することは避けたいと伝えてきた。一方グルーは、米国が抗議している日本帝国内における閉鎖的経済政策や中国における米国経済権益を日本が排除していることについて話し合いたいと有田に伝えたが、日本側はまず日米通商航海条約を復活させることが先であると主張したのであった。

七月六日のグルー・有田会談は、ローズヴェルト大統領の発言が追い風になるように見えた。大統領は、西半球、欧州、アジアにおけるモンロー宣言を認めようとするかのような発言をしたのであった。これは、米国が西半球、ドイツが欧州大陸、そして日本がアジアにおいて影響圏を維持することについて日独米が相互に認め合うことを提唱することを意味していた。大統領のこの発言は、有田が六月二九日にラジオ演説を行った内容にあたかも呼応するようであった。この演説で有田は、米国が西半球における影響圏、日本がアジアにおける影響圏、そして日独米が相互に不介入を約束しあうことを提唱していた。しかし、米国のマスコミと中国がローズヴェルト大統領を批判し始めると、大統領は、ただちに発言を撤回したのであった[45]。

オライアンたちが六月二六日東京に到着すると、グルーはただちにオライアンと会談を行い、現在の米国政府の対日政策について解説した。グルーは、オライアンが日本への対応を慎重に言葉を選んで行っている印象を受けた。オライアンは、日米の戦争予防のために来日していることを日本で表明しているとグルーは本省へ報告していた[46]。オライアンの招請を日本側で担当したのは、澤田節蔵であった。澤田は、クライマンに補佐されていたが、オライアンは、クライマンに不信感を抱いていたため、訪日団から排除していた[47]。

七月一三日、オライアンは、宿泊先の奈良からローズヴェルト大統領に手紙を書いた。オライアンは、極東における米国にとって重要な国は、中国ではなく日本であり、日米は太平洋における平和の維持のため協力すべきであると論じた。太平洋地域において米国と日本は同盟関係を構築すべきであると、ローズヴェルトに提案したのであった。これは、双方の安全保障において国益を満たすものであるとオライアンは強調した。オライアンは、大統領に、米国が中国に対して行っている経済支援とその目的は、対日関係と比べて優先度が低い問題であることを伝えた。

オライアンは、日本の財界人たちは、海外事情に精通した経験豊かで学歴の高い人たちであると紹介した。そのうえでオライアンは、彼らは戦争が無益で経済的には喪失感をもたらすもので、政治的には危険であり、社会と経済の進歩を妨げるものであると信じていると、日本の財界人たちを擁護した。オライアンは、日本の財界人たちが米国に対して友好的であると大統領に解説する一方、軍人たちは、自分たちの軍事力と行動を過信していると考察した[48]。

オライアンが日本帝国の影響圏内を視察した時期は、グルーと有田の会談が行われていた時期であり、鮎川が訪米を画策していた時期でもあった。七月一日、駐日米国大使館は、ハル国務長官宛にビジネスマンでグルーと鮎川双方の友人であったロバート・モスが新京で鮎川と会談を行ったときの会談内容を報告した。鮎川は、春に渡米できなかったものの、今度こそ渡米したい意向をモスに伝えた。そして訪米が実現した場合、ローズヴェルト大統領にドイツ工場視察で見聞したことを話すとともに、日米関係改善の方策について話し合いたいと鮎川がモスに語ったことが電報で国務長官に伝えられていた。

鮎川はモスに、ヒトラーの指示でドイツの主要な兵器工場を視察することができ、そのなかで「二トン爆弾」の秘密製造工場も見たことを明かした。イギリスは近いうちに敗北し、その後は、ドイツと米国の戦争になろうと鮎川はモスに語った。というのもドイツは、ドイツが占領した欧州の国々の在米資産の引き渡しを要求し、米国がそれを拒否すると見込まれるからであった。日本もドイツと戦争をすることになろうと鮎川は論じた。ドイツは、蘭領インドシナと仏印に進出しようとするからである。

ヒトラーは、鮎川を利用して、枢軸国に近づく日本外交に反対する日本の財界を懐柔しようとしていたと鮎川はモスに話した。鮎川は、米国が数百万ドルの資金を日本に供与することを出発点に日米が極東における平和維持で協力することを、モスを通じて米国政府に求めていたのであった(49)。

鮎川がこうした提唱を行っていた背景には、六月二七日三保が鮎川に送った二つの電報を含めた六月二一日以降の鮎川宛の三保の報告が存在していた。六月二七日の最初の電報は、七月二日加藤外松公使が米国を氷川丸で出発し、東京に七月一五日到着する予定であることを告げた。鮎川に、加藤公使と会談を行い、その会談内容をただちに自分に伝えてほしいと三保は鮎川に依頼したのであった。鮎川の報告が三保に届き次第、それを三保が接触していた米国人たちに伝える予定であった。

三保は、鮎川にフォードとの交渉が失敗に終わったことを告げ、鮎川は、予想したこととはいえ残念に思った。しかし、三保が指摘していたように日本外交が岐路にたっていることについては同感であった。三保は、いまこそ日本はアジアにおける影響圏を強固にすると同時に米国との和解を達成するべきであると論じた。その際、日本は米国に対して次のことを話し合うべきであると鮎川に助言した――北支の独立、中支と南支の開放、仏印について話し合う、蘭領インドシナから石油などの物資を日本が確保する現実的方法、そして日米通商航海条約の復活である。三保は米国が英国を援助する必要があることから、日本主導の東アジア秩序に同調する余地があるのではないかと鮎川に語った。三保は、杉山陸相に、鮎川と三保の提案に同調するよう働きかけるべきであり、それは、日米経済協力と日米が双方の影響圏を認め合うことを狙いとしている旨、陸相に理解を促すことであった。三保は、こうなれば日本はソ連に対して強い態度に出られると考察し、反ソ感情をあらわにした。三保と鮎川の構想の実現性は、米国側にこれを受け入れる可能性があるかということに加えて、軍部がこれに同調するか、そして英国がドイツの猛攻撃にどの程度持ちこたえられるかということと関係していた。

三保からこうした連絡を受けた鮎川は、関東軍司令官梅津美治郎に連絡をとった。六月二九日鮎川は、梅津に打電し、ローズヴェルト大統領は、欧州情勢でドイツが圧倒的に優勢となったことに鑑み、日本と妥協する姿勢を示しているると論じた。そして鮎川は、日米が関係改善のための妥協を図る交渉を進めるにあたり、満洲国の債券一〇億ドル分を米国政府が米国市場で斡旋あるいは購入する構想を支持するよう要請した。これが実現すれば、米国資本を大規模に満洲に導入できるからであった。そうすることで、日本は日中戦争を有利に戦えるということでもあった。

陸軍の鮎川への支持が鮎川と三保が行おうとしていた対米工作の重要な柱の一つであった。三保はそのことを七月一日の電報で強調していた。鮎川は、モスを通じてグルー大使と連絡をとりあっていたが、三保が連絡を取り合っていたワシントンの政府高官たちや米国金融界の有力者たちは、現下の日米交渉について、日本の外務省が軍部の支持を必ずしも得ないで対米交渉を行っているのではないかと疑問視していたからであった。三保は、日米間で米国大統領とその側近たちが、日本から要人を迎え入れるシグナルを送れる環境をつくる必要があり、それが可能となったら、鮎川が軍部からの特使としてローズヴェルト大統領の政策顧問の誰かのもとに派遣されるよう尽力したいと鮎川に伝えていた。政策顧問と会えれば、大統領との会談も比較的容易であろうと三保は鮎川に見通しを述べた。その際、日本の軍部が、アジアにおけるモンロー主義、つまり日本の影響圏をどこまで要求するのかについて対米英交渉に向けた意見の集約を図ることができれば、日米関係は外交的解決を見いだせるであろうと三保は鮎川に指摘した。三保は、軍部の意見の集約が存在していれば、ハル国務長官もウェルズ国務次官も日米交渉に応ずるのではないかと思っていた。(50) 日本が米英側につく判断を決定すれば、米国は秘密裏に特使を日本に派遣するであろうと考察した。

鮎川が日本国内で政府関係者に日米関係打開にかんする根回しを行うなか、三保はディロン・リード投資銀行のクラレンス・ディロンとの会談内容を鮎川に報告した。ディロンは、米国金融界の有力者であった。ディロンによると、もしも日本が欧州大戦について米英側につくのであれば、米英そしてフランスのヴィシー政権は、中国問題について日本と協同して恒久的解決を行えると論じたのであった。日本が米英側につくのであれば、ディロンは、米国政府に大規模な米国投資を日満中に行うよう説得すると語った。そして日本に、蘭領インドシナ、仏印、そして香港の商談を斡旋するとも働きかけたのであった。英国は米国の支援に依存しているので、米国が提案する日中戦争打開案に同調するであろうとディロンは三保に論じていた。ディロンは、日米間の正式ルートは使い物にならず、上記の提案を自ら推進すると三保に述べていた。

三保は、ディロンの大統領に連なる人脈のほうが、オライアンのそれよりはるかに有望なのでオライアン使節団に深くかかわらないよう進言した。三保はディロンとの連絡ルートについて、西山財務官と堀内大使にも話していなかった。三保は、鮎川が日本が米英側につくことに尽力し、それが実現すれば、鮎川はただちにディロンを通じてローズヴェルト大統領と会談できると論じた。その際米国は日中戦争解決のため日本を手助けするであろうし、日米共同で中国の経済開発を推進し、多くのビジネスチャンスが生まれることになろうと主張したのであった。そして、米国は日本に対して非常に友好的になろうとも三保は指摘した。

三保がこうした極秘情報を鮎川に伝えた時期、ディロンは、ディロン・リード投資銀行社長から大統領補佐官に就任したジェームズ・V・フォレスタルに連絡をとっていた。三保によればモルガン投資銀行は英国支持派で反日派でもあった。[51]ディロン・リード投資銀行は、秋の大統領選挙の候補者であったローズヴェルトと共和党のウィルキー双方と良好な関係を保っていた。

国務省は、鮎川の訪米について関心を持つようになった。七月三日、ハル国務長官は、グルー大使に電報を送り、鮎川の対米関係改善の提案について、米国政府は関心を持って検討したと伝えた。ハルは、米国が日満中において日本と共同で経済開発を行うことについては否定的ではあったが、鮎川のいう日米協力関係の構築については、賛同するところがあった。そこで、ハルはグルーに対して、鮎川が日本の支配階層のなかでそのような日米協力を支持する基盤を形成するよう求めることを伝える指示をしたのであった。

そしてハルは、鮎川の訪米は、あくまで本人の自発的イニシアティブにもとづくものであって、米国政府あるいは駐日米国大使館の招請によるものではなく、鮎川が米国滞在中、米国政府高官がまず彼の提案したことについて話し合おうとグルーに伝えた。鮎川がローズヴェルト大統領と会談できるかについてハルは、もしもそのような依頼が駐米日本国大使から行われ、もしも大統領の予定表に空きがあるのであれば会えるかもしれないとグルーに伝言した。[52]

七月八日、グルーはハル国務長官に、鮎川がモスを通じて、いまこそ大胆な決断をすることで、日米間に横たわる東アジアをめぐるさまざまな問題は解決できると強く働きかけてきたことを伝えた。鮎川は、財界人で唯一自分が幅広い人脈と影響力で陸軍を説得することができるとグルーに訴えたのであった。鮎川にいわせれば、三菱財閥も三井財閥も外務省も、陸軍を説得して米国と穏当な決着をつけることはできないのであった。グルーはハル国務長官に対して、鮎川が米国より数年にわたって大規模なドル資金の供与を受けることで、日本が日満中の経済開発に必要なさまざまな物資や機械類の購入を行いたがっていると伝えたのであった。鮎川がモスを通じてグルーに強調してきたことは、こうした米国の対日経済支援は、米国の景気回復にもプラスで、幅広い経済協力は、日本を米英民主主義陣営に引き寄せる原動力となり、そして、日米それぞれの政策目標を満たす新たな中国の建設が実現されていくということであった。こうして、日米間の諸問題はすべて解決していくことになろうと鮎川は論じていた。グルーは、こうした鮎川の構想をハルに伝えた。

グルーは、鮎川が主張する本人の陸軍への影響力が、実際どの程度あるのか測りかねていることをハルに伝えたが、米国政府が鮎川の訪米を歓迎する姿勢を示し、話し合う用意があることを伝えることで、日本への経済支援について何ら事前に確約することなく、日本の軍部内で実行されるかもしれない新たな過激な対外行動を少なくとも先送りさせる効果があるかもしれないと分析した。グルーは、こうしたことをモスと相談の上[53]、国務省が鮎川の訪米を容認する姿勢を示すことをハル国務長官に進言した。

グルーがハルに進言を行っていた時期、三保は鮎川に、陸軍に鮎川構想への同調を強く働きかけることを進言していた。三保は、鮎川の訪米には陸軍から代表者を同伴させる必要があるかもしれないと鮎川に伝えてきた。三保は、ホワイトハウスへの働きかけを、ディロン、フォレスタル、そしておそらくバルークを通じて行っていた。バルークは、第一次世界大戦中、米国産業界を戦争経済へと移行させ移行後の運営を担当した戦時産業局の長官で、ディロンを財界人に育てた人物であった。ディロンは、同局でバルークの部下として活躍したことが人生の転機となっていた。民主党の議員や関係者に強い影響力を持っていたバルークは、ローズヴェルト大統領には次章で述べるように敬遠されてはいたが、一定の影響力を持っていた。

三保はこの三人を通じて、ホワイトハウスに鮎川こそ日米通商航海条約の復活や、対日経済援助を話し合うもっとも適当な人物であることを売り込んでいた。三保はバルークと日米経済協力について話し合っていた。三保とバルークは、日米の和解と米国の満洲国承認に至った段階で米国から十億ドル融資を調達することについて話をしていた。東京では鮎川が政府と軍の関係者やグルー大使と会談をおこない、三保を通じて実現しようとしていた訪米の支持を得ようとしていた[54]。

国務省内では、鮎川に対して訪米を促す文案が作成されていた。七月一〇日、極東部のハミルトンは、覚書を作成した。彼はそのなかで、米国政府は対日関係改善についてあらゆる選択肢を検討すべきであると論じ、鮎川の訪米によりどのような結果が得られるかが判明するまでの期間、日本の軍部が枢軸国として行動することを防げるかもしれないと考察した。同日、ハル国務長官は、七月八日にグルーがハルに進言した内容を取り入れた指示書を送っていた。ハル国務長官は、七月一二日グルー大使を通じて、鮎川が訪米することを歓迎することを示唆した。鮎川が訪米した場合、鮎川がグルーあるいは三保を通じて提唱してきたことについて話し合う用意が米国政府にあると、ハルは鮎川に伝えた。しかし、米国政府がこうした提唱にどのような反応をするのかについては、言及を避けていた(55)。

鮎川はグルーから、米国政府が鮎川の訪米を明確に招請する文面こそ渡されなかったものの、その文面は鮎川のイニシアティブだけによる訪米ではないニュアンスも伝わる内容でもあった。鮎川の訪米を歓迎するものの、それを明確に求めていない文面に鮎川は不満ではあったが、ついに、外務省と陸軍から訪米の支持を取り付けるために必要な米国政府からの文書が届いたのであった。

鮎川は木戸内大臣に、日米関係打開の機会が訪れており、ローズヴェルト大統領が鮎川のドイツ工場視察について話を聞く用意があって、その見返りに米国が日本に一〇億ドルの経済支援を行うかもしれないと、強気の観測を語ったのであった(56)。

グルーから一二日にハル国務長官の文書を受け取ったのは、鮎川が満洲国へ向かう一時間前であった。当初の予定では、新京へ行き、関東軍から鮎川構想への支持を取り付けることで、関東軍を通じて陸軍省の支持を取り付けるつもりであった。鮎川は、米内内閣が崩壊するかもしれない政治的危機のなかで行動していた。グルーからの文書が渡されたため、鮎川は新京行きを取りやめ、新京で行う予定であった連絡を東京で行い、関東軍への根回しは後手に回った。

先に三保が鮎川に伝えていたように、加藤公使が一五日に東京に到着する予定であった。鮎川は、岸本に加藤公使を出迎えさせその後、伊藤文吉と会うこととなっており、加藤と伊藤は今後のことについて打ち合わせを行う予定であった。[57]

三保は鮎川に、大統領の周辺ではにわかに、鮎川と三保が提唱してきた日米経済提携について関心が高まってきた印象を得ていると自信あふれる通知を送ってきた。三保は、鮎川にホワイトハウスとのハイ・レベルの連絡網を確保していることを米内首相と有田外務大臣に伝えるよう要請したのであった。三保は、鮎川の訪米の際、加藤公使が同伴するはずであるとし、故斎藤駐米大使以上にワシントンで敬愛されている加藤公使は、鮎川が米国政府関係者と中国問題や日米通商航海条約の復活について話し合う際、強力な補佐役になるであろうと論じていた。[58]

おわりに

鮎川や三保たちの努力は、加藤公使が東京に到着した一五日、米内内閣の崩壊によって水泡に帰してしまった。陸軍が米内内閣から陸軍大臣を引き揚げ後継人事を行わなかったためであった。後継首班は、鮎川もよく知っていた近衛文麿であった。日本の国内政治がドイツの欧州における軍事作戦の成功により枢軸国支持へ傾いていくなか、鮎川は右翼団体に狙われるようになり、すばやく動けなかったことを残念に思った。鮎川は、ローズヴェルトに満洲国を承認させ、五億ドルから一〇億ドルの経済支援を得ながら日中戦争の解決を米国の仲介で実現し、日本主導の中国における秩序を確立していく絶好の機会を失ったことを悔やんだ。鮎川構想により日米協力のもとで確立せんとする東アジア、ひいては世界平和の構想は幕を閉じた。[59]

鮎川が主張するほどに彼が軍部に影響力があったのならば、そして彼が近衛内閣の外務大臣に指名されていたならば、その後の日米関係はどのような展開になったであろうか。近衛は米国政府と鮎川の秘密交渉を知っていた。というのも鮎川が米内首相と近衛にこのことを報告していたからである。鮎川は、これまで三回大臣になる打診を断っていたが、今回は打診があった場合受け入れる決意を固めていた。外相に就任して三保、ディロン、フォレスタル、バルークを介した対米交渉を続けたかったのであった。

近衛が首相になった際、伊藤文吉男爵は、七月一六日、鮎川を外務大臣にするよう首相に働きかけた。伊藤は伊藤博文の息子で、鮎川の親戚であると同時に側近でもあった。結局、残念ながら近衛は鮎川のライバル松岡洋右を選んだ。松岡は、米国との関係改善は、枢軸国側と日本がより緊密な関係を築いた上で行う、という見解の持ち主であった。七月末、米国有力紙の『ウォール・ストリート・ジャーナル』と『読売新聞』などの一部の日本の新聞は、鮎川が次期駐米大使に任命されると報じたが、これは誤報であった[60]。

米内内閣崩壊に伴う日本国内政治の混乱のため、鮎川は、満洲国を訪問していたオライアン訪日団と新京で会談を行えなかった[61]。国務省は、オライアンが満洲国の経済開発状況について、好意的な見解をマスコミに語っている情勢を注意深く監視していた。そして八月三日、米国務省は、ＵＰＩ（ユナイテッド・プレス・インターナショナル）通信社に対して、オライアン元少将は、米国政府に登録手続きを行った外国の利益を代弁する人であり、具体的には日本経済連盟会のそれを代弁していると発表した。オライアンは、前払い金の謝礼一万五千ドルを受領しており、これは、彼の発言に制約を課す条件が付けられていると国務省は指摘したのであった。こうした国務省の報道に対してオライアンは、日本経済連盟会に提出を予定している報告書について、同団体の意向に沿って書く義務を課せられていないと発言したのであった。しかし国務省の狙いは、米国内でオライアンが日本の手先であるようなイメージを作ることにあり、その思惑は実現された。

八月一五日、オライアンは日本のラジオ局ＪＯＡＫで、いまこそ日米が根本的な関係改善のため双方の主張を会議で語り合い、両国が直面する難題を克服して、日米相互理解と日米共存共栄の道を切り開き、世界平和の確立を目指すべきであると論じた。このためには、日米の人々がより多く双方の国を訪問して相互理解を深めていく必要があると主張したのであった。オライアンは、間接的ながら日米通商航海条約の復活を願っている、との見解を示したのであった。[62]

しかし、オライアンのこのような希望は、翌年末の日米開戦によって打ち砕かれることとなった。ようやく彼が願っていたような日米関係の展開が幕を開けるのは、彼のラジオ演説のちょうど五年後であった。この演説の前日、日本の新聞では、日本が日独伊三国同盟を締結し枢軸国側に加わることが報道されていた。澤田の回想によると、この報道に接したオライアンは、拳で机を叩きながら、これまでの努力が水の泡であると嘆いたのであった。彼はちょうど日本経済連盟会から依頼されていた報告書を書き終えたところで、このなかに記した対日政策提言をローズヴェルト大統領に行うつもりであったが、それがもはや無駄であるとオライアンは悟ったのであった。オライアン訪日団の帰国後、日本経済連盟会の外交委員会は、解散となった。その後訪日団の報告書は日本経済連盟会に提出され、その内容の公開を日本経済連盟会のみに限定すると宣言した。これをもって彼は日本との関係を断った。後にオライアンは、スティムソン陸軍長官の顧問を務めた。[63]

日本が九月二七日、日独伊三国同盟に署名したことで、鮎川が期待していた米国の満洲国承認と日米関係改善は不可能な情勢となった。もちろん、日米の関係改善の交渉は、次章で紹介するように翌年の一二月上旬まで続くが、鮎川の対米関係改善への関与はより限定的なものとなっていった。

第II部——太平洋戦争から戦後復興へ

第9章　平和への奮闘

——鮎川とフーヴァー元米国大統領

はじめに

一九四一年、日米関係が悪化の一途をたどるなか、鮎川はなおも日米開戦回避に努力した。鮎川は四一年の日米外交で中心的役割は果たしていないが、彼と親交があった来栖三郎は、日米最後の交渉で中心的役割を果たしていた。また、鮎川の部下であった高碕達之助は、フーヴァー元大統領へ働きかけを行っていた（第5章参照）。また、鮎川の側近三保幹太郎は、来栖が最後の日米外交で会談を重ねていたバーナード・バルークとやはり戦争回避のための会談を前年に行っていた（後述）。米国側では、バルークの他、フーヴァー周辺の人物——ラウル・デスヴェアニンとウィリアム・R・キャッスル——が交渉による戦争回避を模索していたのであった。鮎川もフーヴァーも、日米戦争回避はできなかったが、両者は共通の世界観を共有しており、これは終戦後に生かされることになる。一九四〇年以降には、鮎川とフーヴァーはそれぞれ水面下で日米衝突回避の動きを支援していた。

日米開戦直前の日本外交の重要課題は、泥沼の日中戦争から抜け出す方途を探求することにあった。その有力な方針として、英米の蔣介石政権への援助を停止させる必要上、援蔣ルートとしての仏印から雲南へ連なる輸送路とビルマ・ロードを遮断する軍事作戦を視野に入れる形勢にあった。当然予想される英米との対立については、米国を英国から離間させる外交的圧力に日独伊三国同盟を利用しようとする松岡外相の路線が選択されようとしていた。これは、陸軍の親独派の強力な支持を得ていたが、日本国内ではナチス・ドイツへの不信感も根強く残っていた。特に財界は日本経済の米国依存体質をふまえて米国との対立緩和を望む空気が強かった。また、米英の連帯が緊密不可分と見て、米英との衝突を回避しようとする親米英・穏健派は、天皇側近の重臣に多かった。また一方、軍部は、米英の対日経済制裁と、いわゆるＡＢＣＤ包囲網（米英蘭中の対日連携）に挑戦して東南アジアの資源を確保するため南方作戦を展開しようとしていた。一九四一年六月の独ソ開戦は三国同盟と日ソ中立条約を外交の両輪にして米国に圧力をかけ、中国問題解決の突破口にしようと目論んだ松岡外交を挫折させた。すなわち、日ソ中立条約を破棄して対ソ開戦を主張する松岡外相に対し陸軍首脳部は独ソ戦の帰趨を見届けることを先決とし、ドイツがフランスを下し英国を追い詰めている間隙を縫って、代替戦略資源確保のため仏印・タイへ進出することを最優先とし、七月二八日に南部仏印に進駐して海空軍基地建設に着手した。しかし南部仏印進駐は軍部の予想に反して米国を刺激し、日本がヒトラーの英国打倒と世界征服に協力する第一歩として東南アジアへの軍事侵攻を意図するものと米国は受け止めた。米国は、南部仏印進駐を牽制すべく七月二五日在米日本資産凍結を実施した。そして、日本が南部仏印へ進駐すると、八月一日、石油の対日輸出を全面禁止する強硬策に出たために、それまでの日米交渉はいったん打ち切られた。これに対し日米開戦を回避するために近衛文麿首相は対米強硬一本槍の松岡外相を解任して、八月にローズヴェルトとの首脳会談を提案し、日本が南進を断念し三国同盟による参戦義務を緩和するのと引き替えに、米国から屑鉄や石油の禁輸制裁の解除を引き出し、両国の危機を打開しようとした。しかし米国は核心の中国問題について日本の和平条件が示されないことに不信を抱き、米国務省の親中派は対日宥和よりも対日圧力をかけ続け日本に譲歩させる方が得策と主張したため、グルー駐日大使のハル米国務長官に対する懸命の説得工作も実を結ばず、遂に日米首脳会談は流産した。

ニンコヴィッチが指摘するように、フーヴァーは、グローバル経済は競合する文明同士が覇権をかけて衝突する場でもあり、米国はその中で「アメリカらしさ」を維持しなければならないと信じていた(1)。また同時に、世界経済が機能している限り、米国の繁栄は世界経済に依存しているため、経済的孤立主義は不可能であると考えていた(2)。フーヴァーは、世界的な相互依存に対してこのような複雑な心境を抱いていたのである。そして、彼の立場は自由貿易支持に近かったものの、米国が輸入品に高関税を課すことを厭わなかった。また、米国の極東政策については、早くから中国市場の将来性を否定し、その結果、極東における門戸開放政策も否定していた(3)。開戦前夜のフーヴァーの極東外交に対する考えは、少なくとも一九二〇年代以来一貫したものであり、それは極東における日本の覇権を黙認するものであった(4)。

1　フーヴァー人脈と日米関係

ローズヴェルト政権期のフーヴァーは、大恐慌の責任を特に民主党から負わされることになったために、ローズヴェルトが一九四五年四月に死去するまで、政治の表舞台からほとんど姿を消していた。

それでもフーヴァーは、ローズヴェルト政権時代も政治活動を熱心に続け、世間一般や民主党のみならず共和党員の多くからも疎んじられていたものの、一九三〇年代後半から水面下ではその影響力を徐々に復活させるようになる。まず、彼が常々批判してきたニューディール政策が、一九三七年の夏以降大恐慌に次ぐ不況を引き起こして行き詰まったのである（既述のように、米国経済が大恐慌以前の水準に戻ったのは一九四一年半ばで、これはニューディールの経済政策によるものではなく、欧州大戦勃発によって引き起こされた対欧州輸出ブームによるものであった）。そして、一九三八年以降には米国政治の保守化（議会選挙における共和党の議席増）というもう一つ重要な現象が存在していた。

特に後者との関係で重要なのが、フーヴァーとロバート・アルフォンゾ・タフト上院議員との関係であった。タフトは一九三八年の選挙でオハイオ州から上院議員に選出された元州議会議員であった。上院議員選出直後からタフトはニューディール批判とローズヴェルト外交批判を通じて共和党内で急速に台頭し、後にミスター共和党員という異名がつくほどまでに成長する。彼が生涯を通じて特に尊敬し、世界観において影響を受けた人物は二人いた。一人は彼の父親でセオドア・ローズヴェルト大統領の次の大統領となった対極東ドル外交の推進者ウィリアム・ハワード・タフトで、もう一人はフーヴァーであった。父親がフィリピン総督時代（一九〇〇〜〇三年）欧州とフィリピンで三年間を過ごしたタフトは、帰国後高校、イェール大学（学部）、ハーヴァード大学（法科大学院）を首席で卒業、第一次世界大戦勃発後は視力が悪いことから従軍できなかったものの、フーヴァーが長官を務めていた食糧庁の法律顧問として迎えられ、フーヴァーの側近として活躍した。

フーヴァーの食糧庁長官時代の側近で日米関係において重要な役割を果たした人物として、フーヴァーの秘書となり、一九二〇年代以降クーン・ローブ投資銀行のパートナーとなった元靴の行商セールスマン、ルイス・ストロースがいる。ストロースは、一九二六年に日本、満洲、中国を訪問しており、その際、日本の満洲経済開発を高く評価した（第7章参照）。彼はトルーマン大統領のもとで海軍少将に昇進し、第二次世界大戦後は原子力委員会のメンバーとして水素爆弾の開発を推進した。

第二次世界大戦勃発後、タフトはフーヴァーと同様、対外経済への依存は戦争に巻き込まれる危険性を高めるという理由で、米国経済の自給自足の水準を高めることを主張した。また、対日経済制裁についてはフーヴァーと同様反対であったが、タフトは日本の南進をさらに促しかねないと憂慮したものの、日本が対米宣戦布告をすることは日本の真珠湾攻撃まで想定していなかった。むしろ米国の欧州参戦の可能性が高いと大多数のアメリカ人と同様に思っていた。タフトは、反共主義にもとづきフィンランドへの経済支援（フーヴァーの対フィンランド人道援助とは別のもの）を支持する一方で、西半球の防衛強化と自給自足圏の確立という点ではフーヴァーと見解が一致した。

ローズヴェルトが英国支援に傾くなかで、フーヴァーはそれに反対するために世論へ直接訴えた他、水面下ではタフトなどを介して議会に働きかけた。例えば、武器貸与法案をめぐって一九四一年初頭に議会の内外で激論が交わされたとき、フーヴァーはタフトが同法案に対して提出した修正事項を書き上げるのを手助けした。二人は、同法案の内容を英国向けの融資に限定することで、英国に対する大統領の支援に制限を課し、米国経済が英国の戦争遂行に巻き込まれていくことに歯止めをかけ、また、大統領の英国経済援助にかんする権限を大幅に制限しようと狙った。この修正案は否決され、後に、西半球の自給自足圏・防衛圏確立を狙うタフト、フーヴァー、ロバート・ウッド（後述）など孤立主義者と呼ばれていた人々の多くは一九四一年に入ると対英援助を限定的には認めたのであった。

フーヴァーがとったローズヴェルトの親英中・反日独伊の姿勢への牽制手段は、キャッスルを介してアメリカ・ファースト委員会（America First Committee）との連携を深めていくことであった。この組織は一九四〇年九月に元陸軍准将でシアーズ社（大手のデパート）最高経営責任者の地位にあったロバート・ウッドを全国委員（しかし事実上の委員長）として結成されたグループで、キャッスルはその全国委員の中心メンバーの一人であった。ウッドは、ダグラス・マッカーサーより陸軍士官学校で三期上で、長年親しい関係にあり、政治的にも盟友関係にあった。一九二〇年代に准将で退役後、米国の農村部の小さな町でのカタログ販売から大手小売チェーンに成長した、シカゴ市を本社とするシアーズ・ローバック社にスカウトされ、陸軍時代に培ってきた兵站（ロジスティックス）のノウハウを応用する形で同社の事業をラテンアメリカまで拡大させた中興の祖となり、一九三九年から五四年まで同社の会長の座にあった。ウッドは、保守的な有力団体、全米製造業者協会（National Association of Manufacturers）の役員でもあり、北東部の経済力に反発していた共和党員であった。彼は、一九三二年の大統領選でローズヴェルトに投票し、フーヴァーとは疎遠になっていた。ウッドは、ローズヴェルト一期目に導入された社会保障制度、農業支援制度、証券取引制度など多くのニューディール政策を支持し、彼の二期目の途中まで支持していた。しかしながら、同大統領の最高裁判所改革案や膨大な財政赤字を生んだ経済政策の行き過ぎが原因となって袂を分かち、以後、強烈な反ローズヴェルト論者となった。

アメリカ・ファースト委員会は、一九四〇年の春以降欧州で破竹の勢いとなったドイツに加担しないことを主張したばかりでなく、英国支援にも反対したのであった。これは、このような戦況において英国支援を主張する連合国支援委員会（Committee to Defend the Allies）や、それより組織化されてはいないものの対独宣戦布告を主張するエリート志向のセンチュリー・グループなどに対抗して結成された組織で、草の根レベルでは資金力と組織力の面で介入派民間団体のどれをも凌いだ（ちなみに、同委員会の活動にリクルーターとして熱心に参加した人物の一人として、後にミシガン州選出の上院議員、そして大統領となったジェラルド・フォードがいた）。

アメリカ・ファースト委員会の焦点は主に欧州ではあったが、極東にかんする同委員会の見解は、キャッスルの提案にもとづき日米貿易を重視し、日本の軍事行動は非難するものの、日本の極東における覇権を黙認したのであった。フーヴァーは、キャッスルを介して同委員会の静かなパートナーとなり、同委員会は元大統領が推進した欧州支援活動（ソ連の侵略に苦しむフィンランドへの人道的援助や、ポーランドや中立国でドイツの占領下にあった地域への食糧援助活動。これらは英国の欧州大陸封鎖政策に背反する行為で、フーヴァーは英国を批判）を支持した。この点からも、同委員会は米国大統領や欧州介入派が支持する対欧州支援活動（英国の大陸封鎖政策に抵触しないような人道的援助）とは一線を画したのであった。英国援助を支持してきたことが好感され、ローズヴェルト政権が推進する挙国一致体制の一環として陸軍長官に迎えられた共和党員スティムソン（フーヴァー政権の国務長官）や、少なくとも一九三九年一一月以降、米国が戦後英国に代わって覇権国として世界に対して指導力を発揮すべきであると唱え、また一九四一年夏の対日石油禁輸政策を決定的にしたディーン・アチソン（一九四一年初頭の経済担当の国務次官補への就任以前は、ワシントン在住の民主党支持の弁護士として活躍）とは、フーヴァーやキャッスルは政策面で正面衝突する関係となった。

一九四〇年一〇月四日、シカゴ外交評議会の講演会で、ウッドは、日本との貿易の継続を強く主張したのであった。彼は、一九四〇年秋に行った演説で、米日貿易は、米中貿易の五倍から六倍の金額であり、もしも蘭領インドシナを日本が支配下に置いたとしても、日本は深刻な外貨不足のため、米国も必要としていた戦略物資であるスズやゴムを東南アジアから米国に売るであろうと論じたのであった。「我々が日本を必要としている以上に、日本は米国を必要としているのであり、〔中略〕もしも日本と戦争となった場合、我々は、ボリビア産のスズを買えばよいのであり、天然ゴムの代わりに合成ゴムを使えばよいのである」と論じたのであった[5]。

この時期のウッドは、ローズヴェルトが一一月の大統領選で共和党の候補ウェンデル・ウィルキーに勝利した場合、次のような展開になることを予測していた。彼は、第一次大戦期の戦友であり、また、対英国支援論者でもあった、ニューヨークの大手弁護士事務所共同経営責任者ウィリアム・ドノヴァンに、ローズヴェルトの三選目の可能性は高く、その場合、米国政府は対英国支援を拡大し、その結果、翌年の半ばから九月ごろまでに、米国は欧州へ派兵することになるであろうと論じた。ウッドは、米国参戦となった場合、米国政府と太いパイプを持つドノヴァンに実戦部隊に参加できるよう斡旋を依頼していたのであった[6]（ドノヴァンは、一九二四年から五年間共和党政権の司法省検察次長を務めた。一九四一年秋より、コロンビア法科大学院時代以来の友人であったローズヴェルト大統領の要請で、米国政府が始めた諜報機関情報調整委員会の委員長に就任し、同委員会が戦略情報局に発展すると同局のトップになった）。

翌月の五日にローズヴェルトが米国政治史上初めて三選目に出馬して勝利すると、その約二週間後米国ニューヨーク市の主要紙『ニューヨーク・ポスト』は、同紙が孤立主義志向の社説を展開してきたこともあって、講演会の演説に、キャッスルを招いたのであった。キャッスルは、演説中、日米戦争が勃発した場合、米国は英国支援を行う余裕をなくし、また、東洋における米国の最大の貿易相手国で、「東洋でもっとも工業化しており、また、進歩的である」日本を失うことになると論じたのである。日本が米国の輸出品目の主力農産物であった綿の最大の大口顧客であることをキャッスルは指摘したのであった[7]。

ウッドとキャッスルのこうした日米貿易継続肯定論に対して、ローズヴェルト政権は対日経済制裁を強化していく傾向にあり、また、東南アジア産のスズ、タングステン、マンガン、天燃ゴムといった戦略物資が日本の支配下に置かれることを米英にとって避けたい事態であると見ていた。日本が米英にこれら戦略物資を売ることはないと考えたのである。国務省のスタンレー・ホーンベックは、米満貿易について、第6章で紹介したように間違った認識をもっていたが、日本が東南アジアを支配下に置いた場合、米英に対して満洲や北支で行ったのと同様に貿易で排他的差別行為を行うであろうと考察したのであった[8]。ローズヴェルト政権は、枢軸国が計画経済と権威主義にもとづき、米国の資源へのアクセスを阻み、米国の資本主義と民主主義の脅威となると判断しつつあったのである[9]。このため米国は、日本の南進を牽制するため、日本との外交的対話を続けながら、適宜経済制裁を実施する姿勢に転じていた。また、中国に対しては経済援助を手厚くすることで、日本が中国で釘付けとなることを狙った[10]。

そうしたなか、かつて鮎川と日産・GM合弁交渉でGM側の担当者であったグレーマー・K・ハワードが、鮎川と世界観を共有し、またアメリカ・ファースト委員会の対日観を共有するような議論を秋に刊行した自著のなかで披露していた。ハワードは、米国が「日本の東洋における非西洋地域での道義的、経済的および優越的地位」を認めるべきであると主張したのであった。ただし、米国は日本の豪州とニュージーランドへの侵攻は認めないとハワードは付け加えていた[11]。ハワードは、世界をドイツ率いる欧州大陸、英国率いる大英帝国、ソ連率いるソ連邦、イタリア率いる地中海圏、米国率いる西半球、そして日本率いるアジア圏に勢力圏をわけ、これら勢力圏の中心的国家が協力関係を構築して新世界秩序を形成すべきであると主張したのであった。ハワードは、ハル国務長官が一九三四年以来推進しようとしていた最恵国待遇を基本とした互恵通商ではなく、これら地域間の二国間貿易は、個別事情に即して通商協定が締結されるべきであると論じたのであった。ハワードは、最恵国待遇による互恵通商はかえって国際貿易拡大の阻害要因になると見ていた。米国の関税が高止まりであり続けるのか、低下していくのかは、「米国民の総合的利益」にもとづいて判断すべきであると述べていた[12]。

2 日米交渉とフーヴァー、ストロース

鮎川は橋本徹馬の対米工作と井川・岩畔工作（米国側の呼称はジョン・ドー・アソシエーツ）を支持した。井川・岩畔工作には、米国側の窓口となった二人の神父（ジェームズ・ドラウト、ジェームズ・ウォルシュ）を日本に紹介したクーン・ローブ投資銀行のルイス・ストロースが関与していた。橋本工作は井川・岩畔工作より前に展開し、橋本と国務省の間で交渉されたことの多くは井川・岩畔工作に引き継がれていた。近衛内閣と軍部の有力者は両工作を支持していたが、井川・岩畔工作が有望と判断された結果、橋本は帰国後無視された。井川・岩畔工作は、一九四一年春、野村とハルの日米交渉に発展していったが、米国政府は、井川・岩畔工作を支持していた鮎川については、松岡の親類という間違った情報も手伝って、不信感を抱いていた。

ジョン・ドー・アソシエーツの活動のきっかけをつくったのは、フーヴァーに師事していたルイス・ストロースであった。彼は、クーン・ローブ投資銀行が財務上の助言を行っていたニューヨークに本部を構えるカトリック宗派メリノール協会の二人の神父、ドラウトとウォルシュの訪日の斡旋を行った。両神父が日本でキーマンとして接触したのは、産業組合中央金庫理事井川忠雄であった。井川は、一九二〇年代財務官として勤務していたニューヨーク市で、ストロースとフーヴァーと懇意になった。彼は、一高での近衛首相の同期生であった。この日米の民間人の接触に日本陸軍も関心を抱き、満洲国建国に関東軍参謀（一九三二年八月から三四年八月）および対満事務局事務官（一九三四年一二月から一九三六年八月）として深くかかわった岩畔豪雄軍務局軍事課長が、井川を補佐することとなった。近衛首相もこの動きを支援するようになった。

井川は、クーン・ローブ投資銀行がモルガン投資銀行と違い反英的であったが、ドイツのナチス政権が反ユダヤ人のイデオロギーを掲げていたために、ドイツには好意的でないと見ていた。第7章でも紹介したように、ストロース

の日本に対する対応は慎重で、日独伊三国同盟を結んだ日本に対してはなおさら警戒感を抱いていたといえよう。それでも、ストロースは、フーヴァーと世界観を共有していたため、日米関係の悪化を懸念していた。

一九四一年一月、数週間におよぶ日本での滞在からサンフランシスコに戻ったドラウトとウォルシュは、同地より長距離電話でストロースに帰国したことを伝えた。ストロースはドラウトに、フーヴァーに電話するよう指示した。ドラウトがフーヴァーに同地より電話連絡を行うと、フーヴァーは、東海岸に到着後大統領官邸のローズヴェルトに連絡をとるよう進言した。両神父は、フーヴァーにそれを実現させる仲介を依頼したが、フーヴァーは、ローズヴェルトとは犬猿の仲であるため、仲介役として、ローズヴェルトの信任の厚い郵政長官フランク・ウォーカーにまず連絡をとるよう進言したのであった(13)。

ジョン・ドー・アソシエーツによる日米戦争回避の工作は、米国側ではフーヴァーとストロースが水面下で支えていた。鮎川は、日本側のこの動きを水面下で支持していた。井川は、この工作の成功のためには陸軍の協力が必要不可欠と考え、岩畔軍事課長に協力を要請した。岩畔は渡米前、鮎川から会談の申し入れを受け、鮎川、三保、伊藤文吉と会っていた(14)。

井川と岩畔の渡米は、表立っては商用であった。彼らの渡米のためには、当時、外貨不足に悩まされていた日本にあってドルを捻出する必要があった。そのドル資金の斡旋をおこなったのが、日米商会社長の鈴木であった。日米商会は、当時日本フォード社と日本高周波との合弁を斡旋していた。鮎川率いる日産自動車は、第3章で考察したように、日本フォードとの合弁交渉を以前行っていた経緯があったが、日産自動車は、日本高周波株を保有していた。もしも両社が合弁に合意することとなった場合、フォードが合弁会社の株式の過半を保有することとなっていた。この合弁会社は、日本に自動車、トラック、トラクターの生産とこれらに必要な部品の生産を行う工場を開設し、これらの生産供給を日満と日本が支配している中国の地域で行うことが予定されていた。この構想が軌道に乗った場合、戦車と飛行機の生産も構想されていた(15)。

第3章のフォードとの交渉経過を振り返ると、この合弁構想は非現実的であった。とはいえ、井川と岩畔にとっては、渡米の建前が少なくとも必要であったので、これで十分であったのかもしれない。

鮎川は岩畔に三保を同伴させることを勧めたが、岩畔は鮎川のお目付け役が井川・岩畔工作にかかわることを警戒して、もしも交渉に進展があった場合、三保に対フォード交渉を手伝ってもらう要請をするかもしれないと伝えた。しかし、当時外貨不足で渡米に必要なドルの節約のために政府が渡航者を厳選していたことを考えると、岩畔は鮎川の要請を事実上断っていた。鮎川は三保のほか、駐独大使の任務から帰国途中の来栖が、米国経由で日本に向かっていることから、岩畔と井川が米国で来栖と会い、来栖がそのまま残って野村とジョン・ドー・アソシエーツを補佐するよう説得して欲しいと岩畔に要請したのであった。

鮎川は一月に、米国大使として渡米直前であった野村吉三郎と会っていた。その際鮎川は野村に、来栖がベルリンで前年鮎川に語っていたことを述べていた。すなわち、独ソ不可侵条約は近い将来両国の対立により廃棄されるであろうから、その場合日本は、枢軸国側からただちに英米側につくべきであると論じていた。それを機に、野村は米国に米国資本を満洲に投資するように訴えてほしいと述べたのであった(16)。

他方で鮎川は、来栖の後任大島浩駐独武官が盲目的な親独心酔者で、日本の国益を守らず、ヒトラーとリッベントロップの餌食になっていると批判したのであった。大島は、一九三六年の日独伊防共協定を推進した中心人物であり、ヒトラーとリッベントロップに気に入られていたが、ヒトラーたちは、日独伊三国同盟に反対であった来栖を嫌っていた(17)。日独伊三国同盟推進派であった岩畔は、大島の暴走に歯止めをかける必要性について理解を示す見解に止める一方、来栖と米国で会い、彼が米国に留まる説得を行うことに同意した。

近衛首相や鮎川は、井川・岩畔の対米工作が始まろうとしていた時期、もうひとつの対米工作も支援しつつあった。国粋主義者で刊行物『紫雲荘』の発行人橋本徹馬の対米工作の試みである。鮎川は、第8章で紹介したオライアンの訪日時における橋本の対米関係改善の国内活動を支持していた。鮎川は一九二〇年代に橋本と知り合った。久原の依頼で橋本を資金面で支援することとなったからであった。その後鮎川は、橋本の筋の通った人柄にひかれ、自ら橋本を積極的に資金面で支援した。鮎川は、支援する見返りに何かを求めたわけでもなく、また、橋本の活動に干渉もしていなかった。とはいえ鮎川が、米国の対満資本導入構想を推進し始めた際、松岡満鉄総裁と懇意の元トルコ公使で外交評論家の本多熊太郎が、鮎川の構想が第二のハリマン事件であると公けに批判を展開したことに対して、本多の誤解を解くのに成功したのは、橋本であった。橋本は頻繁に鮎川から日米関係の改善について助言を得ていた(18)。

橋本の対米工作活動は一九四一年六月まで続いたが(19)、日米関係の改善には、ジョン・ドー・アソシエーツの活動と同様、貢献することができなかった。しかしながら、米国務省に対して、枢軸国側ではなく英米側に日本をつかせたい勢力がいることは示すことができた。橋本は一九四一年三月に帰国したが、この時点では既述のように、井川・岩畔の活動に期待し始めていた近衛内閣は、国内の枢軸派の圧力も手伝って、橋本の工作活動を無視した(20)。

橋本は帰国後、近衛首相、東條陸将、及川海相との面談を許されなかったが、木戸内大臣とは会うことが許された。その翌日、木戸は、鮎川と伊藤文吉宅で四時間会談した(21)。会談内容は、橋本についてであったと思われるが、その内容は不明である(22)。

橋本は、米国大使館の参事官ドゥーマンとたびたび会談を行い、言論活動を通じて日米関係の改善を引き続き模索した。しかし彼は、六月三〇日から八月二二日まで陸軍により正式な容疑を伝えられないまま拘留されてしまった(23)。このとき橋本を政治的・経済的に支えたのが鮎川であった(24)。橋本は釈放されたが、その際六カ月間郷里の四国を離れないこと、また政治活動を一切行わないという釈放の条件を受け入れなければならなかった(25)。

来栖はドイツより帰国する際、本省の許可をえて、シベリア鉄道経由ではなく、米国経由で戻ることにした。その理由は、ワシントンで、野村大使と対米関係の改善について意見交換を行いたかったことと、現地の空気を把握したかったからであった。

ベルリンを離れる直前、来栖は、米国人外交官リーランド・モリスに、日米関係は崖っぷちにあり、日米関係の平和的解決にむけてあらゆる選択肢を検討しなければならないと論じていた。[26] モリスは、ハル国務長官宛に来栖との会談内容を報告しており、来栖が対米関係の少なくともこれ以上の悪化を防ぎたいとし、できれば日米関係の緊張関係を打開したいと述べたこと、また彼自身は、日独伊三国同盟には反対していたことを、ハルに伝えていた。[27]

ワシントン滞在中の来栖は、野村から、ウォーカー郵政長官の支援のもとで日米交渉は良好に推移しているという楽観的観測を伝えられた。鮎川は、同地滞在中の来栖に打電し、日本よりサンフランシスコに到着する岩畔大佐と会談を行うよう勧めた。[28]

ワシントン滞在中の三月一七日、来栖は、ベルギー大使時代に親しかったジョセフ・E・デーヴィス元ベルギー大使と会談を行った。デーヴィスはその会談内容を、国務省の極東部顧問ホーンベックとハル国務長官に伝えていた。来栖はデーヴィスに、日独伊三国同盟をドイツ大使であった自分が署名したのは、自分の意思に反するものであったが、軍部が政府を乗っ取っている状況ではどうしようもなかったと釈明した。また、日本はシンガポールや南方を武力で制圧していく魂胆はなかったものの、米国の対日経済制裁は、日本をそのような方向に追い詰めており、日本は東南アジアへの軍事的拡大が英米との戦争を引き起こす可能性があり、また、その場合敗北することを知っていても、戦争を選択するであろうと予言した。

来栖とデーヴィスが会談を行っていた時期は、武器貸与法が三月一一日に連邦議会で可決した直後のことであった。デーヴィスは来栖に、米国政府と米国人は、日本への宥和政策を許さないであろうと論じた。また彼は、この先の四、五カ月のうちに、連合国と枢軸国との軍事情勢がどちらに優勢になるかがはっきりすることとなり、その場合、日本は、恒久的な世界秩序と世界平和に貢献できる影響力を行使できなくなっているであろうと語った。デーヴィスは、いまのうちに日本が、日独伊三国同盟から離脱して英米側につく必要性を唱えていたのであった。来栖は、こうしたデーヴィスの見解にうなずいていた。

松岡外務大臣が当時日ソ中立条約を実現させる密命を帯びて訪欧していたが、来栖はこれについて、ドイツ訪問中の松岡が何か持ち帰ってくるであろうという程度のコメントに止めた。来栖は、松岡が軍部を利用しながら外交を展開していたものの、軍部を制御できていないと指摘した。またスターリンが辛抱強く情勢を見極めて枢軸国と連合国のどちらにつくか事態の推移を静観しているとデーヴィスに語った。そしてドイツは、戦争での勝利に自信を持っているようであるが、何らかの偶然を除いて、長期的には米国より援助を受けつつある英国がドイツに勝利するであろうと分析した。イタリアの戦力については、ドイツを含む欧州の国々で冷笑の対象になっていると指摘した。来栖は、次回訪米時には、権限のある立場でなにか具体案を持って来るであろうと、デーヴィスとの会談でそう締めくくった。(29)

ハル国務長官は、デーヴィスから来栖の反枢軸国の姿勢について報告を受ける一方、ドラウトとウォーカーから鮎川の来栖宛の電報についても報告を受けていた。ハル国務長官は前年六月から七月にかけて、グルーより鮎川の対米関係改善の活動について報告は受けていたが、ドラウトとウォーカーからの報告は、鮎川について非常に否定的な見解を示していた。彼らは鮎川について、「松岡の従兄」、「枢軸国支持派」、「日米交渉に懐疑的」と間違った人物像をハル国務長官に伝えていた。また鮎川が、日米交渉の進展により、満洲における独占的な経済的地位を失うことを恐れていると、事実無根の分析を行っていた。(30)

サンフランシスコに岩畔が着くと、ひと足早く到着していた井川が彼を出迎えていた。彼らは、さらに来栖の到着するのを待った。来栖は到着後、彼らと会談した際、英国を過小評価すべきでなく、ドイツは英国に勝利することは困難であろうと論じた。また、近いうちにドイツはソ連攻撃を行うであろうと推察した上で、その場合、スターリンはヒトラーを長期戦に引きずり込むであろうから、二正面作戦を強いられるドイツはやがて敗北するであろうと述べたのであった。来栖は、井川と岩畔に対して、日本にとって最良の選択肢は、米国側につき、枢軸国から距離を置くことであると論じた。来栖は、ウォーカー郵政長官の後ろ盾を得ているいまこそ井川と岩畔は日米交渉を早急に推進してこの機会を最大限に生かし、日米関係の改善を図るべきであると激励したのであった。この数時間におよぶ会談のなかで、井川と岩畔は来栖が米国に留まることを勧め、野村がそのように本省へ働きかけるよう依頼すると言った。

しかし来栖は、固辞した。戦後、三人はこのことを後悔した。岩畔によると、野村大使を除いて大使館のスタッフは、井川と岩畔の活動に協力的ではなく、もしも来栖がいたならばそのような事態を打開して、これが日米交渉の進展に貢献したのではないかと回想した[31]。

ジョン・ドー・アソシエーツの努力は、四月下旬には失敗に帰した。四月二八日[32]、井川と岩畔は、ニューヨーク市内の宿泊先のホテルより国際電話で松岡洋右外務大臣に報告を行った。二人は、ワシントンの日本大使館の回線が盗聴されていることを恐れて、ニューヨーク市からこれを行ったのであった。ジョン・ドー・アソシエーツによる日米交渉に対して松岡は、冷淡な反応を示し、支持も反対もしなかった。翌日二人は、近衛首相に日米関係打開のため井川たちの工作を支援する対応を電報で求めたのであった。

近衛に打電した二九日、井川と岩畔は、ニューヨーク市内のウォルドーフ・アストリア・タワーズのフーヴァー元大統領宅を訪ねた[33]。井川がフーヴァーと最初に会ったのは、フーヴァーのハーディング政権の商務長官時代であった。当時、井川はニューヨークに大蔵省から駐ニューヨーク財務官事務所に派遣されていた。一九二七年、井川はフーヴァーの著書『アメリカの個人主義』を翻訳し、フーヴァーは日本語版に序文を寄稿した。井川は一九二八年に帰国したがそれ以降もフーヴァーとは音信を保っていた。

井川はフーヴァーとの接触には慎重であった。それというのも、フーヴァーとローズヴェルト大統領は政敵同士で、大変不仲であった。この人間関係は、新聞王でローズヴェルト政権の批判者として有名だったロイ・ハワードとローズヴェルト大統領の関係と似ていた。松岡外相はハワードと親しく、外相がハワードを介してローズヴェルトに連絡をとろうとした際、ローズヴェルトは冷淡な反応を示していた。フーヴァーは野村大使の人柄は米国人に好かれていると思っており、いまこそ野村は、日米関係の打開に努力すべきであると論じたのであった。

そのような打開策としてフーヴァーが提案したことは、ハワードが橋本徹馬に提案していたことと似ていた。フーヴァーは、日米の政界と財界の有力者たちが集まり、速記係を入れずに日米関係改善の方法について自由に意見交換を行うことを提唱した。この会議により米国内の対日感情が好転すれば、日米関係は打開され、日米戦争を防止できると、フーヴァーは井川と岩畔に語ったのであった。フーヴァーは、正式な日米間の外交ルートが膠着状態にあるいまこそ、非公式なチャンネルが事態の打開に貢献しうると論じた。ただ、彼自身は、民主党政権と対立している共和党の政治家であるため、このような会議を実現する推進役を果たせないことは残念であると述べた。

フーヴァーは、ジョン・ドー・アソシエーツの活動状況を把握しており、彼らを水面下で支援していた。(34) 彼は、井川と岩畔に、日米戦争は大変な悲劇であり、民主党政権がその回避に動くのであれば共和党もそれを支持するであろうと語った。フーヴァーは井川と岩畔に対して、ハル国務長官は公正で誠意のある人物であると評していたが、信用できる米国人に対しては、ハル国務長官と国務省は、ジョン・ドー・アソシエーツの活動を阻害していると批判していた。

フーヴァーは、井川と岩畔と会った直後に、フーヴァー政権時代の海軍軍令部長ウィリアム・V・プラットから書簡を受け取った。プラットは、二八日、プラザ・ホテルで、野村大使と会食したときのことをフーヴァーに報告していた。プラットは、フーヴァー政権のもとでロンドン海軍軍縮条約の推進を支えた、スティムソンと並ぶ人物であった。プラットは、太平洋での戦争は回避すべきであるが、ヒトラーは、大西洋での戦争を太平洋へ拡大させることに躍起になっていると分析した。プラットは、日米関係打開のため、フーヴァーによる影響力の行使が大変有用になる事態がくるかもしれないと指摘していた。

フーヴァーを訪問後、井川と岩畔は、ルイス・ストロースの邸宅でストロース夫妻と昼食を共にした。ストロースは、ドラウトとウォルシュから井川たちの活動について詳細を聞いていたが、井川と岩畔は、ストロースがフーヴァーの側近であったため、訪米後ストロースとこれまで連絡をとっていなかった。このため、昼食ではあえて日米交渉の話は話題とせず、会話は、ストロースの息子や、井川の米国人の前妻との間に生まれた娘がニューヨークのバーナード・カレッジの学部生であったなどの私的な話題に終始した。

井川と岩畔が、ストロースが日米交渉の進展をよく知っていることを認識したのは、帰国前の二回目のストロース宅訪問時であった。ストロースはこのときすでに予備役から海軍の軍需品の管理と運営を担当する将校に召集されていた。ストロース夫妻は、国務省が大変反日的であると述べ、ストロース夫人は、特にホーンベックとウェルズ次官が問題であると語っていた。

サンフランシスコから帰国した八月一日、日本に船が出発する前に、井川と岩畔は、フーヴァーの母校スタンフォード大学に隣接するパロ・アルトの豪邸を訪問した。家の主が留守であることを知った二人は、名刺を残し、失意のなか帰国の途についた(35)。

3　日米首脳会談の試み

日本は、米国の世界戦略を認識しないまま、米国との関係改善を模索した。八月六日近衛首相は、米国大統領に日米首脳会談を行う提案をした。鮎川はこの提案を歓迎した。彼は近衛首相に近い木戸幸一内大臣と、伊藤文吉の邸宅で、八月一日と九月一四日に会食して情報収集と意見交換を行っていた。木戸は八月上旬、日本が中国との戦争に加えて英米ソと戦うことは不可能であると見ており、この際、日清戦争後の三国干渉で日本が「臥薪嘗胆」を余儀なくされたときと同様、米国との関係改善を図って必要な物資を米国から確保し、一〇年がかりで富国強兵の路線を強化すべく、長距離船舶、人造燃料、工作機械といった重化学工業をさらに拡充し、国力をつけていくべきであると思っていた。日本の陸海軍の石油備蓄量が底をつく前に、蘭領インドシナの油田を占領しようとした場合、そのためには英国のシンガポール、米国のフィリピンを制圧しておく必要があり、日本軍の蘭領インドシナ占領は英米との戦争を意味していた。また、蘭領インドシナの油田を制圧したとしても、日本軍がこれらを占領する前にオランダ軍は油田を破壊するであろうし、これを修復するには時間がかかる。修復が完了して日本へ石油の輸出を開始したとしても、英米軍の潜水艦や艦船は、日本への輸送ルートを攻撃するであろう。こうしたことを考えて、木戸は、「臥薪嘗胆」を日本が歩むべき道であると結論づけていた。鮎川もこの見解に賛同していた[36]。

九月に鮎川は、伊藤文吉から、近衛首相とグルー大使が、九月六日に会談していたことを知らされていた。ちょうどこのころ、関東軍司令官梅津美治郎は、もしも近衛が米国大統領との日米首脳会談を行うこととなった場合、鮎川が近衛を補佐し、米国において一〇億ドル相当の満洲国債券発行の実現を目指すよう要請したのであった。鮎川は、側近の三保幹太郎が前年バーナード・バルークとの会談でこれを話し合っていたことを梅津に語っていた。しかしながら日米首脳会談は行われず、近衛内閣は一〇月中旬に崩壊した[37]。

九月二〇日、『ニューヨーク・タイムズ』紙は、鮎川満業総裁の講演を報道した。そのなかで同紙は、鮎川が講演で日米関係の悪化に伴い、外資の対満洲導入は不可能となったことを認めたと報じた。しかしその講演のなかでなお、鮎川は次のようにも述べていた。「広大な土地で人口密度が低いところでは、これと同じような条件である米国で行っているのと同様、大きな機械を使用する必要がある。人々の平均的知的水準が低く、また、多様な言語が使用されているところでは、ボタン操作で簡単に動く最新の設備が必要である[38]」。

4　一九四一年夏から一二月一日までの日米関係

一九四〇年秋にストロースが推進しようとした日米交渉は、翌年春に本格化した。しかしこの交渉は、日米通商航海条約廃棄後の、米国による対日経済制裁が強化されていく時期に行われた。もっとも、このような対日経済制裁の影響を緩和する対策を日本側は二つ行っていた。ひとつは、横浜正金銀行ニューヨーク支店が米国内に設けた秘密口座により、この口座に存在していた潤沢なドル資金で日本が必要としていた戦争物資を購入していたのであった。このことは、米国連邦準備銀行が一九四一年初夏についに把握するところとなり、七月二五日の在米金融資産の凍結によって使用不可能となった。もうひとつは、三井物産ニューヨーク支店が、日本の繊維製品や絹織物製品に対する関税を迂回できるような米国輸出のノウハウを持っていたことであった。米国政府関係者が多くの報告書で予測していた日本経済の破綻が生じていなかったのは、この二つの要因が破綻先延ばしの効果をもったためといえよう。米国の対日姿勢が特に厳しくなったのは、三月に武器貸与法が連邦議会で可決された後であった。一九四一年の最初の数カ月は、米国の対日経済輸出に対するまだら模様の規制が、国務省のディーン・アチソンを代表格とする反枢軸強硬派により完全な対日経済戦争へ移行していった時期であった。一九四一年の一連の日米交渉は、まさしく米国の情け容赦ない対日経済制裁が深化していくなかで展開していった(39)。

このような対日経済制裁強硬派の中心的存在であったアチソンは、一九四一年一月、国務省経済担当国務次官補として、八年ぶりにローズヴェルト政権に戻っていた。彼は、七年前に財務長官に就任して以来対中経済援助にもっとも理解を示し、また、一九三七年以降もっとも対日強硬派であったヘンリー・モーゲンソー財務長官（ユダヤ系米国人）と連携しながら、対日経済制裁を推進していった。武器貸与法の制定に際しては両者がローズヴェルト大統領を支え、同法が可決されると、モーゲンソーはさっそく同法の英国の他、中国への適用をも実現させていった(40)。

日本が推進しようとしたアウタルキー政策は、米国の石油への依存からどう脱却するかについて真剣に向き合ってこなかった。米国は、日本が必要とした石油の八割を当時供給していた。残りは蘭領インドシナから輸入された石油であった。当時の米国は、世界の石油の六三パーセントを供給しており、米国が消費する石油の世界的シェアもそれと同水準であった。近衛内閣が、一九三八年一月に蔣介石政権を相手としないという、日本の対中政策の硬直化を招くような声明文を出したのに対して、日中戦争が勃発した七月に日中双方が宣戦布告をしていなかったのは、米国の物資が日中双方にとって必要不可欠であったからであった。なかでも、中国政府の首都が内陸部である重慶に移ったこともあり、軍事展開に必要な航空燃料をはじめとする石油の確保は、中国を屈服させようと必死になっていた日本にとっては、防戦で凌いでいた中国より、切実な課題であった。日本の陸海軍が対米関係の維持を希望したのは、まずは米国からの石油が必要であったからであった。しかし、航空燃料は、日本軍の北部仏印進駐直前の一九四〇年八月、対日輸出が禁止されてしまっていた。(41)

太平洋戦争の起源を研究する学者たちの大半の見解に従えば、日本の対米戦争の時計の針が開戦にむかって動き出す事態を招いたのは、一九四一年七月下旬の日本軍による北部仏印から南部仏印への進駐であった。八月九日、カナダのニューファンドランド沿岸部の沖合で開催された米英首脳会談で、ローズヴェルト大統領とチャーチルは、日本の南進と北進を封じ込める政策を推進することで一致した。(42)

それまで米英首脳は日本との関係改善を模索していた。しかし障害となったのが、日独伊三国同盟と日中戦争であった。見たように武器貸与法は、英国に対する支援としてただちに適用されたのみならず、五月六日以降中国に対しても同法にもとづく軍事援助が行われるようになった。そして独ソ戦が始まった六月二二日以降には、ソ連に対しても同法にもとづく対ソ軍事援助が行われることとなった。前述の米英首脳会談では、大西洋憲章が発表されたのみならず、重要決定事項として、米英による対ソ軍事援助と日本のこれ以上の南進を認めないことが合意されていた。チャーチルは、この会談で、米英による対日最後通告を働きかけたが、米国大統領はこれを退けていた。それでも米国政府は、日本に対して厳重な警告を通達していた。(43)

一一月二六日にハル国務長官が、野村吉三郎と来栖三郎両大使に渡したハル・ノートをめぐる日米のやりとりにより、日米開戦を回避できなかったのかという、反実仮想にもとづく歴史論争が現在も続いている。しかしこの論争は、英国首相チャーチルと中華民国総統蔣介石が、ハル・ノートが日本に渡される直前まで日米両政府が検討していた暫定協定について反対であったこと、また、日本が石油の確保に必死であったため、対英米蘭戦争を決行すべきという国内の強硬論を抑えられなかったことにより、そのような回避は絶望的であったのではないかという結論になりがちである。仮に日本が真珠湾への奇襲攻撃を行わず、中国と蘭領インドシナからの撤兵を行うかわりに石油を確保する、という交渉を進めていたとしても、第6章で紹介しているように、米国の満洲国に対する姿勢は、一九四〇年から四一年の時期、強硬論に転じていた。日本の軍部は、ドイツびいきの駐独大使大島浩が、ヒトラー総統とリッベントロップ外相たちが提供する情報を鵜呑みにし、それを東京の陸軍本省も参謀本部も鵜呑みにするという有様で、独ソ戦で当初劣勢に立たされていたソ連が挽回していく可能性を無視したのであった。実際、真珠湾奇襲攻撃までの一週間、モスクワの目前で繰り広げられていた独ソの死闘では、そのようになっていった。東京の指導者たちが日米開戦に焦点を合わせていた時期、米国の首都に駐在していた野村をはじめとする日本の外交官たちは、米国の新聞が報道するより現実的な独ソ戦報道を読みながら、必死に日米開戦を回避しようとしていた(44)。

日本が一九四〇年九月二二日、フランスのヴィシー政権に圧力を加えて北部仏印に進駐すると、米国は対日経済制裁を強化した。一〇月一六日以降、すべての米国の屑鉄は対日禁輸となってしまった。この経済制裁は、七月二日に大統領が署名した輸出管理法にもとづく措置であった。同法は、米国大統領が国防に必要と判断した物資を輸出許可制または禁輸対象にすることができた。その結果、まずは航空機部品が輸出許可制となり、さらに約三週間後の七月三一日以降は、屑鉄製品の一部、航空燃料、そして潤滑油が輸出許可制の対象となった。九月二七日の日独伊三国同盟締結は、もちろん米国の対日強硬派のさらなる台頭を招き、また、ローズヴェルト大統領は、日中戦争と独伊による欧州での戦争を明確に一体的に捉え始めた。

日本軍の北部仏印進駐について、日本政府は、重慶に対する軍事作戦を行うために必要であると説明していたが、英米蘭は、この説明は日本の動機の一部分に過ぎず、日本が南方の資源を狙っていると見ていた。日本のさらなる南部仏印進駐は、日本が主張していた対中戦争のためではなく、いよいよ南方を攻略する足固めをしつつあると、考えられたのである。

七月二八日、日本軍は、ローズヴェルト大統領が野村駐米大使に提案した、日本が北部仏印から撤退する見返りに、インドシナの中立化と仏印の資源への関係国による均等なアクセスを可能にする構想を無視し、南部仏印へ進駐した。

この事態は、次のような結果を招いた。まず、ハル国務長官は、同年春以降進めていた日米交渉がこのような日本のさらなる拡張主義に終わったことで対日不信感を強めた。また大統領は、日本の南部仏印進駐の直前であった七月二五日に、日本の在米資産の凍結を命じたことに加えて、八月一日、対日石油全面禁輸の実施を指示したのであった。八月の米英首脳会談では、両国による日本への厳しい警告が送られ、東南アジアの英領植民地からの戦争遂行に必要不可欠な資源を英国存続の生命線と見ていたイギリスの立場を米国は支持したものの、英国が求めていた対日最後通告には至らなかった(45)。

この対日石油全面禁輸措置は、日本政府の指導者たちが予期していない事態であった。そして、それは意図せざる厳しい状況、つまり日米開戦、という結果を招いたのであった。対日石油全面禁輸措置について、その運用は、当初米国側に実施のさじ加減の余地を残す形で進めることが、大統領、国務長官、そして国務次官ウェルズにより想定されていた。ウェルズは、米軍首脳部が考えていたこと、つまり、太平洋方面の米軍の配備が、フィリピンをはじめとする米国領を防衛するのに十分な戦力になるまで日本との戦争を起こさない、という見解を支持していた。ウェルズは、日本がすでに得ていた石油輸出許可書にもとづく輸出を許し、今後の対日石油輸出許可を一九三五〜三六年の水準で数週間後再開するという政策を推進しようとしていた。ローズヴェルト大統領は、ウェルズの見解に同調していたが、対日石油全面禁輸措置は、ただちにウェルズが考えていたような米国政府の裁量を除外する完全な全面禁輸となってしまった。これは、政権内の対日強硬派であった、アチソン経済担当国務次官補、ホーンベック国務省極東部顧問、モーゲンソー財務長官、イッキーズ内務長官がこの問題をめぐって主導権を握ったからであった。

ハル国務長官も、対日石油禁輸の実施は、事案ごとに行われるという見解であった。しかし、国務省のアチソンと財務省の中堅幹部たちは、そのような例外を設けない全面石油禁輸を実行したのであった。国務長官がこの事態に気付いたのは、英米蘭がそれぞれの国にある日本の金融資産を凍結して石油をはじめとする戦略物資を日本に売らなくなって数週間過ぎてからのことであった。大統領がもともと石油全面禁輸を願っていたのか、それともハルやウェルズが望んでいたような柔軟な対応を考えていたのかについては、なお未解明である。[46]

米国政府が、在米日本資産を凍結した上に対日石油供給を完全に禁止してしまったことは、ローズヴェルト政権の対日政策の手段を大幅に制約する結果を招いた。日本向けの石油の供給を少しでも再開しようと、当時在米国日本大使館参事官井口貞夫と在米国財務官西山勉（前横浜正金銀行役員）は、アチソンと必死に交渉した（後年、アチソンは、その回想録で、井口を「手ごわかった」と形容した[47]）。三輪宗弘もエドワード・ミラーも対日経済制裁を徹底的に推進したのは、大統領と国務長官ではなく、アチソン、財務長官、そして内務長官イッキーズであったと考察している。[48]

満洲国における日本の人造燃料政策は一一月の段階で日本のエネルギー需要を支える上で完全に当てにならないことが判明していた。第6章で考察したように、在奉天米国総領事館は、このことを、満洲における計画経済の行き詰まりとともに把握していた。[49]

満洲で石油を確保できないなか、日本は、蘭領インドシナから石油を中心とする戦略物資を確保することを目指した。一九四〇年九月から英米蘭がそれぞれの国の日本資産を凍結した翌年夏まで、日本は、最初に高碕達之助が師事していた阪急電鉄の創業者小林一三が交渉団を引き連れて蘭領インドシナ政府と交渉し、そのあとは、井口貞夫の岳父であった芳沢謙吉（犬養毅首相の娘婿で犬養内閣の外相）が交渉を担当した。[50]

一九四一年六月二二日に独ソ戦が始まると、米国政府は、日本の行動により敏感になった。というのも、米国政府は、英国を支える上で、ソ連が有用であると判断していたからであった。米国は、ソ連がドイツの猛攻撃に持ちこたえ、かつ存続できるまで、対日交渉では時間稼ぎをすると同時に日本が南進も北進もしないよう封じ込める必要があると判断しつつあった。

近衛内閣は、日ソ中立条約を四月に自ら実現させた松岡洋右外相を更迭すべく、内閣は総辞職をした上で、松岡を除いた新内閣を成立させた。松岡は独ソ戦開始時、内閣でソ連と開戦することを主張していた。一二月一日、ドイツ軍は、ソ連の首都モスクワ制圧攻勢を試みた。一二月五日、モスクワ周辺の気温がマイナス三〇度に下がる厳寒のなか、ソ連軍はドイツ軍へ反撃を加えた。これにより、モスクワでの攻防の潮目は完全に変わった。[51]

近衛は内閣改造後、日米首脳会談を実現するべく努力した。ローズヴェルト大統領は、当初日米首脳会談を行うことに関心を示したが、ハル国務長官の慎重論に押されて、この話は立ち消えとなった。このため、近衛首相は行き詰まり、一〇月中旬内閣は総辞職した。

当時、米国連邦上院議員（ユタ州選出）であったエルバート・トーマスは、近衛内閣の崩壊と一〇月一八日に発足した東條内閣が意味するものは日米戦争であると察した。トーマスは、モルモン教の宣教師として夫婦で一九一二年までの五年間の滞日経験があり、日本語が堪能であった。

首相後継の推薦に当たった木戸内大臣は皇族内閣を待望する動きには応じず、陸軍を抑えるには天皇陛下に忠実な東條英機陸相しかいないとする苦肉の策をとり、東條内閣が成立した。東條首相は天皇の意を体して、日米交渉が一一月中に妥結することを条件に、開戦決定を一時棚上げして交渉を再開することに同意し、野村大使を補佐して最後の日米妥協を模索し来栖大使を米国に派遣するに至った。東條は対米強硬派であったが、天皇への忠誠心から、天皇が九月上旬の御前会議で意思表示したように、日米戦争回避を強く望んでいることを知っており、またもしも日米交渉が戦争回避につながった場合、国内でそれに反対する不穏分子を抑えることも可能であると判断していた。しかし米国政府は、東條内閣が戦争回避を望んでいるかどうかについて懐疑的であった。[52]

一九四一年の日米交渉で根本的な問題となったのが、日本が、ハルがたびたび提案してきたハル四原則に同調しなかったことであった。この四原則とは、領土保全、内政不干渉、機会均等の原則にもとづく経済的機会、そして平和的手段による秩序の変更であった。ハルは、日米がこの四原則に同意した上で交渉を行うことを、同年春の日米交渉、日米首脳会談の模索、そして同年一一月から一二月の日米交渉のいずれの初期段階でも主張していた。[53]米国は、領土保全と経済的機会均等によって構成されていた門戸開放の原則を、一九四一年、日本に厳格に適用していた。

日米開戦までの日本外交の米国人脈は、共和党系、しかもローズヴェルト政権と敵対関係にある右派に依存する傾向が強かった。野村大使がアドバイザーに起用したデスヴェアニンはその好例であった。野村と来栖が、大統領と直接のパイプをもつ民主党系有力者（後述するバーナード・バルーク）に接触できるようになったのは、ハル・ノートが両大使に提示された後のことであった。寺崎英成が、一九四一年三月に二等書記官としてワシントンの日本大使館に着任したとき、彼の任務のひとつは、米国内の孤立主義の指導者と関係を築きながら、彼らを通じて日本に有利な米国世論の形成を狙う活動であった。ニューヨーク市の日本総領事館はすでにそのようなプロパガンダ活動を行っていた。寺崎は、アメリカ・ファースト委員会の指導者チャールズ・リンドバーグと前年不仲にはなっていたものの、同委員会の有力者であったミズーリ州出身のジャーナリスト、O・K・アームストロングと接触を行っていた。アームストロングは日米戦争回避論者であった[54]。

米国は、一九四〇年秋に日本政府の外交最高機密電文の解読に成功していた。このため、一九四一年の日米交渉は、米国側が日本の外交電報を事前に読みながら進めていく展開となっていた。大統領と国務長官は、一一月五日の御前会議において、一一月二五日までに日米間で外交上の妥協が成立しなかった場合、両国関係を断交とする決定がなされたことを把握していた（この期限は後に、東京から野村宛の日本時間一一月二二日の電報で、一一月二九日に変更となった）[55]。日本政府は、一二月に日米開戦となることを野村と来栖に伝えていなかったため、米国政府は、日本の外交最高機密暗号の解読（「マジック」）によっては、日米開戦の時期を把握できていなかった。しかしながら米国政府の高官たちは、東京とベルリンの間で交わされていた日本外交関係の暗号電文も解読しており、日米が一二月一日以降戦争に突入する可能性が高いことを、こうした情報が入ってこない野村と来栖に比べてよく認識していた。

東郷外務大臣は、野村駐米大使を支援すべく、来栖三郎を特使として派遣した。ハルをはじめとする米国政府高官は、来栖特使が甲乙二つの対米交渉案を携さえてワシントン入りすることを「マジック」により把握していた。甲乙両案には、南部仏印からの日本軍撤退のかわりに対日石油禁輸措置と在米日本資産凍結を解除することが盛り込まれていた。甲案は、米国に日本主導の東アジア国際秩序を承認させる内容であった。甲案では米国が重視する中国撤兵及び三国同盟空文化についての言及はなされていなかった。一方、乙案は、日米が直面していた三国同盟や日中戦争といった根本的問題の解決を図ることを回避し、専ら米国による対日石油供給の一定量の再開を狙う内容であった。野村は一一月七日、ハル国務長官に甲案を提示したが、国務長官はこれを即座に却下した。その三日後大統領もハルと同様甲案を却下したのであった。ローズヴェルトは、野村に日本は仏印と中国から撤退しなければならないと論じたのであった。

甲案が米国側に明確に拒否されるなか、日本政府は、来栖がワシントンに到着する直前であった一一月一七日、乙案を野村に打電した。東郷外相は野村に対して、乙案が日本が提示する最後の案で、これにもとづいて両国間で妥協が成立しない場合、日米両国関係を断交する可能性を伝えたのであった。野村は、ハルが乙案を却下することを恐れ、乙案に修正を加えた。すなわち、一一月一八日に野村がハルに提出した内容は、乙案を、本省の了解を得ることなく修正して、日本が南部仏印進駐前の状況に戻すかわりに、米国が対日石油供給を復活させ、また、在英米蘭の日本資産の凍結を解除することを狙ったものであった。ハル国務長官は、米軍首脳が日米開戦を、アジア・太平洋地域における米軍の戦力が一九四二年春に十分に確保されるまで回避したい意向であることを知っていたため、野村の暫定協定案に聞く耳を持った。

野村が独自に暫定協定案を修正したことに怒った東郷は、野村に乙案をただちにハルへ示すことを命じた。野村は二〇日にこれを行い、国務長官は米国政府内でこれを検討し、また英中蘭豪の各大使とこのことについて相談すると野村に伝えた。

乙案は、中国撤兵のデリケートな問題に触れないで仏印撤兵にしぼった暫定的了解案を骨子としていた。乙案では東南アジアへの侵攻を恐れる米英蘭に対し、南部仏印に進駐した日本軍がタイやマラヤ、シンガポール、蘭印（インドネシア）へ矛先を向けずに北部仏印へ撤兵する約束をし、東南アジアにおける現状を維持する了解を成立させることの引き換えとして、米国は日本が欲する石油その他の物資禁輸を解除して米国と蘭印からの対日石油輸出の一定量を日本に保障するというのが骨子であった。

対日戦を回避するためのぎりぎりの譲歩か、あるいは対日戦備増強の時間稼ぎとしてか、米国側はこの案にかなりの関心を示し、三カ月ないし六カ月の期限を付した暫定合意にして延長条項も考慮に入れた対案を出すべく国務省が内部検討を開始し、その旨を在日のグルー大使に伝える電報を打った。それが日本政府により解読されたため、日本側の期待も高まった。

しかし、暫定合意が重慶に対する進攻停止を約束せず、北部仏印の日本軍が雲南を攻略する危険が排除されないまま暫定協定案が成立すれば、中国は見捨てられ蔣介石政府は崩壊の危機に陥るとの米政府・議会に対する蔣介石の訴えにローズヴェルトも動かされ、日本政府が交渉妥結の最後の望みをかけた暫定協定案は葬られたのである。ハル・ノートが突然発せられた理由は蔣介石の哀訴以外にも諸説があるが、その前日に日本軍の仏印向け大輸送船団が航行中との情報（のちに誤報と判明）がスティムソン陸軍長官からローズヴェルトとハルにもたらされたことがローズヴェルトの不信感を増幅し、暫定合意期間を大兵力を移動させるためのカモフラージュとして利用されることを恐れ、暫定協定の撤回に至ったという見方も時系列からみて可能な説明である。日本軍が仏印への兵力増強に努め、作戦準備が完了次第、攻撃をマラヤ、シンガポール、タイ、ビルマや米領フィリピンまで仕掛けてこないかと疑い、フィリピンをはじめとする東南アジアの西欧植民地が一挙に失われた場合に、米国の対日宥和政策が日本軍の攻撃を助長したと連合国や米国世論に非難されることを米国政府が恐れた可能性は否めない[56]。

一一月二六日は、ハル国務長官がハル・ノートを野村・来栖両大使に手渡した日でもあり、日本海軍の連合艦隊が、千島列島ヒトカップ湾を静かにハワイの真珠湾を目指して出発した日でもあった。ハル・ノートはローズヴェルト大統領の承認のもと両大使に手渡された。そこでは、意外な要求が日本に対して行われていた――すなわち、中国からのすべての日本の軍隊と警察の撤退、米英蘭中泰日の六カ国が不可侵条約を結ぶ、仏印の中立を確認する、仏印の資源への機会均等の原則にもとづくアクセスを認める、日本は蔣介石政権を中国の唯一の政府であることを認め、中国の他の政権への日本の軍事的、政治的、経済的援助を行わない、三国同盟における日本の独伊に対する義務を履行しない――日本がこの要求に従えば、米国は日米貿易を再開し、在米日本資産凍結解除を行い、そして新たな互恵原則にもとづく日米通商航海条約の交渉を行う用意があると伝えたのであった。

日本は、米国国務省の機密暗号電文を解読できていたため、米国政府が野村・来栖両大使に暫定協定案を示す可能性が高いと強い期待を抱いていた。東條首相と東郷外相を含む日本政府関係者は、先に見た米国政府による駐日米国大使グルーに宛てた暗号電報の解読によりそう思っていたのであった。しかしながら、実際にはハル・ノートが日本政府に提示されたため、日本政府関係者は落胆した。一一月三〇日、東郷外相は、野村大使に打電し、米国政府がハル・ノートにより交渉態度を急変させたことに抗議するよう命じたのであった(57)。

トーマス議員は、ハル・ノートが提示されたことを聞くと、日本との戦争は簡単には勝利できないと公言した。これは、米国マスコミで厳しい批判を受けた。ハル・ノートを本国に伝えた際、野村と来栖は、米国大統領と天皇が、日米双方が戦争を回避したい旨を伝える電報を交わすことで、高まる緊張を緩和できると日本政府に助言した。

米国大統領と天皇が親電を交わす構想は、来栖が、近衛内閣が崩壊する直前に戦争を回避すべくローズヴェルトが天皇に親電を送るかもしれないという噂を耳にしたことが発端であった。来栖がワシントン入りすると、寺崎英成は、この構想が、トーマスや社会的影響力のある牧師E・スタンレー・ジョーンズによりなお唱えられていたことを知った。一二月三日、ジョーンズ牧師は、寺崎と数日前に会談したことを踏まえて、ローズヴェルト大統領に面会した。ジョーンズは大統領に、太平洋における平和を維持することを願っている旨の親電を天皇に送ることを助言した。

こういった動きはあったものの、一二月一日、日本政府は、米英蘭に対して戦争を行う決定を下していた。「マジック」は、一一月二九日の大島ドイツ大使による東郷外相宛打電内容を読み取っていた。それは、ヒトラー総統とリッベントロップ外相が、大島に働きかけた内容を伝えていた。その内容とは、ドイツは日本が米国に直ちに攻撃を行うことを望んでおり、その場合ドイツは、米国に宣戦布告を行うというものであった。リッベントロップは、モスクワでのソ連軍との戦闘でドイツ軍の戦況が芳しくないことを大島大使に隠しながら、ドイツはソ連に対して一九四一年中に勝利する、という観測を伝えたのであった。こうした大島の打電に対する東郷外相の返答は、日本政府は、ハル・ノートが要請していた日独伊三国同盟の解体を受け入れられないとするものであった。

東郷外相が送った大島宛の電報九八五は、大島に対し、ヒトラー総統とリッベントロップ外相に秘密裏に、日本と米英との関係はもはや修復できない状況であるため、思ったより早く日本と米英との間で武力衝突が生じて戦争に突入する情勢にあるということを伝える指示を行っていた。また電報九八六で東郷外相は、ヒトラーとリッベントロップに、日本は南進を優先しているが、もしもソ連が米英との関係を強化する傾向を強めるのであれば、北進するつもりであるということを伝言するよう大島に指示したのであった。

東郷は、これら二つの電報を野村・来栖両大使には送っていなかった。「マジック」が解読していたこれら電報は、しかし、ハワイの海軍および陸軍の現地軍最高責任者にも送られていなかった。真珠湾奇襲後の論争では、こうした機密情報がハワイ島の現地軍司令官に伝わっていれば、日米交渉により戦争回避はもはや望めないと彼らが判断し、ハワイ島の警戒態勢を高めていたであろうとする議論が現れることとなった[58]。

ローズヴェルト大統領は、「マジック」による解読文書を読んでおり、そのため、日本の真意に懐疑的であった。一方、野村・来栖両大使は、開戦間近であることをまったく知らなかった。彼らが知っていたことは、一一月二九日が日米交渉による妥協の期日であったことのみであった。一一月二八日、「マジック」は、東郷外相から野村・来栖宛の電報を傍受した。それによると、日米交渉が事実上断絶となることは必至であることを伝えていた。しかしながら、外相は両大使に対して、日米関係が断交となったような印象を米国政府に与えないことを要請していた[59]。

5　日米開戦直前のフーヴァー

フーヴァー元大統領が、開戦前の日米外交の重要な場面に関与していたことは、日本の研究者の間ではほとんど知られていない。日米開戦前夜におけるフーヴァーと、後述するラウル・デスヴェアニンとの関係、そして彼らの日米交渉へのかかわりを、フーヴァー大統領文書にもとづき初めて紹介したのは、ハワイ大学教授ゲアリー・D・ベストで、一九八二年に刊行したフーヴァーの伝記においてである（この本は、フーヴァーにより創立されたスタンフォード大学フーヴァー研究所より出版されている）[60]。また、一九八四年には、当時アイオワ州のフーヴァー大統領図書館の館長であったリチャード・N・スミスがフーヴァーの伝記を著しているが、そのなかのフーヴァー文書にもとづいて記された日米戦争前後の部分で、ベストと類似した記述がある[61]。ただ、これらの著書はフーヴァーの日米開戦関係の史料の作成された意図や事実の正確さを検証せずに活用している点で問題を抱えている。

フーヴァー文書で特に問題となるのがフーヴァーの「真珠湾日記」で、そこでは野村吉三郎大使と来栖三郎大使が一二月四日と五日にフランクリン・D・ローズヴェルト大統領と会っていたことが指摘されている。しかしながら、野村日記の英訳版にはそのような記述はないので、この英訳が、行方不明の野村日記の原本の大雑把な英訳であることを考慮しても、野村・来栖は、ローズヴェルト大統領に会っていない可能性が極めて高いといえよう[62]。また、E・スタンレー・ジョーンズ牧師の回顧録によると、大統領が保養地へ出発した一一月二八日に両大使と大統領が会っていたと記述されている。しかしながら、やはり野村日記の英訳版にはそのような記述はない[63]。

万一これらが事実であるならば、定説である一一月二七日が両大使と大統領の最後の会談日ではなく、この後にもハル国務長官を除く三人が会談の機会を持っていた可能性が考えられる。しかしながらこれらが事実かどうかは、ローズヴェルト大統領の来客記録においては確認できなかった。ただこの記録に、来客すべてが記載されているわけではない。なお、後述するバーナード・バルークの回顧録にも、真珠湾攻撃直前の日米交渉にかんする記述があるものの、プリンストン大学シーリー・マッド図書館にあるバルーク文書には、該当する史料は見あたらない。(64)

筆者がワシントンの国立公文書館で入手した野村大使の日記の英文抄訳には、フーヴァー日記が主張するような内容は見あたらなかった（野村の回顧録にもそのような記述はない）。ただ、この訳は草稿段階の大変読みづらい手書きで、しかも大まかな英訳であった。(65) 正確な事実を確定するには野村日記の原本が発見されるのを待つ他はない。

フーヴァー日記とフーヴァー文書の関連史料の価値は、日米戦争直前における野村・来栖両大使の活動とデスヴェアニンの関係、そしてフーヴァー自身の日米関係における役割という二点を、より明らかにしてくれるところにある。以下では、フーヴァー文書、来栖三郎の回顧録、(66) バーナード・バルークの回顧録を主に活用しながら、これら二点の信憑性を検証する。

6　フーヴァーとラウル・E・デスヴェアニン

開戦前夜、ニューヨーク市駐在の西山勉財務官は、おそらく渡米前鮎川から得た情報（第7章）にもとづき、ラウル・デスヴェアニンを訪ねた。西山は一九四〇年から開戦まで日米外交にたびたび深くかかわり、一九四〇年六月における日本の財界人招請によるジョン・オライアン将軍の訪日では、その人選で決定的な役割を果たし、(67) 一九四一年一月には米国人で親日派のマックスウェル・クライマンと共同で日本へ非公式の使者を送ることを試み、(68) 同年の二月から三月は井川忠雄の日米外交（井川、岩畔豪雄大佐、ウォルシュ司教、ドラウト神父による外交）を手助けした。(69) デスヴェアニンは、ウォール街の弁護士でもあり、ビジネスマンでもあった。彼は一九一四年にニューヨーク大学法律学校を卒業した後、国際経験豊かな弁護士となる。すなわち、メキシコ政府と駐米メキシコ大使館の特別法律顧問（一九一八〜一九年)、駐米キューバ大使館と在米キューバ商務委員会の法律顧問(一九二〇〜二一年)、キューバ国銀行整理委員会(Cuban Banking Liquidation Commission)のニューヨーク州法律顧問(一九二四〜二五年)、そして対欧州・対南米融資交渉を行っている米国の銀行家たちの法律顧問(一九二六〜二九年)といった経歴を築いたのであった。

西山がデスヴェアニンを訪問した理由は、彼の弁護士としての実力と政財界人脈に期待するところがあったからである。デスヴェアニンは、ニューヨークの政財界や言論界では顔が広く、例えば彼の自宅で行われた夕食会や夜の懇談会によく現れた来客には次の人々が含まれていた——例えば、元ニューヨーク州知事アルフレッド・E・スミス、元ニューヨーク州知事でデスヴェアニンが一九三八年まで一八年ほど勤めた弁護士事務所のパートナーであったネイサン・L・ミラー、U・S・スチール社社長エドワード・ステティニアス、同社前社長W・A・アーウィン、デュポン財閥のピエール・デュポン、電力会社社長で一九四〇年の大統領選の共和党候補となったウェンデル・ウィルキー、『ウォール・ストリート・ジャーナル』新聞記者トーマス・ウッドロック、『ニューズウィーク』誌記者レイモンド・モーリー、コラムニストのウォルター・リップマン、などである。こうした会合では時の政治問題がよく論議されたが、[70]スミスとモーリーはローズヴェルトとその政権、およびそのニューディール政策の批判者として名をはせていた。[71]また、モーリーとリップマンは米国の対日外交については穏健派として知られていた。[72]そして、デスヴェアニン自身、この二つの考えを支持していたのである。まず彼の対日姿勢であるが、彼は一九三八年から四一年春までの約二年間、大手鉄鋼会社クルーシブル・スチール社の社長に就任しており、この間一九三八年から三九年冬にかけて鮎川義介の満洲重工業へ鉄鋼を輸出することに強い関心を示していた(第7章参照)。また、ニューディール反対論者である彼は、一九三四年に有力政財界人により結成された反ニューディール団体アメリカン・リバティ・リーグの役員を務めたことがある。[73]そして、一九三六年にフーヴァー元大統領に初めて自己紹介の書簡を送った際、ニューディールが「その考えと傾向が根本的に全体主義である」という考えを示して、両者は意気投合した。[74]

デスヴェアニンは、一九四一年春以降は、弁護士事務所のパートナーとして弁護士業に専念するが、彼の顧客には三井物産ニューヨーク支店と横浜正金銀行ニューヨーク支店が含まれていた[75]。このような関係から、西山財務官と接するきっかけが生じたものと思われる。そして、西山の紹介によるものと思われるが、一九四一年の夏以降、駐米日本大使館の法律顧問を務めるようになったのである。

そして、フーヴァーが日米交渉におけるデスヴェアニンの活動を知るようになるのは一九四一年一〇月中旬頃であるが、西山の依頼で同月二七日にウォルドルフ・アストリア・ホテル内のフーヴァー邸で三人は会談している。この会談が持たれたのは、フーヴァーが悪化する日米関係を懸念していたことが一番大きな理由であるが、デスヴェアニン自身が一九四〇年の暮れ頃からフーヴァーとの親交を深めることに努力していたという個人的関係も見逃せない[76]。デスヴェアニンは日米交渉における有力な後援者を求めていた。彼は野村大使の依頼で一九四一年夏以降日米交渉にかかわるようになり、これを無償で引き受けていた。野村が彼に接触したのは、駐米日本大使館の法律顧問であったフレドリック・ムーアが高齢で、健康が優れなかったことが理由であった。このようないきさつで重大任務を引き受けたデスヴェアニンであるが、国際経験の豊かなフーヴァーをアドバイザーにしながら日本大使館の顧問になることを希望したのである[77]。

以上の経緯で、フーヴァーは日米交渉におけるデスヴェアニンの最大の後ろ盾となった[78]。二七日の会談の翌日、フーヴァーは二五日付で送られていたデスヴェアニン宅主催の夕食会に出席することを決めた。このようにしてフーヴァーは、ワシントンの駐米日本大使館やホワイトハウスが察知しない状況で、日米交渉に間接的な接点を持つようになる。彼はデスヴェアニンに対して、「アメリカと日本の戦争など愚行であ」り、「それは英国の敗北を意味するかもしれない」と、話している。さらに、自らは表面に出ずにとどまることを示唆しながら、デスヴェアニンに次のように語った。「問題は、今の政権にこの虎〔日本のこと〕に噛まれずにして脅したり、抓ったり、針をさすことはできない、ということを悟らせることである」。フーヴァーは、米国の対日経済封鎖が日本の東南アジア進出を招いたと考えたのであり、事態をこのまま放置すると、日本は「自殺行為であると認識していても対米戦争に踏み切る」と確信していたのである。

一一月二一日、デスヴェアニンはニューヨークでフーヴァーと夕食をともにする予定であったが、突如ワシントンへ赴くことになった。二日後、フーヴァーに電話で連絡をしたデスヴェアニンは、日米交渉は大変危険な状況に入っていることを告げた。フーヴァーがデスヴェアニンから聞いた内容は、以下の通りである。つまり、「野村・来栖両大使が解決を誠心誠意に模索しており、彼らは海軍と文民を代表し、戦争回避を強く希望していた。……〔両大使は〕日本の体面を守りながら解決を図らなければならない窮地に陥っていた。彼らの論旨は、緊張緩和のために即刻に手を打たなければならないというものであった。彼らはハルが戦争に向かうように仕向けていると考え、ローズヴェルトはしり込みしていると考えていた」。このことを聞いた後、フーヴァーは次のようにデスヴェアニンに進言した。「はたして日本がすべての軍事行動を六カ月凍結することに同意するか、〔デスヴェアニンは両大使に〕聞くべきである。この同意の後に対日経済封鎖の一部を民需向けに解除し、そしてハワイかどこかで五カ国会議〔日米英中蘭〕を開催し、太平洋の平和のための解決策を見出す」。もしもこの案に日本が同意するのであれば、フーヴァーあるいは彼の友人は「ローズヴェルトと会い、大統領の手柄として提案するように進言する」ことをフーヴァーは考えたのである。フーヴァーは、現在の日米交渉が、国務省ではなくローズヴェルトによって推進されることを切望した。フーヴァーは、英国が対日戦争回避を希望し、彼が考えるように進展すれば、同国はローズヴェルトに対日関係の改善を打診するであろうと考えたのであった。[79]

7　大統領の天皇宛親電をめぐる日米交渉

しかし、日米関係はハル国務長官がハル・ノートを両大使に手渡した一一月二六日以降最悪の事態へと向かう。この日、両大使は、東京へハル・ノートを打電したあと、独自の案を送信したが、その内容は、大統領と天皇が戦争回避のため日米の平和を訴える電信を交わすことであった。来栖大使は、特使としてワシントンに着任後、大使館の部下である寺崎英成から、E・スタンレー・ジョーンズ牧師が大統領に対し、平和を訴える電信を天皇へ送ることを働きかけていることを聞いた。そこで来栖としては、まず大統領に日米協力による太平洋の平和を訴える電信を天皇に送ってもらい、それに対して天皇が友好的で前向きな返信を行うというシナリオを希望したのであった。両大使は、また、この案を本省へ送ると同時に、七月に大統領が提案したタイとインドシナを含めた中立化構想に類似した、タイ、インドシナ、蘭領東インド諸島を含む地域の中立化案を東郷外務大臣に提示した(80)。しかしながら、東郷外相、東條首相、嶋田海相、木戸内大臣は、協議の結果、両大使の案は受け入れられないと判断し、二八日に両大使に宛てて返信した。むしろ、東郷外相は、両大使が本省の指示通りに動かず、勝手に外交を展開していることに立腹していた(81)。

両大使は大統領とハル国務長官と二七日に会談していたが、日本がハル・ノートを却下したことをハルに伝えたのは一二月一日の会談においてであった。このとき、一一月三〇日に米国紙に報道された東條首相の英米批判演説も話題になったようであるが、この報道を知ったハルが、ジョージア州のウォーム・スプリングスで静養中の大統領へ連絡したため、大統領は休暇を切り上げて同地を三〇日の午後に出発し、一二月一日の朝にワシントンに到着した。ハルが大統領に連絡をしたのは、インドシナにおける日本軍の動向にかんする新しい情報に加えて、「マジック」による暗号解読により日本の外交交渉が間もなく終了することを察知していたため、前述の報道を重視したからであろう(82)。

一方、来栖は、ローズヴェルトがワシントン入りする前に、前述の大統領と天皇が親電を交わすという構想を推進するため、E・スタンレー・ジョーンズ牧師とバーナード・バルークに打診していた。他方、大統領も、天皇宛の親電を送ることについては、ジョージア州へ行く以前から検討しており、すでに出発前に国務長官に天皇宛のメッセージと米国議会宛のメッセージの草案をそれぞれ作成するように指示していた。大統領は日米が戦争に突入するかどうかを見極めつつあり、いまだに孤立主義色の強い議会によって束縛を受けたくなかったため、日米戦争の可能性が近いことを議会に知らせることは、なるべく回避したかった。天皇宛の親電という構想については、ジョーンズ牧師はこの年の秋以来唱えており、彼以外にハーヴァード大学フォグ美術館館員のラングドン・ワーナーとイェール大学教授朝河貫一が共同で提案していた。

大統領がワシントン入りした三〇日に、両大使は、日本側代表を近衛元首相か石井菊次郎、米国側代表をヘンリー・ウォレス副大統領かローズヴェルトの側近ハリー・ホプキンズとし、東郷外相の乙案およびハル・ノートを討論するためのサミットの開催を外相に提案したが、本国はこれを無視した。しかし、このような状況下で新たな展開があった。一二月三日の正午過ぎになってジョーンズ牧師がローズヴェルトと密かに会い、会談中に大統領は、天皇宛の親電を駐日米国大使ジョセフ・グルー経由で送ることを決意した印象を牧師に与えたのである。(83)

8　来栖・バルーク会談

大統領が天皇宛の親電を送ることを決定するに至ったいきさつは、来栖が試みていたもう一つの構想と関係していた。それはバーナード・バルークを介して、国務省を迂回しながら大統領と戦争回避の交渉を続けることであった。バルークは、第一次世界大戦中に米国が戦時経済に移行した際、戦時経済を企画・運営する戦時産業局の長官として一躍有名になった財界人であり、ローズヴェルトに敬遠されてはいたものの、無視できない存在であった。後述するように、来栖の回顧録によると、来栖・バルーク会談の成立には西山が活躍したが、来栖の知らないところでフーヴァーも来栖・バルーク会談に一役買っていた。

フーヴァー日記によると、元大統領は、一一月二九日にデスヴェアニンとニューヨークで会っており、ハル・ノート後の日米交渉の進捗をデスヴェアニンから直接聞くことにより、事態がマスコミで報道されている内容よりもはるかに深刻であることを認識した。デスヴェアニンは、ハル・ノートが日米戦争をもたらす可能性があり、また、来栖・野村両大使が、ハルよりローズヴェルトを頼りにしているとの考えから、危機打開のために大統領と直接に連絡をとる方途の提供をフーヴァーに求めた（デスヴェアニンは、ハル・ノートの作成は大統領の指示によるものではなく、ハルが勝手に作成したと考えていたが、これは、一一月二七日の野村日記が示すように、大統領の指示でハル・ノートが手渡されたのであった）。フーヴァーは、デスヴェアニンにただちにバーナード・バルークと、ウォーム・スプリングスにいる大統領に連絡するよう指示した。フーヴァー文書の一九四二年四月一〇日付の覚書によると、フーヴァーの指示によりデスヴェアニンはウォルドルフ・アストリア・ホテル内のフーヴァー邸から、大統領とともに保養地にいた大統領側近ベイジル・オコナーへ連絡した。オコナーがデスヴェアニンのメッセージをローズヴェルトに伝えたかは定かでなく、また、先述のように別途国務長官が大統領へ連絡をしていたわけであるが、フーヴァーは、オコナーへの連絡が大統領の静養期間を短縮させたと信じた。

来栖、フーヴァー、バルークのそれぞれの記録では、来栖・バルーク会談の日時、内容、参加者、経過が異なる。まず、フーヴァー文書にもとづくと、来栖・バルーク会談前後の記述は、一九四二年二月にフーヴァーとデスヴェアニンにより作成されたものである。フーヴァーによると、一一月三〇日にデスヴェアニンは、バルークと大変親しいレイモンド・モーリーにフーヴァー邸から電話連絡を行い、日米交渉の状況を説明したうえで、バルークとの会談の機会を設けてもらうよう依頼した。これを引き受けたモーリーは、デスヴェアニンの自宅からバルークのサウス・カロライナ州の邸宅に連絡を行った。バルークはデスヴェアニンとワシントンで会うことを承諾し、両者はただちに現地へと向かった。フーヴァーによると、一二月一日午前九時半にデスヴェアニンはバルークと会合し、大統領に働きかけることを依頼した。バルークは日米交渉に関与することを拒んだが、結局デスヴェアニン宅で来栖と昼食会を行うことに同意した。そして、昼食会に先立って、来栖と会うことについて大統領の了承を取り付けた。デスヴェアニン、来栖、バルークは一時半から五時まで会談し、この間来栖は日米関係の状況を説明した。バルークは、日本側の提案が短い覚書にまとめられた後に、これを大統領に渡し、大統領が両大使との話に応じた場合、この覚書をもとに話をする、という段取りに応じた。この後日本大使館ではデスヴェアニンと両大使がこの覚書の作成を午後五時半に始め、この作業が終わったのは二日の午前一時であった。覚書は二部作成され、一部は大統領に渡すもので、もう片方は来栖がイニシャルを付したものでバルーク自身の記録と保身のためのコピーであった。デスヴェアニンが来栖と最後に会ったのは二日で、これ以降七日の正午まで二人は電話で連絡をとりあった。一方、覚書を来栖から受け取ったバルークは、大統領にこれを手渡した。この後の経過にかんするフーヴァー文書の記述で特に注意すべき点は、デスヴェアニンによると、野村と来栖がローズヴェルト大統領と四日か五日に会談を行ったということで、フーヴァーは両大使が両日ともに大統領と会ったと考えていた。しかしながら、野村日記にはそのような記述はないので、やはり野村・来栖は、ローズヴェルト大統領に会っていないと考えられる。

さて、この覚書であるが、以下が一九四二年二月にデスヴェアニンの記憶により記された両大使の主張であった。

(1)日米共同委員会により、日本軍の中国からの緩やかなペースでの撤退を行う。そして、他の欧米諸国と同様に、日本の駐屯基地を三、四カ所認め、その場所と規模は日米の合意で決める。

(2)日独伊三国同盟については、米国がドイツに宣戦布告をした場合、日米戦争とならないことを日米が覚書で約束する。

(3)日米通商条約の復活による日米貿易の再開と米国の対日経済封鎖の解決。

(4)上記三事項は、参加国が同意した中立の場所で国際会議により解決され、この会議で結論が出るまでは、対日経済封鎖と日米の軍事的緊張には過渡的な措置をとる。

(5)米国の対日経済封鎖の過渡的な措置として、非軍需物資の輸入を一定量日本に許す。

フーヴァーによると、この覚書を読んだ大統領は、前述のごとく一二月四日か五日、あるいは両日に両大使と会談し、危機の打開が達成されたように見えた。大統領は日中和平の仲介さえ示唆し、これを聞いた来栖は感激したという。この会談後、デスヴェアニンは両大使と電話で話し、そして六日と思われるが、ワシントンからニューヨークへ戻ったのである。(84)

こうしたフーヴァーの記述に対して、来栖の回顧録は、来栖・バルーク会談を成立させたのはデスヴェアニンのみならず西山の役割があったことを指摘している。西山はデスヴェアニンと一一月二八日に会っており、また、西山とバルークは一二月四日に会っていたという。また、来栖によると、彼とデスヴェアニンは一一月二八日までまったく会ったことがなく、初対面となった二八日に、デスヴェアニンは来栖とバルークが会うことを来栖に進言したという。デスヴェアニンは二人の仲介役となることを提案し、バルークと来栖が会ったのは一一月三〇日であったことになっている。

このように、来栖・バルーク会談にかんする、来栖による記述は、フーヴァー文書の記述と異なるが、バルークの回顧録もまたこれらと異なっている。バルークの場合、例えば、一二月三日を来栖と初めて会談した日として記録している。また、フーヴァーの「真珠湾日記」では、バルークがフーヴァーの関与を知っていたことが判るが、バルークの回顧録ではフーヴァーの関与が言及されていない（来栖の回顧録では、モーリーとフーヴァーの関与については来栖自身知らなかったので当然言及されていない）。バルークによると、大統領は来栖・バルーク会談を許可し、バルークは大統領の天皇宛親電を求める旨を含んだ覚書を提出した（大統領の側近で財務長官のヘンリー・モーゲンソーの一二月三日の日記によると、大統領は、来栖がバルーク及び他のルートを通じてローズヴェルトに影響を与えようとしていたことをよく認識していたが、日本側の真意には懐疑的であった。大統領は、日本軍がインドシナ方面で海軍と空軍の増強を図っていたことを憂慮し、そのことについて一二月二日、サムナー・ウェルズ国務次官を通じて野村・来栖両大使に照会する一方で、英米が日本の南進にどう軍事的に対応すべきか英国と相談していた）。

来栖によると、来栖・バルーク会談の冒頭ではバルークが最近の日米交渉について質問攻めを行ったが、バルークによると、全体としては来栖の方がかなり多く話した。来栖とバルークの記録のいずれも、会談の長さには触れていない点でフーヴァー文書と異なる。

来栖によると、バルークは、ハル・ノートを読んだ後、両国は戦争に突入する可能性が高いと考えたが、それでも日米戦争の回避を試みたかったようである。ただ、バルークは日独伊との二正面戦争となっても最終的には米国は勝利できることを信じていたと、来栖は記述している。バルークは、米国内における戦争準備のための生産力がまだ不十分であったため、なおさらにその必要性を感じていたようである。他方、来栖は大統領による天皇宛親電による緊張緩和を希望した（ついでながら、来栖によると、バルークは日本の産業発展のため一〇億ドルの援助を米国が行うことを検討すべきであると述べた）。

さて、バルークの回顧録では、バルークがモーリーからの電話を受けたのが一二月二日で、しかも彼のワシントンにおける宿泊先ホテルにおいてであった。デスヴェアニンと会ったのも同日であった。また、来栖・デスヴェアニンと彼との会談は一二月三日に行われた。これらの日付はフーヴァー文書や来栖の回顧録とは異なる。バルークの回顧録によると、来栖が希望したことは、大統領の天皇宛親電、米国による日中和平の斡旋、ホプキンズのような人物を対日特使として送るといった事項を、国務省抜きで大統領と話すことであったという。さらにバルークは、フーヴァー文書と異なり、来栖が会談の場所で話した内容をデスヴェアニンが手書きし、これを覚書にしたと回顧している。この手書きの覚書をバルークは回顧録で紹介しているが、フーヴァー文書で紹介されている覚書の内容とは下記の点が違う。

①対日経済封鎖の緩和がバルークの回顧録にある覚書では言及されていない。
②日本が中国で駐屯地を置く場所を決めるのは、日米共同委員会ではなく、日中米の軍事専門家である。
③インドシナ問題の解決は日中戦争の解決が前提、とするが、フーヴァー文書にはそのような言及がない。

来栖の回顧録では、一二月三日の夜バルークと大統領は会食しており、これはジョーンズ牧師が大統領と日中に会談した同じ日にあたる。会食の席でバルークは、大統領から日米交渉について「よい感触を得た」ことを来栖に伝え、バルークと来栖は一二月一〇日にまた会うことを約束したという。他方、バルークの回顧録にはこのような記述はなく、来栖・バルーク会談の後に、ローズヴェルトの秘書であったワトソン将軍に会談の要旨を口頭で伝え、六日に天皇宛の親電が送られたことのみを記している。[85]

結局、ローズヴェルトの天皇宛の親電が送られたのは、一二月六日の夜六時に大統領が日本軍の動向にかんする最新の情報を得てからであった。このとき、大統領は日本が間もなく対米戦争に踏み切ることを覚悟したのである。大統領はこれより以前に親電を送ることを検討したことがたびたびあったが、日本の外交暗号解読から得た情報によって日本の真意を疑っていたハル国務長官は、親電を遅らせるよう進言していたし、大統領自身も日本の真意には懐疑的であったのである。そして、ローズヴェルトは、仮に親電を送った場合、日本側の返答を促す目的から、この事実をマスコミに公けにするつもりであったが、その場合、世論は対日戦争の可能性が間近であることを察知するため、連邦議会や世論に対して大統領自身どう説明すればよいのかというジレンマを突きつけられていたのである。親電の内容自体は具体的な提案を含まない、一般的な和平論であるが、大統領は親電を送ることで米国は弱腰であるという間違った印象を日本に与えることはもとから望まなかったのであろう。あるいは、戦争となった場合、米国は日米交渉で最後まで最善をつくしていたという記録を残しておきたかったのであろうか。

親電は、日本の軍部の謀略により、真珠湾の奇襲攻撃前に天皇には届かなかった。駐日大使グルーは、親電が送られることをサンフランシスコからのラジオ放送によって知り、首を長くして待っていた。結局グルーの手元に届いたのは七日の夜一〇時半で、天皇への謁見が許されたのは、奇襲攻撃開始後であった。グルーは、本来この親電を天皇に謁見した上で手渡すはずであったが、東京中央郵便局に届いた親電は、陸軍の横槍により、グルー大使への配達が、意図的に遅らされたのであった。[86] トーマス上院議員は、日米戦争中、天皇がローズヴェルト大統領の親電を日本軍による奇襲攻撃後まで意図的に見せられていなかったことを示す「かなり確かな証拠がある」と論じていた。[87]

開戦前、日本国内でバルークの日米交渉における関与について認識していた者がいたとすれば、それは井川忠雄ただ一人であったかもしれない。一二月一日に、井川は、日米交渉の仲間であったウォルシュ司教より「連邦ノースカロライナの偉大な政治家のみが最悪を回避することができる。緊張緩和のために競いあおうと進言」という電報を受け取っていたようである。なお、バルークはサウス・カロライナ州出身で、隣州のノース・カロライナ州ではない。しかし、ニューヨーク市近郊在住の司教は、当時ワシントンで来栖・野村両大使と連絡を取り合っていたドラウト神父とは懇意で、また、ニューヨーク市在住の西山財務官と司教は井川を介して面識があった。これらの人間関係を考えると、西山かドラウト神父からバルークのことについてウォルシュ司教が聞き及んでいても不思議ではない。司教は井川に対し一一月二七日の電信でハル・ノートは日米の一般合意をめざす友好的な意図であると説いた。しかしながら、一二月一日に司教がバルークのことを井川に伝えていた同じ頃、ハル・ノートを最後通牒とみなした日本政府は、開戦の最終決定をしていたのである(88)。

9　一二月上旬の野村・来栖

野村大使は、本省宛に一二月六日、電報(第一二七二号)を打って、ローズヴェルト大統領に有力者を通じて行った側面工作の状況を報告した。ここで言及されているA工作もB工作もバルークにより行われていたようである。A工作は、一二月四日両大使の依頼を受けたある人物が、ローズヴェルト大統領との昼食に際して、日米戦争を回避すべく大統領が日中戦争終結の仲介役を果たすべきであると大統領に助言した工作を指している。

B工作は日本の乙案に米国ハル・ノート案の日本に無害な部分を加えて、ハルの同意を取り付け次第、「新ニ米案トシテ提出セシメントシツツアリ」とするものであり楽観的な報告を最終段階で行っていた。この妥協案の作者はまさに来栖自身であり、それをローズヴェルト大統領の逆提案として日本政府に提示させ、日本とのぎりぎりの妥協点

条的な印象を与えるが、実際の問題解決については、原則を柔軟に適用できる人物であることを強調していた[89]。

しかしながら、東郷外相はこの電報内容を無視した。前述したように、東条首相、東郷、嶋田海相、木戸内大臣は、大統領と天皇が親電を交わすことは不可能であると判断していた。彼らは、日本がハル・ノートを受け入れるような姿勢を示せば国内で反乱がおきるのではないかと恐れていた[90]。

一一月七日、ローズヴェルト大統領は、彼の閣僚たちとの会議で、もしも日本軍が東南アジアの英国あるいはオランダの植民地を攻撃した場合、米国民は、自国政府が日本と戦争することを支持するであろうと自信を示していた。一二月一日、ローズヴェルトは、駐米イギリス大使ハリファックス侯爵に、もしもそのような状況になった場合、米国は参戦するであろうと述べた。しかしながら、フーヴァー元大統領やアメリカ・ファースト委員会の活動が物語るように、米国世論が米国の参戦を支持するかはいまだ不透明であった。ローズヴェルト大統領のこのようなジレンマを救ったのが、米国時間一二月八日の日本海軍によるハワイ島の米国太平洋艦隊本拠地真珠湾への奇襲攻撃であった。大統領は、米国議会における対日宣戦布告の可決が一票の反対のみで決定された際、日本の真珠湾奇襲攻撃の日を「汚辱の日」と形容して、米国民に戦争遂行への協力を愛国心に強く訴えながら要請したのであった。ヒトラーとリッベントロップは、大島ドイツ大使に対して、日本が米国を攻撃すれば、ドイツも米国に宣戦布告すると再三にわたって働きかけてきたが、日独伊三国同盟は、第三国が日独伊の少なくとも一国を攻撃した場合、日独伊は共同対処を行う義務があるのみであったため、日本による米国攻撃に伴う、ドイツによる参戦義務はなかった。しかし、一二月一一日ヒトラーは、ローズヴェルトが長らく求めていた事態を実行した。ドイツは米国に宣戦布告した。これにより、一九四一年一月以来ワシントンで英米の将校たちが練ってきた極秘の戦争計画は実施されることとなった。ローズヴェルトはヒトラーの宣戦布告に応じ、米国の第一の戦略的優先目標が欧州における独伊の打倒におかれた[91]。

日米は一一月下旬に暫定協定を結ぶ余地があったのであろうか。米国時間一一月二六日の朝、日本政府は、駐米大使館に、暫定協定の話し合いが進められた場合、航空燃料を含む石油の供給再開を要請するよう指示する電報を送っていた。一一月一日の段階では、日本政府内では、航空燃料を年間一〇〇万トン求める案が検討されており、日本側が考えていた石油供給量は非常に大きかった。しかしながら、この日の午後、野村・来栖両大使には、ハル国務長官から暫定協定案ではなく、ハル・ノートが手渡されていた。もともと米国が前日まで検討していた暫定協定案は、日本が検討していた石油供給量をはるかに下回る量であった。しかも航空燃料の対日輸出は禁止されており、また、石油の用途も民生用のみに限定するというものであった。このことを考えると、暫定協定案成立の見込みはもともと絶望的であった。さらに、米国政府案では、石油の対日供給を継続するか否かは、毎月更新の可否を検討の上決定し、これを三カ月間行うという内容であった。[92] ハーバート・ファイスが一九五〇年に指摘しているように、日本軍の兵力の展開について日米で妥協が成立しない状況に加えて、石油については、日本は備蓄していた石油を温存すべく、米国より年間四〇〇万トン、また蘭領インドシナより年間一〇〇万トンの石油供給を要求しようと考えており、この量を米国政府は到底受け入れられなかったであろうと指摘している。[93]

ハル・ノートにもとづいて野村・来栖両大使は、対米交渉を続けようとしていたが、これは現実的に可能であったのか。例えば、満洲国の問題について、駐満洲国大使梅津美治郎（終戦時の参謀総長）は、満洲国から外務省本省に、ハル・ノートが求めている中国からの撤兵は、満洲を対象としているのか問いあわせたが、本省はこれに返答しなかった。ハル・ノートは、日本に対して南満洲鉄道の権益の放棄を要求していなかった。ゆえに、米国が満洲を以前の状態に戻そうとしていたとしても、それは、日本の満洲における鉄道権益とそれを軍事的に守るための国際合意を覆すことまでは意味していなかった。米国が日米暫定協定案を検討していた際、満洲国を承認することも検討していたかもしれない。しかしこのような対日提案は行われなかった。しかも門戸開放にかんして、米国が一九四〇年以降原則を厳格に満洲に適用していたことを考えると、満洲国にかんするそのような検討がなされていたとしても、それはどういう政策上の選択肢があるかを検討していた次元での取り扱いに過ぎず、米国政府がそれを真剣に検討していたとは考えられない[94]。

それからハル・ノートは、中国からの日本軍の撤兵について具体的な期限を設けていなかった。東条首相は、中国からの撤兵について反対していたが、撤兵行程表について何らかの合意が成立する余地があったのではないかという見方がある。しかしながらこれに対しては、日本は中国で複数の傀儡政権を樹立しており、一九三九年一月以来蔣介石率いる重慶の政権との話し合いを拒んできた事実があった。ハル・ノートは、日本の指導者層のなかにいた英米との戦争に反対していた人たちによる、英米との対決を唱える軍部の抑え込みを不可能にしたと言えよう。元駐英大使で戦後首相となった吉田茂は、東郷外相に、ハル・ノートを事実上の最後通告であると解釈すべきでないと助言していた。というのも吉田は、ワシントンで野村・来栖が一二月上旬独自に行っていたように、日米交渉の出発点にできると考えていたからであった。

しかし、木戸内大臣の一一月二九日の日記が記しているように、天皇周辺の英米穏健派の声は、戦争を唱える声をもはや抑えられるような情勢ではなかった。彼らにとって一九三六年の二・二六事件の記憶はいまだ鮮明なものであった。昭和天皇が終戦の翌年春に回想しているように、もしも開戦に反対すれば、反対派は血生臭いクーデターで殺され、より過激な政権が誕生していたであろうと語っていた[95]。

二〇〇四年一〇月、日本国外務省は、一九四一年一二月七日（米国時間）日米開戦時に米国政府に野村・来栖両大使が渡した最終覚書の関係書類（以下「最終覚書」と略称する）を公開した。このことに関連する報道は、一九九九年一二月九日、『ニューヨーク・タイムズ』紙に掲載されていた。それは、外務省外交史料館で井口武夫が発見した最終覚書の草稿であった。この草稿によると、日本政府は、最後通告としての条件を満たす文言を記入していた。しかしながら、実際の最終覚書では、武力行使がありうることを示す表現がなかった。ハーグ条約第一条は、明確な最後通告を開戦前に相手国に渡す義務が課されていた。野村・来栖両大使がハル国務長官に渡した最終覚書は、最後通告の要件を満たす表現は存在していなかった。

このことと関係しているが、日米開戦前、陸軍参謀総長と海軍軍令部長は、東郷外相に対して、陸軍によるマレー半島上陸作戦と海軍による真珠湾攻撃が奇襲攻撃として成功するために、最後通告を事前に英米に渡すべきではないと、強く要請していた。東郷外相はこの要求をつっぱねたが、最終覚書では、日米交渉が決裂したことを伝えるのみで、しかも、真珠湾奇襲攻撃三〇分前に手渡される予定になっていた。[96]

野村・来栖両大使が最終覚書をハル国務長官に手渡したのは、一二月七日午後二時過ぎのことであった。真珠湾における日本海軍の奇襲攻撃はすでに四〇分前に開始されていた。本省から両大使に送られていた指示は、最終覚書を、米国政府に午後一時、つまり、両大使に本省が伝えていなかった戦闘開始三〇分前に、渡しておくはずであった。ローズヴェルト大統領は、対日宣戦布告を行う議会で説明を行った際、日本の攻撃は、日米交渉がまだ行われているなか、戦闘開始の予告なしに始まったと演説した。[97]このような奇襲攻撃を擁護する日本国内の見解は、開戦は日本が米国の経済制裁により石油を入手できなくなったためであり、そのような自存自衛のための戦争では、最後通告は不要であるという議論を展開している。一一月二九日の大本営機密日誌は、米国の戦争準備体制は不十分で、米国に対する突然の攻撃は、ドイツがポーランドなどで行った電撃作戦よりもっと成功をおさめるだろうと予測していた。

もしも戦闘開始三〇分前に最終覚書を米国政府に手渡していれば、日本は開戦にかんする国際規範を満たしていたのであろうか。極東国際軍事裁判では、日本側は、ハーグ条約に開戦を相手国に通知する最低限の戦闘前の時間についての記載がないことを利用していた、と指摘されていた。しかも、日本側の弁護団は、米国政府が「マジック」により最終覚書を解読していたので、戦闘開始前の事前通報の要件は満たされていたと主張していた。

このことと関係して、杉山参謀総長が残した杉山メモによると、一二月四日の日本政府と最高戦争指導者たちとの会議で、最後通告にかわって日米関係の断交を伝える最終覚書を東京から駐米日本大使館に送るにあたり、東郷外相は、それを一二月五日に行うことで、一二月六日には暗号文書の解読が終わっているようにすることを進言した。

しかしながら、軍部は、海軍による対米攻撃の成功を確実にすべく、最終覚書のすべてが駐米日本大使館で解読済みとなるのをさらに一日遅らせることを要請したのであった。杉山の一二月六日の日記によると、最終メモがすべて駐米日本大使館に届くのは日本時間一二月七日午前四時となり、最終覚書の米国政府への手渡しは、日本時間一二月八日午前三時、つまり、真珠湾奇襲攻撃三〇分前となっていた[98]。

しかし最終覚書の駐米日本大使館宛の打電作業は予定されていた午前四時までに済まず、最終覚書の最後の部分が駐米日本大使館に打電されたのは、一二時間後の午後四時であった。この遅延は、駐米日本大使館における最終覚書のタイプライターによる作成作業を大幅に手間取らせる致命的な結果をもたらす主因となり、清書された最終覚書を米国東海岸時間一二月七日午後一時に米国政府に渡すことを不可能にした。

このような遅延は複数の要因が重なって引き起こされていた。すなわち、日本政府上層部の判断、対英米攻撃を成功させるために秘密を攻撃開始時まで保持したかった軍部、東京の外務省から東京中央郵便局経由で行われた駐米日本大使館向けの暗号電文の送信過程、である。本国政府は、駐米日本大使館に真意を伝えていなかったため、同大使館を混乱させていた。最終覚書を攻撃三〇分前に確実に米国政府に渡すべく、本国政府は、効率的で正確な暗号電文解読が駐米日本大使館により行われることに細心の注意を払うべきであった。一二月四日に日本政府内で東郷外相が進言していたように、最終覚書は遅くとも一二月六日までに解読が済まされているような状況にすべきであった。

最終覚書の最終部分の送信が一二時間遅れた問題は、ローズヴェルト大統領による天皇宛の親電の打電のタイミングと関係している可能性が高い。後者が行われたことで、前者の表現の修正を迫られたからであった。これが事実であるとすれば、この遅延にかかわった日本政府関係者は、国家元首同士のコミュニケーションに介入した責任を免れることはできない。

もうひとつ重大な問題は、駐米日本大使館宛の打電の優先順位を意図的に操作して、現地での効率的な解読作業が遅れる事態を引き起こしたことである。例えば、外務省が最終覚書を現地時間午後一時に米国政府に渡す指示をしていた電報は、当初「大至急」の指定が予定されていた。この指定であったならば、この電報は駐米日本大使館に深夜でも届くような扱いとなっていた。しかし、この電報の「マジック」による解読によると、「至急——重要」指定となっていた。この指定では、この電報はどんなに早くても朝一番に届けられる扱いであった。当時、外務省の電信班長であった亀山は、極東国際軍事裁判と死亡後公表された文書で、電報の指定扱いの件と送った電報の訂正電の遅延について曖昧な供述を行っていた。戦後日本では、真珠湾奇襲攻撃にかんする事実の隠蔽や事実の矮小化が進められた。これらは、対米攻撃に関係した政府機関や個人を守るために行われたのであろう(99)。

日本の最終提案の甲案・乙案とハル・ノートとを再度比較してみたい。米国の対日石油禁輸に苦しむ日本が最終的妥結を図って提示した甲案によれば、一一月五日の御前会議の決定により、中国における駐兵を北支・内蒙古の一定地域と海南島に限定して二五年とし、他の地域からは二年以内の撤兵とするもので、米政府に一一月七日に提示された。そして甲案が受け入れられない場合にぎりぎりの暫定的な妥協案として本省が用意した乙案によると、仏印以外のアジア・太平洋地域への武力進出は行わない約束と引き換えに、蘭印及び米国からの石油の対日供給が再開されれば、南部仏印の日本軍は北部仏印に移駐すること、日中戦争が解決すれば日本軍は仏印より完全撤退することを約束する内容であった。甲案は中国撤兵が部分的で、日本軍の長期駐留権を認める点で米国の受け入れるところとならなかったが、既述のように乙案に対してハル国務長官は関心を示し、三カ月程度の暫定協定を結んで期間の延長も考慮するラインで対案を提示するとの態度を示した。しかし米国は一一月二六日になって乙案を拒否しそれに沿った暫定協定案を引っ込めたのである。日本政府はすでに一一月五日の御前会議で交渉妥結の最終期限を一一月三〇日に設定し、これを延期することは海上気象その他軍事作戦上非常な困難を生じるとの戦略上の考慮を最優先とし米国の一一月末までの一方的譲歩を要求していた。このように開戦を急ぐ陸海軍の重圧を受けていた東郷外相としてやむなく開戦反対の態度を翻すに至り、一二月一日の閣議で対米英開戦が決定され開戦日も八日に決定された。

三輪宗弘が論じているように、日米が暫定協定を話し合っていたとしても、前述の日本が要求しようとしていた石油供給量と米国が検討していた石油供給量との間にはあまりにも大きな開きがあり、これをめぐる日米交渉は結局決裂していたであろう[100]。

しかしながら、もしも日米交渉が一二月七日以降も続けられていたら、日本の軍部も独ソ戦の形成がソ連に有利になってしまったことを悟っていたかもしれない。一九四二年一月中旬までに、ズーコフ元帥率いるソ連軍は、モスクワからドイツ軍を、彼らがモスクワ制圧のために始めたタイフーン作戦の出発地点まで押し戻していた。この時点の日本軍は、東南アジアを破竹の勢いで制圧していくことに成功していた。日本にいたソ連のスパイ、ゾルゲは、そのスパイ網の一員であり、近衛首相のブレーンの一人でもあった朝日新聞記者尾崎秀実から、九月六日の御前会議で承認された「帝国国策遂行要領」が北進ではなく南進を決定したことを知らされていた。この情報は、一〇月上旬ソ連に打電された。この情報をもとに、スターリンは、一〇月一二日、満ソ国境から兵力四〇〇万人、航空機一、〇〇〇機、戦車一、〇〇〇台をシベリア鉄道によりモスクワ防衛のため移動させたのであった。この移動は、ソ連の首都防衛の成功のみならず、欧州における戦争の流れを変える重大な転換を招いた[101]。

日本は米国にとっては、根本的な脅威ではなかった。米国の太平洋地域におけるフィリピンをはじめとする軍事拠点の防衛のため、最新鋭の爆撃機B一七が十分に配備されていたとしても、この機種は、海洋航行中の軍艦を爆撃するには重大な欠陥を抱えていたことが日米開戦前から米国政府により把握されていた。中国における門戸開放も米国にとっては死活的利益ではなかった。しかしながら米国は、アジア・太平洋地域が日本の主導下に置かれることを受け入れることはできなかった。もしも米国が日本と一一月下旬に妥協していたならば、日米暫定協定案に反対する中国や、同案に抵抗した英豪蘭の反応が示すように、日本封じ込めのために米国政府が築いた「ABCD包囲網」が解体される結果を招いたかもしれない[102]。

それでも、日米双方が戦争を三カ月先送りする判断を下していたら、国際政治はどのような展開となっていたであろうか、というなお残された問いが存在している。この問いは冷戦時代、ポスト冷戦時代の現在でもたびたび取り上げられており、いまだ十分な回答を得るに至っていない[103]。

10　日米開戦前夜の鮎川

一一月一六日、井川は、軍務局長武藤章に、日米戦争回避の必要性を述べ、「臥薪嘗胆」を訴えたのであった。井川は、日本の工業力は、明らかに米独と比べて劣っており、総力戦の時代である今日、この局面は戦争を回避して、五年から一〇年先を見据えて産業の再編を行いながら工業力を増強していくことに専念する必要性を強調した。井川は、日本はこの先数年間、米国の資金と物資を極力使用しながら極東の開発を行い、形の上でも現実としても共栄圏の確立を同地域に達成すべきであると持論を展開した。そのときには、英米のような国を恐れる必要のない経済力を含む国力がついているであろうと指摘したのであった。井川は、現在の日本の政治・軍事上の発想はあまりにも面目にこだわり過ぎていて、ドイツを含む欧米人はこれに敬意を払わないどころか、日本人をかえって馬鹿にするであろうと述べた。井川は武藤に、日本が打算によって相手方を操るような行動をとる必要性を訴えたのであった。(104)

井川が武藤軍務局長に働きかけていた同じ時期、鮎川は、三保幹太郎と元企画院総裁・大蔵大臣青木一男とともに、東條首相と武藤章軍務局長に開戦回避の建白書を提出していた。青木は、鮎川の対満米国資本導入構想への、一九三七年当時対満事務局次長であった時期からの良き理解者であった。日米開戦直前の青木は、南京の汪兆銘（汪精衛）政権の行政院全国経済委員会最高顧問であり、また、日本の大蔵省の顧問でもあった。青木は、汪兆銘政権の駐中華民国大使重光葵など南京政府の日本人関係者に、日米戦争となった場合、日米間の経済力の格差から見て日本は敗北すると語っていた。一一月中旬、中国より一時帰国中の青木は、東郷外相を訪問し、日本は、対米関係と対中関係で外交的解決を達成するべきであるとの見解を述べた。若い頃の駐ロンドン財務官時代と欧州・米国の視察を通じて、青木は、米英が日本よりはるかに大きな経済力を持っていることを痛感していた。青木は日本は米国と交渉を行いながら中国からの撤兵を行うべきであると考えており、蔣介石と汪兆銘政権との連立を実現できることが望ましいとし、また枢軸国から離脱するべきであるとも思っていた。

鮎川、三保と青木は以下のような内容の建白書を作成した。

①米国は、満洲国とモンゴルにおける日本の「至上指導権」を認める。

②貿易と産業の機会均等の原則を厳格に適用することで、中国における門戸開放の原則を維持する。これは、中国における租借地を全廃することも意味する。

③中国における反日思想と反日活動を完全に除去するため、中国全土の鉄道は、日本人の監督下と経営下に置かれる。日本はこれら鉄道網の警備のため、南満洲鉄道の警備を行っていた関東軍のような軍隊を配置することができる。情勢の改善にしたがって、これら軍隊を撤収させていき、鉄道網の監督と経営権を中国に返還していく。

④米国は、中国における反日活動を誘発する行為をやめることを日本に約束し、蔣介石政権と汪兆銘政権との連立政権樹立の仲介を援助する。米国は日本と協力しながら中国での政治的独立国家樹立を実現させる。

⑤ソ連のサハリンと樺太、ソ連沿海州と満洲国に隣接する地域に緩衝国家を誕生させる。

⑥フィリピン、仏印とその他の東南アジアの地域は、それぞれの地政学的環境に応じて独立を得る。これら新興独立国は、非軍事化され、経済の機会均等の原則が適用される。

⑦以上の提案が合意されれば、日本は日独伊三国同盟から離脱する。その際、米国は、日本との通商条約を復活させる。また米国は、日本が推進する自国、満洲、モンゴル、そして中国の経済発展のために五〇億ドルの資金を供与する。

⑧日米が友好関係を、上記の提案にもとづき再構築することで、両国は太平洋連盟の中心となり、世界平和の救世主となる。戦争を地球上からなくしていくことで、「八紘一宇」が実現される。[105]

このような建白書の内容は、本章で考察されている実際に展開された日米交渉の中身を考えると、非現実的であったと言えよう。いわば、その本質は日本政府が提出した甲案と同種のものであった。しかしながら、鮎川、三保、青木の狙いは、なにより、対米戦争を急ぐ軍部に再考を促すことであった。上記の①②⑦そして⑧の内容は、鮎川が一九三七年以来取り組んできたことを盛り込んでいた。⑦の資金の件は、本章で見たように来栖・バルーク会談時に話し合われていた。

本章で確認したように、一一月二三日フーヴァーは、デスヴェアニンに日米戦争回避案の骨子を提示していたが、同日日本では、鮎川が東條首相と武藤軍務局長にこの建白書を提出した。鮎川は、もう一度対米英戦争を回避するため、ユダヤ系財閥を介して米英と交渉すべきことを強調したのであった。鮎川は、このことについて東條とは直接話していなかったようであるが、東條周辺に働きかけていたようである。

鮎川がユダヤ系資本について武藤に言及した一一月二三日、上海の現地日本軍の働きもあって、ナチス・ドイツによる迫害を逃れてきて上海に難民として在住していたユダヤ人たちは、米国の有力ユダヤ人団体、ローズヴェルト大統領、ユダヤ系米国人で財務長官モーゲンソーに日米間の平和を訴える電報を送った。この電報で彼らが強調したことは、日本は枢軸国の一員であるが、日本人は、国家的規模での憎悪と抑圧には反対しており、その点ナチス・ドイツとは違うということであった。また、日米戦争が勃発すれば、何百万もの人に甚大な苦しみをもたらすであろうから、相互理解にもとづき平和的解決が達成されることを願っているとしたのであった。[106] 南京傀儡政権の経済顧問であった青木は、このユダヤ人難民の電報のことを知っていたのではなかろうか。そして鮎川は青木からこのことを聞いていたのではないだろうか。また、ニューヨークの西山勉から、バルークについても青木と鮎川は知らされていたのではないかとも思われる。

おわりに

本章では、従来の外交史研究において、東郷外相に比して必ずしも評価が高くなかったと思われる、在米日本大使館の野村・来栖大使を鮎川、フーヴァーと井川・岩畔工作と関連させながら取り上げ、彼らを中心とする日米開戦回避の極秘工作に焦点を当てた。ハル・ノートが提示される前後から、来栖大使は野村大使の了解の下にローズヴェルト大統領と天皇陛下との親電交換によって戦争を回避すべく必死の工作を繰り広げ、一二月早々にハル・ノートと日本の最終提案の乙案とを何とか折衷することによって流産した暫定協定を蘇生させるような案を模索し、ローズヴェルトに内々に提示していたのである。在米日本大使館は戦争回避の最終工作を断念せず、一二月一日に「局面打開のため首脳会談再検討方意見具申」によって、米国副大統領かホプキンズ顧問と近衛公爵による首脳レベル会談をホノルルで開く最後の訴えを行ったが、これも日本政府に拒否された。来栖は帰国後木戸内大臣に「米国側はとかく陛下さえ煩せば何事でも出来ると考えているので困る」と文句を言われたほどであって、重臣も軍部の意向を恐れて天皇に対し開戦を急ぐ政府決定をもう一度遅らせるか、白紙に還元するような決断を求めることが到底できなかったことを示している。

このような急迫した国内事情を把握できなかったワシントンの日本大使館は、日米戦争が起これば日本の敗戦必至との判断に立ち、本省の意向に逆らっても、一一月三〇日に来栖・寺崎は全米の宗教界に影響力を持つスタンレー・ジョーンズ師にアプローチして、ローズヴェルトが天皇に親電を打つように懇請し、同師が一二月三日に大統領と会見してその伝言を伝えたのに対し、ローズヴェルトはそれに謝意を表明、前向きな姿勢だったとされていることは、本件の工作担当者たちを鼓舞するものであったと思われる。これ以上に、極めて重要な動きとして、一一月三〇日に来栖は西山財務官と三井物産ニューヨーク支店顧問デスヴェアニンの助力により、対日宥和論を唱える共和党前大統領フーヴァーのラインを活用してフーヴァーと同意見の民主党の有力者でローズヴェルトにも近いバーナード・バルークに会い、天皇が親電を受け取れば日中和平仲介を大統領に依頼するとの提案を一二月二日か三日にメモ案で手交していた。来栖の工作の重要性を察知したバルークは、事前にローズヴェルトの意向を打診、来栖との会見を行うこと、その提案を受領して大統領に伝達することについて了解を得た上で、来栖と会う慎重さであった。来栖が独自に大胆な提案をした内容で注目されるのは、日本の最終提案の乙案と異なり、中国からの撤兵に言及しながらそのペースを緩やかに行うこととし、モンゴル国境と北支の駐兵は日米中三国間合意事項として米国の介入を認めたことである。駐兵問題についてフーヴァーに宛てたデスヴェアニンの報告では「日米合同委員会の設置にもとづき行う」との表現が記録され若干の食い違いがあるが、乙案が中国撤兵を棚上げした暫定合意であり、甲案が基本的に日中間の問題は米国を排除する意図で起案され米国の介入を認める条件がなかったのと比較して、ハル・ノートに少しでも歩み寄る姿勢が来栖提案に看取され、さらに中国問題の全般的解決を図る日米中三国会議開催中は中国に対し軍事行動を凍結することを提議していた点が来栖案の重要な譲歩であり、これで蔣介石の強い反対を抑えようとしたと思われる。

対日戦争はアジアの勢力均衡を覆しソ連共産主義の拡張に有利な状況を現出するとの持論をかねてから抱くフーヴァーは、ウォームスプリングで休暇中のローズヴェルトの首府への帰還を促し日本側の緊急のアプローチに応えるように影で尽力していたことも来栖工作の成果として注目されよう。このような日本側の奔走がローズヴェルトの関心をひく一方で、あるいは日本の対米戦争準備完了までの時間稼ぎの陰謀かもしれないとの彼の疑念を払拭することはできなかった。ローズヴェルトは反日的な閣僚であったモーゲンソー財務長官にこの疑念を漏らしていた。しかし、解読電報の情報を重視するローズヴェルトは、日本政府が最早米国の説得を諦めたことは判っていたと思われ、その点この発言には不可解さが残るが、対日戦を対独戦とできれば切り離して、当面は英国の窮境を救うために対独戦に米国の軍事力を傾けたいのがローズヴェルトの本音であった。極度の緊張下で大統領の判断が揺れ動く心境が、このような疑心暗鬼の発言をもたらしたのかもしれない。不幸にして大統領が天皇に宛てた親電は、参謀本部が東京中央郵便局で差し押さえたため開戦を食い止めることができず、東郷外相がグルー米大使から親電を受領して天皇に上奏されたのが開戦直後であった。

かくして来栖の極秘妥協案は、日米戦争回避に失敗した幻の提案として歴史上忘れ去られたのである。しかも戦争末期にローズヴェルトは他界したので、ローズヴェルトの親電発出の真意は語られないまま歴史の幕が閉じた。しかし外交史の封印された真実として、大統領親電に米国の対日譲歩案を盛り込ませることによって最後の段階で日米暫定協定を何とか合意に漕ぎ着けるとともに、天皇の意志によって軍部を抑え、土壇場で戦争を回避する、という破天荒な外交工作がワシントンで開戦前夜まで続けられていた事実は、特筆すべきである。

修正主義歴史学者が言うように、ローズヴェルトが日本を挑発して対米開戦に引き込み、裏口から米国が対独開戦にたどり着けるような陰謀を企てたとの説は、今や完全に少数説として信憑性が失われている。ローズヴェルトを二〇世紀のマキァヴェリの化身とみなす人物像にたって、そのようなシナリオに沿った外交史を描く手法は、面白い叙述にはなっても、史実からは明らかに乖離するものである。実際にはローズヴェルト大統領はヒトラーを恐れて対独戦争を急ぐ一方で、日本を過小評価し、日本に本気で米国に立ち向かってくる覚悟と力があるのか、最後まで疑問視していたと見る米国の学者は多い。さらにローズヴェルトは、ヒトラーがソ連の抵抗にてこずれば日本の対ソ開戦を切望し、松岡外相辞任後は対ソ戦に消極的になった日本を口説いて、何とか対ソ攻撃に引きずり込む陰謀を企んでいると警戒していたようである。あくまでも日本をドイツから引き離すために三国同盟の自動参戦条項を無効にするような要求を日本政府に提示し続けたのは、日本軍部がヒトラーに操縦されているとの誤解さえ有していたためと思われるほどである。この点で日本を挑発し過ぎればドイツの思惑に米国が乗せられたことになってしまうのであり、日本との戦争をローズヴェルトが強く希望していたとの見方は余りにも短絡的である。チャーチル英首相も最後の瞬間まで米国が日本との戦争に踏み切るか疑問視していたのである。

米国不介入派の運動は、日本の真珠湾攻撃によってその努力も水泡に帰したが、フーヴァーは、ローズヴェルトが欧州大戦に参戦するために経済制裁により日本を挑発して「裏口」から欧州戦争へ突入することを画策していたという以前からの印象を、開戦直前の野村・来栖による日米交渉を間接的に支援することを通じて強めた。開戦後、フーヴァーは戦争遂行を国民に呼びかけたが、水面下ではこのような批判をキャッスルとともに行い、終戦直後の真珠湾にかんする議会の調査会活動で暗躍した。一方、タフトは真珠湾の二週間後にシカゴのビジネスマンに対する講演会で日本との講和により両面戦争を回避することを望む見解を述べ、また七月にはラジオ番組でローズヴェルトの経済制裁が日本を対米戦争へ追い込んだのではないかと批判した。(107)

フーヴァーによると、開戦後、司法省はデスヴェアニンの日本大使館とのかかわりを問題視し、彼の起訴を検討したが、デスヴェアニンの依頼によりバルークが司法長官フランシス・ビドルを説得することで、事態は回避された。バルークは、デスヴェアニンが起訴された場合には、自らが最初の被告弁護の証人になると主張したという。(108)ただ、開戦直前に日米交渉に彼自身がかかわりを持っていたことについては、フーヴァーと同様沈黙を守ったのである。彼がこれを公けにすることを検討し始めたのは一九四九年に入ってからである。当時フーヴァーは、開戦直前における日米交渉と自らのかかわりについて回顧録を書いていたが、バルークは、この回顧録で具体的な言及のない形で彼の日米交渉への関与があったと記述することを許した。開戦前の日米交渉におけるフーヴァーとバルークの役割を一九四一年一二月一一日に知ったフーヴァーの側近ウィリアム・キャッスルは、バルークの姿勢が和らいだことに驚いた。この回顧録は完成しなかったものの、バルークが自らのかかわりを公けにしたのは講和条約締結後の一九五一年一二月七日であった。また、来栖がバルークの関与を彼の回顧録で紹介したのは一九五二年である。さらに、フーヴァーの役割が明らかになったのは、彼の死後、フーヴァー文書が研究者に対して一九七〇年代初頭から開放されてからであった。(109)

さて、もし野村日記が発見された場合、それは次の三点を検証する上で大変有用となるかもしれない。①フーヴァー文書が記述している日米交渉におけるデスヴェアニンの役割の信憑性、②フーヴァー文書が記述しているように、はたして来栖・野村両大使とローズヴェルト大統領が実際に一九四一年一二月四日と五日に会談していたかどうか、③ジョーンズ牧師の回顧録が記述しているように、はたして両大使と大統領が一一月二八日に会談していたか否か。もちろん、仮に野村日記が見つかったとしても、これらの点は十分に検証できないかもしれない。本論でも確認したように、①については、野村日記の英訳版（抄訳）にデスヴェアニンへの言及はなく、②③についても、そのような会談記録はないのである。

開戦後、フーヴァーはなぜ日米交渉でローズヴェルトを公けに批判しなかったのであろうか。一九四二年二月に彼とデスヴェアニンが彼らの記憶を記録にとどめつつあったころ、太平洋戦争はまだ米国にとって有利に展開していなかった。また、大統領の任命による真珠湾攻撃の調査委員会は、一月に最終報告書をまとめ、日本の攻撃を許した責任をハワイの陸海軍の最高責任者へ帰しており、世論もこの報告書に納得していた。このような状況下で、フーヴァー自身、真珠湾をめぐって国論を二分するようなことを避けたかったのであろう。もしもフーヴァー日記やこれに関連するフーヴァー文書に信憑性があるならば、フーヴァーの記述が公けになった場合、フーヴァー、デスヴェアニン、バルーク、ローズヴェルトは全員対日宥和論者であると世間の非難の対象になる可能性があったであろう。終戦後、フーヴァーはローズヴェルト外交を痛烈に批判する回顧録を執筆しており、真珠湾前夜における彼自身の日米外交へのかかわりに言及していたが、ここでは彼の真珠湾関係の文書を草稿段階で活用していた可能性が高い。ただ、この本は二〇一一年秋まで刊行されなかったし、来栖・バルーク会談、そしてフーヴァー、デスヴェアニン、ストロースの一九四一年の日本外交へのかかわりについても一切言及がなかった。このことはまず、トルーマン政権になってからフーヴァーがトルーマンによって政界に返り咲いたことと関係があるかもしれない。トルーマン政権の中心的政策の一つを推進する行政改革委員会の委員長にもなったフーヴァーは、自身によるトルーマンや民主党に対する批判に一定の留保を示すようになっていたものと思われる。しかも、フーヴァーと親交があった歴史家チャールズ・ビアードが、日本の真珠湾攻撃は、参戦を望んだローズヴェルトが日本に仕掛けたことによって起きたとするローズヴェルト外交批判の本を一九四八年に出版しており、あらためてフーヴァーがこの論点をもちだす必要は薄れていたと思われる。これらの理由は考えられるものの、フーヴァーが、その晩年に日米開戦前夜における日米交渉への間接的なかかわりを公けにしなかった理由はいまだに不明な点が多い[110]。

第10章　満洲重工業開発総裁の辞任と太平洋戦争期の活動

はじめに

統制経済の動向をつぶさに考察していた鮎川は、一九三九年一月一八日、統制経済と全体主義について、大学生の前で講演を行った。学生たちは工学部で学んでおり、満洲における就職に関心を持っていた。鮎川は、満洲は全体主義のシステムのもとで運営されているが、それは、人々が「全体の統制」を目的に掲げているものであると説明した。すなわち、全体主義体制は、経済と個人が全体の利益のために統制されなければならないとするシステムであると論じた。鮎川は、経済体制が自給自足的であろうとする傾向を嫌っていたが、日本経済も満洲国のように全体主義体制になっていくと指摘したのであった。同時に鮎川は、このシステムはいつかは破綻するであろうと述べた。そして現在の満洲国では、鮎川は自身の経営者としての経験があまり役に立っていないと指摘した。彼が蓄積した経営ノウハウは、前の時代の個人主義と自由主義に根差したシステムで培われていたからであった。もしも満洲国で働く場合、そこには学生たちが学んだ個人主義や経済的自由主義は存在しておらず、そのようななかで仕事をしていく覚悟が必要であると、鮎川は学生たちの前で強調した。もしも個人主義と経済的自由主義から離れたくないのであれば、日本国内に留まり、日本の社会でそれらが残存している部分を探せるなら探し、そこに必死にしがみついているしかないと鮎川は話した(1)。

本章では、一九三八年から四五年まで、鮎川が行った経済への国家介入に対する抵抗を考察していく。鮎川は終戦まで、日満の経済を経済人主導で運営すべきであるという見解にもとづく活動を模索し続けた。本章ではさらに、満洲の経済開発が挫折していった理由を考察し、また、満業の解体の経緯も分析してゆく。最後に、終戦前後の鮎川や高碕の動向について考察を行う。

1　満洲国経済の変容

一九三〇年代後半、日本と満洲国は矛盾する経済政策を両国内および米国に対して行っていた。日本は、日満の経済相互依存と日満と米国の経済相互依存を推進しようとしたのであった。これらの政策は、鮎川が推進しようとしたものであった。その一方、満洲における計画経済は、満洲国を自給自足の工業拠点に育てようとしており、これは、外国、なかでも満洲国が必要としていた米国資本を排除していくことにつながる傾向があった。このような自給自足的な経済構造をつくりだすために、保護貿易主義をとることが前提になっていた。保護貿易は日本も行っており、米国自動車企業の日本市場からの締め出しがその好例であった。しかし、日満が保護貿易主義にもとづいて行おうとした産業政策はエネルギー、鉄鋼と機械類を米国に依存し、こうした物資の購入に必要なドルも外貨準備高が激減したため、できればドルの資金供与を必要としていた。つまり、日満は保護貿易で重化学工業の育成を図り、これを中国における戦争に使っていたのであるが、そのような政策の根底にある米国から受けている物資の供給依存からの脱却を行えなかった。しかも満洲国を自給自足の工業拠点に育成しようという、米国を排除していくことと表裏一体の政策を推進しようとしていたのであった。

自給自足の工業拠点を設けることを目標に掲げていたにもかかわらず、「満洲国産業開発五カ年計画」とその改訂版（新五カ年計画）は、目標達成の前提として、日本および欧米から容易に物資、資金、技術を入手できることを想定していた。労働力についても必要なマンパワーを容易に取得できるという想定が基本であった。こうした新旧五カ年計画の目標達成は、これら生産に必要な要素が不十分であったために、未達成となった。

こうした新旧計画の構想そのものの稚拙さは、工業化の根幹部分である工作機械産業を満洲で育成していくという発想さえ存在していなかったことによく表れている。新旧の計画は、これを日本および欧米（主に米独）から輸入するという前提に立っていた。たしかに、改訂版の五カ年計画では、工作機械を満洲国の生産項目に入れてはいたが、これへの取り組みは、太平洋戦争勃発後に進められた。

日本の工作機械の欧米（主に米独）からの輸入は、満洲事変以降急速に伸びた。一九三六年の一億五、三一〇万円から翌年には、二億四、二二〇万円に急増した。それ以降も一九四〇年まで高水準の金額で推移した。日本は、米独の工作機械に依存していたが、ドイツ製工作機械の輸入は第二次世界大戦勃発に伴い輸入がほとんどできなくなり、米国製のものも日米開戦直前以降は、輸入がなくなった。

満洲国の場合、米独（主に米国）からの工作機械輸入に加えて、日本からの工作機械輸入にも依存していた。一九三四年以降、日本は自国製の、あるいは外国から輸入した工作機械の、その植民地と傀儡政権への輸出を増やした。この傾向は、一九三九年から四一年の時期にピークを迎え、一九四四年から四五年に急減した。満洲国は、一九三八年から四二年にかけて、日本が輸出した工作機械の三割から四割を吸収していた。工業用工作機械においても、同時期に三七％から四六％を吸収している。一九四二年以降、日本から満洲国向けの工作機械の輸出が激減したのは、日本国内の工作機械需要を満たすことが優先されたことと、日本が制海権と制空権を失っていったことに起因していた。(2)

一九三七年七月に勃発した日中全面戦争は、満洲事変以降からその傾向を強めていた日本の貿易収支赤字拡大を顕著にさせてしまった。この結果、一九三七年九月に国会で制定された二つの経済統制法は、一九一八年の軍需工業動員法とともに、軍需産業の生産力を拡充するばかりでなく、外貨不足と貿易収支赤字の問題の緩和をもその狙いとするものとなった(3)。一〇月に企画院は、同組織が立ち上がった直後、国家総動員法案と物資動員計画案を作成した。前者は、一九三八年五月に施行され、日本の軍事産業育成のために、一九一八年の軍需工業動員法以上に政府に広範な権限を与えていた。例えば、戦時に国家総動員が必要であると政府が判断した場合、どの軍事産業部門に物資と労働力の配分を行うか、という問題について、国家総動員法は、勅令により行えるとしていた。一九一八年の軍需工業動員法は、この問題への対応について、国会での承認を得ることが想定されていた。

こうした統制を施したものの、日本の軍需産業では、日中戦争に伴う生産力拡充に必要な物資の調達不足と、悪化する一方の外貨不足に歯止めがかからなかった。外貨不足については、円ブロック内では、一九三九年以降貿易収支は黒字であったが、欧米、なかでも米国との貿易では、貿易収支の赤字は悪化の一途をたどった。そのようななか、日本は、国内消費を減らす一方、円ブロックへの輸出を減らした。また同時に、満洲国には日本向けの資源と半加工製品の輸出を増やすことを要請した。

一九三九年一月、平沼内閣は、「生産力拡充計画要綱」を閣議決定した。同要綱は、陸軍により一九三七年に草案が作成され、企画院が一九三八年に提案していた。この四カ年経済計画は、軍事産業にとって必要不可欠な基礎産業を強化することを主眼としていた。この計画は、日鮮台満と中国占領地域の生産力拡充を狙ったが、満洲国が資源と半加工製品を日本に供給することを満洲国に自給自足的な軍事産業を育成することより優先させたのであった。その際、生産に必要な物資を欧米に依存することに終止符を打ち、かわって極東に日本主導の自給自足圏を実現させようとしたのである。しかしながらこの計画は、総力戦がこの計画経済実施中は起きないという疑問のつきまとう前提に立っていた。日中戦争の長期化が、英米との関係悪化を招き、日本を総力戦に追い込む事態を形成しつつあった時期であるにもかかわらずである。

こうした日本における経済政策の変容と、一九四〇年以降の満洲国への日本からの資本流入の減少は、日本帝国における満洲国の経済的位置付けに変更を迫るものであった。また、満洲国の経済成長も鈍化した。これは、一九三九年の満洲における農作物の収穫が芳しくなかったことと、日本の資本市場が低調となったため満洲国の経済活動を資金面で支える社債発行が思うようにできなかったことが原因として挙げられる。(4)

満業の地位は、日中戦争の長期化によって地盤沈下することとなった。革新官僚や革新将校たちは、日中戦争がもたらした経済的波及効果にどう短期的に対処するかに翻弄されていた。これに欧州大戦勃発と日米関係の悪化が満業の立場をさらに追い込んでいくこととなった。

鮎川を満洲へ引っ張り込んだ石原莞爾が盧溝橋事件勃発時に不拡大政策を唱えたため、影響力を満業が誕生する前に失っていたことも鮎川にとっては痛手であった。石原は一九三七年秋、古巣の関東軍の参謀副総長に転出することとなったが、まもなく東條英機関東軍参謀長と対立することとなり、さらに影響力が低下していった。(5)

石原のこのような影響力の低下は、鮎川が共感するような、満洲国における修正門戸開放政策と米満経済相互依存の強化の他、関東軍の内面指導にかわる真に独立した満洲国政府の樹立といった政策を支持する最大の後ろ盾を失っていたことを意味していた。石原としては、彼のいう最終戦争に備えるべく、中国人の信任を得ることで、中国の豊富な鉱物資源を開発すべきであるという持論を実現したかったのであった。(6)石原は、一九三六年春までに、北支の鉱物資源開発は、彼が構想を抱いていた満洲国の工業化には必要不可欠ではないと判断していた。石原は蔣介石政権との戦争を回避しながら真の敵である西洋に対処することを優先すべきであると考えていた。なかでもソ連との戦争に戦闘能力を温存しておくべきであると石原は論じていた。(7)

日中戦争の泥沼化に伴い、一九三八年五月、関東軍は、産業開発五カ年計画を見直すこととなった。もともとの計画は、一九三七年四月に開始されていたが、それは、二五億八千万円の投入予定資本のうち一三億九千万円を、五カ年計画の鉱業と産業に投じる予定であった。改訂された五カ年計画は、一九四一年まで続いたが、一九三七年から四一年の時期に必要となる資本を二五億八千万円から四八億円に増額し、五カ年計画の鉱業と産業に対しては三八億円投じる予定であった。改訂された五カ年計画は、鉱業と産業の目標値（鉄鋼製品、石炭、軽金属、人造燃料、電力、硫安など）を上方へ修正していた。また、当初の計画より改訂版は、トラック、自動車、飛行機の製造により注意を払った。このほかの部門、例えば、農業、酪農、通信、交通について、資本の投入額と目標生産量は当初計画より少し減った。

改訂版産業開発五カ年計画は、満洲国が一定の鉱物資源と半加工製品を日本の重化学工業と運輸業へ提供することを義務づけていた。例えば、満洲国で産出された鉱物資源のうち日本へ輸出されるようになった割合は次の通りとなった——銑鉄の三三・八％、鉄鋼塊の三五・五％、石炭の一七・二％、ナフサの八三・四％、重油の九四・六％、アルミニウムの三八・七％、鉛の六九％、塩の四九・五％、ソーダ灰の三四・六％、そしてパルプ木材の七五％である。しかしながら、このような日本帝国内における満洲国の経済的位置づけの変化は、長期的に自給自足的な軍事産業を満洲に確立する方針の終焉を意味しなかった。日本政府内では、円ブロック内における経済開発を調整しながら、基礎産業の創設と強化を図り、これをもとに日満で重化学工業が大きく発展していく政策を推進していた。こうした政策を推進しようとしていた日本の政策決定者たちは、修正版の満洲国産業開発計画を策定した際、日中戦争が総力戦になるシナリオを想定していなかったのであった。

外国資本の導入については、修正版満洲国五カ年計画は引き続き外国資本を導入することを想定していたが、これは、当初鮎川が確保しようとした外資の規模と比べて縮小されていた。この改訂計画によると、満洲国の鉱業と産業の資本の三七・四％を満洲国内から、四三・六％を日本から、そして残りの一九％を外資から得ることが予定されていた。満洲国が満洲の鉱業と産業に支払う金額の割合は、満洲国内向けの支払いは、これら産業部門の支払いの三五％、日本向けの支払いはこれら産業部門の支払いの三三％、そして外国向けの支払いは、これら産業部門の支払いの三二％となっていた。ちなみに、満洲国の全産業の支払いについては、それぞれ、四三％、三〇％、二七％であった。(8)

高碕達之助は鮎川が一九四三年一月に満業総裁を退任したために、副総裁から総裁に昇格した。その高碕の回想によると、旧「満洲国産業開発五カ年計画」は、日中戦争が早期に終わり、また、日米戦争が回避されていたならば、その目標値は期間内に達成されていたであろうということであった。しかしながら、このような目標達成には、もうひとつ満たされなければならなかった条件がある。それは、改訂（新）産業開発五カ年計画の水準での資本投入の必要であった。

2　満洲国官僚機構がもたらした悪夢

鮎川が抱いていた満洲国の包括的経済開発の構想の実現には、主に五つの障害が立ちはだかった——①満洲国政府からの満業への介入、②関東軍の満業の経営への介入、③日満商事による資源配分の流通をめぐる支配力、④満洲炭鉱会社（満炭）をめぐる経営上の問題、そして、⑤東辺道の鉱物資源が期待外れであったこと、以上である。

鮎川は満洲国の経営で指導的役割を果たすはずであったが、満業に対してその資本の半分を出資していた満洲国とこの傀儡国家を「内面指導」していた関東軍は、満鉄の経営への介入と同様に、満業の経営にも介入を行い続けたのであった。また、一九三七年五月に満洲国が制定した重要産業統制法は、特殊会社と準特殊会社が政府の統制の対象となっていた。満業傘下の企業は、特殊会社か準特殊会社であった。そして、関東軍の第四課は、満洲国の経済問題にもっとも強力な影響力を行使できる存在であった(9)。

満洲国における統制強化は、鮎川率いる満業の地盤沈下を加速させた。満業のつまづきは、一九三八年満洲国政府が、満鉄の子会社の株式を満業へ移した際、満鉄傘下の日満商事の株式を満業へ移さなかったことに始まる。この二カ月後、日本政府が経済統制を強化していく流れを受けて、満洲国政府は、企画委員会を立ち上げた。同委員会は、総務長官が委員長であった。星野直樹委員長の他、七名の委員、総務庁企画局のトップが同委員会の書記長、一名の特別委員、そして一名の特別書記という陣容であった。企画委員会は、日本の企画院のような機能を果たす予定であった。また同委員会は、満洲国政府内および同政府、関東軍、そして特殊会社の間で行われた議論を踏まえて満洲国の経済政策を打ち出す予定であった。そして同委員会は、公共部門と民間部門の協調、産業・経済・行政の統合的支配、そして統制経済政策の実施を担うこととされていた。企画委員会が設立された後の八月になると、満洲国は価格物資委員会を立ち上げ、同委員会に満洲国の物資の動員の責任を委ねたのであった。(10)

これら二つの委員会が立ち上がると、満洲国政府は今度は、日満商事の権限強化を押し進めたのであった。これは、鮎川が米国資本を満洲へ導入しようと活動を展開していたときに並行して推進されていた。日満商事は、満鉄の改組にともない一九三六年九月に設立された。日満商事は満業を敵視し、満業設立後、徐々に石炭、鉄鋼、非鉄金属、化学製品といった重要物資の満洲国内における流通を支配するようになり、それらの流通支配権を固めていったのであった。企画委員会と価格物資委員会は、満業が外資導入を実現できないなか、日満商事の支持へと動き始めたのであった。

そして鮎川が欧州へ旅立った一九三九年一二月、満洲国政府は、日満商事を準特殊会社から特殊会社へ昇格させた。これに伴い、日満商事の権限は圧倒的なものとなった。というのも、すでに固めていた満洲における重要物資の流通支配権に加えて、石炭、鉄鋼、非鉄金属、化学製品、燃料、鉱物といった重要物資の輸出入も支配することとなったからであった。一九三九年一二月以降、企画委員会と日満商事が、重要物資の取り扱いにおいて中心的役割を果たすようになったのであった。(11)

この変化により、満業は、満業傘下の企業間で行われていた物資の往来を自由に行えなくなった。例えば、満洲石炭から昭和製鋼所へ石炭を移送する場合、日満商事を介して行わなければならなくなった。(12)このような煩雑な状況をつくった満洲国は、タイムリーでまた効率的な流通計画を実行できなかったことも手伝って、物資の多くがフルに利用されず、最終製品や設備の完成の遅延やキャンセルを招くなど、事態を悪化させる形となった。

満業は、すでに一九三八年八月、日満商事について満洲国に抗議していた。というのも同社が満業傘下の企業間の物資の流通に介入していたからであった。これにより、満業は金、航空機、自動車、鉄鉱石、アルミニウムといった重要物資の生産に支障をきたしていると苦情を政府に述べた。しかし、これに対して産業部次長の椎名悦三郎（商工省より派遣）は、満業の設立そのものを支持していなかったことから、聞く耳を持たなかった[13]。

満業にとってもうひとつの頭痛の種となっていた企業は、満業傘下の満洲炭鉱会社（満炭）であった。同社は、満洲国内で産出されていた石炭のほとんどを支配していた（例外は、満鉄が所有を続けていた撫順炭鉱）。鉄鋼製品の生産には、石炭と鉄鉱石の生産をうまく統合していく必要があり、満洲国が工業化のための五カ年産業開発計画の目標値を達成できなかった大きな理由の一つは、満洲は石炭が豊富であったにもかかわらず、満洲国は、北支産出のコークス石炭に依存しており、また、流通の非効率さも障害になって、新設された工場のエネルギー需要に十分にこたえられなかったことにあった。修正五カ年計画では、満炭は、満洲の石炭の七〇・三％を生産する予定であった。一方撫順と本溪湖は、それぞれ三・九％と八・七％を生産することとなっていた。満炭の一九三七年から一九三九年の生産成績は芳しくなかった。一九三七年は目標値の六六％、一九三八年は、目標値の六八％、一九三九年は目標値の七七％となった。これに対して、撫順と本溪湖は、それぞれ次のようになった――一九三七年は、九三％と九五％、一九三八年は、九五％と一一〇％、一九三九年は一〇二％と九〇％。

満炭が目標値をかなり下回った理由のひとつは、新規の設備投資が必要であったため、それによる生産性向上に時間差が生じたことも関係していた。このため満業は、よりコスト高で生産性の低い撫順炭鉱に依存せざるをえなくなった。

満炭の生産が目標を達成できなかったのは、この他次の理由があげられる――①労働力不足、②電力不足による停電の頻発、③日米独から採掘に必要な機械類を十分に確保できなかったこと、④豪雨に伴う炭鉱における洪水、⑤炭鉱における物資の出入の遅延、⑥過酷な労働環境、とくに満洲・中国・朝鮮の各民族のそれ、そして⑦満業と満炭の間の対立、以上である。

政府による介入、物資の支配権の剝奪、そして不十分な石炭生産に加えて、満業を苦しめたのは、東辺道の鉱物資源が期待外れであったことであった。東辺道の鉱物資源に対する楽観論は、新旧五カ年計画の鉄鋼生産目標値を過大にさせた直接的な原因のひとつであった。満業は当初、この地域に重要な石炭と鉄鋼生産の拠点を創設する期待を抱いていた。これを推進しようとしたのが一九三八年五月に設立された満業傘下の東辺道開発会社であった。しかしながら、鉄鉱石の質が劣悪であったこと、交通手段が不十分であったこと、労働力不足であったこと、そしてパルチザン活動が活発であったことから、同社が生産できたのは僅少の鉄鉱石のみであった。そのため、満業は昭和製鋼所の銑鉄、鋼塊、鋼材に依存せざるをえなくなった。昭和製鋼所のこれらの生産は、一九三七年と一九四二年の生産で、満洲全体におけるこれら生産と比較して次のような生産比率となった——銑鉄は八二%と八七%、鋼塊は、九二%と一〇〇%。そして鋼材は、六三%と九一%である。[14]

こうした難題に直面するなか、鮎川は、満炭と日満商事を支配しようと試みた。一九三八年秋、鮎川は、盟友で日本鉱業の役員であった伊藤文吉に依頼して、商工省で伊藤が育てた吉野信次に満業へ副総裁として入るよう働きかけた。[15]

吉野は、近衛内閣の商工大臣であったが、一九三八年五月の内閣改造で更迭されたことに不満であった（吉野にかわって商工大臣兼大蔵大臣として就任したのが、日銀総裁を務めていた池田成彬であった）。吉野は、自身が第一次世界大戦中に欧米がどのように総力戦のための経済を構築し、戦後どのように平時経済体制へ移行していったのかについて熟知していたことが、国家総動員を検討中であった日本に役立つと思っていた。一九三八年秋、吉野は、伊藤文吉男爵が支払った旅費で渡米する予定であった。訪米中、ローズヴェルト大統領との面談もできないかと考え、大統領がハーヴァード大学の学部生時代以来知り合いであった日本鋼管副社長浅野良三（ハーヴァード大学卒）の紹介状を入手していた。吉野は、ニューディールの巨大公共事業などの経済政策の現状を視察する予定であった。

満業が吉野に副総裁就任を打診したのは、吉野が渡米する直前の一九三八年一二月であった。吉野は躊躇したが、当時満洲国産業部次長の要職にあったかつての部下岸信介、磯谷廉介関東軍参謀、そして、陸軍大臣板垣征四郎に口説かれた。この三人が吉野と会うセッティングを行ったのは、伊藤文吉男爵であった。

吉野の満業副総裁就任に冷ややかだったのは、池田成彬蔵相兼商工相であった。実は、近衛首相と池田は、吉野に一九三八年三月に設立が閣議決定された北支那開発株式会社の役員に就任するよう打診した経緯があり、吉野はこれを断ったにもかかわらず、満業の副総裁就任を受けたのであった。満業副総裁になることを決めた吉野が池田を表敬訪問すると、池田は吉野が鮎川率いる満業の副総裁に就任することに不快感を示した。北支の件に加えて、石原莞爾たちが満洲産業開発五カ年計画を研究していたとき、池田は側近の泉山を石原の研究会に派遣していた経緯から、三井財閥でなく鮎川の日産財閥が満洲の経済開発をまかされていたことも不愉快であったのであろう(16)。

吉野が副総裁に就任するや、鮎川は早速満炭と日満商事を満業傘下におく方策を講じられないか依頼した（満炭は制度上すでに満業の傘下であったが、河本大作理事長のもと満炭は事実上満業からは独立しているかのように行動していた）。この問題を調べた吉野の回答は、これら企業を設立させた法律を改正しない限り無理であるということであった。事態の打開を図ることは、もともと難しかったかもしれないが、関東軍第四課の将校たちの間では、同課を頻繁に訪れていた鮎川とは対照的に、吉野は同課にほとんど足を運ばなかったと感じられていた。それでも鮎川は、一九四〇年春に、吉野を満業の総裁、自分を満業の副総裁に変更できないか試みた。もし吉野が満業総裁となった場合には、満業が満炭を抑え込み、また、日満商事を傘下におけるかもしれないと思ったからであった。しかし、一九四一年一月、鮎川はこのような人事を断念し、吉野は満業と満洲国の顧問に就任した。満業副総裁には高碕が就任した(17)。

満炭を完全に満業の支配下におくのにはかなり時間を要した。鮎川は、一九四〇年九月、満炭の役員から河本理事長とその取り巻きを外すことについに成功した。鮎川は、関東軍の支持を得てこれを実現した。同社の理事長に就任したのは鮎川自身であった。満炭理事長に就任した鮎川は、石炭会社の経営の効率性を向上させるべく、満炭を小さな会社に分割し、これら会社間の競争を促そうと構想を練った。この構想を実施したのは、高碕が鮎川を引き継いで一九四三年満業総裁に就任してからであった(18)。

満業の満洲国における役割は、一九四一年半ば以降、限定的になった。現代的に述べれば、投資ファンドのような機能に特化していったのである。つまり、満洲国が必要とする資本調達を日本国内で行う役割を担うようになったのであった。

このような対応を鮎川と高碕が選んだ背景には、これまで紹介してきた日満の統制経済政策の強化に加えて、①満業とその傘下の企業との意思疎通が不十分であったこと、②満業傘下の企業トップ同士の意思疎通も不十分であったこと、そして③日産系と満鉄系のトップ同士の関係が良好でなかったこと、が理由として存在していた。この状況下で、鮎川と高碕は、満業が満洲国の包括的経済開発の中心的存在として実績を上げていくことは無理であると判断したのであった。高碕をこのような判断に至らせた契機となったのが、昭和製鋼所視察中の出来事であった。九州の八幡製鉄所に次ぐ、東洋で二番目の生産量を誇っていたこの製鉄所が生産を停止していたのであった。その理由は、十分な石炭を確保できなかったためである。しかし、これは石炭が豊富な満洲と北支にあって、人的な問題に起因して引き起こされたものであった。高碕は、昭和製鋼所と満洲石炭が満業を敵視していたことと、同製鉄所と満洲石炭との敵対関係がこの石炭供給不足の最大の理由であると分析したのであった。前者については、昭和製鋼所と満洲石炭の従業員たちが、満業傘下に入ったことに反発したためであり、後者については、同製鋼所が満洲石炭のライバル会社であった満鉄傘下の撫順石炭会社からも石炭の供給を受けていたことに、満洲石炭が反発したことと関係していた(19)。

一九四一年五月、鮎川は、満洲投資証券株式会社（満投）を設立し、同社の相談役に就任した。設立の背景には満洲への投資を行うということと、満業が保有していた日本の株式、つまり日産財閥系の株式を満投へ移し、そらを保全するという側面もあった。満投は、株式を発行してこれを購入するよう投資家を募った。この株式を購入した投資家には、満洲国が保証した株式の額面価格に対して五％の投資利回りを保証していた。満投はこの株式の発行の担保として、当時四億円に相当する満業保有の日産系企業の株式を提供したのであった。このような担保を提供することで、満投の主たる投資家たちである日本の生命保険会社に満投の株式購入を促した。当時、日本の生命保険会社は、利回り三％の日本国債に主に投資していたが、これより安定的な利回りを確保できるような投資対象を探していた。満投設立にあたり、鮎川が確保したもうひとつの利点は、満業から引き継いだ日産系の株式を満投が売却した場合、日本政府からの税の徴収を免除されたことであった。満投は、発行した株式の投資利回りを、日本国内法の措置で六年間八％にすることで、投資家を満投へ引きつけようとした。

しかし、満投は、満洲国への投資をあまり行わなかった。理由は、日本の軍部が満投の保有する七億円の投資資金のうち、六・五億円を日本国内に投資するよう指示したからであった。満投が本格的に投資活動を行った一九四三年から終戦までの時期、同社が満洲国内に行った投資は、三千万円に留まった。満投の収益は、すべて同社へ出資した日本の生命保険会社への配当資金となった。

満投の実績はこうした水準にとどまっていたが、満洲国の修正五カ年計画と一九四一年から四五年の第二次「満洲国産業開発五カ年計画」は、満洲国が必要とする投資資金の目標値の上方修正を行い、下方への再訂正をしなかった。一九三七年から四五年の投資資金は、目標値の一六七・七％にあたる六億五百万円に達した。その内訳を見ると、たしかに外資は微々たるものであり、日本からの資本の流入は一九四二年以降急速に細ったが、満洲国内で募った投資資金が目標値を上回る原動力となった[20]。

一九四一年二月、満業は、同年八月一日に実施される組織再編を発表した。それは、八月一日以降の満業は、満洲国におけるその役割を、同社の重要な人事の決定、技術指導と投資資金集めに集約することとなった。投資資金集めについては、満洲国がそのような役割に慎重な高碕に強く要求したためであった。技術指導はさほど重要な役割ではなかった。一方、人事権であるが、これは満洲国と関東軍が引き続き満業の人事に介入していたことを考えると、一九四一年八月以降の満業は、満洲国と日本国内から投資を呼び込もうとする投資ファンドの機能が事実上中心になってしまった。しかし、それは満投と重複する機能であるため、満業の満洲における役割は非常に限定化していく運命となっていった。[21]

鮎川が行おうとした満業主導の満洲国経済開発は、日中戦争の泥沼化と日米関係の悪化に伴い、破綻した。彼の構想には、官僚や軍人たちからもともと異論が噴出していたが、それを抑えて鮎川の構想を当初支持していた官僚や軍人たちも国際情勢の変化がもたらした日満両国経済への影響に対応するなかで、統制経済政策を深化させていき、米国資本導入を大規模に実現できない鮎川の構想を見捨てていくこととなった。しかもこうした鮎川の構想に理解を示していた官僚や軍人といえども、鮎川ができれば実現したいと考えていた統制経済政策の緩和については、現状維持ならばまだしも、それを緩和することまでは考えていなかった。

太平洋戦争中、鮎川は、日本経済をより効果的かつ効率的に運営する手法を検討するシンクタンクの立ち上げを行った。この試みも失敗と失意のうちに終わったが、彼が行おうとしたのは経済政策のシミュレーション、すなわち「演練」とよばれた社会科学的実験であった。

それを行う出発点となったのが、鮎川による太平洋戦争終結後の経済と政治の関係についての見方であった。真珠湾奇襲攻撃後の日本が破竹の勢いでマレー半島からシンガポール、インドネシアを手中に収め、さらに日米開戦以来籠城戦で凌いできたフィリピンのコレヒドール要塞が陥落したのは、一九四二年五月六日であった。この日、鮎川は、満業の水曜会の会合で講演を行っていた。鮎川が展開した議論のテーマは、戦後、統制経済政策は廃止されるかどうかであった。戦前の日本で戦況が悪化する以前の時期は、日本は市場経済志向であったため、経済が政治を動かしていたと鮎川は論じた。戦後の日本は、統制と市場原理の組み合わせになろうと鮎川は見ていた。ナチス支配下のドイツの経済政策も現在は「全体主義統制」の経済政策であっても、戦後は、鮎川が指摘したような統制と市場原理の組み合わせになるのではないかと考えたのであった。[22]

鮎川の満業の退任はこの年の暮れに明らかにされ、翌年の一月七日の満業の株主総会で満業会長を正式に退いたのであった。これとともに、鮎川は、ビジネスの第一線からも退いた。

退任時の株主総会で、鮎川は演説を行っていた。彼は、国際情勢の変化が彼の欧米資本の対満洲導入を実現させなかったことが遺憾であったと述べた。満洲国の工業化政策が成功であったのか失敗であったのかを判断するのは、平時であれば一〇年、ないし二〇年の時間で見極める必要があると鮎川はこの演説で主張したのであった。しかし、戦時非常体制のなか、成果を短期間で求める日満両政府の圧力とそれがもたらした統制経済政策の強化のことを考えると、彼は自身の満洲国における影響力に限界を痛感していた。彼は満業副総裁高碕達之助を総裁に昇格させ満業の今後を任せることにしたのであった。鮎川は、総裁の一期目の終了をもって退任した。

鮎川は退任後、前年の二月に設立した義済会という研究機関の運営に専念することを満業の株主の前で宣言した。義済会の使命は、自由競争経済の欠点と計画経済のような指令型経済の欠点を、社会科学的研究を通じて分析し、望ましい市場経済と統制経済の組みあわせ方を検証することにあった。これは、直近の戦時下の課題である大東亜共栄圏の経済をどのようにより効率的・効果的に運営できるのかについて検証していくことを意味していた。また鮎川は、経済の運営は、官僚ではなく経済人が担うべきであるという従来の彼の見方を義済会の活動を通じて示そうとしていた。

鮎川のこのような考えには、それまで彼が満洲国で行おうとしたこととの連続性が見られた。一九三八年に吉野信次が満業の副総裁に就任した際、満洲国の経済計画へのより適切な対処を同国政府に促そうとしていた。彼は一九三六年以来、計画経済はその運営を行うにあたり、関係する生産要素や手段の調整に必要な時間的要素を十分に取り込んでいないと指摘し続けていた。一九三八年以降、彼は満洲国に経済参謀本部を創設することを提言していた。この組織は、満洲国政府と関東軍の代表者たちとともに満洲国の計画経済を運営すべく、日本から財界人と有識者を招いて統制経済政策の実施にあたり、他方満洲国政府の総務庁がその統制経済政策を実施する前に検証し、経済参謀本部は総務庁に助言を行う、というものである。

しかし、鮎川のこの構想は、企画委員会がすでに設立されていたこともあって、聞く耳を持たれなかった。鮎川からすれば、官僚と軍人たちは、満洲国経済の運営を効率よく行う上で障害となっていたわけであるが、しかしそもそも企画委員会設立の背景に、官僚と軍人主導で満洲経済の運営を推進するというロジックが折りこまれていたのである。石原莞爾は、鮎川のこのような考えに同調していた。彼が鮎川率いる日産財閥を満洲へ移駐させようと彼を口説いていたとき、経済人主導で満洲国経済の運営を行うべきであると論じていた。鮎川が抱いていた経済参謀本部構想は実現せず、この構想は、鮎川、吉野と満鉄総裁大村卓一によって構成されていた経済諮問委員会の設立を見るに留まった。

義済会の研究プロジェクトには、長崎英造のような財界人も参加した。同会の研究が行おうとしたことは、統制経済を、おもいきった行政組織の再編を通じて、どう効率よく運営できるようにするかという政策提言を行うことであった。義済会は、また、労働科学研究所と大原社会問題研究所に対して、無条件で資金援助を行っていた。これは、財政面で解散に追い込まれかねないこれらシンクタンクが、経済問題について社会科学的研究を行っていたため、そのような支援を行ったのであった。鮎川はこれ以前、満鉄調査会の存続も支援していたが、彼は、科学の基礎研究の重要性は、重化学工業の企業集団の総帥であったことからもちろん理解していたのであるが、社会科学の研究が政策実施の上で極めて重要であることもよくわかっていたのであった。

大原社会問題研究所の場合、鮎川は、同研究所の統計学者高野岩三郎、高野の弟子でマルクス経済学者森戸辰男、同じくマルクス経済学者大内兵衛を研究資金面で支援した。これら三者のうち大内が、義済会の経済・産業にかんする研究に深くかかわった。

鮎川は、義済会の研究会が多様な経済人、有識者、軍人、官僚をまじえて、国家の経済政策の実施を検証することで、そのような政策の改善を狙った。自動車の大量生産が試行錯誤により改善していったことと同様に、経済政策についても同じような見方ができた。

鮎川が高野のような統計学者を支援した背景には、経済政策を立案し実施していく上で経済統計が重要であると考えていたことも関係していた。満業退任演説の際、鮎川は、日満の統計が正確でない可能性に懸念を表明した。というのも、不正確な統計データは、不適切な経済政策を導く重大要因であったからである。戦時中の統計データが杜撰なのではないかという予感は戦後裏付けられることとなる。鮎川は、経済統計データが正確であるということを前提に、統制経済政策を立案し実行する政府のテクノクラートたちが、義済会で、統制経済政策の調整と運営にあたっての時間的要因を十分に考慮しながら「演練」(シミュレーション)を行えれば、このような本番前のリハーサルを通じて当該統制経済政策の効果を検証できるはずであると考えた。このような「演練」ができれば、統制経済政策の実施は、合理的かつ簡潔なものとなりうる。(23)

3　終　戦

一九四五年四月の鈴木内閣の発足は、たしかに日本国内における穏健派の巻き返しであった。陸軍としては、陸軍主導の内閣をつくり、沖縄戦が有利に進まなかった場合の本土決戦に備えるとともに、陸海軍を陸軍主導のもとに統合したかったのであった。また、硫黄島が陥落した一九四五年二月、最高戦争指導会議では、ソ連の対日参戦の可能性を指摘していた。(24)

この時期天皇は、重臣たちに戦況について意見を具申させていたが、即時和平を英米に申し入れることを主張したのは近衛文麿のみで、天皇自身は、決戦で勝利して有利な和平を確保するという、一撃和平論者であった。近衛が天皇に提出した上奏文は、当時海外の報道へのアクセスが厳しく制限されているなかで、海外の報道を参考にしながら作成されたものであった[25]。天皇自身、沖縄戦が決戦ではなく、持久戦となったことに不満であった。軍部は、無条件降伏は国体の破壊につながると主張していた[26]。

日本政府内では、ドイツ降伏後、ソ連の参戦回避と好意的中立の確保を目的とする日ソ交渉が議論され始めた。最高機密の外交交渉の政府内情報伝達を厳しく制限したい東郷茂徳外相の提案により、戦争指導会議構成員会議が発足した。同会議は五月一一日から一四日にかけて開催され、ソ連の参戦回避と好意的中立の確保は同会議の構成員（首相、外相、海相、海軍軍令部長、陸相、参謀総長）により合意された。またソ連を仲介として英米との和平交渉を行うという鈴木首相の提案は見送られたものの、対ソ交渉における三つ目の目標に加えられていた。

六月上旬以降、広田弘毅元首相とヤーコブ・マリク駐日ソ連大使との間で七月上旬にかけて会談が重ねられていったが、この会談において日本側は上記二点の交渉しか行えず、ソ連の英米からの離間を図って仲介役を果たさせるにははなはだ不十分な状況であった。そもそも、ソ連の指導者スターリンは、日本側が対ソ交渉で用意していた「土産」については、まったく関心がなかったのである[27]。

六月二二日、天皇は沖縄戦での敗北を踏まえて、異例の自身の発意による御前会議までに、戦争を終結するよう指示を行った。このような状況は、六月上旬の段階ではなお陸軍は、本土決戦の方針を強力に推進していたものの、六月一八日の戦争指導会議構成員会議において五月に合意された三つ目の対ソ交渉目標が再確認されたことを受けてのものであった。ただし、これを推進する時期は、日本がまだ戦力を保持している間に、有利な条件で和平を達成するという考えであった。天皇は、本土決戦の準備状況の国内視察を行った長谷川清大将と、満洲・中国方面の戦力状況の視察を行ってきた梅津美治郎参謀総長の報告にもとづき、国内の本土決戦準備状況ははなはだ不十分で、勝ち目はないと判断したのであった。長谷川の報告は、国内の準備状況が遅れていることを悲観するものであった。梅津の報告は、国内より装備はまだよいものの、大会戦を戦うには武器弾薬と戦力が不十分であるとする、やはり悲観的な判断を行っていた。天皇は、米国内の天皇制をめぐる世論を含む米国の対日占領政策動向についての極秘冊子を読んでいたようであるが、これを読んで天皇が早期戦争終結によって天皇制を維持できる可能性が高いと考えるようになったのかどうかについては、まだ検証の余地があろう[28]。

六月二二日の天皇の指示を受けて、東郷外相はモスクワの佐藤大使に打電を行ったが、両者のやりとりは米国側に傍受されていた。ポツダム会議開催前の七月前半、米国は、日本が近衛元首相を特使としてモスクワへ派遣することを暗号解読により把握しており、日本によるソ連を介した和平の模索を把握していた。ただし、日本から発せられる公式のメッセージが示していたのは、本土決戦を唱える強硬姿勢であった。東郷外相と佐藤大使の秘密電報のやりとりでも、東郷外相の、国体護持が保証されない場合は本土決戦を行うという決意が伝わってきたのであった。

近衛特使派遣の構想が進められるなかで、七月一二日、天皇と近衛は会談しているが、鈴木が指摘するように、この会談においては、和平の最低条件や、交渉を行った近衛がどのようにして日本国内で交渉結果を受け入れさせるのかなどについては、不明のままであった。具体的な交渉内容が定まらないまま日本政府が近衛特使をソ連に派遣しようとした理由は、和平の最低条件にかんして、国体護持を除いて、政府内の合意がなかったからである[29]。

鈴木貫太郎が一九四五年一二月、戦略爆撃調査団が作成した鈴木尋問調書のなかで語ったように、軍部が強硬論であったため、和平の模索は表立って推進できなかった。同調査団に対して鈴木は、本土決戦に相当そなえていたし、また、兵器の生産も地下で行えるよう準備していたことを述べている。興味深いことに、この尋問では、ソ連の対日参戦が日本の降伏を促したか否かについては質問が行われていなかった。また鈴木は、原爆投下がなくても、空爆と海上封鎖で、日本が音をあげていたであろうと論じていた[30]。降伏の時期については、鈴木はこの尋問調書で指摘していないが、終戦の時期、政府内で懸案となった本土決戦準備状況が遅れていた他、食糧不足が深刻化していたことも忘れてはならない（ただし、D・M・ギアングレコは、日本国内が飢餓の寸前であったとする見方は、戦略爆撃調査団の要旨報告、米国陸軍航空隊史、日本国内指導者層の一部の見解を根拠にしており、誇張されていると主張している[31]）。

なぜ鈴木首相が、和戦両論、しかも和平については、軍部の同意が可能な対ソ交渉を推進したかについては、ひとつはそうすることで陸軍が陸相を引き揚げて倒閣に至る事態を回避することができたからであった。また、本土決戦を辞さない覚悟を内外に示すことで、国内で厭戦気分が広がって秩序が乱れることを回避し、また、強硬姿勢が英米に対する揺さぶりになればより有利な条件で和平に漕ぎつけられるかもしれないと考えていたのであった。また、波多野澄男が指摘したことであるが、鈴木首相自身が戦略爆撃調査団に語っているように、国家の非常事態に対して天皇による実質的判断を仰いだ結果でもあった。これは、鈴木も瀕死の重傷を負った二・二六事件のときに前例があった。[32]

八月一〇日と一四日の「聖断」であるが、これは、ポツダム宣言受諾の唯一の条件は、それまで軍部が主張した他の条件が捨てられ、国体護持が保証されれば降伏するという天皇の決断が下されたのであった。これは、国体護持を唯一の条件とする議論で賛成派と反対派が拮抗するなかで、鈴木首相が天皇に判断を仰いだ結果であった。

これが無条件降伏の修正であったのかどうかは曖昧である。日本側はそう信じていたが、一〇日の「聖断」の際、天皇の大権が維持されるかどうかを日本政府は、米国政府にスイスを介して照会したが、米国政府の返答は曖昧であった。しかし、いわゆるバーンズ回答で国体護持は維持できるとした首相、外相、海相の考えを天皇が支持し、天皇大権についての平沼騏一郎枢密院議長の見解を支持する陸相、参謀総長、海軍軍令部長の見解は天皇により抑えられたのであった。天皇による「聖断」で戦争を終結させるシナリオは一九四四年夏、当時の重光外相や近衛元首相らにより描かれていたが、これが現実のものとなった。[33]

おわりに

日本は、二度の原爆投下とその間に始まったソ連の日ソ中立条約に違反する対日参戦、そして無条件降伏は天皇制の廃止を必ずしも意味しないという日米両国政府の歩み寄りが背景となって、天皇の二度の「聖断」によりポツダム宣言（大日本帝国陸海軍の無条件降伏、日本の軍国主義の撲滅や戦争犯罪人の取り締まりを目的とする日本の非軍事化、基本的人権の確保などを目的とする日本の民主化などが提示されていた）を受諾し、一九四五年八月一五日敗戦を迎えた。その結果、一九四三年に開催されたカイロ会談における米英中の首脳が日本に示してきた通り、日本は占領地域からの撤退のみならず、満洲などにおける傀儡政権や、台湾、朝鮮などの植民地を失った。米国は、ソ連の北海道分割占領案を八月一八日に退けてダグラス・マッカーサー陸軍元帥率いる米国軍が日本本土の実質的単独占領を行い、日本国内の武装解除や戦争犯罪人の取り締まりなどの占領政策を実施した。一方、日本が第二次大戦中支配していた地域については、東南アジアは欧州の宗主国の軍隊がそれぞれの植民地において日本軍の武装解除と戦争犯罪人の取り締まりを行った。中国（香港、マカオを除く）は蔣介石率いる国民党政権が、日本軍の武装解除や戦争犯罪人の取り締まりにあたることになり、朝鮮半島は米ソの合意により北緯三八度線を境界線にその北側をソ連が占領し、その南側をマッカーサー元帥指揮下の米軍が占領し、日本軍の武装解除などを進めていった。ただ、ここで留意すべきことは、日ソの軍事衝突が八月一五日後も満洲、中国辺境地域、樺太で続き、八月一六日には、やむをえない自衛戦闘を日本政府（大本営停戦命令）も認めた。これが内外一切の戦闘の停止命令となるのが八月二五日、米軍の先遣隊が厚木に到着する三日前、マッカーサーの厚木到着五日前であった(34)。

日本帝国の崩壊は、東アジアと東南アジアにおける権力の空白を生み、これら地域では、新たな権力闘争（朝鮮半島の分断化、東南アジアや南アジアにおける欧州宗主国に対する独立戦争・闘争）が繰り広げられた。中国では、日本軍が占領している地域に国民党と共産党の軍隊がそれぞれ争うように進出を試み、両者の軍事衝突は、日本の降伏後頻発した。こうした状況下で、日本政府は支那派遣軍については止むを得ない場合の自衛戦闘を許した。また、この国共軍事衝突を止めるための米国の調停は行き詰まり、駐華米国大使パトリック・ハーレーは一一月に辞任した。その後、太平洋戦争中、鮎川は、東條内閣の書記官長であった星野直樹の依頼で、同内閣の経済顧問に就任した。

終戦まで、東條以降の内閣でも同じく経済顧問であり続けた。鮎川は、これらの内閣から本章で紹介した彼が推進していた研究プロジェクトに支持を得られるよう駆け回った。しかし、そのような支持は得られなかった(35)。

終戦時、鮎川は鈴木内閣の顧問であった。八月一五日、鮎川ら顧問は、閣議後の内閣との会議に呼ばれた。出席者のうち、鮎川と藤山愛一郎が財界を代表していた。彼らは、会議の内容が、日本のポツダム宣言受諾であったこと、つまり日本が降伏したことを知っていた。藤山の回想によると、鮎川は、これからは自分たち実業家の出番であり自分は経済復興という大きな仕事に挑戦すると意気揚々であった(36)。

しかし鮎川は、終戦後、占領軍により一九四七年八月三〇日までの約一年半、戦犯容疑者として巣鴨に収監されてしまった。極東国際軍事裁判を行う準備の一環として、戦犯容疑者たちは国際検察局のスタッフたちにより尋問を受けた。鮎川への尋問を主に担当したのは、同局のソリス・ホーウィッツであった。ホーウィッツの尋問に対して、鮎川は、一九四六年一月から二月にかけて行われた尋問で、本書の第8章と第9章で紹介した日米戦争回避への努力に自分が如何に尽力したのかについて訴えたのであった。鮎川は、モスが関与したエピソードについても語った(37)。

国際検察局が鮎川へ尋問を行った理由は、戦争の計画、実施、そして遂行にかかわった共同謀議者であったかどうかについて、次の観点から立証しようとしたためである。

①彼は熱烈な軍国主義者で、ほかの実業家たちと関東軍と謀って侵略戦争の計画と準備を行った。
②彼は満洲の経済開発に主たる責任を持ち、特に満洲の軍事産業の発展を託されていた。
③彼は侵略戦争を行うため推進された日本の軍事産業の発展と産業拡充計画を遂行する相当な責任を担っていた。
④彼は戦時中戦争の遂行に必要と思われる産業政策について政府に助言を行う顧問を務めていた(38)。

以上の観点からホーウィッツとヘンリー・A・ホークスハーストは鮎川の取り調べを行った。三月七日、この二人の検察官は、彼らの上司である国際検察局主席検察官ジョセフ・P・キーナンに、鮎川は戦犯ではないという判断を下したことを伝えたのであった。

しかしその一週間後、ホーウィッツは、鮎川が戦犯ではないか否かの最終的な判断は、現在行われている極東国際軍事裁判前の他の尋問が終了するまで保留すべきであると進言したのであった。こうした尋問から、鮎川の満洲へのかかわりについて、戦犯としての用件を満たす新事実が判明するかもしれないからであった。(39)

八月一日、キーナン主席検事は、総司令部第二部（G2、情報担当）法務課へ覚書を送り、現在行われている極東裁判で鮎川が戦犯である有力な事実が判明しない限り彼を釈放する勧告を行った。この覚書のなかでキーナンは、今後もしもそのような事態が生じても、鮎川が再収監されるかどうかの判断は、法務課の判断に委ねることを伝えていた。(40)

法務課は、極東国際軍事裁判の推移を見た上で、一九四七年五月一四日、鮎川が侵略戦争の計画と遂行を行った共同謀議の一員であったことを証明することは極めて困難であると判断した。一方で同課は、鮎川が戦時中経済活動で利益を上げていたという点については、さしあたり反証がなされなければ、十分な証拠をもとに彼を提訴することは可能であると考えたが、総司令部第二部は、鮎川を直ちに釈放することを勧告した。(41) 同年八月、鮎川は、再び自由の身となった。

戦犯容疑が晴れて出所した後も、彼は公職追放となっていたため、日産グループへ戻ることができなかった。また巣鴨収監中、側近の三保幹太郎が一九四七年一月に急逝したことは、鮎川が日本への米国資本導入構想を復活させる上で、大変な痛手であった。

満洲重工業総裁高碕達之助は、一九四七年一〇月まで満洲で抑留生活を送り、満洲における邦人の帰国に尽力し、ソ連、中国共産党、中国国民党と交渉した。彼はソ連と中華民国が要請した満業が所有する機械類などの膨大な資産の受け渡しにかんする交渉も担当していた。また、次章で紹介するように、ポーレー調査団の満洲経済にかんする報告書の作成を手伝った。当時の満洲は、中国研究者ギリンによれば、アジアでもっとも工業化していた地域で、中華民国とソ連はこの地の支配権をめぐって水面下で対立していることを高碕は認識していた。彼はまた、米ソ対立の高

まりも、満洲で見聞していた。(42)

第11章　「共通の利益」の再創造
――日米関係　一九四五～四八年

はじめに

太平洋戦争中、フーヴァー、キャッスル、タフトのような対日観は例外的なものとなり、共和党の大多数の議員は国務省内のホーンベックら親中派に匹敵するほどの対日強硬姿勢に転じていた。ローズヴェルトの急死に伴いトルーマン副大統領が大統領に就任すると、一九四五年四月一九日に、タフトは単独でトルーマンと会談し、対日無条件降伏を修正することを進言した（台湾を日本の領土として残すことを考えていた）。タフトがフーヴァーと意見交換をした上でこのような発言をしたかどうかは不明であるが、この無条件降伏の件ではフーヴァーがまもなくトルーマンへ具体案を述べた(1)。ローズヴェルト在任中、フーヴァーは、元大統領でありながら一度も大統領官邸に招かれることはなかった。米国参戦後、米国戦争経済の運営が混乱するなか、フーヴァーの友人であったバルークは、この問題解決のための助言をフーヴァーに求めるよう、ローズヴェルト大統領に進言した。しかし、ローズヴェルトは、「私はイエス・キリストではないので、死人を蘇らせることはできない」と拒絶したのであった。

フーヴァーをトルーマン政権の非公式なアドバイザーとして迎え入れる計画が浮上したのは、一九四五年五月一日のジェームズ・フォレスタル海軍長官（元ディロン・リード証券社長で一九四〇年春以降ローズヴェルト政権に最初は顧問、後に海軍次官として協力してきた共和党員）、スティムソン陸軍長官、ジョセフ・グルー国務次官（太平洋戦争前の最後の駐日大使）との会議においてであった（スティムソンは四月二二日にフーヴァーに自宅へ来るよう勧誘をしているが、この時点では会っておらず、また、二人は意見交換を行っていない）。欧州大戦の終了に伴い、政府がフーヴァーを対欧州食糧対策のために起用すべきではないかという質問に対して、スティムソンもグルーもその可能性を検討するべきであるという点で同調した。フォレスタルは、ローズヴェルト政権末期からモーゲンソー計画のような過酷な対独案を適用すべきではなく、ドイツの軍と軍事産業の解体を推進する一方、ドイツの工業生産能力はそのまま残すべきであると主張してきた。彼の対日政策は対独政策と同じ姿勢であったが、これらの根底にはソ連の拡張を抑える狙いがあった。この会議の最中、グルーは天皇問題にふれ、対日戦争で天皇の判断がアメリカ兵の生命をより多く救う結果になったことに触れるとともに、占領後の改革を推進するためには天皇を利用するのが最善の方法で、天皇の利用価値は占領が始まってから最終的な判断をすべきであると主張し、無条件降伏の修正を提案している。グルーのこのような考えは、一九四三年以降国務省内でホーンベックなど対中穏健派に対して巻き返しを図り、一九四四年五月のグルーの極東局長就任、さらに一二月の国務次官就任（日本が降伏した翌日に辞任）に伴い主導権を握った対日穏健派（グルー、ユージン・ドゥーマン、ジョセフ・ヴァレンタイン、ヒュー・ボートンなど）の見解を反映するものであった（なお、この時期、天皇の対日利用価値についてグルーと同様の見解を、戦略情報局〔Office of Strategic Services, O. S. S.〕などの米国諜報機関は示しており、太平洋の戦地では、一九四四年夏以降フーヴァー政権時代の参謀総長ダグラス・マッカーサーの司令官のもとで副官を務めていたボナ・フェラーズ准将が、このような見解をマッカーサーのグループ内で広めていた。フェラーズはフーヴァーと同様クエーカー教徒で、一九三六年から三八年にかけてマッカーサーが率いる対フィリピン軍事顧問団の一員を務め、フーヴァーとは一九四〇年に知り合った。彼は共和党支持者で、また不介入派でもあり、フーヴァーの対欧州人道活動に共感し、また、支援した。フェラーズは、一九四〇年秋から四二年まで駐エジプト武官を務め、一九四二年秋からマッカーサーのもとへ赴いた四三年秋にかけて准将としてウィリアム・ドノヴァン准将が率いる戦略情報局のメンバーとなった。フェラーズはフーヴァーを敬愛しており、戦前から戦後にかけてたびたび接触していた）。グルーはフーヴァー政権時代に駐日大使となったが、それは彼と親しかったキャッスル国務次官の斡旋によるものであった。二人は、太平洋戦争勃発まで外交問題によく言及した日記を交換するほど親密であった。グルーが帰国後ローズヴェルト大統領（グロトン高校時代とハーヴァード大学時代の二期下の知人でもあった）に近づいたことから二人の関係はやや疎遠になったようであるが、それでも対日関係ではたびたびグルーやドゥーマンと意見交換しており、キャッスルは対日関係ではグルーと似た見解を持っていた。フーヴァーは一九四四年五月にグルーより彼の回顧録を受け取っており、それをよく吟味して読んでいた。グルーはステティニアス国務長官がヤルタ会議、サンフランシスコ会議などの国際会議で一九四五年一月から辞任する六月下旬まで忙しかったため、国務長官代行として国務次官以上に重要な役割をはたしていた（国務長官代行の役職は、一九四四年一二月二〇日から翌年四月二四日の約半分と、四月二四日からジェームズ・バーンズ新国務長官が就任した七月三日までの全期間を務めた）。

フーヴァーがトルーマンと会談したのは一九四五年五月二八日午前中で、この会談を斡旋したのはスティムソンであった。フーヴァーは大統領に対欧州食糧援助問題の他、対極東政策について意見を述べている。この会談に先立つ五月一三日、フーヴァーはスティムソンの自宅で彼と会談しており、五月二九日の夜には、キャッスル邸でタフトら一〇名ほどの議員に大統領へ進言した内容について説明した。

五月一五日にフーヴァーは、二日前にスティムソンと会談したときに語ったことを元に覚書を送った。ドイツ降伏後のいまこそ米英中が連携して中国の蔣介石を介して日本との早期和平を目指すべきであると論じた。それは、アジアの戦後秩序におけるソ連の影響力を最小限に止めさせ、また、日本が資本主義国として戦後発展するよう、米国主導の秩序を目指すものであり、また、戦争終結を計画より一八カ月短縮させることで米兵五〇万人から一〇〇万人の命を救うのみならず米国の資源を節約できると進言した。つまり、フーヴァーはヤルタ協定のなかの秘密事項（ソ連による、ドイツ降伏後二、三カ月以内の対日参戦）は知らなかったものの、四月にソ連が日ソ中立条約の延期を破棄する対日通告は公けの情報として知っており、太平洋戦争の長期化は、主要な対日戦闘が米国の経済力と人命の犠牲により終結したところで、ソ連が参戦すると考えられ、そのときにおきるソ連のアジアにおける影響力拡大を強く懸念したのである。フーヴァーは対独・対日戦後経済復興計画については、スティムソン、フォレスタル、グルーと同様モーゲンソー計画のような過酷な案をとることに、欧州と東アジアの経済復興のために日独を重視する観点から反対し、特にフーヴァーは戦争賠償請求を行うことには否定的であった。五月二八日にトルーマンに戦後欧州の食糧問題について意見を求められて一二年ぶりにホワイト・ハウスを訪問したフーヴァー（前述のように、第一次世界大戦後の欧州復興政策の中心的存在であった）は、同問題についてコメントする一方、対日政策にも言及し、大統領の関心をよんだ。フーヴァーは、大統領との会談内容を当日日記に記録し、また、大統領の要請にもとづき五月三〇日にトルーマンに覚書を提出した。これらでフーヴァーが論じたことは、スティムソンに述べたソ連の対アジア影響力拡大が何故米国にとって不利益であるかと同様のことを述べる一方、①四月七日に発足した鈴木貫太郎内閣は穏健派であり（五月三〇日の覚書で取り上げられている）、日本は国体護持を望んでいることから、②米国と英国、そしてできれば中国とともに対日共同宣言を行い早期講和を達成させる確率は非常に少ないがこれを推進すべきで、③その対日宣言の内容は、日本の軍隊の無条件降伏、長期間（おそらく一世代）にわたる日本の非武装化、連合国は天皇制の破壊を意図していないことを日本に示唆すべきであるという進言であった。

そしてフーヴァーは満洲を中国に返還すべきであることをスティムソンとトルーマンに進言したのであった。また、フーヴァーは日本の非武装化という点でも対日政策決定者たちと同感で、彼は日本の非武装化を一世代（三〇年か四〇年）くらい続け、それを米国海軍と空軍が連合国に割譲された日本の太平洋の島々から監視し続ける必要があると主張したのであった。フーヴァーは、日本占領は日本軍と日本の軍事工業の解体や責任者の処罰の後、速やかに終えるべきであることを、米国経済の占領費負担の観点から強調した。

フーヴァーがスティムソン、フォレスタル、グルー、トルーマンと終戦時の極東政策で比較的顕著に相違していた見解は次の通りである。①ソ連の参戦前に英中とともに日本と和平を達成すべきである。②台湾と朝鮮は日本の領土として残すべきである。③日米戦争が長期化するほど米国経済の低迷と米国が提供できる世界の復興のための物資の供給能力が低下する可能性が高まる。

フォレスタルとグルーはソ連の欧州と極東における進出を懸念したが、彼らもトルーマンとスティムソンと同様当面のヤルタ体制維持の必要性に同意し、反共の姿勢を自制した。ただし、トルーマン自身はヤルタ会談で定められた条項の内容を完全に把握すると、それを解体していく意向をもつようになった。

フーヴァーと会談した二八日の午後、トルーマンは、今度はグルーから、無条件降伏は軍隊に適用されるものであり、天皇制の廃止を意味するものでないことを日本側に少なくとも間接的に示す演説を行うべきであるとの進言を受けると同時に、同趣旨の覚書を受けとった。大統領は、このことを翌日、スティムソン陸軍長官、ジョージ・マーシャル参謀総長、フォレスタル海軍長官などの出席する会議において検討するよう命じた。しかしながらこの会議では、グルーが提言する「連合国は日本の将来の政体を決定する考えがないこと」を大統領が日本に示すべきかどうかについての判断は、「ある軍事的理由」により先送りされた。トルーマン、スティムソン、グルー、マーシャルは、これは、沖縄戦が終結していないことと、原爆開発計画が進められていることによる反対であることを了解していたが、それでもフォレスタルは、グルーの提言を支持した。スティムソンは、対日原爆投下をいつ、いかなる方法で行うべきかを大統領に勧告する暫定委員会に国務省と海軍省からの代表参席を必要としたことから、五月八日に二人に対して原爆開発計画の説明を行っていた。

この約二週間半後、太平洋戦争でもっとも凄惨であった沖縄戦が終結に近づいた。フーヴァーは、グルーの五月下旬以降の動向を把握していなかったものと思われるが、大統領は、グルーに対してフーヴァーの五月三〇日大統領宛覚書についてコメントすることを要請し、グルーは、六月一三日の大統領宛覚書で、フーヴァーが覚書で述べていた国体護持を日本に示す重要性を強調し、六月一五日、一六日、一八日の会議で同趣旨を強調した。六月一八日以降終戦まで、この天皇問題にかんする取り扱いの中心人物はグルーからスティムソンとスティムソンの側近ジョン・J・マクロイ陸軍次官補に替わるが、六月二九日のギャラップ社の天皇にかんする米国内世論調査が物語るように、七パーセントのみが天皇の免罪もしくは天皇を利用することによる占領を支持し、三三パーセントは天皇の処刑を望み、三七パーセントは天皇の訴追、終身刑あるいは流刑を望んでいた。このような状況下で、新しく国務長官に就任したジェームズ・バーンズは、世論に敏感であることも貢献して、五月二八日大統領宛グルー覚書に反対したディーン・アチソンおよびアーチボルド・マクリーシュ両国務次官補を支持し、国体護持を日本に明示することに反対する姿勢を七月三日グルーとの会談で明確にした（アチソンは、戦後この件にかんする自身の判断は誤っていたと述べている）。トルーマンもバーンズも米国内世論と日本が国体護持以外の要求をいろいろと行うことを警戒したのである。こうしてポツダム宣言には、国体護持は明示されず、間接的なもの（全日本軍の無条件降伏を伝え天皇制については言及せず）に止まったのである。

八月六日広島に原爆投下が行われたあと、フーヴァーは、このような行為は、第一次世界大戦における毒ガスの使用と同様、「自分の良心に背く」現象であると嘆いた。終戦とともにグルーは国務次官を辞任し、バーンズ国務長官が後任として選んだのはグルーら対日穏健派とは敵対関係にあり、国務省内の対中穏健派の支持者であったアチソンであった。(2)

1　フーヴァーと冷戦初期のアメリカ外交

終戦後のフーヴァーのアメリカ外交に対する貢献は、主に三つ挙げられる。一つは、トルーマン政権の食糧援助問題の顧問として終戦直後から対欧州と対アジアの外交に直接かかわったことであった。もう一つは、グルー、キャッスル、ドゥーマンなどと同様の対日政策逆コース（日本の経済復興を優先すべく過度な財閥解体、財界人の公職追放を行わないこと）を唱える、民間人が中心になって一九四八年六月に結成した米国対日評議会（American Council on Japan）の結成される以前から、キャッスルを介して彼らの静かなパートナーとなったことである。最後に、一九四七年七月以降一九四九年までトルーマン政権の行政改革委員長に就任したことにより、冷戦初期の重要課題であった軍事機構改革に深くかかわったことが挙げられる（フーヴァーはアイゼンハワー政権の一期目も同様に行革委員長を務めている）。

フーヴァーは、第一次世界大戦期と同様に、食糧援助や経済的手段を用いて共産主義の拡張を封じ込めることを主張した。彼はソ連の拡張を阻止するもっとも有効な手段はアメリカの影響下にあった地域の経済秩序の立て直しであると考えた。フーヴァーは一九四六年に食糧問題の視察で世界中をまわった。この問題で一九四八年までに欧州を数回訪問しているが、復興援助を行うにあたり彼が重視したことは、援助活動が不必要な増税を招くなど米国経済を圧迫しないことと、援助対象地域が過剰に米国に依存しないことであった。彼は、マーシャル・プランのようなあまりにも大規模で、しかも米国が一方的に支出する援助は、米国の国内経済活動を圧迫するほどに輸出が行われてしまうという見解にもとづき反対したのであった(3)。

食糧援助を欧州とアジアで推進するにあたり、フーヴァーが重視した国はドイツと日本であった。フーヴァーは対日占領政策の進展について、彼の大統領時代の参謀総長であったダグラス・マッカーサーに一九四五年一一月に書簡を送っており、日本が深刻な食糧不足に直面していることに懸念を表明すると同時に、元帥が推進していた社会改革を讃えた。フーヴァーが強調したことは、経済的困窮からの脱却を図りつつ民主主義を日本で確立することであり、そのためには日本の生産性向上と経済的自立が必要であると考えた。一九四六年五月の来日に先立ち、フーヴァーは中国を訪問しているが、彼は、国民党の腐敗ぶりと対ソ封じ込めにおける貢献の少なさを酷評した。そして、日本ではマッカーサーと数回会談している（五月四日に三時間、五月五日に一時間、五月六日に一時間）が、フーヴァーの終戦末期のトルーマンへの進言にマッカーサーは共感した。元帥は、フーヴァーと同様、占領の早期終了および、日本の非武装化の日本列島に近い島からの監視を主張した。そして彼らは開戦前のローズヴェルトの対日経済制裁などの対日外交を批判し、近衛・ローズヴェルト会談が一九四一年九月に開催されていれば日米戦争は回避できたはずであったと論じた。フーヴァーによると、元帥は近衛は天皇から全面撤退の権限が与えられていたと信じていた。なおフーヴァーの対日食糧援助は、彼の来日直後に組閣された吉田茂内閣への間接的な支援となったと言えよう。

マッカーサーは、日本の重工業と軽工業の復興の必要性においてフーヴァーと見解が一致し、二人はポーレーの厳しい対日戦争賠償案に批判的であった。SCAP内の保守派はこの見解に属しており、彼らはポーレーが唱える工業施設をアジアの戦争被害国へ移す構想のみならずコロウィン・エドワーズが唱えた財閥解体についてもこれらが極端で非現実的であると批判的であった。一方、大統領や陸軍省もポーレーやエドワーズの見解に反対あるいは無関心であった。トルーマン大統領はフーヴァーの離日直後の来日を予定していたポーレーとハワイで会談することをフーヴァーに依頼したが、大統領はフーヴァーがポーレーの対日賠償問題にかんする考えを変えさせることを期待したようである。ポーレーは、トルーマンの政治的盟友であると同時に、民主党の有力な献金者であったが、対独・対日戦争賠償問題について厳しい見解であったため、大統領は彼をこの問題から外すべく海軍次官への就任を推進していたが、これは一九四六年二月の上院議会で葬り去られていた。フーヴァーはハワイで約三時間にわたり反共主義と米国の対日占領費の軽減の観点から日本の経済復興を優先させるべきで、工業施設の海外への撤去の不必要を説いた。ポーレーは説得されたかに見え、フーヴァーはマッカーサーにその旨を伝えたが、結局ポーレーの考えは変わらなかった（ポーレーがフーヴァーの見解が正しかったと本人に伝えたのは一九五三年であった）[4]。

フーヴァーの反共主義にもとづく反ソ連の見解は、一九四六年三月までにはワシントンの外交政策決定者のほぼコンセンサスになっていた（例外はヘンリー・ウォレス）。この見解は、欧州においてはドイツの復興、アジアにおいては日本の復興という考えに発展していったが、フーヴァーはこの流れの最先端にいたわけである。一九四七年の三月から五月にかけてフーヴァーはドイツと日本の経済復興の重要性を反共と米国経済の占領経費節約の観点から唱えた。

トルーマンが、後に有名になったトルーマン宣言の演説を行った翌日の三月一三日、彼は、アヴェレル・ハリマン商務長官、クリントン・アンダーソン農務長官、ロバート・パターソン陸軍長官、フォレスタル海軍長官、アチソン国務次官との会議で、フォレスタルとともに反共と占領コスト削減の方針にもとづきドイツと日本の経済に対する制限を撤廃すべきとし、日本における財界人の追放解除を主張したのであった。五月に入るとクリフォード・ストライクを団長とする調査団による前述のポーレー案を修正する報告書が依頼者であった陸軍省に提出された。フーヴァーは、アチソン国務次官が行った、日独をそれぞれ欧州とアジアにおける経済活動の中心地として支援する、とした演説の前日にあたる五月七日に、ストライク報告書にかんする意見をパターソン陸軍長官に述べている。彼は共産主義に対する防波堤としてドイツと日本を重視したが、ソ連を封じ込めるにはこれら二国を含めた自由主義陣営の生産性の向上を通じた経済発展が重要であると強調した。そして、フーヴァーはストライク報告書は工業施設の海外への移転についてポーレーよりは限定的なものとしたが、それでも不十分であると批判した。また財閥解体についてはある程度の解体は必要という見解を示唆した。もっとも、商務長官時代、巨大資本や非公式なカルテルの形成に決して反対ではなかったフーヴァーからすれば、巨大資本は生産性向上を通じてコストと価格を低下させていればその存在を容認できるものであった。ニューディールの反トラスト法の運用がこのような見解と類似していたことを考えると[5]、フーヴァーのような反ニューディールの立場の者のみならず、ニューディール支持者の多くにも、全面的な財閥解体は奇異に映ったのである。

ワシントンのアメリカ外交政策決定者たちは、マッカーサーに占領政策の転換を迫るが、占領地域の司令官の権限は当時絶大で、アメリカ外交の主導権を大統領や国務省から戦時中以来奪い続けていた陸軍省でさえ、マッカーサーに指示に従わせることは至難の業であった。フーヴァーはマッカーサーのカリスマ性を米国内における共和党の巻き返しに利用したかったこともあり、彼に好意的な見解を持ち続けていたが、「逆コース」を彼自身支持していたこともあり、キャッスル、ドゥーマン、グルー、『ニューズウィーク』誌の外交問題編集者ハリー・カーン（鮎川の友人モスの娘婿で当時『ニューヨーク・タイムズ』東京特派員バートン・クレーンと同様「逆コース」論者）とその部下コンプトン・パケナムの活動の静かなパートナーとなった（これはアメリカ・ファースト委員会のときと似ていた）。また、マッカーサーの共和党大統領候補への野心からは距離を置き、一九四四年、四八年、五二年の大統領選においてタフトを同党の候補とする運動を支持した。結局、対日占領政策について、フォレスタルがディロンの社長であった時期に同社の役員であったウィリアム・ドレーパー陸軍次官と、国務省のジョージ・ケナンを中心とするワシントンの政策決定者たちがマッカーサーから主導権を奪うのは、一九四八年春以降であった(6)。

政策決定者間の反共コンセンサスは、一九四七年三月一二日のトルーマン宣言へと発展していったのであるが、フーヴァーはソ連の封じ込め政策の適用対象地域を拡大することには、米国の国力の温存・維持・発展に鑑みて反対しており、この見解を、彼は行政改革委員長になってからも強調しつづけた。行革の中心的課題は、第二次世界大戦が終了していたにもかかわらず、米ソ間の対立のため準戦時体制を維持していた米国の安全保障を、軍事機構改革を通じてどのように経済的・民主的にすべきであるかということであった。一九四九年の国家安全保障法は、陸海空軍の独立性を従来より弱める形で陸海空軍の上に立つ国防長官の権限を強化した。このような判断をしたトルーマンは、フーヴァー、フォレスタル、フェルディナンド・イーバースタット（フォレスタルの証券会社時代の元側近）、そして海軍が主張した国防長官の権限強化と三軍の独立性維持の併存（調整型）に配慮すると同時に、陸軍、空軍、アチソン国務次官（行革副委員長）らが主張した国防長官の権限強化と三軍の一体化（統合型）にも配慮した妥協を行ったのであった。議会はトルーマンの考えにおおむねそった法案を可決した。調整型を主張するグループからすれば国防長官と統合参謀本部長の権限が三軍に対して明確に優位となったため、権限集中はシビリアン・コントロールを妨げるのではないかと憂慮した（フーヴァーの場合は、第一次世界大戦中の人道活動が権限の分散により推進され、それが活動の成功の秘訣のひとつだったために、分権化を優先する発想がそれ以降強くなった）。一方、統合型を主張するグループは改革が不十分であると不満であった。

米国の安全保障の確保について、フーヴァーはタフトに代表される共和党議員が主張するコストパフォーマンスのよい方法を支持したが、それは具体的には陸軍ではなく海軍力、空軍力、核抑止力に依存することを主張するものであった。そして、北大西洋条約機構の発足や朝鮮戦争の勃発に伴い、一九五〇年の終わり頃から五一年初頭にかけて議会の内外で米国の安全保障のあり方をめぐって大論争が起きた。フーヴァーの発言がこの端緒となったが、彼は、トルーマンやアチソンが推進しつつあったグローバルな封じ込め政策（NSC六八）には反対であった。彼やタフトが主張したことは、欧州大陸やアジア大陸の紛争に陸軍の兵力を投入することなく、海軍、空軍、核抑止力を柱としながら西半球の防衛を安保の中心に位置づけ、米国の防衛線は英国と日本までは含むとするものであった。彼らは、米国が北大西洋条約機構の一方的な負担をしていることにも批判的であった（フーヴァーは朝鮮戦争勃発の時点では日本の武装化は想定していなかった）。朝鮮戦争の戦況が悪くなるなかで展開されたこの論争であるが、フーヴァーやタフトがトルーマンやアチソンに問いかけたのは、米国の対外経済的コミットメントと対外政治的コミットメントについて米国の国力の温存・維持・発展の観点から限度を設けるべきではないかという点であった。この論争はトルーマンやアチソンに代表されるNSC六八推進派の勝利となるが、論争に敗北したフーヴァーやタフトもトルーマン政権やアイゼンハワー政権と同様に、海軍、空軍、核兵器に依存する国防政策を支持し続けたのであった。一方、財政支出の面ではフーヴァー、タフトらの中央集権化への抵抗と均衡財政主義は、両政権の財政政策の制約となり、社会福祉が連邦財政における犠牲となる結果を招いた。(7)

2　対日経済改革――非軍事化と民主化の狭間で

マッカーサーを頂点とする連合国最高司令官総司令部（GHQ／SCAP）は、占領開始直後から軍国主義、超国家主義の撲滅、原爆報道の封印を主眼とする言論統制（検閲）を行う一方、米国のイメージに合致する言論活動と市民社会化の助長を模索し、その文脈で日本の民主化を推進すべく、共産主義者を含めた左翼政治犯の釈放、左翼政党を含む政党政治の助長、労働組合結成の活性化、農地改革による小作農の圧倒的多数の自作農への転換（戦前の保守主義の一翼を担った地主制の解体）、内務省の解体、警察組織の改革・再編、地方分権の一環としての知事選の実施、女性参政権の導入、そして教育改革を進めた。また、戦犯容疑者の逮捕と密接に関係する公職追放は、追放の対象者を軍人や戦前の軍国主義に加担した超国家主義者、政党人、官僚、財界人、言論人、教育関係者などへと広げていった。また、一九四五年一一月には四大財閥（三井・三菱・住友・安田）の解体を進めた。新憲法が一九四六年一一月に公布されると、元帥は新憲法に合致する国内法改正を進めるが、それは極東委員会に対してそれら法案の提出を意図的に遅らせることで同委員会の介入を回避する形で実現させていった。[8]

マッカーサーがこうした改革を推進できたのは、彼と彼のスタッフが革新主義とニューディール時代の影響を受けていたことと無縁ではなかろう。元帥の世代の米国内政治の支持者たちは、一九世紀末から第一次世界大戦まで展開された革新主義の時代の洗礼を受けていた。この国内の社会改革運動は、政治（例えば腐敗の摘発と民主主義の促進と強化）・社会（例えば貧富の差の是正、女性や子供の権利向上）・経済（例えば大企業の市場経済への影響力拡大を消費者や社会の利益に合致した状況にする、労働組合を容認していく）の改革を、都市部の新興の中流階層の男女が中心になって富裕層や労働者とも連携しながら推進していったのであった。元帥の有力な支持者であったフィリップ・ラフォーレ元ウィスコンシン州知事は、革新主義時代の代表的存在であったウィスコンシン州選出の連邦議会上院議員ロバート・ラフォーレの息子であり、また、思想的継承者でもあった。また、全米最大の発行部数を誇る『シカゴ・トリビューン』紙の社主で超保守主義者ロバート・マコーミック（フランクリン・ローズヴェルトの大統領時代、彼と敵対関係にあった。グロトン学園にローズヴェルトより一年早く途中編入した先輩）も革新主義運動の支持者であった。この運動は一枚岩でなく、連邦政府の社会や経済問題への介入の度合いについて、また、問題解決の優先順位については多種多様であった。ただし、全体としては中央政府の機能拡大と問題介入には抑制的であり、むしろ地方自治体と民間の役割を重視し、また、労働組合運動については、社会主義・共産主義の台頭を封じ込めるという点では、フランクリン・ローズヴェルトが推進したニューディール政策とは対照的であった。この政策は、大恐慌という国家非常事態に対処すべく中央政府の機能拡大と社会と経済問題への積極的介入を推進し、米国が元来保守的な政治風土であるがゆえに拡大しにくい社会主義・共産主義を容認する姿勢を示していったのであった。大企業の適正規模については、この二つの時代、特に革新主義の時代は大企業容認論と大企業解体論が激しくぶつかり合ったが、経済における競争原理の作用を維持できるのであれば大企業の存在を容認し、そのために独占禁止法を適宜適用したり企業活動を監視することで収まった。元帥の総司令部の将校には革新主義の時代とニューディールの時代の影響を受けた人たちが並存していたのであり、同じ人物のなかにこの二つの時代の影響が並存していた場合も多かったであろう。

米国の対日経済改革は、賠償問題にかんする基本方針の錯綜、中国の内戦の展開、統制経済と市場経済のどちらに主軸を置いていくかといった問題で迷走した。極東国際軍事裁判が開廷した一九四六年五月上旬、前述のように世界食糧問題調査団の団長として来日したフーヴァーは、自身の大統領時代に参謀総長であり、それ以来親しい関係にあったマッカーサーと会談を行った。元帥は極東委員会、ポーレー戦争賠償調査団、米国内外の「リベラル派」は日本を破壊しようとしていると論じ、対日政策は、武装解除、軍事産業の解体（それ以外には制限を設けない）、日本本土から一時間ほど離れた飛行場（おそらく沖縄）などからの対日監視で十分であると論じた。また、元帥は、ジョージ・C・マーシャル将軍による中国における国共対立の調停は絶望的であると指摘した他、ソ連とその共産主義は日本に対し深刻な脅威であり、日本国内の生活水準の低下と厳しい戦争賠償は、日本をソ連の影響下に仕向ける結果になるであろうと懸念を表明したのであった。

連合国による対日経済政策の迷走に対して日本側も事態の打開策を見いだそうと必死であった。鮎川がA級戦犯容疑で巣鴨に拘置される直前、来栖三郎は幣原喜重郎首相に、総司令部が米国の有力な財界人を経済顧問として招請するというアイディアを示した。この経済顧問が、占領政策を日本経済の復興の妨げにならず、むしろ経済復興を後押しする役割を果たすように導いてくれることを期待したのである。幣原は、総司令部にこのような依頼をするのは時期尚早であると来栖に答えた。とはいえ、後述するように、マッカーサーも極秘に来栖の希望を満たすような人事を実現しようとしていた。

鮎川は、巣鴨収監前月の一九四五年一一月一一日、同月一日までに行われた日産と満業グループにおける自身の役職からの退任と、同月二日に総司令部が行った財閥資産凍結と財閥解体の指令について感想を述べている。鮎川は、日本のメディアが、財閥のすべての役員の辞任を要求する報道を行っていることに反発し、こうした人たちは、封建的な蓄財ではなく、能力によりこうした役職についていたと述べていた。占領軍の財閥に対する扱いも日本のメディアと同様の偏見を持っていると鮎川は考えていた。

巣鴨刑務所に収監された鮎川に、来栖は自身の米国資本導入構想を一九四六年九月に綴っている。こうした書簡を送ることができた背景には、前章で述べたように、前月に鮎川を戦犯として扱わない判断を国際検察局が行っていたことと関係していたのかもしれない。来栖は賠償問題について、日本が米国の正義感に訴えながら、第一次大戦後のドイツに課したような過大な戦争賠償金を支払うものとはせず、しかも、その支払い方法は、日本の資産をただちに売却することで賠償金を捻出するのではなく、長期にわたる緩やかな支払い方法を採用するよう、米国に要望すべきであると論じていた。賠償問題は、日本の国際貿易復活と切り離し、後者を優先させるべきことを米国に訴える必要性を来栖は強調した。経済復興がなければ、こうした賠償金の支払いは極めて困難だったからである。

来栖は、米国の支援のもと日本の経済復興を推進すべく、米国に日米貿易復興機関（JATRA, Japan-American Trade and Rehabilitation Administration）を立ち上げることを提案した。この組織は、日本にも事務所を構え、日米の財界人主導で、この組織を通じた輸出入や為替取引を行うべきであると、来栖は論じた。日本側は、官僚が仕切っていては、米国人との交渉ペースが遅くなり、交渉が失敗するリスクが高くなるので、三菱、三井、住友の銀行、横浜正金銀行、主要な日本の商社といった企業の幹部が日本政府を代表してこの機関をとり仕切るべきであると、来栖は考えていた。この機関において、日本側が、戦前欧米が抗議した日本製品の輸出におけるダンピング行為の回避を講じる対応も行うことも来栖は想定していた。この機関は、日米開戦前までの五年間米国が輸入していた日本製絹の金額を根拠に米国より融資を受け、その資金により、日本が必要としていた米国綿、インド綿、ゴム、ウールといった製品を輸入する。来栖は鮎川と同様、まずは輸出競争力が相対的にある日本の軽工業の復興を優先的に推進すべきであると思っていた。日本の重化学工業の復活について、来栖は、米国が日本の制空権を抑え、また原子爆弾を保有しているために、日本の重化学工業が復活していくとともに日本の軍国主義の復活も起きるような心配をする必要はないと米国に訴えるべきであると考えていた(9)。

マッカーサーは、六月に持株会社整理委員会を日本政府に設立させ、一九四五年一一月に始まった四大財閥解体を出発点として、軍国主義の一翼を担った財閥や巨大企業の解体に着手した。対日占領経済政策と財閥解体に深くかかわった経済科学局（ESS）局長は、初代のクレーマーが一九四五年末に帰国すると、その後任人事で元帥の周辺グループの一員であるウィリアム・マーカット准将が抜擢された。彼は、元帥の了解のもと一九四六年春にかけて、戦略爆撃調査団の中心メンバーであり、投資銀行ディロン・リード社時代以来、後述するジェームズ・フォレスタルの側近であったポール・ニッツェ（朝鮮戦争勃発前米国政府が検討した国防費の大幅な増額を正当化する政策文書NSC六八の策定者で、冷戦時代の米国核戦略の重要人物）に経済科学局局長兼文官の経済政策担当のトップ就任の要請を熱心に行い、米国連邦政府や経済界に幅広い人脈を有するニッツェも、彼自身が提示する権限にかんしての条件がGHQと米国政府に受け入れられれば就任する意向であった。しかし結局、陸軍省がこの人事に消極的であったことから、経済問題に疎いことを自覚しているマーカット自身が局長に就任したのであった(10)。一九四六年に入ると日本の経済改革を行うべく経済科学局に多くのスタッフが新たに加わったが、同局にワシントンと強力なパイプを持つような人物が不在のままこの改革が推進されていった。

ニッツェの人事が水面下で立ち消えとなった直後、フォレスタル海軍長官は、アジア視察の一環で、一九四六年七月一〇日、来日していた。フォレスタルは、厚木飛行場に到着する前は、中国を訪問していた。中国では、国民党と共産党の内戦はもはや不可避であると、その回避に尽力してきた米国特使マーシャル前参謀総長より聞き、フォレスタルも視察中その印象を強めた。マーシャルがフォレスタルに語ったように、米国は、国民党を軍事的に支援していくが、内戦には軍事介入しない方針であった。フォレスタルは、厚木到着後マッカーサーと一時間ほど会談を行った。マッカーサーは、日本経済を早く復興させるために、賠償問題に早期に決着をつける必要性を強調した。またマッカーサーは、賠償の一環として日本の機械類でその一部を弁済することについて、戦時中これら機械類は、メンテナンスを犠牲にして酷使されていたことから、その価値は過大評価されていると指摘したのであった。このコメントは、日本の機械類を流出させることを回避しようとするための見解であったのかもしれない。マッカーサーもフォレスタルも、賠償問題の迷走による日本経済復興の遅延は、ソ連の日本国内における影響力を高めるリスクに貢献すると見る点で一致していた。マッカーサーは、ソ連が日本の経済復興を望んでおらず、日本の国内での影響力拡大にいまのところ失敗しているが、今後もそれを虎視眈々と狙っているとフォレスタルに語った。また、内戦に突入しつつある中国情勢についてマーシャルが内戦回避に失敗し、また国民党政権が腐敗しているなどさまざまな問題を抱えてはいるものの、米国が引き続き国民党政権を支えていく必要性を、マッカーサーはフォレスタルに論じた。そしてもっとも注目すべきは、マッカーサーがフォレスタルに、米国は日本を自国の最西端の対ソ防衛線の一部であると位置付けなければならないと語ったことである。翌年マッカーサーが早期講和を論じたとき、一九四六年に彼がフーヴァーとフォレスタルに語った日本の安全保障上の位置付けが前提となっていたと解釈すべきであろう。

七月一一日の朝食時、フォレスタルは、総司令部の政府顧問スタッフであったウィリアム・J・シーボルトに同伴して来訪した三保幹太郎と会談した。シーボルトは、海軍士官学校を卒業後一九二五年から日本語研修のため駐日米国大使館付武官を務め、翌々年神戸で弁護士を務めていた英国人と日本人を両親に持つ女性と日本で結婚した。一九二九年野村吉三郎提督率いる日本海軍が米国に寄港した際、シーボルトは野村の通訳を務めた。翌年海軍を退官すると、弁護士になるべくメリーランド大学の法科大学院に入学し、同大学院を卒業後一九二九年に他界した義父の弁護士事務所を引き継いだのであった。一九三九年に帰国後、弁護士として活動したが、日米開戦後は海軍情報部のスタッフを終戦まで務めた。一九四六年一月、国務省の依頼で総司令部政治顧問のスタッフとして来日するが、その直後に、同僚のジョン・K・エマーソンが帰国したことに伴い、エマーソンが担当していた日本の政財官界やメディアなどの有力者たちから情報収集を行う任務を引き継いだのであった（翌年、上司であったジョージ・アチソンが飛行機事故で死亡すると、アチソンの後任として総司令部内のシビリアンとしては最高位の役職であった外交部長兼対日理事会米国委員長を務めるようになる）。シーボルトは、こうした活動を通じて三保と知り合ったのであろう。シーボルトの回想録では、彼が来栖三郎と親しかったことが記されていることから、来栖を通じて三保と知り合ったのかもしれない。

シーボルトも三保も、前日にマッカーサーとフォレスタルが対日賠償問題について早く決着をつけて日本経済の復興を進めなければならないとして一致した見解を、共有していた。終戦から一年もたっていない時期に三保のような一介の民間人がフォレスタルのような米国政府高官と会談できたのは、やはり戦前三保がフォレスタルと接触していたこと（第8章参照）があったからこそ可能となったといえよう。フォレスタルが来日中会った日本人は、三保のみであった。

三保は、フォレスタルに賠償問題と財閥解体問題が日本経済復興を阻んでいることを直訴した。フォレスタルは、三保の訴えを聞いた上で、米国の要人に接する際、過度に取り入ろうとしないよう忠告したのであった。というのも、まだ終戦から間もない時期で、自身を含めた米国人たちは、戦時中日本兵が米兵の喉元を斬ったり、米兵を斬首したことを忘れることはできない、日本人は米国人にブルックリン・ドジャースや野球が好きだと訴えるのではなく、行動を通じて米国人の日本人に対する敬意と信用を回復するよう努めなければならない、と論じたのであった。フォレスタルは三保に、自身を含めた米国人たちは、日本が良き国として復活することを望んでいるものの、戦争が終わってただちに温かな日米の社交が始まると日本人が勘違いしないよう告げた。フォレスタルも他の多くの米国人と同様、温厚でユーモアのある日本人は必ずしも誠実ではないと警戒していた。会談後、シーボルトより先に去った三保は、フォレスタルに向かって階下からにこにこしながら手を振っていたが、フォレスタルの三保に対する眼差しは冷ややかであった。それでもあえて三保と会った背景は、戦前の三保との接触と、対ソ封じ込めの「ゴッドファーザー」であったフォレスタルが、日本経済復活のためにその行く末を意識していたからであろう。(11)

一九四六年から四七年の中国の内戦激化に伴い、米国政府内の対日政策決定者たちは、ポーレーやエドワーズが提唱した対日経済政策は不必要であると考え始めていた。というのも戦時中は中国を東アジアにおける中心国として位置づけていた米国は、中国内部の混乱にともない再び日本をその座につかせて反共の防波堤にする姿勢に転じていたからであった。米国はこの内戦を、この時期深刻化していった米ソ対立と関連づけてとらえていたのであった。

三月一二日にトルーマン大統領は、後にトルーマン宣言として有名になった演説を行った。一方、同月一七日には、マッカーサーは対日早期講和と対日賠償の軽減を唱えたのであった。三月一三日、前述のようにフーヴァーは、パターソン陸軍長官、対ソ封じ込め論者の中心的存在フォレスタル海軍長官などとの会議で、フォレスタルとともに反共と占領コスト削減の方針にもとづきドイツと日本の経済に対する制限を撤廃すべきであるとし、また日本における財界人の追放解除を主張した（この解除は同年夏ごろに始まる）。二月中旬にはクリフォード・ストライクを団長とする調査団による前述のポーレー案を修正する報告書が完成し、同報告者はマッカーサーの総司令部と調査依頼者であった陸軍省に提出された。第一次ストライク報告書提出後、陸軍省はポーレー報告の対日賠償（賠償撤去施設と工業生産活動にかんする対日許容水準、重工業への大幅な制限、財閥解体）を大幅に緩和する政策を開始し、ポーレーや国務省の反対を抑え込みはじめるのであった。一方、マッカーサーは、賠償撤去施設の国外移送については非協力的な姿勢を維持した。

ポーレー案とストライク案をめぐる米国政府内の論争が続くなか、来栖三郎は七月、総司令部第二部のチャールズ・ウィロビーの協力を得て、日米開戦前に接触していたバルークに書簡を送り、日本経済復興のための支援を仰いだ。来栖が提案した内容は、前年鮎川に説明した日米貿易復興機構に類似したものであり、日本の主要な金融機関により編成したシンジケートに、米国の有力な金融機関がドル資金を提供することをバルークに公けに提案してもらえないかという要望であった。日本政府は、米国の機関投資家たちが日本に投資した資金をドルに交換して本国に送金できる仕組みを提供し、この外資導入構想を通じて日本国内の投資意欲を掻き立てることが期待できた。来栖は、バルークから返答を得られなかった。この五カ月後、高碕は、国会で大企業の解体を目指した過度経済力集中排除法が審議されるなか、フーヴァーに書簡を送り、米国政府の対日経済支援を仰ぎ、自身が育てた東洋製缶や東洋製鋼が復活していくことを願っていることを伝えたのであった。高碕は戦前フーヴァーに、東洋製缶が商務長官時代のフーヴァーが提唱していた科学的経営手法を実践していたことをたびたび訴えていた（第6章参照）。フーヴァーも返答はしなかった。とはいえ、こうした日本の有力者の米国有力者へのアピールは、米側の日本への関心を引き付ける上では行わねばならない日本側の行動であった。過度経済力集中排除法は、当初分割対象の候補となった企業を三二五社あげたが、結局分割されたのは一一社であった。高碕の東洋製缶もその一つで、二社に分割されてしまった。

結局、前述のように対日占領政策について、ウィリアム・ドレーパー陸軍次官と、国務省のジョージ・ケナンを中心とするワシントンの政策決定者たちがマッカーサーから主導権を奪うのは一九四八年春以降であった。ドレーパーは、連合国（米英仏ソ）が占領するドイツの米国占領地域において、同地域の米国占領政府顧問となり、ドイツの占領政策の一環として当初推進されたドイツの巨大資本の解体や財界人の追放に反対し、その実績により、一九四七年八月に陸軍次官に抜擢された。一九四八年二月に完成した第二次ストライク報告書では、鉄鋼、造船、石油精製などの重化学工業は日本の経済復興に必要不可欠であると唱え、これらを賠償撤去施設の対象から外し、また、この対象を狭義の軍事工業・軍需工業に限定し、しかもその撤去水準をポーレー報告より三割以上カットしたのであった。ドレーパーは、この報告書にもとづくポーレー報告の骨抜きを目指し、一九四八年春には国務省もドレーパーの説得により対日賠償問題で同調するようになった。ドレーパーと銀行家パーシー・ジョンストンは、一九四八年三月に訪日し、帰国後の四月に米国政府に提出されたジョンストン報告書はストライク報告書をさらに上回る対日賠償政策の緩和を提唱した。そして、賠償撤去施設にかんする政策は、米国政府が極東委員会に中間賠償の取り立ての中止を通告することで一九四九年五月に廃止された。

こうした一九四八年春以降のドレーパーによる国務省との共同歩調は、極東委員会を迂回して対日政策を推進することと、一九四七年に入ってからマッカーサーの経済科学局反トラスト課長に就任したウォルシュが積極的に推進していた財閥（大企業）解体に歯止めをかけることでも一致するようになった。これ以上の財閥解体、公職追放、対日賠償はもう不必要で、むしろ日本の経済復興を優先させるべきであるとする見解は、一九四八年一月六日ケネス・ロイヤル陸軍長官のサンフランシスコ講演で指摘され、米国のこの見解は、同月二六日の極東委員会における政策決定（SWNCC三八四）に反映された。国務省内では、政策企画室長のケナンやロバート・A・ラベット国務次官がドレーパーの対日見解に同調していた。ドレーパーの訪日の時期と結果的に重なる形で行われたジョージ・ケナンの訪日後、ケナンは三月二五日にジョージ・C・マーシャル国務長官に報告書を提出した。そのなかでケナンは、トルーマン宣言の直後、マッカーサーが一九四七年三月一七日に提唱した連合国による対日講和は、時期尚早であると論じ、現時点においては、独立後の日本のためには公職追放と財閥解体を止め、日本の経済復興を最優先とするべきであると唱え、これ以上の改革に反対し、むしろ、SCAPから日本政府にもっと権限を委譲させるべきであると主張したのであった。ケナンはまた、日本の警察の強化と若干の再軍備も提案した。ケナンと同様ジョンストン報告書も財閥や大企業のこれ以上の解体に反対していたが、このような解体を肯定していたエドワーズ報告書とそれを反映させた米国政府の判断は、すでに極東委員会の決定（FEC二三〇）として一九四七年半ばにはマッカーサーに指示されていた。元帥にはこれを実行する度合い、また、実行しない判断について裁量権があった。一九四八年二月、マッカーサーの総司令部は、一九四六年八月に設立されて以来財閥解体や大企業の分割を担当させてきた持株会社整理委員会に圧力を加えて日本の産業と商業の七五％を代表する三二五社を解体の候補リストにあげさせていた。ドレーパーはこれに反対し、同年一二月には、解体の対象候補となる会社数は九社まで減らされた。この間、四月のウィスコンシン州における共和党大統領候補者選びでマッカーサーは惨敗し、彼を支持していたグループは元帥の擁立運動を断念した（この運動にかんするマッカーサー文書とフェラーズ文書が示すように、マッカーサーは、この擁立運動に関心を示していたが、彼の優先事項はあくまでも対日占領政策であったため、ウィスコンシン州選挙に準備すべく彼の一時帰国を強く望んだ彼を擁立する支持者たちの要請を却下した）。六月には、ドレーパーは連邦議会での対日経済援助実施案の可決に成功した。一〇月にはケナンの三月の報告書が対日政策にかんするＮＳＣ一三／二に反映されていた。元帥はこの文書の経済復興優先についていては受け入れていったが、再軍備の可能性についていては拒否した。

一方、ＧＨＱにおいては、一九四六年二月以降公職追放、農地解放、憲法制定など日本の改革において中心的役割を果たしていたマッカーサーの側近コートニー・ウィットニー少将率いる民政局（ＧＳ）の影響力は失墜し始めていた。同年五月には人員面で経済科学局（ＥＳＳ）が優先的に増やされるようになり、また、六月にはＧＳの公職追放にかんする権限は廃止となった。そして、吉田茂と対立するＧＳは、第一次吉田内閣後中道左派の政権であった片山内閣と芦田内閣を支持し、芦田内閣総辞職後は、第二次吉田内閣成立を妨げるべく、吉田の民主自由党幹事長山崎猛内閣実現を後押ししたが、これは、吉田・マッカーサー会談で却下され、一九四八年一〇月、吉田が組閣した。ウィットニーの腹心であったチャールズ・ケーディス大佐（民政局次長）は年末までに辞任した。

一九四八年一二月までには、国務省は、ＦＥＣ二三〇を撤回することに同意していた。そして、一二月一八日、極東委員会における米国単独の中間指令という形式にもとづき、ＧＨＱは日本の「経済安定九原則」（単一為替制度の確立と米国主導のＩＭＦ・ＧＡＴＴ体制に日本を組み込むことを目的とすべく、また、統制経済から市場経済に移行する方策としてインフレ撲滅のため、超均衡財政と金融引き締めを断行する）を発表し、その実施に際しては、ドレーパーやニッツエが推薦するドイツの米国占領地域の経済立て直しに大きな実績のあったジョセフ・ドッジがその任にあたった。

おわりに

一九四九年の年頭の声明で、マッカーサーは復興の重点が政治から経済に移ったと宣言した。同年における米国資本導入をめぐる議論は、ジョセフ・ドッジの引き締め政策によってもたらされた急激な景気の悪化、この事態に対する財界人の焦燥、そしてドッジ・ラインに喘ぐ日本経済に直面し、外資導入を模索しはじめた吉田茂首相と池田勇人蔵相のドッジ・ラインの否定とが重なりあう形で展開した。ドッジの政策は従来からいわれているほどのデフレ政策ではなく、また、ドッジの来日前にインフレはかなり抑制されていたが、ドッジ・ラインはたしかに物価と賃金を安定化させた。他方においてその代償は、失業者と倒産件数の大幅増、そして株価の大暴落であった。一九五〇年の初頭、経済指標に改善は見られるようになったが、それは景気回復を意味するには程遠いものであった。ドッジのデフレ政策は、日本の輸出が伸びながら構造調整を進めることを前提としていたが、世界経済は日本の輸出品を期待していたほど吸収できなかったのである。世界経済そのものもまだ戦争からの回復途上であったので、このような結末は当然だったであろう。この時期から米国政府内で検討されはじめた東南アジアへの日本の平和的進出の支援は、本章の冒頭に述べたアジアの脱植民地化に伴う混乱と戦時中日本が進めた大東亜共栄圏に対するアジアの諸民族の嫌悪感と対日憎悪、そして戦勝国との講和会議の準備におけるアジア諸国に対する賠償問題の未解決とあわせて考えると、無理な計画であった。東南アジアの旧宗主国である欧州の国々も同様であり、まして、戦前のこの地域に対する日本の輸出ダンピングによる経済的伸張を考えるとなおさらであった。

結局、朝鮮戦争が日本の景気回復をもたらす結果となったが、日本の財界人たちは、それまでは日本の先行きに暗い思いを抱いていた。たとえば、トヨタ自動車は倒産の瀬戸際に追い込まれており、朝鮮戦争の勃発前は起死回生の策として、一九三〇年代後半に模索したフォード自動車との合弁を真剣に検討していたのであった。(12)

第12章　鮎川義介の戦後投資銀行構想

はじめに

序章で論じているように、現行の経済システムやその政策は、満洲事変以降の国家主導による戦争動員政策に遡ることができる(1)。特にジョン・ダワーは、いわゆる日本の戦後モデルの特徴として一般に紹介されている経済システムが、実は日本と米国の折衷モデルであることを指摘している。ダワーによると、現在の日本経済システムは戦時中に形成された後、敗戦と占領により強化され、講和後も維持された。彼はまた、なぜそれが政策決定者たちによって支持されたかについて、日本経済が弱体であり、高い経済成長を達成するためには国家による経済計画と保護主義が必要である、という考えが日本国内で広く支持されていたからであると論じている。一方、橋本は戦後日本経済システムが流動的であった一九五〇年代の重要性を指摘している(2)。国内では規制緩和が論じられて久しいが、最近、著名な経営学者である竹内弘高とマイケル・ポーターは、日本における規制緩和の議論の重要目標は、規制緩和だけではなく、いかに競争を強化させるかということにも置くべきであると論じている(3)。彼らによると、日本型成長モデルとして取り沙汰されている政府主導モデルは、多くの競争力のない産業を生み出した元凶でり、現在競争力のある産業の形成への貢献はあまりなかったのである。また彼らは、国際競争力のある産業が、その産業の国内における激しい競争によって、めざましい技術革新と高い生産性を達成していったと指摘している(4)。

終戦直後からサンフランシスコ講和会議にかけて、日産の創始者・満洲重工業初代総裁の鮎川義介は、統制経済モデルを修正する取り組みに挑んだ。鮎川の経済復興構想の中核は、米国資本を中心とする外資の直接投資と間接投資を比較的制限のない形で導入すること、独立性の高い中小企業の形成、そして戦時中衰退した直接金融の企業金融における優位性の再確立であった。本章は、鮎川の復興構想の具体的な活動となった投資銀行構想を取り上げながら、戦後日本が経済政策面でとりえた選択肢を考察する。鮎川は、戦後の経済復興に外資、とりわけ米国の製品、資本、技術が必要不可欠であると考えたわけであるが、外資導入の手段として、米国の投資銀行ディロン・リード投資銀行と日米合弁の投資銀行会社を設立して、日本の中小企業を直接金融によって育成すると同時に、米国資本の直接投資と間接投資を確保していくという構想を描いていた。鮎川のこのような構想は、満洲重工業時代に彼が推進した構想との連続性があり、それは、外資、とりわけ米国資本の直接投資と間接投資を日本（戦前は日本と満洲国）に大々的に導入しながら、日米経済相互依存による日米関係の安定化と経済ナショナリズムでない方式による日本の経済と技術力の発展を確保するというものであった。また、ディロンとの交渉が失敗すると、後述するように亜東銀行の設立・華僑資本の導入を試みた。鮎川が終戦間もない時期に推進した構想がなぜ失敗に終わったのかを考察することは、直接金融のさらなる発展と産業の構造転換期にあってベンチャー企業や独立性の強い中小企業の育成が急務とされている現在の日本の政治経済を歴史的に展望するうえで、非常に有用である。

1　終戦直後における鮎川の活動

終戦直後、吉田茂は外務省時代以来の友人であった来栖三郎に送った書簡のなかで、日本の経済復興が科学と技術の研究、そして米国資本の導入により達成されることを望む見解を述べた(5)。吉田が抱いていた復興構想はどのような方法で実現されていくのであろうか。米国資本の導入の確保と科学技術の進展を図るにあたり、日本は一九三〇年代以降に推進した新重商主義のような経済政策を継続させるのであろうか。それとも、一九二〇年代の大部分において推進した、比較的開放された貿易政策を復活させるのであろうか。後述するように、来栖の考えは後者を支持し、その考えは鮎川の構想に近かった。彼らは、開放貿易政策を中心とすることを目指したのであった。親友であった両者は、彼らの開戦前の外交努力と同様、日米関係を通商により復活、そして安定化させていくことを願っていたのである。

鮎川の戦後構想は、戦犯容疑が晴れるまで巣鴨刑務所に拘留されていた時期（一九四五年一二月～一九四七年八月）に考案されていた。鮎川は、米国資本の対日導入を促進しながら、中小企業の近代化を図ることを復興構想の中心的課題として位置付けていたのであった。彼は、中小企業が国際競争力をつけるために必要な効率性と生産性を高める新しい機械などを入手できるようにするべく、中小企業が政府から補助金を受けたり、また長期低利の融資を受けられるように中小企業関係の制度を整備することを目指した。鮎川自身、北九州で鋳物製造の中小企業で事業をはじめた経緯もあって、中小企業が日本の雇用の大部分を創出しており、また戦前は外貨の大半を稼いでいたことを人一倍認識していたのである。終戦直後から巣鴨に拘留されるまでの数カ月間、鮎川は新興財閥の友人であった大河内正敏とともに、外地から戻ってくる日本人の大半が帰る先である農村について、家内工業の普及と発展を研究する活動を推進していたのであった。

鮎川の経済復興構想は、米国資本の導入を期待するものであったが、彼が日産財閥解体にもとづき公職追放とされてしまったことから、対米活動を行うにあたっては、絶えず総司令部の許可を必要とした。一九四八年夏、彼は総司令部の了解のもとで外資問題研究会を発足させた。総司令部の了解を取り付けるに際し、総司令部と四月から八月にかけて交渉にあたったのは、鮎川の側近になって間もない首藤安人であった。首藤は、総司令部からの信任が厚く、当時日本興業銀行の顧問も務めていたが、その経歴において欧米での生活が長い人物であった。彼は一八八八年生まれで、東京帝国大学卒業後、彼の父親が幹部を務めていた日本銀行に入行し、一九一六年から一八年までハーヴァード・ビジネス・スクールで学び、一九一八年から一九年にかけてボストンのオールド・コロニー・トラスト・カンパニーとニューヨークのギャランティー・トラスト・カンパニーに勤務した。そして、一九二〇年から四一年まで商務官としてニューヨーク、ワシントン、ベルリン、ロンドンの日本大使館に勤務していた。終戦後、一九四六年から四八年まで大蔵省の顧問を務めていた首藤は、大蔵省や他の政府機関が外資導入の方策を真剣に研究しなかったことに、憤りを覚えていた。

首藤がこのような不満をいだいていた頃、大蔵省を中心とする日本政府と総司令部は、一九四七年一一月から一九四八年一月にかけて、外国政府による対日借款や外国民間資本の対日投資の取り扱いについて協議していたが、この話し合いは暗礁に乗り上げてしまった。その理由は次のとおりである。①米国政府と総司令部との権力闘争。②外国からの資本の流入を促進するために、それと関連する日本国内の法律を改正する必要性。③外資導入の規模と種類をめぐる総司令部、日本政府、日本の財界での対立、また、それぞれのグループ内での見解の不一致。これにより大蔵省と総司令部の外資にかんする話し合いは延期されたが、大蔵省は、外国民間資本を日本国内へ導入することよりも外国政府による対日借款を好み、総司令部は大蔵省のこのような見解を覆そうとはしなかった。それでも総司令部は、外国民間資本が日本の国内市場で日本の企業と十分に対等に競争できるように、規制の度合いについてはそれを緩和された形にするという点で、大蔵省より規制に消極的であった。

このように外資導入問題をめぐる情勢は複雑であったものの、鮎川の外資導入活動は日本政府の外資導入運動と連動するものであった。片山内閣（一九四七年六月～四八年二月）とそれにつづく芦田内閣（一九四八年三月～四八年一〇月）は、主に政府借款方式による外資導入を求めていた。芦田内閣期はそれまでの戦後歴代の内閣のなかでもひときわ外資導入実現に力をいれていたが、このような姿勢は、一九四八年春のドレーパー、ジョンストン使節の訪日や、米国政府が対日経済援助を強化するのではないかという考えにもとづき、政府や財界で外資への期待が高まったことを背景としていた。芦田内閣は、政府借款を中心とする外資を大規模に導入することで、インフレの鎮静化、賃金コントロール、経済回復を達成しようと努力し、その努力は同内閣が昭和電工疑獄で倒れる直前まで続いた。ドレーパーは、来日した際、総司令部と日本政府が、対外通商で障壁となっている規制を対日平和条約の締結前に撤廃する必要性があると芦田首相に訴え、現行の複数為替制度が単一となるためには、日本国内のインフレを抑制する必要があることを指摘した。またドレーパー使節団は、米国の民間資本が日本に進出できるようにするため、現行の外国資本の投資規制を撤廃するよう税や送金などにかんする法改正の必要性を強調し、米国民間資本の日本進出は、日本に外貨獲得の機会、収益の機会、輸出競争力の強化をもたらすと主張した。さらに、日本が外資導入を目的とする法改正などの措置をとることで、米国議会が、米国民間資本の対日進出が促進されるまでの過渡的措置として、米国政府の対日援助を支持するであろうと説いた。

このような状況下で、日本の財界も外資導入に強い関心を示し、鮎川の外資問題研究会を支持した。同研究会の初会合は一九四八年八月五日に開催されたが、これに参加した財界人は次のとおりであった——長崎英造（復興金融公庫総裁で一九四三年から終戦直後まで鮎川が主催したシンクタンク〔義済会〕の中心メンバーの一人）、石川一郎（経団連会長・日本産業協議会会長で、日産財閥の傘下にあった日産化学の元重役）、石坂泰三（東芝社長で、第一生命保険の社長時代、同社の対満洲投資にかかわって鮎川の満洲投資会社とたびたび接触していた）、小林中、一万田尚登（日銀総裁）、岸本勘太郎（鮎川の側近）、首藤安人など。経団連では、三月二〇日以来、石川や帝国（三井）銀行頭取の佐藤喜一郎らが、外国民間資本が日本企業の株の過半数を取得することを可能とする法制度改革の運動を展開していた。一方、長崎は、四月上旬に外国民間資本の導入にかんする独自案を作成しており、それは会社の収益の取り扱い、経営参加、収益の本国への送金、必要な物資の調達などにかんする現行の法律が民間外国資本の誘致を阻害していることから、民間外資についてはこれら法制度との関係では優遇措置をとるべきであると唱えていた。長崎の構想は、外資導入の阻害要因となっている規制にかんしては、外資を優遇することで外国の対日借款や投資など外資流入を促進させることを目論むものであった。長崎の見解は、日本産業協議会の外資常任委員会における公式提案として取り入れられた。ちなみに、この委員会のメンバーには前述の三人（長崎、石川、佐藤）の他に、倉田主税（日産グループのひとつであった日立製作所の社長）もメンバーの一人として参加していた。一九四八年の春から夏にかけて日本の財界人首脳は、外国民間資本の導入を外国政府の対日借款と同じほど重視していたのであった。ただ、このコンセンサスは、芦田内閣の崩壊とともに崩れてしまった。

こうした状況変化にもかかわらず、鮎川は外国民間資本の導入を、外国政府からの経済援助と同じ程度重視する活動を続けたのである。鮎川は、彼が戦前推進した対米ビジネス交渉や対米経済外交を通じて知り得た政財界の有力者の一部が、いまだに影響力のある地位にあったことから、これら人脈を通じて米国資本の対日直接投資・間接投資の実現に漕ぎつけられるかもしれないと期待した。そして、彼が主催した外資問題研究会がもっとも関心を払ったのは、米国政府による経済援助の確保よりも、米国民間資本の導入方法であった。

外資問題研究会は、米国民間資本の導入を実現し、経済復興を推進するにあたり、日本のどの産業を育成すべきかを検討するための正確な経済データの収集と分析が必要であると考えた。日本の戦後を支える産業は、日本の経済成長への貢献と外国市場で歓迎されるような業種であることが必要であると考えたのであった。研究会は、有望産業の掘り起こしには官民によるベンチャー・プログラムを主催しながら有望と思われるビジネスの実現性を検討し、それが事業としてうまくいきそうな場合、その知識は企業へ開放されるべきであると提唱した。

外資問題研究会は中小企業問題に取り組み、鮎川は中小企業育成のための保護措置はある程度必要と認める一方、外資の中小企業に対する直接投資と間接投資を確保しながら、この分野の生産システムの革新と秩序を形成することを提唱した。鮎川は、戦前英米の反発を招いたダンピング行為を、過当競争の回避により達成することで、潜在的な外国人投資家たちとの摩擦回避を望んでいたのである(6)。

ドッジ・ラインが実施されるなかで、鮎川は米国資本の対日導入構想の一環として、一九四九年春以降、首藤安人に総司令部へ働きかけさせ、(7) 首藤が米国における投資銀行調査を行うための渡米の許可を要請していた。首藤は、総司令部宛の書簡で、終戦までは日本興業銀行などの主に政府系金融機関が証券の発行と引き受け業務をある程度行ってきたものの、日本においてはいまだに投資銀行が存在していないことを指摘し、日本に強力な投資銀行が設立されれば、同行が米国内のいくつかの有力な投資銀行家たちと協力関係を構築することで、外資、特に米国資本を導入するためのチャンネルとなるという抱負を語っている。首藤は、日本の証券会社は発行済みの証券を売買するディーラーやブローカーに過ぎないという理由から、日本の証券会社が投資銀行となることには否定的であった。(8)

2　鮎川の投資銀行構想

鮎川も首藤も、この投資銀行が市場における厚い信任を勝ち取るためにも、米国の有力な財界人の後ろ盾を強く求めたのであった。首藤は、ハーヴァード時代の友人でニューヨークの銀行家（バワリー・セーヴィングス銀行頭取）アール・B・シュワルストに宛てた書簡で、この投資銀行構想は、日本の銀行と在日米国銀行による合弁会社となることを予定しており、同行の最大の強みはアメリカの投資銀行との直接・間接の関係であり、従って、願わくは候補となった米国投資銀行が同行に対して経営・資本参加することを望む旨を記している。首藤は、シュワルストがウォール街の有力投資銀行家たちを紹介してくれることを期待したのであった。

鮎川と首藤は、この投資銀行構想に取り組むにあたり、この構想への支持を取り付けるべく、総司令部への根回しのみならず、金融界の一部の有力者にも根回しを行った。総司令部はこの構想に好意的な反応を示し、そのことをシュワルストにも伝えている。総司令部では、金融問題を管轄していた経済科学局の局長ウィリアム・マーカット准将の他、同局外国貿易課ウォルター・K・ルコント大佐（元J・P・モルガン銀行員で、元弁護士でもあり、シュワルストと面識があった）、同局財政課長代理ジョン・R・アリソン（外交官で後の駐日大使）、同局顧問フレイン・ベーカー、マッカーサー元帥の副官L・E・バンカーら経済科学局財政課スタッフがいた。バンカーは米国人投資銀行家たちと首藤が会談するために渡米することを薦めた人物であった[9]。また、マーカット准将が委員長を務めていた外資委員会（総司令部に一九四九年一月に設置され、総司令部の米国人により構成されていた）は、外資導入の規制やその手法を日本政府（主に大蔵省、外資委員会、外国為替管理委員会）と協議しており、ベーカーは同委員会の実質的な委員長であり、また、ルコントは一九四九年一〇月まで同委員会のメンバーであった（同委員会は一〇月まで七人のメンバーにより構成されており、七人中六人が経済科学局の幹部であった。前述の三人の他、次の四人がいた——同局産業課ウィリアム・ヴォーン、反トラスト課エドワード・ウェルシ、同局外国貿易課フランク・ピッケル、そして法務局顧問チャールズ・グレゴリー。同委員会は、一〇月以降マーカット准将、ベーカー、グレゴリーのみにより構成されていた）[10]。総司令部の外資委員会は、外資の対日経済活動に対する許可機能を同委員会から日本政府へ移管していく計画を一九四九年中に推進していたが、同年一二月二〇日になるとベーカーは、外資導入にかんする法律を日本政府が制定するよう検討すべきであると考えていた。そして一九五〇年一月に入ると、総司令部経済科学局は、外資導入にかんする法案作成を総司令部と日本政府の事務レベル協議により開始した。総司令部側はアリソンが代表を務め、彼の他、総司令部外資委員会、外国所有物課、民間所有物課、科学技術課の各代表計五人により構成されていた。一方、日本政府側は、伊原隆大蔵省理財局長、木内信胤外国為替管理委員長など少なくとも八名が関与していた。後述する外資法は、この事務グループにより策定されたのであった[11]。

首藤が総司令部と折衝を重ねるなか、シュワルストは首藤渡米への資金援助の可否を最終判断すべく、マッカーサー元帥に首藤の信用性をたずねた（外貨事情の悪い日本では、日本人の海外渡航にはそのようなスポンサーが必要であった）。シュワルストは、フィリピン総督時代のヘンリー・スティムソンの財政顧問を務めたことがあり、そのときマッカーサーと知り合いになっていた。元帥は、一九四九年九月にシュワルストに返答を送っているが、首藤が総司令部内では大変有能な人物であると評されており、シュワルストが首藤を支援することを許可した。また、元帥は、外資の対日導入は日本の経済復興と自立の達成にもっとも重要な事項であると指摘し、外資の対日導入構想にシュワルストがかかわることは日本の金融界では歓迎されており、また、この構想が実現するよう総司令部は完全に協力する、と述べている(12)。

根回しは、秘密裏にごく一部の人に対して行われた。首藤は、日米合弁の投資銀行構想について、日本の金融界においては池田勇人蔵相、大蔵省銀行局長、伊原隆大蔵省理財局長、証券取引委員会の幹部たち、一万田尚登日銀総裁、川北禎一日本興業銀行総裁（昭和二五年四月二五日の興銀の普通銀行移行に伴い同行頭取）、二人の元興銀総裁（河上弘一と伊藤謙二）などの支持をえた。

首藤は、特に一万田日銀総裁、川北興銀総裁と頻繁に連絡をとりあい、前者はこの投資銀行の設立と発展に全面的な支持を首藤に対して表明した。というのも、一万田総裁が率いる日銀は、同行が一九四〇年代後半から五〇年代初頭にかけて推進した経済復興構想において、鮎川の構想と共通する特徴を有していたからであった。それはすなわち、重化学工業ではなく軽工業の育成を優先させる考えであり、その姿勢はまた、中小企業の育成を後押しするものであった。重化学工業は大企業が中心であったのに対し、繊維産業などの軽工業は中小企業が主体であったからである。鮎川や一万田は、軽工業のような労働集約型産業のほうが日本の経済基礎条件により合致しており、軽工業は重化学工業より国際競争力があることから、日本が必要としていた外貨を稼げると考えていたのである。

このような考え方は、また、一九四八年一〇月に発足した第二次吉田茂内閣以降、吉田首相が一九五〇年頃まで推進した経済復興構想と類似するものであった。この時期の吉田首相は、重工業の復興よりは、軽工業を中心とする輸出振興をより重視し、彼が一九四九年に推進した通商産業省（通産省）の設置にかんしても、ドッジが要請していた輸出振興政策を行政機構として制度化することと、吉田が率いる民自党が唱えてきた経済の国際化という二つの狙いがあった。

一方、興銀総裁が投資銀行構想に対する全面的な協力を約束した理由は、この投資銀行の株主になることで、米国財界の人脈開拓が行えると期待したものと思われる。興銀は、他の邦銀と同様、ドレーパー、ジョンストン使節の陸軍省への勧告にもとづき解体を免れ、戦後におけるその存在意義を模索していた。法改正に伴い、日本興業銀行は、一九五〇年四月二五日普通銀行となったのであった[13]。

首藤は、日本へ米国の民間資本を導入することは、日本の政治経済の先行きが不透明なので、当面は不可能に近いというシュワルストの見解と同感であったものの、構想されている投資銀行が海外から長期資本の調達に成功した場合、米国民間資本の対日流入の流れを形成することに大いに貢献できると信じていた。もしこの投資銀行が米国の有力なビジネスマンや銀行家たちから支持されれば、日本国内と海外の投資家たちの同行への信頼を勝ち取れるものと確信していたのであった[14]。

三月二九日に首藤がニューヨークに到着すると、シュワルストはすでに米国の銀行家たちとの昼食会を準備していた。四月四日、首藤は二〇数名の役員クラスの銀行家たちと昼食をともにしながら会談した。そしてこのなかには、前述のドレーパー、ジョンストン使節団の実現を果たし、また、米国の対日「逆コース」の立役者となったウィリアム・ドレーパー元准将も出席していた。戦前からディロン・リード投資銀行の役員であったドレーパーは、陸軍次官を一九四九年の春に退官後、ディロン・リード投資銀行の役員（パートナー）に復帰していたのである[15]。一九四九年末に米国政府要人ではなく投資銀行家として来日したドレーパーは吉田首相とも会談している。その際首相は、ディロン社が米国で日本政府の経済活動を斡旋する代理人のような役割を果たせないか打診した。ドレーパーは、帰国後このことについてボリーズ陸軍次官と相談したところ、同次官は現時点においてディロン社は非公式な役割に止まるべきであると述べた。そしてドレーパーは、この後訪米した吉田の側近白洲次郎（吉田首相の指示で四月二五日に池田蔵相と宮澤喜一蔵相秘書官とともに渡米）がニューヨークでドレーパーを訪ねた際（池田使節団がニューヨーク入りしたのが五月一二日なのでおそらくその日以降）、日本政府との関係についてディロン投資銀行は、吉田首相が希望している公式な関係ではなく、無償および非公式な範囲で日本政府にアドバイスを行うものとしたいと説明した（この会談についてドレーパーは五月一九日にはマッカーサー元帥にこれら事項について書簡で報告している）[16]。二月八日に訪米中の渡辺武大蔵省財務官に対し、ドレーパーは日本の将来と対日投資について明るい見解を示す一方、対日投資にかんする行動は、総司令部や米国政府の顔を立てる形で日本側が次の行動にでるべきであり、その際、外国人に対する課税上の譲歩、外資の日本国内からの送金確保、外資に国有化をしないことを約束するなどの要望を述べていた[17]。

首藤は、この会談以前からすでにディロン投資銀行を投資銀行構想の本命としていた。首藤は、三月三一日にディロン投資銀行でドレーパーと、また彼とパートナーであるウィルキンソンと会談していた。ウィルキンソンは、（おそらく一九四九年末にドレーパーとともに）直近に訪日していたが、日本の証券会社の投機的な行動に幻滅しており、日本の証券会社から合弁の話を持ち掛けられても、巧みにそのような話を避けてきたのであった。ウィルキンソンは、総司令部も訪問しており、総司令部がアメリカ式の投資銀行を始めることに強い関心を持っていることを確認していた。この会談中、ドレーパーは終始慎重な姿勢を崩さなかったが、それは日本において持株会社整理委員会がまだ株を大量に保有していること、日本円とドルを交換できないこと、そして、日本の証券市場と証券会社のパフォーマンスが非常に悪く、また投機的であるといったことに起因していた。それでもドレーパーは会談を続ける意思があり、アメリカ側がこの構想へ参加するタイミングが重要であることを首藤に述べた。首藤は、両者に、この投資銀行構想が日本国内では秘密裏に進められていることを述べ、米国側がこの投資銀行に五〇パーセント以上出資しても構わないことを米国側に明らかにした。この構想の成功は、米国側の参加を確保できるかどうかにかかっている、と首藤は力説したのであった。そして首藤は、米国側が出資に合意した場合、同構想に参加する米国投資銀行と日本側の出資者は、この日米共同出資の投資銀行にかんする詳細を定める方式をとるべきであると提唱し、米国側の経営参加への期待を表明した[18]。

首藤は、帰国する六月中旬まで、ニューヨークにおいて二〇回以上におよびドレーパー、ウィルキンソン、C・ダグラス・ディロン会長と協議した。協議が具体的な方向へ向かったのは、欧州滞在中のディロン商会創始者でダグラス・ディロン会長の父親であったクラレンス・ディロンの承認があったからであると思われる。というのも、同社の重要事項のすべてについて、パートナーたちは彼と相談しなければならなかったからである。このクラレンス・ディロンと鮎川は、戦前（米内光政内閣末期）にニューヨークで鮎川の側近三保幹太郎が日米関係改善を模索した相手の一人であった(19)。

首藤は五月九日、ドレーパーに日米共同出資の投資銀行にかんする提案書を提出しているが、三月三一日における首藤とドレーパーおよびウィルキンソンとの初会合以来討論されてきた投資銀行の資本金の規模、他の米国企業の経営参加、同行の収益性などがさらに具体的に討論された(20)。そして首藤の帰国直前に、ドレーパーはディロン・リード投資銀行がこの交渉を続ける意思があることを首藤宛の書簡で伝えている。ここで問題となっていたのが、この投資銀行に出資した場合の投資収益であった。首藤は八パーセントを提唱していたが、ディロン・リード投資銀行はすべての投資コストと税金を差し引いて一〇パーセントを要求してきたのであった。ディロン・リード投資銀行の米国内での投資収益は三〇パーセント以上だったのである(21)。鮎川は、首藤からこの問題が伝えられると、一万田日銀総裁ならびに興銀総裁と協議し、投資収益一九・九パーセントを提示したのであった（税などの諸費用を含めたリターンであるかどうかは不明）。鮎川は、このような高収益を提案することでディロンとの交渉に勢いをつけたいと考えたが、首藤が米国から羽田空港に到着した六月二五日、朝鮮戦争が勃発した(22)。

投資収益にかんするハードル以外に、鮎川と首藤の対ディロン交渉には二つの大きな壁が立ちはだかった。ひとつは、一九五〇年五月に公布された外資法による対内直接投資や技術導入など対内投資にかんする規制で、この法律は、優良な外資導入をうたう一方で、規制色が強く、外資の対日直接投資を大幅に制限する結果を招いていた。ディロン・リード投資銀行側が、投資銀行へ出資した場合、投資したドルが円に転換されることにはならない形にすることを四月中旬以来要求していたのに対し、この法律は、外国資本の対日直接投資は外貨から円に転換することを義務づけていたのであった。そして、ディロン・リード投資銀行との交渉で生じたもうひとつの壁は、日本の政治経済の不安定さであった。これらが原因でディロン・リード投資銀行が出資したドルの円への転換を認めない要求をしてきたのではないかと、鮎川は推察したのであった。(23)

朝鮮戦争勃発後、ディロン・リード投資銀行との交渉は立ち消えとなってしまった。仮にドレーパーが鮎川と首藤の話し合いに引き続き関心があったとしても、彼は、一九五一年はロング・アイランド鉄道の管財人の職務に忙殺されていた。朝鮮戦争が続く限り、ディロン・リード投資銀行が対日投資を真剣に検討することは不可能であったといえよう。(24)

戦後の経済復興政策において、朝鮮戦争勃発による米国の対日軍需の増大は、外資の対日直接投資・間接投資の積極的導入、直接金融の復活、比較的独立性の強い中小企業の育成を中心的な課題とする鮎川構想の否定をもたらした。朝鮮戦争勃発を契機に、統制経済モデルは日本の政治経済にますます定着していく方向となったのである。政府および財界におけるリーダーたちは、鮎川の日本経済復興構想に反対したり、距離をおくようになったのであった。吉田首相が率いる民自党も、一九五〇年に自由党と改称して党勢を拡大してから、党内において重化学工業の発展を重視する声が高まった。自由党は、重工業化に伴う政府の積極介入は懸念したが、同党を中心とする諸政党と通産省は、国内経済発展と輸出振興の両観点から、重化学工業の発展を重視する考えを一九五二年までに共有するようになっていたのである。

朝鮮戦争は、日本の政治経済の先行きに一層の不透明感を与え、そのため米国民間資本の対日投資回避の傾向を招いたのであった。これに加えて、一九四七年のハバナ会議以来米国が努力してきたにもかかわらず、英連邦や西側諸国の反対で一九五五年まで日本のＧＡＴＴ加盟が実現しなかったことは、日本の外資獲得と外国技術獲得を困難にしていた要因として見過ごすことができない。このような状況では、鮎川、一万田、吉田が目指した軽工業を中心とする輸出振興が軌道に乗るのは極めて困難であった。通産省内の旧商工官僚を含めた政財官界の各方面から、統制経済にもとづいて重化学工業の復活と再発展を唱え、戦時中に推進された経済発展モデルをより重視する意見が高まっていったことは、不思議ではなかった。朝鮮戦争と西欧による日本の自由貿易体制からの阻害が、統制経済モデルの強化を促進させたといえよう。

マーク・メイソンが指摘しているように、東京とワシントンの米国人政策決定者たちは、占領後に日本が外資の直接投資をあまり規制しない形で受け入れることを想定していたものの、短期的には日本政府と財界内の多数派意見である外資の対日直接投資を大幅に規制することを容認したのであった。鮎川が投資銀行の構想を打ち出したとき、日本政府（主に大蔵省、通産省、日銀）は外国技術の確保において新重商主義的な政策を強めていた。にもかかわらず、総司令部は外資導入については、それが占領終了後に日本へ流入していく素地を築きたかったのである。一九四九年一月、総司令部は外資の対日直接投資を歓迎する方針を打ち出し、同年六月には外国企業が日本の企業の株を購入できるように、また、外国企業が日本企業と取り交わした特許ライセンス協定が遵守されるように、独占禁止法に修正事項を加えることを許したのであった。このような政策転換はあったものの、総司令部は引き続き日本政府の外資の直接投資に対する閉鎖的姿勢を容認した。すなわち、総司令部は一九四九年三月には、日本政府の外国為替管理委員会に対外取引の規制と外貨準備の運用を移管させたのである。日本政府は、一九五〇年五月に外資法を公布し[25]、通産省がこの法律によって、外国技術の輸入について同省が日本の産業の発展に必要と思われる場合にのみ許可を行う権限を取得した。この法律は、外国技術をその外国所有者、特許権、合弁の提案、資本参加、外国人経営者の日本の経営会議への参加などから切り離すことに成功したのであった。それは、外資の対日直接投資の阻害要因にもなった[26]。外国技術は主にライセンス協定にもとづいて日本に導入され、外資の対日直接投資にかんする規制は、一九六〇年代後半まで緩和されなかったのである[27]。

外資の対日直接投資を規制する日本政府の理由は外貨不足であり、外貨不足問題は一九四九年一二月に「外国為替及び外国貿易管理法（外為法）」の公布により直接対応された。これは一九三三年に制定された外国為替管理法と酷似していた。外為法により、政府は輸出で稼いだ外貨を集中管理する権限を取得し、輸入の規制は外貨割り当てによって行ったのであった。外資法と外為法は、外国為替の割り当てを用いながら外国技術の導入を政府が直接コントロールするものであった(28)。大蔵省は、米国政府による経済援助の配給権限を一手に収め、この地位にもとづき、また総司令部が外国為替取引を規制する同省を支持することで、その権限を拡大強化していった。

外為法と外資法の導入によって、輸出は奨励されたものの、製品、サービス、資本の輸入は奨励されなかった(29)。また、一九四九年の外為法は日本企業が海外で資金調達することを大変難しくし、この状況は資本の海外逃避の防止のみならず、間接金融の国内金融制度における優位性の確立に大いに貢献したのであった。なぜなら、銀行から融資を得られない、また、得ることを嫌がる企業にとっては、海外で直接資金調達を試みる選択肢を断たれていたからである(30)。

朝鮮戦争勃発前、日本の金融政策のトップたちは鮎川の投資銀行構想を支持するかに見えた。この構想は大蔵省の間接金融中心の金融制度という方針と対立する可能性を有していた。一九三五年以降、日本の企業は間接金融への依存度を高めていったが、この傾向は政府による間接金融の成長の奨励と、戦争が資本市場の攪乱要因となったためにもたらされたのである(31)。一九三〇年代の日本企業は、資金調達を主に株式発行に頼っていたが、これは一九三九年以降変わり、終戦時には企業ファイナンスの九三・二パーセントを銀行融資に依存していたのであった(32)。大蔵省の間接金融主義は、総司令部が証券市場の再開を一九四九年五月まで認めなかったことに支援された側面もある（同市場は終戦直前の一九四五年八月一〇日以来閉鎖されていたが、占領が始まってから、総司令部は株の店頭取引は黙認していた）。総司令部は、一九四七年から四八年にかけて、証券取引委員会の設立と、銀行と証券業務の分離という、ニューディール式の改革を行ったものの(33)、市場原理にもとづく金融市場と直接金融を中心とする金融制度の確立には失敗した。インフレも証券市場の復活の妨げとなり、ドッジの政策はインフレを鎮静化することに貢献したものの、証券市場の大暴落を招いた。そして、朝鮮戦争がこの市場に活気を取り戻させたものの、証券市場と証券会社の投機性と腐敗は是正されなかったのであった[34]。

3　亜東銀行の設立

一九五二年八月、鮎川は中小企業助成銀行を創立した。この銀行は、鮎川が一九五一年に始めた亜東銀行を改組したものであったが、亜東銀行とは、日本の中小企業に対して長期的な投資を行う外貨資金を東南アジアの華僑から募ることに期待したものであった。鮎川の懇請により、亜東銀行の経営は中国通の財界人、村田省三と児玉謙次がこれにあたり、彼らの中国における経験が東南アジアの華僑からの投資募集に生かされることが期待されていた。しかし、結果的には、東南アジアにおける共産主義の広がりを懸念する華僑たちは、自分たちの資産を安全な場所へ移動させることには関心があったものの、長期ベースで日本の中小企業へ投資するほどの意欲はなかったのである。以下、亜東銀行設立の経緯を確認する。

ディロン・リード投資銀行の関与を期待した外資導入構想が朝鮮戦争勃発により立ち消えとなったなか、鮎川は、日本経済の成長の活路を東南アジアへの輸出と同地域からの原料獲得に求める構想を推進した。中華人民共和国（中共）が、北朝鮮を救うため朝鮮戦争に介入した結果、中共と米国との関係は決定的に悪くなっていた。これが背景となり米国は、日本に対して中華民国（台湾）との国交を選択するよう圧力をかけ、講和条約実現を急ぐ吉田茂首相は、これを受け入れた。鮎川は他の多くの財界人たちと同様、中共との貿易が大規模に再開されることを望んでいたが、それは実現されなかった。彼は、米国のこの問題への対応は、米国が英国による中華人民共和国の国家承認については反対したものの、最終的に受け入れたことを考えると、不公平であると思っていた。

政治は、経済問題解決のためにあると唱えていた鮎川は、吉田首相の経済問題への対応が不十分であり、また経済問題を理解していないと考えていた。しかし、彼自身は一九五二年四月まで公職追放が解除されなかったので、それまでは、水面下で自身が抱いていた構想を進めるしかなかった。

亜東銀行の構想は、かつて満洲国の経済部大臣（在任一九三七年五月から一九四〇年五月）であった韓雲階が鮎川を訪問したことに始まった。時期は不明であるが、韓は国民党が台湾へ撤退した際に日本へ亡命していたので、一九四九年夏から朝鮮戦争直後あたりであろう。韓は日本で、一九五〇年末に日本へ亡命してきた汪兆銘政権閣僚、趙毓松らとともに、かつて山西省の軍閥の頭領であった閻錫山（一九四九年六月から翌年三月まで国民党政権行政院長兼国防部長、その後総統府資政・国民党中央評議員）の指示とされる反共のための言論活動に従事していた。

韓が鮎川を訪問した理由は、堤康次郎という人物が所有し、東京都内の一店舗のみで営業していた日本一規模の小さな高田農商という銀行の買収に失敗したため、同行の買収について協力を求めたからであった。大蔵省は、同行があまりにも小さいため、堤にたびたび解散を要請していたが、堤はこれに応じていなかった。鮎川は、朝鮮戦争の推移と中共のアジアにおける影響力拡大を心配して、相対的に安全な投資先を中華民国や華僑の富裕層が求めていると考え、参考図にあるような構想を考案したのであった。一九五〇年一二月、高田農商銀行は、児玉謙次たちにより買収された。その背後には、鮎川がいた。一九五一年一一月、高田農商銀行の改称で始まった亜東銀行は、横浜正金銀行の元頭取であった児玉の他、広東銀行の経営に携わったことがある入江湊、村田省蔵（戦前は日本海運協会理事長、戦時中の駐フィリピン大使）がその経営において中心的役割を果たすこととなっていた。

鮎川は、亜東銀行に華僑が所有する外貨を間接的に呼び込むことで、輸出競争力のある中小企業を育成すべく、中小企業が必要とする原材料や欧米の機械類、技術の購入のために必要な外貨を提供しようとしたのであった。しかし、亜東銀行が直接外貨預金の口座を預金者向けに提供することは、当時の金融規制では、不可能であったといえよう。加えて、それができたとしても、鮎川によれば、国内で支払う円預金への金利よりはるかに高い金利を支払うこととなり、亜東銀行の経営は立ち行かなくなる。

華僑が亜東銀行の株主になることを鮎川は歓迎したが、彼のもうひとつの狙いは、鮎川が一九五二年二月に会長に就任した株式会社中小企業助成会に華僑の貸し付けによる外貨を得ることであった。中小企業助成会は、同月に大阪市内所在の大阪国際ビル株式会社（一九四九年四月設立）を改称した会社で、鮎川は一九五一年九月以来同社の相談役を務めていた。

中小企業助成会が華僑の投資家たちから外貨の投資用資金を得るためには、四つの課題があった。ひとつは、投資リターンで、鮎川は、一〇パーセント以上を確保する必要があると見ていた。そのための収益源は、中小企業助成会の賃料収入の他、中小企業に行うコンサルティングによる収入などであった。後者については、亜東銀行に行う融資案件の斡旋と斡旋した融資案件の保証に対して亜東銀行が支払うコンサルティング料が想定されていた。鮎川は、中小企業助成会が行うこうした業務は、日本の中小企業

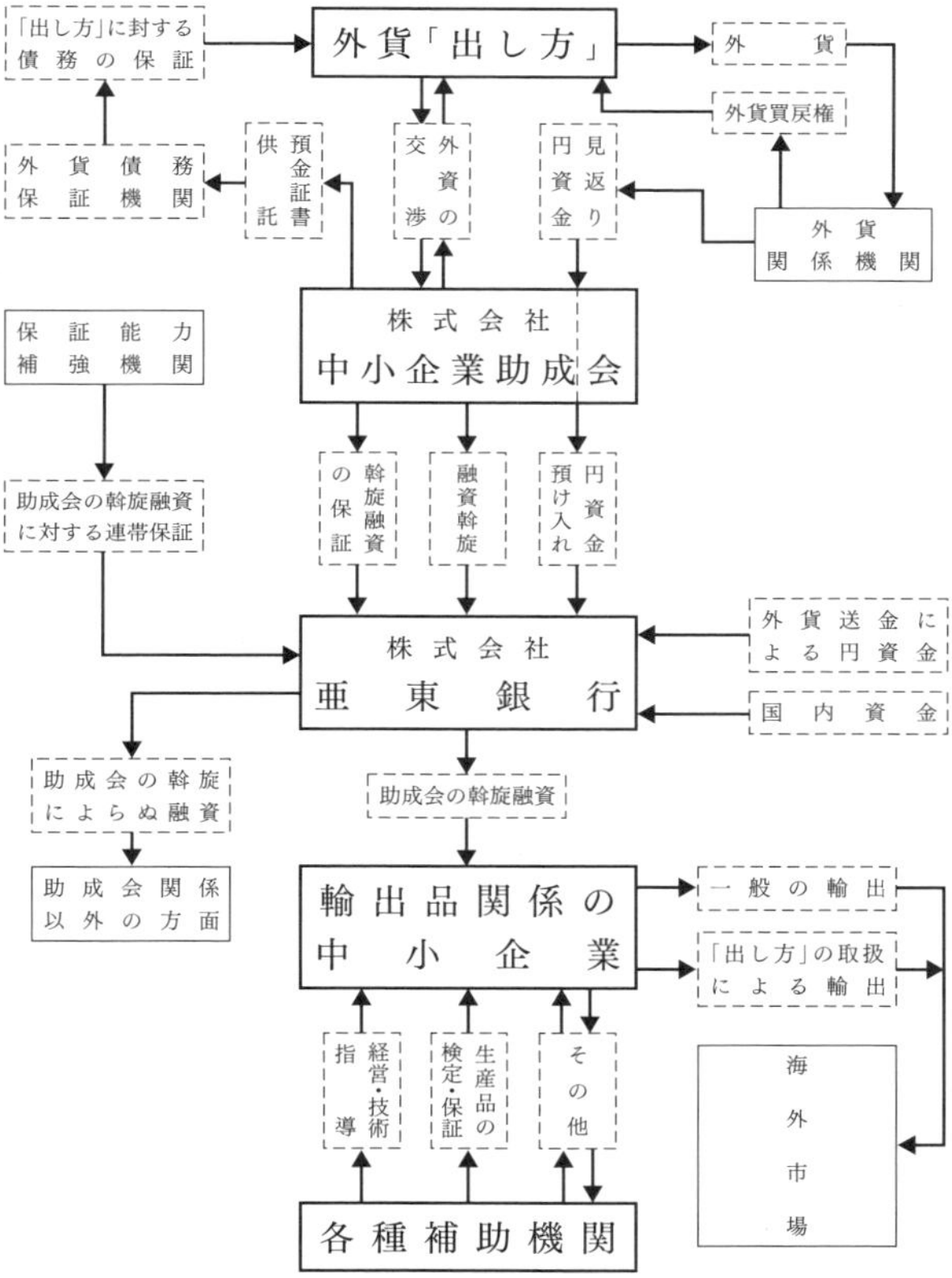

参考図　亜東銀行における輸出品関係の中小企業助成計画

出典）鮎川義介「輸出品関係の中小企業助成計画書」折り込み，株式会社中小企業助成銀行，1952 年。

の振興という公益に相当する事業を推進しているので、大学が受けた寄付金が免税になるような対応と同様の優遇措置を大蔵省に求める意向であった。

二つ目の課題は、華僑たちと中小企業助成会との間で取引（参考図の「外資の交渉」）が成立したとしても、当時外国為替を規制していた日本政府の外国為替管理委員会（参考図の「外貨関係機関」）が、この取引申請を承認するかどうかであった。当時、外貨取引を伴う商談は、外国為替管理委員会の承認を事前に必要としていた。鮎川は、同委員会の委員長であった木内信胤（委員会が発足した一九四九年三月から委員会が解散した一九五二年七月まで在任）の了解を取り付け、一年の期限で外貨を買い戻す（参考図の「外貨買戻権」）という承認を得たのであった。鮎川が華僑の投資家たちに投資した資金を一年か二年は据え置くことを要請する予定であったことを考えると、この買い戻し権は一年ごとに継続が可能であったと思われる。

三つ目の課題は、参考図の「見返り円資金」であるが、占領期の日本は、受け入れた外貨価額に見合う円資金を特別に積み立てる必要があった。参考図の「見返り円資金」の流れは、亜東銀行が中小企業助成会を通じて提供する華僑の外貨と表裏一体の流れであった。

最後に、華僑が中小企業助成会へ貸し付けた外貨を、元利ともに確実に返すための保証措置であった。鮎川は、自身が所有する不動産に加えて、大阪国際ビル、日産館といった有資産の有力グループを参考図の「外貨債務保証機関」とし、ゆくゆくは、これを中小企業保証協会というような名称の組織にするつもりであった。このグループは、亜東銀行が中小企業に貸し付けた資金が焦げ付いた場合に、貸し倒れに対応するため参考図の「助成会の斡旋融資に対する連帯保証」の役割を果たすこととなっていた。助成会は、先物為替予約により、華僑の投資が為替差損を被らない対応もすることを想定していた。

このような鮎川の構想は、亜東銀行が発足したとき彼が関係者たちの前で行った一九五一年一一月一〇日の講演で披露された。鮎川は、中小企業助成会が、亜東銀行の融資の対象に値する中小企業の発掘や技術指導を、科学研究所

（のちの理化学研究所）などの研究機関と連携しながら行い、貸し倒れが起きた場合でも、亜東銀行には一切迷惑をかけないことを宣言した。同時に、彼は亜東銀行が彼の指示通りに動くことを要請したのであった。

鮎川の亜東銀行構想は、現在でいうベンチャー・キャピタルに近い発想であった。結局、本節の冒頭でも指摘したように、華僑たちは、鮎川たちの営業努力不足もあろうが、日本へ長期目的の投資を行うことに関心を示さなかった。加えて、外国為替の規制は、一九五二年七月に、大蔵省と日銀から独立した存在であった外国為替管理委員会が解体され、大蔵省の所管となると、木内委員長を後ろ盾とすると考えた鮎川の大前提も崩れた。同年八月、亜東銀行は、中小企業助成銀行に改称され、実権は、鮎川が掌握し、華僑資本をあてにしない形での中小企業支援が模索されていった。

おわりに

鮎川の亜東銀行や中小企業助成銀行のような比較的小さな金融機関は、創業間もないものの、成長性が期待される中小企業には、あまり自由に融資できなかった。なぜなら、一九四七年に制定された臨時金利調整法は、大蔵省に貸出金利の預貯金金利を規制する権限を与え、その結果、銀行融資は中小企業が多数を占める労働集約型産業ではなく、大企業が集中する重化学工業に集中したからである[35]。そして、高度成長期、重化学工業への長期資金を供給する上で重要な役割を果たしたのは、日本興業銀行をはじめとする長期信用銀行であった。

鮎川構想は外資による直接投資と間接投資を奨励し、日本の金融市場と外国為替市場を保護することには消極的であった。もしも大蔵省が、鮎川の考えをその政策の中心的な課題として取り入れていたならば、中小企業を含めた日本企業は海外において資金調達が可能となり、大蔵省はあのように長期間にわたり国内金利を人為的に低く保つことは不可能であったかもしれない。海外からの競争にさらされた日本の銀行は、大企業と比べて外貨を稼ぎやすい中小企業に対して、より積極的に融資するようになったであろうから、このような状況は、日本の産業復興における資本の流れが重化学工業よりは労働集約型産業に集中する結果を生んだであろう。また、重化学工業のほうが、労働集約型産業と比べて資本調達に苦労するようになったのではなかろうか。そして、日本の戦後経済は、重化学工業中心ではなく、中小企業を中心に成長していったかもしれない。一方、鮎川が考えていたように思われる、一九五〇年代における金融と外国為替の自由化がもし断行されていた場合、資本逃避が起きたかもしれず、それは国内の資本蓄積が不充分となる結果を招いたであろう。そして、大企業、製造業、輸出産業は、大蔵省が戦後選択した方策ほどの資本の確保はできず、高度成長の実現には至らなかったはずである[36]。しかしながら、高度成長が政府や財界の指導者たちが望むよりはるかに大規模な重化学工業の形成に至り、石油ショック後の大々的な構造調整を必要とした結末[37]を考えると、よりバランスのとれた戦後の経済成長を実現しえた可能性について、考えさせるものと言えよう。

第13章　電源開発から中小企業育成政策へ

戦後の経済復興政策は、朝鮮戦争勃発を契機に、統制経済モデルが日本の政治経済にますます定着していく結果となった。前章で見たように、政府および財界におけるリーダーたちは、鮎川義介の日本経済復興構想に反対したり、距離をおくようになったのであった。吉田茂首相が率いる民自党も、一九五〇年に自由党と改称して党勢を拡大してから、党内において重化学工業の発展を重視する声が高まった。自由党は、重工業化に伴う政府の積極介入は懸念したが、同党を中心とする諸政党と通産省は、国内経済発展と輸出振興の両観点から、重化学工業の発展を重視する考えを一九五二年までに共有するようになっていたのである。このような政治動向は、朝鮮戦争中推進された川崎製鉄のオーバーローン方式による最先端の千葉製鉄所の建設に代表される、財界内における重化学工業の国際競争力促進という動きを反映する側面があった(1)。

さて、重化学工業を含めた産業全般の発展において、発電所は必要不可欠なものであり、日本の電力需要は、電力料金を安く抑えていることによる多消費と朝鮮特需を背景に急増し、余剰能力のあった日本の電力は、急速に不足するようになっていた。終戦後のエネルギー供給は、当初石炭が中心であったが、一九五〇年頃になると電力生産が石炭より重視されるようになった。ただ、そのためには大量の設備投資と建設資金を必要とし、この文脈で外資導入がクローズ・アップされたのであった。朝鮮戦争勃発の四カ月前（一九五〇年二月）、マッカーサー元帥は、吉田茂首相が提示した只見川開発の件について、電力開発計画全体の中で検討されるべきであると論じ、また、一九三九年四月以来続いていた電力の国家管理（民間電力会社を日本発送電株式会社と配電会社一〇社に統合）を分割・民営化することが緊急の課題であると指摘した。そして、一九五〇年一一月、総司令部の強い要請もあって、ポツダム政令による電気事業再編政令と公益事業令により、日本の電力会社は、九電力会社体制となった。一九五一年の通産省公益事業局の電源開発計画構想は、水力発電をその計画の中心に位置付け、火力発電は補助的な扱いであった[2]。本章は、鮎川とその側近首藤安人が、一九五〇年春に推進した大手投資銀行ディロン・リード投資銀行との日米合弁方式の投資銀行構想とほぼ同時期に模索した水力発電構想について考察する。

鮎川は一九五〇年四月上旬の時点ではディロン・リード商会との交渉が進むとは予期していなかったこともあり、四月中旬以降、彼は、側近首藤安人が手がけはじめていたもうひとつの案件を進めるよう指示した。それは、フランクリン・ローズヴェルト政権期にＴＶＡ（テネシー川流域開発公社）を大きく発展させた立役者デイヴィッド・リリエンソール元ＴＶＡ委員長に連絡して推進された、ＴＶＡ方式の経済開発を日本で実現させる構想であった。リリエンソールは第二次世界大戦後、開発途上国の民主化と経済発展のためＴＶＡ方式の経済開発を世界的にひろめることを唱えていた[3]。

鮎川は、少なくとも一九四九年一一月以来ＴＶＡ方式の水力発電構想を考えていた[4]。首藤は、鮎川の親友で元外交官の来栖三郎の知人であった米国の財界人バーナード・バルークの紹介でデイヴィッド・リリエンソールと会談した。この日本版ＴＶＡ構想を模索するにあたり、首藤はディロン・リード投資銀行の中心人物ウィリアム・ドレーパーと同商会幹部ウィルキンソンの意見も求めている。同構想にかんする鮎川、首藤、来栖、ドレーパー、ウィルキンソン、リリエンソールのコンセンサスは、米国の投資銀行やコンサルタント、そして日本が加入しようとしていた国際復興開発銀行（世界銀行。首藤はドレーパーの紹介でロバート・Ｌ・ガーナー世界銀行副総裁と会談している）が日本版ＴＶＡ構想を支援することが望ましいと考えたものの、日本中にＴＶＡ方式の経済開発を推進するために必要な資本などの経済資源を供給できるのは米国政府以外ないというものであった。このため、彼らは、鮎川のＴＶＡ構想にかんしては日本政府と米国政府の交渉にゆだねる必要があると判断していた。鮎川は米国政府が彼の構想に乗り気になる可能性を期待した。なぜなら米国政府は発展途上国への経済援助に取り組みはじめ、日本もその恩恵にあずかれるかもしれないと考えたからである。鮎川は、日本全国での水力発電所を中心とするTVA方式の経済開発、そして舗装道路の全国規模での普及の資金として米国の民間資本を望んだものの、鮎川、首藤、来栖はこれらを実現するために米国政府からのマーシャル・プラン方式の援助、すなわち大規模で長期融資の資金を米国政府が日本に提供することを期待したのであった。安い電力は、重化学工業や軽工業の育成に大いに寄与し、これらの工業が発展することで自動車工業の発展も可能になる。舗装道路網が全国的に普及すればより多くの自動車が走れるようになるのである[5]。

鮎川は、水力発電所と舗装道路の建設は総合計画にもとづいて行われなければならないと考えた。このような発想は彼の満洲重工業時代の経験が影響していたといえよう。リリエンソールは、このような鮎川のTVA構想について並々ならぬ関心を示した。しかしながら、彼自身、この構想にかんしては米国の専門家（コンサルタント）たちの見解を聞くことを望んでいた[6]。

一方、鮎川は、朝鮮戦争が米国政府の対日経済援助をより可能にすると判断していた。この戦争は、彼のTVA構想が日本経済の発展と安定化にもっとも好ましい処方箋であることを米国に訴える絶好のチャンスであると確信していた。このような見解の支援材料となったものとして、一九五一年の一万田尚登日銀総裁と、ディロン・リード投資銀行のドレーパーとの会談があった。同社のニューヨーク本店で行われた会話の内容を、一万田と親しかった鮎川は知っていたものと推察されるが、ドレーパーが一万田に語ったことで特筆すべきことは、二点であった。ドレーパーは、日本の電力開発の重要性と、日本の電力会社の分割・民営化と料金体系の見直しには時間がかかることに理解を示し（分割・民営化は同年春にスタート）、この両者が解決するまでは、米国輸出入銀行と、世界銀行（日本が加盟できた場合）からの融資は無理であると語った。このような状況における過渡的な措置として、米国の民間資本が、すでに建設の始まった電源開発プロジェクトを資金援助することが可能かもしれないと語った。この会談は、鮎川の総合計画にもとづくものではなく、また、電源開発が火力と水力のどちらを意味するのか不明であったが、民間外資が日本の電源開発を支援できる可能性を示すものであった(7)。

一九五一年春、リリエンソールがインド・パキスタンの視察から帰国する途中日本に立ち寄ることを知るや(8)、鮎川と首藤は、リリエンソールの飛行機が一九五一年三月八日朝五時に羽田に到着して間もなく、彼と二時間半ほど会談を行ったのであった。鮎川は同日別途リリエンソールと会談しており、その際鮎川が表明したリリエンソールに対する期待は、彼を通じて米国の政財界人が、米国政府に日本の水力発電所の建設を経済的に支援することを働きかけ、また、米国民間資本にこの建設から派生する工業の発展に資金援助を行うことを働きかけることであった。

リリエンソールは、鮎川との会談において、インドとパキスタンに対して期待を抱いていた経済開発構想は不可能であると述べる一方、朝鮮戦争に直面している米国政府が、政治的、経済的に安定した日本を必要としている観点から、鮎川の日本版ＴＶＡ構想に関心を示すかもしれないと語った。

またリリエンソールは、鮎川が「最近まで世界平和と米国の安全保障を脅かす存在であった」と考えたものの、鮎川についてはよい印象を持つようになっていた。リリエンソールからすると、鮎川の「〔風貌と振る舞いは〕映画に現れる日本の大物と似ており」、「すばらしい人物」だったのである。そして、鮎川を「自分が今まで会った人々のなかで企画力においてもっとも有能な人物の一人である」と絶賛した。リリエンソールの鮎川にかんするこのような印象は、一九三八年春に鮎川の懇請で満洲の鉱物資源の将来性にかんする報告書をまとめるために満洲を視察した著名な米国人地質学者Ｈ・フォスター・ベインのそれと似ていた(9)。

三月九日、鮎川は秘密裏に吉田茂首相を訪問し、リリエンソールに対する自身の提案について話した。吉田は、前年に鮎川と首藤が、鮎川の経済復興構想についてディロン・リード投資銀行とリリエンソールに話していることを、鮎川の要請で来栖が吉田宛に送った書簡（一九五〇年四月）で知らされていた。首藤は、当時ニューヨークで池田勇人蔵相と会って鮎川のＴＶＡ構想について意見交換を試みたが、蔵相はこの件については吉田首相から何ら連絡はなく、まったく知らない状況であった（吉田が与えた池田使節団の命題は、ジョセフ・ドッジに日本におけるデフレ政策の転換を直訴することと、講和条約と占領後の米軍駐留にかんする話し合いで、ドッジへの直訴は、本人に却下されたのみならず、総司令部の了承がなく行われたことからその反発を買った）。首相は只見川の水力発電計画のみに関心があったようである。リリエンソールの訪日の翌月に入ってから、鮎川は吉田に書簡を送り、日本の水力発電所が総合計画にもとづいて開発されるよう、米国政府にマーシャル・プラン方式の経済援助を要請すべきであることを進言した。鮎川によると、吉田はこの件について鮎川が訪米することを支持したものの、鮎川の公職追放解除は一九五二年夏であった（解除されない限り海外渡航は法的に禁じられていた）。

リリエンソールは三月九日の鮎川・吉田会談の前後に鮎川の斡旋で吉田首相と会談している。しかし、リリエンソールの吉田についての印象は悪かった。吉田首相、公益事業委員会委員長などによる日本の水力発電にかんする将来性や、ＴＶＡにかんする質問攻めにあい、「年功序列のクラブに入会するときの若い新人入会希望者の心境にさせられた」からである。

いかなる規模の水力発電計画にせよ、それには総司令部のマッカーサー元帥の了承が必要であることは鮎川、吉田、リリエンソールはよく認識していた（トルーマン大統領によるマッカーサーの電撃的な解任はまだ後の四月一一日であった）。吉田との会談後、同日にリリエンソールはマッカーサーと夕食をともにしているが、リリエンソールは鮎川の名前を出さない形で、日本の電力供給量を増加させる必要性について元帥の関心をひくことに成功した。マッカーサーはこの問題を追求することについて支援する意向を表し、経済科学局長のウィリアム・マーカット准将にこの問題について話すことを薦めた。リリエンソールは後日准将と会談している。[10]

リリエンソールは、帰国後鮎川の構想にかんする個人的な見解を、投資銀行ラザード・フレアー、対日特使ジョン・フォスター・ダレス、ディーン・アチソン国務長官に語っている。リリエンソールは、ダレスが講和担当の特使として訪日する直前に、ダレスと会食する予定で、その際鮎川構想を話す予定であったが、父親が病になったため会合はキャンセルとなった。その直後、リリエンソールは四月一七日付のダレス宛書簡で、ダレスが訪日中に鮎川と会うことを進言したが、ダレスがこの書簡を読んだのは帰国後であった。アチソンは、リリエンソールと会談した際、占領終了後の日本経済の先行きについて悲観的な見解を述べたが、この見解の背景には、一九五〇年春の日本における朝鮮戦争特需ブームの後退が明白となっていたことがあったと思われる。リリエンソールは鮎川の大規模な水力発電所普及構想は日本経済に新しい希望をもたらす可能性があり、経済的な観点からはきわめて妥当な構想であると述べた。そして、この構想がうまくいかないリスクは政治的なものであるが、米国がそのリスクを承知でこの構想を支援することについて、十分に検討に値すると、アチソン国務長官に進言している。というのも、この構想を支援することで米国が日本を自国陣営に繋ぎ止めることができるからであった。

一方、前述の一九五一年二月にドレーパーが一万田日銀総裁に示した日本の電源開発への米国民間外資による支援の可能性とは対照的に、リリエンソールは、米国の民間資本が日本に投資するにはまだ五年早いという見解をラザード・フレアーに進言している。彼はダレスに述べているように、日本が世銀に加入するまでは米国の民間資本が日本で活動することは不適切かもしれないと考えていたのである。ダレスは水力発電の件は世銀が取り組むべき問題であると指摘する一方、米国民間資本の対日導入の件ではリリエンソールに異論を唱え、米国政府の対日経済援助に依存しすぎないよう繰り返し日本に対して発言してきたことから、米国民間資本の対日導入を模索することは有用であると示唆した。ダレスは日本人の創造性を内外に示す観点から、鮎川の構想は奨励すべきであると述べた。同時に、日中貿易がほとんど存在していなくても占領終了後日本が経済的に自立することは可能であるとダレスは信じ、日本人は創造性と発明力を発揮すべきで、他の国の製品を模倣して、低価格で類似の製品が出回っている市場へ殴り込みをかけるべきではないと主張したのであった。

このように、ダレスは鮎川の構想に興味を示したものの、リリエンソールの鮎川への返信においては、ダレスを含めた政府高官はこの構想が注目に値するものの、その規模と費用が大規模過ぎることを指摘したと述べられたのであった。リリエンソールは、一九五一年五月の鮎川宛の手紙で、米国はより小規模で個別的な開発プロジェクトならば支持をするであろうと告げた。鮎川は、日本版ＴＶＡが実現した場合、リリエンソールがこれを日本で指導することを望んだものの、彼は米国で仕事を続けたいとして固辞した。リリエンソールは、それでも鮎川の構想を支援することを約束した。

鮎川は、講和会議へ出発する直前の吉田首相にもう一度マーシャル・プラン方式の開発を要請することを進言したが、吉田はこれを無視した。おそらく吉田は、朝鮮戦争の軍需で日本が米国から経済的な恩恵を大きく受けていることから、鮎川の構想は不必要なものと考えたのであろう（ただし、九月の講和会議で日本側は電力借款を米国に要請している）[11]。たしかに日本の外貨（ドル）不足問題は一九五〇年代において日本経済と日米関係の大きな頭痛のたねのひとつであったものの、一九五一年に米国の対日経済政策目標は日本の経済的な自立から対日経済協力に変化し、米国政府による対日軍需は増加していったのであった。この政策変化は日本が世界的に競争力のある経済を築くのに大いに寄与した一方、日本の重化学工業の優先的な育成と経済の二重構造の継続、そして日本経済の内需主導ではなく、輸出主導の経済発展に貢献してしまった[12]。また、日本の輸出の多くを吸収したのは、米国がそれを促そうとした東南アジアではなく、アメリカ自身となっていったのである。

リリエンソールの前述の一九五一年五月における予言は、翌年現実味が増し、鮎川の満洲重工業時代の相棒であった高碕達之助が会長を務める電源開発株式会社（一九五二年九月設立）が推進する個別的な計画にもとづく水力発電所と火力発電所の建設計画に米国が理解を示したのであった[13]。

一九五二年八月、日本は世銀に加入した。世銀の日常的な運営をユジン・ブラック総裁から任されていたガーナー副総裁は、一九五二年一二月に来日しているが、ガーナーは、日本政府が世銀に提出した対日希望融資額が総合計画にもとづかず、また、融資対象の優先順位を決めていない（投資対象となる重要部門の順位を決定していない）過大なものであると酷評した[14]。日本政府は、一九五三年四月に水力発電借款、六月に火力発電借款の対世銀申請を行ったが、世銀は、日本政府と米国輸出入銀行との間で行われていた火力発電借款交渉をその政治力で輸出入銀行から引き継ぎ、また、水力発電借款を認めなかった。世銀は、日本における水力発電の建設費用が逓増傾向であるため（つまり、開発に適当な場所が少なく、奥地を開発するにつれてその開発費用が高騰する）、水力発電は日本の実状に合わないと判断したのであった。一方、火力発電の場合、石油を安定的に安く輸入しながら最新鋭の設備を建設した場合、その開発費は逓減するのであった（世銀が、日本の水力発電を融資の対象としたのは、一九五八年に黒部川第四水力発電と有峰水力発電に対して行ったときが最初であった）[15]。

ガーナー副総裁と同様、鮎川は総合計画にもとづかない電源開発には不満であった。鮎川は、雨を日本の資源と捉え、水力発電の普及を重視したが、一九五一年秋の深刻な電力不足が渇水によりもたらされたことから、渇水期における火力発電の有用性はもちろん認めていたはずである。ただ、一九五三年秋の国内世論は、世銀の火力発電にかんする融資契約条件が屈辱的であると考えていたように、鮎川は、この時期火力発電所建設を目的とする世銀からの借り入れ条件が不当であるとも思ったのであった。

鮎川は、重化学工業を中心とする大企業と比べて、日本の軽工業を中心とする中小企業には将来性があると判断していた。彼は、一九五三年以降、日産系の帝国石油の社長を一時務めた以外は、主に中小企業の育成に力を注いだ。重化学工業と比べて、中小企業が必要とする資源と資本は相対的に小規模で、しかもその成長は大企業より早いと、鮎川は主張したのであった。

鮎川のＴＶＡ構想は、日本の重化学工業と軽工業の両方の発展を可能とするものであった。ただ彼は、この水力発電構想を、大企業に支配されない中小企業という構造の構築と、資本集約型の重化学工業よりは、労働集約型の産業を中心とした経済発展により活用したかったのであった。

中小企業の育成に力を注いだ鮎川は、この問題が民間だけでは解決できないと考え、中小企業が政治的な圧力団体を形成する必要性を唱えた。彼は、中小企業が国際競争力を強化したり、最新の生産設備を導入するためには、中小企業が政治圧力団体を結成して議会に働きかける必要もあると考え、このような目的にもとづき一九五二年二月に中小企業助成会を結成した[16]。前述のように一九五二年八月には、鮎川は中小企業助成銀行も創立した。そしてこの間一九五三年五月には、彼は中小企業の発展を目標に掲げながら、無所属候補で参議院議員に当選したのであった。

当選直後、鮎川は、戦前からの政治における盟友である岸信介衆議院議員（同年三月の衆議院選挙で自由党から出馬し当選することで戦後の政界復帰をはたした）と対談を行った。岸は鮎川ほど日本の大企業と重化学工業の将来性について悲観的ではなかったものの、日本経済が二重構造でバランスがとれていないという点では鮎川と同感であった。それでも岸はこの問題より重化学工業を育成していくことについてはるかに関心をもっていた。岸の見解は、彼の商工省時代と満洲時代の経験にもとづくもので、鮎川も岸とともに戦前深くかかわった満洲の重工業化の試みが困難であった一要因は、満洲における中小企業の育成の不充分さであったというものである。岸は、中小企業が外貨の獲得と重化学工業の部品や半加工品を供給する点で重要であると考えていたのであったが、大企業に対して独立性の高い中小企業を育成するという点については鮎川ほど関心をもたなかった。

日本経済の再生における政治の役割にかかわって、鮎川は日本の首相が会社の最高経営責任者のように行動していないと批判した。鮎川参議院議員から見た日本政治の問題点は、日本経済を強化するための政治における強いリーダーシップの欠如であり、日本はやがて明治維新のような大転換期を迎えるまで復活しないかもしれないと語った。これに対して岸は、鮎川より楽観的で、明治維新のような状況になる前に政治における強いリーダーシップの確立はできると論じた。岸自身それを目論んでいたわけであるが、一九五四年一一月に日本民主党が結成されると、彼は幹事長に就任し、翌年一一月に自由民主党が結成されてから、新党の幹事長に就任し、そして石橋湛山内閣の外相を務めたのち、一九五七年同内閣退陣に伴い首相を一九六〇年まで務めるのであった。

一九五六年三月、鮎川は中小企業政治連盟という政治団体を結成し、岸は鮎川のこの連盟における活動と、国会における中小企業関係の法律の制定を支援した。ただ、ウォルフレンによれば、この連盟が岸による下請け制度確立の道具になり、また、通産省による企業系列の促進の手段となったようである。鮎川は、一九五九年に次男の選挙法違反容疑の責任をとって議員を辞職し、政治における影響力を失ったが、彼の中小企業にかんする構想が下請け制度と系列制度の台頭により打ち砕かれていったことについて、何も語ってはいない(17)。

鮎川は決して大企業の否定論者ではなかった。大企業の復活については反対ではなく、大企業が市場で理不尽な行動をすることを抑制する法律が機能していれば、それで十分であるという考えであった。むしろ鮎川は、司令部が施行した独占禁止法について、それが日本経済の弱体化を意図していたと唱えており、この法律の改正を希望していたほどであった。しかし、鮎川は、日本の大企業の将来について悲観的で、それは日本の重化学工業の発展に必要な資源の十分な輸入と、安い電力を必要なだけ供給できる発電所の建設に必要な資本の確保がはたして可能か、という二つの疑問にもとづくものであった。大企業と比べて日本の中小企業には将来性があると、彼は判断していた。なぜなら重化学工業と比べて、中小企業が必要とする資源と資本は少なく、しかもその成長は大企業より早い、と考えていたからである。鮎川は、大企業に支配されない中小企業という構造を構築しようとし、しかも資本集約型の重化学工業ではなく、労働集約型の産業を中心にした経済発展を望んだのであった(18)。

終章　鮎川の外資導入構想の今日的意義

日米友好通商航海条約が調印された一九五三年に鮎川は、日本経済の発展を歴史的に振り返り、それが戦争により経済的な恩恵を受けてきたことを指摘し、冷戦もまた、日本に同様の恩恵をもたらしていると指摘した。しかし、いったん冷戦が終了すると、日本は熾烈な国際経済競争にさらされるであろうから、日本はその日に備えて競争力をつけていく努力と準備が必要であると唱えた。ポスト冷戦時代の国際経済競争は日本が直面するもっとも恐ろしい戦争であると鮎川は語り、それを生き抜くためには日本企業が高品質で安価な製品を製造しなければならないことを強調したのであった。鮎川が予言していたポスト冷戦時代の、熾烈な国際経済競争が、今日本格的に到来している。(1)

このような鮎川の世界観は戦前からの持論でもあった。鮎川の経済的国際主義とは、経済的相互依存による世界の繁栄と平和を掲げることであり、国際関係論でいうリベラリズムの考え方であった。この考えは、一九三六年一二月に彼の「次の世界を語る」というエッセーのなかで語られているが(これは、翌年五月、彼のエッセー集『物の見方考え方』に収められた)、このエッセーで鮎川が強調したことは、世界が発展していくためには、国際経済において自由貿易が復活しなくてはならないということであった。彼はブロック経済圏を乗り越えていくため、ただちに世界中で関税を廃止することを訴えたのであった。世界は、情報通信と交通手段の発展により小さくなり、熾烈な国際経済競争が展開されていると鮎川は認識していた。このような純粋なリカードの国際貿易論にもとづくような国際経済競争が進められた場合、各国は比較優位の原則にもとづき、自国の資源、頭脳、労働力を駆使して、経済的発展を行うのである。しかし鮎川は、このような激烈な経済競争のなかで、各国は、貿易紛争あるいは貿易戦争の当事者になるリスクがあり、また自国経済が急速に落ちこんでいく危険もありうることを認識していた。「次の世界を語る」で鮎川がもうひとつ強調したことは、日本の首相は、大企業の経営責任者のように経済問題に対応しなければならないという点であった(2)。

「次の世界を語る」は、鮎川の経済的国際主義という理想をも記していた。このエッセーでは、政府からの補助金を企業が受けることは、自由競争の観点から好ましくないと指摘した。しかし実際には日産自動車などの彼が創業にかかわった企業は当時政府から補助金を受けており、また満洲国は国家資本主義の経済で、日本の経済は当時、統制経済にもとづく国家資本主義に急速に変貌しつつあった。鮎川は、第2章や第3章で紹介したような、米国自動車会社との合弁構想を進めようとしたが、こうした構想は、統制経済を進める日満の軍人を含む官僚たちにより阻まれたのであった。

しかし、日中戦争が勃発した前後の時期は、こうした官僚たちのなかには、鮎川の対満米国資本導入構想に理解を示す者がおり、日産の満洲移駐を要請したのであった。そこには、日本がソ連に対抗するために満洲で重化学工業を急速に育成・強化するという、石原莞爾のような考え方が背景にあった。鮎川が満洲重工業を設立する構想に賛同していった理由は、第2章で紹介したような日産グループの収益確保のほか、第3章と第4章で紹介したように、フォード自動車との合弁構想、そして、日満の自動車業界を支配しようという野心があったからである。そしてこのような鮎川の活動は、第7章で紹介した、朝鮮半島最大の金山を所有する米国企業との交渉とも並行して展開する時期があった。この企業をハーバート・C・フーヴァー元大統領周辺の人脈を含む共和党系の政財界人が所有していたことは、その後の鮎川の活動にとって重要であった。

鮎川は「次の世界を語る」で述べたような世界観の持ち主ではあったが、一方で彼が、当時日本が推進した保護主義的な政策にも深く関与していたことは事実である。例えば日本が米国に自国の権益の保護を前提として提唱した修正門戸開放主義を後押ししたのであった。このような鮎川および日本の政財官界が推進した新重商主義と修正門戸開放主義に、米国が理解を示す可能性はあったであろうか。満業設立時、米国は、ローズヴェルト不況と言われたような経済恐慌に再び突入しており、第6章で紹介したように、日満への輸出が米国の経済恐慌を緩和する役割を果たしていた。第3章、第7章や第8章そして第9章で考察したような、米国経済界内における日本主導の東アジア政治経済秩序を黙認する見解は決して無視できるほど小さなものではなかった。しかし、修正門戸開放を認めるようなこのような動向が、こうした動きに否定的な国務省を圧倒するには、日本が日中戦争で蔣介石政権を屈服させる必要があった。

結局、日中戦争の泥沼化は、鮎川の対満米国資本導入構想を挫折させた。鮎川の企業を利用しながら、日満経済の重化学工業の拡充を推進しようとしていた、統制経済を進める軍人を含む日満の官僚たちは、鮎川構想に見切りをつけ、満業を日満の統制経済に従属させていった。

鮎川の戦前の対米活動で特筆すべきことは、地質学者ベイン、三保幹太郎、高碕達之助らを通じてフーヴァー元大統領と接触していたことであった。このフーヴァーこそ、第5章で考察しているように、日中戦争が泥沼化するまでの戦間期、米国の東アジア外交の基本方針を体現した人物であり、一九三三年にローズヴェルト政権が発足するまでは、米国の東アジア外交を推進する上で主要な役割を果たしていた。フーヴァーと鮎川の国際政治経済に対する見方は、本書で考察したようにかなり類似するところがあった。第9章では、フーヴァーが一九四一年の日米交渉において、日米開戦まで水面下で、戦争回避の努力を行っていたことを考察した。また鮎川も日本で日米開戦回避の動きを推進したのであった。日米開戦前の鮎川が望んだような対米外交は、来栖三郎により試みられた。来栖の考えを支持していたのは野村駐米大使や吉田茂であったが、三保が開拓していたバルークとの関係のもとで、来栖によって日米間の妥協が日米開戦の直前に模索されたのであった。ここでは、日米開戦直前の研究で見落とされてきた来栖の対米外交を鮎川の行動と関連づけて考察を行ったのである。

満洲における重工業の実現は、第6章と第10章で考察しているように、満洲での計画経済通りにはまったくいかなかった。鮎川は、対満米国資本導入構想を実現させていくことで統制経済を緩和させようとし、満業主導による満洲経済の発展を図る一方、日本でも他の財界人の多くと同様、統制経済の流れに抵抗しようとした。対満米国資本導入構想の挫折は、日米関係の悪化が主要因であるが、そのようになったのは日中戦争の泥沼化のためであった。太平洋戦争中鮎川が主催した義済会の政策シミュレーションの試みは、統制経済を修正させようとする、彼が戦後語ったようなささやかな啓蒙活動であったのかもしれない。

終戦の時期、対日政策において、グルー、フォレスタル、フーヴァー、スティムソンといった共和党系の政官界の人たちが、無条件降伏の定義を明確化しようとした。また、彼らはソ連の東アジアにおける影響力の拡大を戦後極力小さくするため、降伏後のドイツと日本に対しては賠償問題は第一次世界大戦の対独戦争賠償のような過酷の内容にせず、むしろ、日独の経済復興を優先させることで、米国主導の自由貿易体制を実現させることを、最重要課題にした。しかし、日本の経済復興は、第11章で考察したように、対日賠償問題の迷走もあって、なかなか進まなかった。

鮎川は、A級戦犯容疑で一九四五年一二月から一九四七年夏まで巣鴨刑務所に拘置された。国際検察側は、最終的に彼がA級戦犯の要件を満たす人物ではないと判断した。拘置されていた時期、来栖と三保は、総司令部の有力者たちと接触し、戦前鮎川が推進しようとした日米経済連携を再開しようとしたのであった。第11章の三保とフォレスタルとの会談は、当時総司令部が行おうとしていた経済科学局のニッツェ人事と関連づけて考えると、歴史上のイフとして「もしもニッツェの考えたような人事になり、また、三保が急逝していなければ」というような想像を掻き立てる出来事であった。グローバルな対ソ封じ込め政策を推進する上で中心的な役割を果たしたのがディロン・リード投資銀行出身のフォレスタル、ドレーパー、ニッツェであった。フォレスタルとドレーパーの日本における人脈は鮎川の人脈を中心に展開していたことは特筆すべきであろう。

日本経済の復興が、対日占領政策を進める米国にとって最優先課題として明確になったのは、フォレスタルの投資銀行時代の部下であったドレーパーの訪日後となった。鮎川の投資銀行構想と電源開発構想はこのような新展開のなかで進められた。第12章と第13章で考察したように、米国側は、こうした構想に強い関心を示したが、投資銀行構想は、朝鮮戦争の勃発、電源開発構想は、日本側が世界銀行に対する要望の優先順位をつけられない、という状況により部分的な実現に留まった。しかしながら、吉田首相と池田蔵相、そして日本の財界の一部の有力者たちは、鮎川が唱えるような、対日米国資本導入構想に、一九四七年から一九五一年の時期賛同していたことは、特筆すべきことである。

投資銀行構想と電源開発構想がうまくいかない中、鮎川は、亜東銀行の設立を、木内信胤外国為替管理委員会委員長の支持を得ながら推進し、華僑資本の導入を試みた。これは、中小企業育成という、彼が巣鴨に拘置されていた時期に描いた外資導入や電源開発構想と並ぶ政策アジェンダのために有用と見たからであった。しかし、これが失敗に終わると、鮎川は中小企業育成のための政治運動に全力投球で打ち込んだのであった。

戦前マスコミにより満洲国といえば「ニキサンスケ」と言われた、東條、星野、鮎川、岸、松岡のうちの一人であり、また鮎川と久原が日米開戦の時期まで、義理の兄弟関係であったことから、鮎川は、国家主義的で軍国主義的であるというイメージがいまだに根強い。たしかに彼は、満業の総裁として満洲国の計画経済を主導していこうとし、石原、東條、岸、星野が望む、日中戦争遂行のための国防産業拠点を満洲に実現させようとしたのであった。しかし、鮎川について見落とされてきたことは、彼が行おうとした修正門戸開放主義にもとづく日米共同での日本と満洲の経済開発構想が、帝国主義的ではあるものの、当時の日本の政財界の指導者たちにあって、日独伊三国同盟推進派ではなく、英米との関係改善を図り、できれば英米と連携していこうとする国際主義志向の、日本のエリート階層のなかで相対的に穏健な世界観にもとづいたものであったということである。鮎川と世界観を共有しうる米国政財界の勢力は存在しており、それはフーヴァー元大統領に連なる人脈や政治グループであった。

現在の環太平洋戦略的経済連携協定（ＴＰＰ）をめぐる国際政治は、まさしく米国主導の自由貿易秩序をアジア・

太平洋地域にさらに形成していくのか、中国がいまだ持ち合せている国家資本主義的な面を温存させて自由貿易の秩序を形成していくかのせめぎ合いとも見てとれる。日本が米国の進めるＴＰＰに参加し、ＴＰＰが唱えるように関税率をすべての品目について原則ゼロとした場合、まさしく鮎川が「次の世界を語る」で考察したような世界が到来するのかもしれない。また、米中のせめぎ合いのなかで、華僑資本を含めた外国資本を直接投資という形で日本にもっと呼び込む必要性は、先進国のなかでこれが経済規模に比べて突出して少ない日本にとっては、本書でも取り上げてきたように古くて新しい課題である。

満業の活動の今日的意義について考えるとき、中国の外資開放路線の手法こそがまさしく鮎川がやろうとしてできなかったことを、中国人の手で中国大陸で見事に実現させていったもののように見える。外資開放により、中国は世界の工場となり、その経済的発展は、中国人や諸外国の人々を豊かにする一方、国防国家としての中国の強化に大いに貢献しているわけである。中国は巧みに、米国との経済相互依存により米国との安全保障面での深刻な対立を回避してきている。戦前の日本にとっては、残念ながら鮎川構想を実現させる上で、統帥権が大きな壁となったといえよう。傀儡国家満洲国の歴史的教訓のひとつである鮎川構想が、いまだ現在の東アジアに影を落としている。

あとがき

日露戦争以降、日米は満洲をめぐり対立し、これが太平洋戦争の遠因であるとする見解は根強い。しかしながら本書が示したように、戦間期鮎川が推進した対満米国資本導入構想は、日露戦争以降日米がたびたび模索した満洲の経済開発にかんする日米最後の試みであり、この構想に対して米国の政財界内に呼応する有力な動きが少なからず存在していたのであった。鮎川の戦前と戦後の外資導入構想はいずれも失敗に終わったが、彼のこうした活動が物語ることは、日本の戦前と戦後の新重商主義的な発展が決して必然的ではなく、また、戦前と戦後の経済的な発展を直線的に捉えるべきではないということである。

川田稔が論じる、戦間期の浜口雄幸の構想と永田鉄山の構想（川田稔『浜口雄幸と永田鉄山』講談社、二〇〇九年、四二—四六、二四〇—二四四頁、『昭和陸軍の軌跡——永田鉄山の構想とその分岐』中央公論新社、二〇一一年、一五一—一六二頁を参照）を枠組みに鮎川の戦前の構想を位置付けてみるならば、鮎川は、永田構想を下敷きにして行動していた石原莞爾の構想に乗りつつ、その経済的側面である自給自足的発想をあらため、浜口構想が唱えた国際協調にもとづく経済相互依存関係のなかで、欧米から日本の産業の高度化に必要な資源、資本、技術を確保していくことを模索していたのであった。鮎川が築いた日産財閥は、浜口内閣が実行した構造改革の申し子であり、しかもそれが目的としていた高度な産業の担い手となった新興財閥の代表的存在であった。日産コンツェルンは、満洲事変後、軍需により巨大化していき、他の財閥と同様、永田構想にもとづく陸軍の国防政策による経済的恩恵を受けていた。鮎川は、軍部と協力しながらも、彼が推進した対満米国資本導入構想を成功させることで、日本が推進した自給自足的な経済圏の確立と表裏一体の関係にあった統制経済政策および国産主義を修正し、より相互依存的で相対的に開かれた国際経済関係にもとづく米国との協調関係を構築しようとしたのであった。

戦後の鮎川は、浜口が推進していた産業の高度化の構想を、政財官界の有力者の一部とともに再開しようとした。その際に彼らが直面した課題は、日本が米国主導の自由貿易体制に組み込まれていない時期、多数派であった新重商主義的発想が根強い国内の政財官の有力者たちを説得しながら、米国資本を国内経済の立て直しに大規模に利用することであった。

本書は、ハーヴァード大学出版会から二〇〇三年に出版された拙著 *Unfinished Business : Ayukawa Yoshisuke and U. S.-Japan Relations, 1937–1953* と同様、修正門戸開放主義と鮎川の対満米国資本導入構想を重要なテーマとしている。しかし、同書は、戦間期の米国の東アジア外交政策とそれを体現していたフーヴァー元大統領を部分的にしか考察できなかった。本書は、これらをより包括的に描くことができた。そうすることで鮎川構想、修正門戸開放主義と米国の動向を対比することが効果的にできたと考えている。また、鮎川とフーヴァーの日米関係にかんする活動と思考の類似性もよりはっきりさせることができた。そして満洲にいた米国の外交官たちが鮎川や満洲の経済開発をどう見ていたのかについて、本書は多面的な考察を行うことができた。

本書は、鮎川が満洲の経済開発にかかわっていった動機として、フォードと日産自動車の提携を梃子に、日本の自動車産業界を支配しようとする野心をもっていたことが極めて重要であったことを強調した。また、朝鮮半島北部の雲山金鉱脈を保有していたフーヴァー人脈につながる米国企業からこの権益を取得したことの重要性も歴史的な文脈で詳述した。そして、本書と英文の拙著とのもうひとつの違いは、日米開戦直前の来栖の対米外交とフーヴァーの動向を、修正門戸開放主義および当時の米国内政治と関連させながらより詳細に考察できたことである。またフーヴァーの回想録が公刊されたのは二〇一一年秋であり、本書はこれも利用している。

終戦から冷戦初期の箇所では、鮎川とフーヴァーの動向を、この時期の日米それぞれの国内動向の文脈で捉えながら、鮎川を中心とする人脈とディロン・リード投資銀行および同行出身の米国政策決定者たちとの関係を詳述した。

鮎川の行動が日本にもたらした重要な米国人脈は、まさに戦前から接触のあったディロン・リード投資銀行出身の有力者たちとのネットワークであった。これは、英文の拙著を刊行した時点では、終戦後の三保とフォレスタルの会談資料とニッツェ文書の対日占領期の資料を筆者が発見していなかったために、議論できなかったことであった。最後に、鮎川の亜東銀行構想の詳細は、本書ではじめて明らかにすることができた。

本書の執筆の一部は、二〇〇五年からフルブライト基金によりハーヴァード大学へ一年間在外研究に行く以前とその最中に手掛けた。また、このたびの出版は、日本学術振興会の二〇一一年度科学研究費補助金研究成果公開促進費（学術図書）により実現することができた。

出版にあたっては、名古屋大学出版会の三木信吾氏に大変お世話になった。心よりお礼申し上げる。彼なくして本書の出版は実現されなかったと思われる。また、本書の出版は、二〇〇二年に私が名古屋大学へ赴任した際、京都大学大学院法学研究科の伊藤之雄教授の紹介で名古屋大学出版会の橘宗吾氏とお会いする機会を得たことが発端となった。一〇年の歳月が過ぎてしまったが、伊藤教授と橘氏にも心からお礼申し上げたい。

さらに、伊藤教授の呼びかけで、一九九七年六月に名古屋大学教授川田稔、京都大学教授中西寛とともに始めた「二〇世紀と日本研究会」を通じての、彼らや北九州市立大学教授小林道彦、京都大学准教授奈良岡聰智、国際日本文化研究センター准教授瀧井一博、防衛大学校教授等松春夫、関西学院大学教授柴山太、明治大学教授廣部泉などの諸氏との交流が、私にさまざまな知的恩恵をもたらしてくれた。彼らとの知的交流ができたことを大変感謝している。最後に、私の研究活動を励まし続けてくださった恩師であるハーヴァード大学名誉教授入江昭とシカゴ大学教授ブルース・カミングスにここであらためて感謝したい。

こうした執筆と研究活動で、いろいろと迷惑をかけながらも、私にとって心の拠り所となったのが、妻の曜子と私の両親、井口武夫と井口捷子であった。彼らの厚情に深く感謝している。長男の知治が二月にやんちゃな五歳になることで、月日が過ぎる早さを思い知らされる次第である。

末尾になってしまったが、本書のカバーに使用した写真は、鮎川義介の孫にあたる鮎川純太氏から提供された。お礼申し上げたい。鮎川純太氏の父、鮎川弥一氏は、日本のベンチャー・キャピタルの草分けで、純太氏も現在その方面で活躍中のようである。思えば二〇年ほど前に博士論文につながりうるテーマについて、満洲をめぐる日米関係にするか、日韓国交正常化にするか悩み、指導教員であったカミングス教授に相談したところ、前者を勧められ、鮎川義介文書の所在について鮎川弥一氏にお尋ねしたのが本書につながる出発点であった。この二〇年間の日本のグローバル化する国際社会への対応は、経済大国であることを考えると、あまり能動的ではなかったように見受けられる。昨年二〇一一年は、大地震、大津波、原発事故に見舞われてしまったが、今世紀の前半に日本が急速に衰退するのか、成熟型先進国として復活していくのかは、この先数年間日本がとる選択によりかなり決まっていくような気がする。グローバル化する国際社会に対応できる日本人の底力を信じたい。

二〇一二年一月吉日

井口治夫

《著者略歴》

井口《いぐち》 治夫《はるお》

1964年　フィリピン・マニラ市に生まれる
1995年　シカゴ大学大学院歴史学科修了（Ph. D. History）
同志社大学アメリカ研究所・アメリカ研究科助教授などを経て，
現　在　名古屋大学大学院環境学研究科教授

鮎川義介と経済的国際主義

2012 年 2 月 29 日　初版第 1 刷発行
2012 年 10 月 10 日　初版第 2 刷発行

定価はカバーに
表示しています

著　者　井　口　治　夫
発行者　石　井　三　記

発行所　財団法人　名古屋大学出版会
〒 464-0814　名古屋市千種区不老町 1 名古屋大学構内
電話(052)781-5027/FAX(052)781-0697

印刷・製本 ㈱太洋社　ISBN978-4-8158-0696-5
乱丁・落丁はお取替えいたします。

索　引

ア　行

アーウィン（Irwin, W. A.）　255
アームストロング（Armstrong, O. K.）　248
アイヴァーソン（Iverson, L.）　190
青木一男　207, 273
秋永月三　40
朝河貫一　259
朝倉毎人　27, 35-36, 43-44, 50, 71-73
浅野財閥　22, 61
浅野良三　22, 291
浅原源七　25-26, 54, 71, 179-180, 187
浅原健三　39-40
芦田均　326, 331-332
アダムズ（Adams, Charles）　103
アチソン（Acheson, Dean G.）　229, 242, 245-246, 311, 316, 354
アチソン（Atcheson, George, Jr.）　322
アディス（Addis, Charles）　89-90
亜東銀行　329, 343-347
阿南惟幾　71
アメリカ・ファースト委員会（America First Committee）　228-229, 231, 248, 315
アメリカン・リバティ・リーグ（American Liberty League）255
アリソン（Allison, John R.）　335
アルドリッチ（Aldrich, Winthrop W.）　188
鮎川キヨ　10
鮎川サダ　10
鮎川スミ　10
鮎川仲子　10
鮎川フシ　10
鮎川美代　10
鮎川弥八　10
有田八郎　165, 205-206, 212
アレン（Allen, Horace N.）　173
アンケニー（Ankeny, J. C.）　63
鞍山製鋼所（Anshan Steel Works）　119
アンダートン（Anderton, J. H.）　154
イーストマン・ディロン投資銀行（Eastman Dillon and Company）　208
飯田藤二郎　10
イーバースタット（Eberstadt, Ferdnand）　315
井川・岩畔工作（ジョン・ドー・アソシエーツ）　232-240
井川忠雄　167, 232-235, 237-240, 254, 265, 273
井口貞夫　246
井口武夫　268
池田成彬　12, 38, 41-42, 165, 292
池田勇人　336-337, 352, 363
石井・ランシング協定　89
石川一郎　332-333
石川島自動車製作所　16-18
石坂泰三　332
石原莞爾　30-32, 36-37, 39-40, 46, 48, 155, 157, 286, 360
石渡荘太郎　26, 163
泉山三六　42
磯谷廉介　37, 292
板垣征四郎　29, 32-33, 40, 165
一万田尚登　332, 336, 339-340, 351
イッキーズ（Ickes, Harold）　246
一般融資政策　85, 90-92, 119
伊藤久雄　18-20
伊藤博文　12
伊藤文吉　60, 206-207, 220, 233, 235, 240-241, 291
犬養内閣　14, 109, 246
井上馨　10-12
井上準之助　119
井上匡四郎　119
井上達五郎　10
伊原隆　335-336
入江湊　345
岩畔豪雄　234, 236-240, 254
イングリス（Inglis, William O.）　149, 193-195
インターナショナル・ビジネス・マシーン社（International Business Machine［IBM］）　151
ヴァンダーリップ（Vanderlip, Frank）　151
ウィットニー（Whitney, Courtney）　326
ウィットニー（Whitney, Simon N.）　208
ウィルキー（Willkie, Wendell）　230, 255
ウィルキンソン（Wilkinson ［American lawyer］）

338
ウィルソン（Wilson Joan Hoff）　92, 94-95, 102, 113
ウィルソン（Wilson, John R. M.）　111, 114
ウィルソン（Wilson, Woodrow）　80-82, 88, 193
ウィロビー（Willoughby, Charles A.）　323-324
ヴェール（Vail, Ralph）　144
植田謙吉　45-46, 48
ウェラー（Weller, Seymour）　200
ヴェルサイユ講和会議（Versailles Conference） 82
ウェルシ（Welsh, Edward G.）　335
ウェルズ（Welles, Sumner）　206, 210, 215, 240, 245-246, 262
ヴォーン（Vaughn, William）　335
ウォーカー（Walker, Frank）　233, 236-237
ウォルシュ（Walsh, James E.）　232-233, 237, 254, 265
ウォルフレン（Wolferen Karel van）　357
宇垣一成　133
宇田川勝　1
ウッド（Wood, Robert）　228-230
ウッドロック（Woodlock, Thomas）　255
梅津美治郎　37, 214, 241, 267, 299
ウラク王子（Fürst Albrecht von Urach）　171
雲山　3, 148, 172-176
SKF　189
エドワーズ（Edwards, Corwin D.）　313
エリー鋳物工業（Erie Iron Foundry，後に Erie Malleable Iron Foundry）　11
閻錫山　344
欧州支援協会（European Relief Council）　81
汪兆銘（汪精衛）　273
大内兵衛　297
大河内正敏　330
大阪国際ビル　345-346
大島浩　234, 244, 251-252
オースティン自動車（Austin Motors）　17
大橋忠一　197
大原社会問題研究所　297
大村卓一　297
オールズ（Olds, Robert E.）　93
岡崎哲二　6
小川郷太郎　27, 35, 43
奥野正寛　6
小倉正恒　54
オコナー（O'Connor, Basil）　260
尾崎秀実　272
小平浪平　43
オット（Ott, Eugen）　171
オライアン（O'Ryan, John F.）　207-212, 215, 220-221, 254
オリエンタル・コンソリデーティッド・マイニング・カンパニー（Oriental Consolidated Mining Company）　3, 172-177, 191

カ　行

カーン（Kern, Harry）　314
ガーナー（Garner, Robert L.）　350
外国為替及び外国貿易管理法　341-342
外国為替管理委員会　335, 341, 345-347
外国為替管理法　21, 55, 58, 67
外資委員会　335
外資法　339, 341-342
貝島太市　10, 13
外資問題研究会　332-333
革新主義　317-318
片倉衷　40
片山哲　326, 331
桂太郎　11
加藤外松　213, 219
過度経済力集中排除法　324
鐘ヶ淵紡績　42
亀山電信官　271
賀屋興宣　46
川北禎一　336, 339
川崎製鉄　349
韓雲階　344
ギアングレコ（Giangreco, D. M.）　300
キーナン（Keenan, Joseph B.）　303-304
木内信胤　345-346
岸信介　19-20, 22-23, 28-30, 38, 144, 357, 363
岸本勘太郎　198-199, 202, 332
義済会　296-297
木戸幸一　38, 206-207, 218, 235, 240-241, 247
木村久寿弥太　12
キャッスル（Castle, William R., Jr.）　104, 106-110, 112, 116, 175, 224, 228-230, 279, 308, 314
ギャランティ・トラスト銀行（Guaranty Trust Bank）　185
九カ国条約　89, 108
極東委員会　319, 325
極東国際軍事裁判　303-304, 318
クーリッジ（Coolidge, Calvin）　83, 93, 98, 104

グールド鋳物会社（Gould Coupler Company［後に Gould Inc.］）　11
クーン・ローブ投資銀行（Kuhn, Loeb and Company）　163–170, 176, 180, 227, 232
久原鉱業　12–14
久原財閥　12–13
久原房之助　10, 12–13, 123, 167, 234, 363
久原光夫　199
久保田篤次郎　25–26
クライスラー（Chrysler, Walter P.）　163
クライスラー自動車（Chrysler Motors）　16
クライマン（Kleiman, Maxwell）　148, 163–164, 166, 169–170, 210, 212, 254
倉田主税　333
グラッド（Glad, Betty）　89–90
グラハム（Graham, Joseph）　26
グラハム・ページ社（Graham-Paige）　26–27
グリズウォルド（Griswald, Alfred Whitney）　111
グルー（Grew, Joseph C.）　5, 117, 168, 184, 196–197, 205, 211–212, 214, 217–218, 237, 250, 259, 264, 278, 307–311, 362
クルーシブル・スチール・オブ・アメリカ社（Crucible Steel Company of America）　178, 182, 255
来栖極秘妥協案　277–278
来栖三郎　23, 200–201, 203, 224, 234–237, 243, 247–254, 318–320, 322–324, 329–330, 351, 361
クレーマー（Kramer, Raymond C.）　320
クレーン（Crane, Burton）　315
グレゴリー（Gregory, Charles S.）　335
クレンツ（Krentz, Kenneth C.）　146
クロフォード（Crawford, J.）　59, 68
軍需工業動員法　284–285
ゲアリー（Gary, Judge Elbert）　12, 119
ケーディス（Kades, Charles）　326
ケーマーマン（Kamerman, David）　163
ゲーリング製鉄所（Göring steelmill）　157
ケソン（Quezon, Manuel）　111, 122, 132–133
ケナン（Kennan, George F.）　125, 315, 324–325
ケロッグ（Kellogg, Frank B.）　84–85, 91–95, 97–98
甲案乙案　249–250, 265, 271, 276
郷誠之助　12
河本大作　155, 292
コーエン（Cohen, Warren J.）　91–92, 98, 111
ゴーラム（Gorham, William R.）　16
小金義照　19–20, 23, 27
国際検察局　303, 362
国際復興開発銀行（世界銀行）　350–351, 356, 363
国際連盟　81, 106–110, 193
小島直記　1
児玉謙次　343–345
国家総動員法　285
コットン（Cotton, Joseph）　103
コップ（Kopf, Benjamin）　21–22, 54–59, 62, 66, 104
後藤新平　153
近衛文麿　38, 46, 74, 155, 165, 168, 206, 219–220, 232, 234–235, 240–242, 247, 272, 276, 291, 300
小林中　332
小林一三　246
小村寿太郎　11
コロンビア・レコード会社（Columbia Record Company）　150
近藤眞一　10

サ　行

在満米国総領事館　131–134, 141–147
佐々木勇之助　12
佐藤喜一郎　332–333
佐藤尚武　300
澤田節蔵　208
サンドヴァル（Sandoval, Aurello）　138–139
シアーズ社（Sears, Roeback and Company）　228
GM → ゼネラル・モーターズ
椎名悦三郎　29
シーボルト（Sebald, William J.）　321–323
幣原喜重郎　318
自動車工業法要綱　22–23
自動車製造事業法　23, 25–27, 54–55, 63, 67
柴山兼四郎　43, 46
渋沢栄一　17
渋沢正雄　17
嶋田繁太郎　258
島田利吉　158
修正門戸開放　3, 40, 76–77, 122, 126–127, 286, 361
首藤安人　330, 334–339, 350, 352
ジュネーヴ軍縮会議　111–112
シュワップ（Schwab, Charles M.）　178–179, 182
シュワルスト（Schwulst, Earl B.）　334–335

シュンドラー（Schundler, H. Otto）　176, 180-182, 186-188
ジョウェット（Jouett, John Hamilton）　115
蔣介石　88, 99, 115, 243, 277, 302, 308
昭和12年度以降5年間歳入及歳出計画実施国策大綱　37
昭和製鋼所　134, 144, 157, 289, 293
昭和天皇　251, 258-259, 263-264, 276, 278, 298-302, 307
ジョーダン（Jordan, Davis Starr）　139
ジョーンズ（Jones, E. Stanley）　253, 258-259, 276, 280
ジョンストン（Johnston, Percy）　325
ジョンソン（Johnson, Chalmers）　6, 25
ジョンソン（Johnson, Nelson T.）　92, 94-95, 143-145
ジョンソン（Johnson, U. Alexis）　146
ジョン・ドー・アソシエーツ（John Doe Associates）→　井川・岩畔工作
白洲次郎　199-200, 337
真珠湾　252, 264, 266, 269-271, 278-280
杉山元　41, 269-270
鈴木栄治　43, 45-46
鈴木貫太郎　298, 300-301, 303
鈴木隆史　1
スターリン（Stalin, Josif V.）　237, 299
スタンダード・ヴァキューム石油会社（Standard-Vacuum Oil Company of New York）　160
スティムソン（Stimson, Henry L.）　99, 104-114, 116, 229, 239, 307-311, 362
スティムソン宣言　→　不承認政策
ステティニアス（Stettinius, Edward R., Jr.）　255, 308
須藤眞志　118
ストライク（Strike, Clifford）　323
ストライク調査団（Strike Mission）　314, 323
ストライク報告書（Strike Report）　314, 323
ストロース（Strauss, Lewis L.）　166-170, 176, 227, 232-233, 239-240
ストロング（Strong, Benjamin, Jr.）　89
スミス　(Smith, Alfred E.)　255
スミス　(Smith, Richard Norton)　253
住友銀行　319
住友財閥　26, 39, 54, 317
スリガオ鉄鉱石　(Surigao iron ores)　162
生産力拡充計画要綱（企画院）　155, 285
政友会　13
セーヤー（Sayre, Francis B.）　205-206
石油業法　23
ゼネラル・モーターズ（General Motors）　15, 21, 23-27, 42, 53-54, 60-61, 141-142
ゼネラル・モーターズ（日本）　18, 20-21, 23-24
セリグマン投資銀行（J. & W. Seligman & Company）　179-180, 182
仙石貢　120
戦略爆撃調査団　300
宋美齢　152
ゾルゲ事件　272
孫文　83, 99-100

タ　行

対中貿易法　101-102
対日理事会　322
対満事務局　34
ダイムラー・ベンツ社（Daimler-Benz）　189
高碕達之助　122, 138-140, 155-157, 246, 288, 293, 295, 303-304, 324, 356, 361
高田農商銀行　344-345
高野岩三郎　297
高橋是清　14
高橋省三　71
竹内可吉　18
竹内弘高　328
只見川　349
ダット自動車製造　16, 18
田中義一　12-13, 95, 119
タフト（Taft, Robert A.）　226-228, 279, 316
タフト（Taft, William H.）　104
ダレス（Dulles, John Foster）　353-354
ダワー（Dower, John）　6, 328
段祺瑞　92, 96
団琢磨　12
チェース・マンハッタン銀行（Chase Manhattan Bank）　183, 188
治外法権撤廃問題　34, 77, 94, 99, 122, 130-131, 147
チャーチル（Churchill, Winston L. S.）　243, 278
チャイニーズ・エンジニアリング・アンド・マイニング社（Chinese Engineering and Mining Company）　78-79
チャンドラー（Chandler, Harry）　175
中小企業助成会　345
中小企業政治連盟　357

張作霖　95, 155
趙毓松　344
津田信吾　38, 42
堤康次郎　344
鶴見祐輔　60
TPP（Trans-Pacific Partnership）　363-364
ディロン（Dillon, C. Douglas）　339
ディロン（Dillon, Clarence）　193, 200, 217, 339
ディロン・リード投資銀行　5, 7, 119, 192, 200, 215-216, 320, 329, 339-340
デーヴィス（Davies, John Paton）　76, 124-125, 132, 134
デーヴィス（Davies, Joseph E.）　236-237
デクスター（Dexter, Seymour）　174
デスヴェアニン（Desvernine, Raoul E.）　178, 224, 248, 254-257, 259-263
テネシー川流域開発公社（Tennessee Valley Authority ［TVA］）　28, 350-353
デュポン（DuPont, Pierre）　255
デュポン社（DuPont）　186
寺崎英成　248, 251, 258, 276
ドゥーマン（Dooman, Eugene H.）　196, 235, 307, 312, 314
東京瓦斯電気工業　18, 70-71
東京自動車工業　70-71
東郷茂徳　249, 251-252, 258, 268, 270-271, 276, 300
東芝　332
東條英機　45, 48, 157, 235, 247, 251, 258, 273, 275, 286, 302-303, 363
東辺道　49, 157, 291
東辺道開発会社　291
東北興業　28
東洋製缶　140, 155, 324
東洋製鋼　324
東洋製鉄　12
東洋拓殖会社　93
同和自動車　19, 56, 59, 141-143
トーマス（Thomas, Elbert D.）　247, 251, 264
ドール社（Dorr Company）　162
独ソ戦　225, 246-247, 252, 272
独ソ不可侵条約　201
ドッジ（Dodge, Joseph M.）　326-327, 353
ドノヴァン（Donovan, William）　230, 307
戸畑鋳物　11
友田寿一朗　197
豊田喜一郎　65
トヨタ自動車工業　25, 27, 61-62, 64-67, 327
豊田自動織機製作所　25
豊田利三郎　64-66
ドラウト（Drought, James M.）　232, 237, 254, 265
トラスコン・スチール（Truscon Steel）　150
トルーマン（Truman, Harry S.）　306, 308-316, 325
ドルベア社（Wright, Dolbear and Company）　137
ドレーパー（Draper, William H., Jr.）　5, 315, 324-326, 331, 337-340, 351, 362
ドレーパー・ジョンストン調査団　325, 331

ナ　行

ナイ（Nye, Gerald P.）　129
長崎英造　332-333
永田鉄山　36, 200
中村嘉壽　140
中村隆英　6
ナショナル・シティ銀行（National City Bank）　182-185
ニクソン（Nixon, Richard M.）　82
西山勉　187-188, 208-209, 215, 246, 255, 259, 262, 265
日米商会　233
日米通商航海条約　23, 114, 117, 140, 211
日米友好通商航海条約　359
日満財政経済研究協会　36
日満商事　288-290, 292
日系人移住計画構想　155-157
日産化学　332
日産館　346
日産自動車　3-4, 17-21, 23, 第 3 章, 第 4 章, 360
日曹　38
日ソ中立条約　225
ニッツェ（Nitze, Paul）　320-321, 326, 362
日本板硝子　26
日本経済連盟会　193, 205, 207, 210, 221
日本鋼管　291
日本鉱業　3, 172-173, 191
日本興業銀行　330, 336-337, 347
日本高周波重工業　70-71, 233
日本 GM　→　ゼネラル・モーターズ（日本）
日本窒素　38
日本の侵略行為への不参加委員会（Committee for Non-Participation in Japanese Aggression）　117
日本フォード　→　フォード自動車（日本）

日本ワトソン統計会計機械　151
ニンコヴィッチ（Ninkovich, Frank）　226
ノーマン（Norman, Montagu）　89
野口悠紀雄　6
ノックス（Knox, Philander C.）　105
野村吉三郎　207, 232, 236, 239, 243-244, 247-254, 322
野村龍太郎　119
ノモンハン　195

ハ　行

パーカー（Parker, Philo W.）　160
パーキンズ（Perkins Henry Cleveland）　174-175
ハースト（Hearst, William Randolph）　138
ハーディング（Harding, Warren G.）　83, 90, 92, 94, 104
ハート（Hart, Boies C.）　183-184
ハービソン・ウォーカー社（Harbison Walker）　189
ハーレー（Hurley, Patrick）　103, 302
バーンズ（Byrnes, James F.）　311
バーンハート（Barnhart, Michael）　1
バイアス（Byas, Hugh）　123-124
ハウス（House, Edward）　80
ハウストン（Houston, Herbert S. E.）　151
パケナム　（Packenham, Compton）　315
橋本寿朗　6, 328
橋本徹馬　232, 234-235
長谷川清　299
パターソン（Patterson, Robert P.）　314, 323
バテル記念研究所（Battelle Memorial Institute）　162
馬場鍈一　42
浜口内閣　13-14
ハミルトン（Hamilton, Maxwell）　179, 206, 217
林銑十郎　42
原朗　1
原敬　119
ハリファックス（Halifax, Lord）　266
ハリマン（Harriman, E. H.）　11
ハル（Hull, Cordell）　32, 117, 129, 184, 188, 196, 213, 217-218, 232, 236-237, 239, 245-250, 257-258, 269
バルーク（Baruch, Bernard M.）　168, 217, 224, 241, 259-265, 275, 277, 279, 324, 350
ハル・ノート（Hull Note）　118-119, 243, 250-251, 258, 260, 265-268, 271, 276-277
バレンタイン（Ballantine, Joseph W.）　132, 190
ハワード（Howard, Graemer K.）　231
ハワード（Howard, Roy）　238
バワリー・セーヴィングス銀行（Bowery Savings Bank）　334
バンカー（Bunker, Lawrence E.）　335
ハント（Hunt, Leigh S. J.）　173-175
BMW　189
ビーチ飛行機工場（Beech Aircraft Factory）　157
ビガーズ（Biggers, John）　26
日立航空機　71
日立製作所　12, 43, 71, 333
ピッケル（Pickelle, Frank）　335
ピットマン（Pittman, Key）　117
ヒトラー（Hitler, Adolf）　144, 201-203, 213, 225, 239, 244, 252, 278
ビドル（Biddle, Francis）　279
ビュウィク・モーリング社（Bewick, Moreing & Co.）　78-79
ヒューズ（Hughes, Charles Evans）　83-85, 90-92, 94, 99-100, 102
ピューリッツァー（Pulitzer, Joseph）　193
平沼騏一郎　285, 301
広田弘毅　299
ファイス（Feis, Herbert）　267
ファセット（Fassett, J. Sloat）　173-174
フィアット社（Fiat）　189
ブイシング（Buessing）　189
フィリップス（Phillips, Harry B.）　23
フィリピン開発会社（The National Development Company of the Philippines）　162
フーヴァー（Hoover, Herbert C.）　2, 4, 77-119, 122, 132, 135-140, 158, 167, 174-175, 209-210, 224, 226-228, 232, 236, 239-240, 253-281, 306-316, 318-319, 321, 323-324, 360-363
フーヴァー（Hoover, J. Edgar）　82
フーヴァー（Hoover, Louisa Henry）　79, 174
フェラーズ（Fellers, Bonner F.）　307-308
フォード（Ford, Edsel）　57, 59
フォード（Ford, Gerald）　229
フォード自動車（Ford Motor Company）　3-4, 10, 15, 18, 25, 31, 45, 第3章, 72, 141-144, 189, 204, 233-234, 327, 360
フォード自動車（日本）　17, 21-23, 26-27, 第3章

フォレスタル（Forrestal, James V.）　5, 216–217, 306–307, 309–310, 320–323, 362
武器貸与法　228, 242
藤田財閥　173
藤田小太郎　10
藤田伝三朗　10, 13
藤田政輔　10, 13
藤山愛一郎　303
撫順炭鉱　290
不承認政策　108–114, 132, 165
不戦条約　104–106, 110, 114
復興金融公庫　332
物資動員計画　285
ブラサート社（H. A. Brassert and Company）　157
プラット（Pratt, William V.）　103–104, 239
ブランデス（Brandes, Joseph）　91–92
古河財閥　61, 173
ブレック（Breck, Henry）　179
ベイン（Bain, H. Foster）　4, 122, 132–138, 158–161, 352, 361
米国対日評議会（American Council on Japan）　312
米国輸出入銀行（U. S. Export-Import Bank）　351
米国連邦準備銀行　242
ベーカー（Baker, Frayne）　335
ベツレヘム・スチール社（Bethlehem Stee1）　178–179, 182
ベルギー援助機関（Commission for Relief in Belgium）　80, 137
ヘンケル社（Heinkeil）　189
ヘンシェル（Henschel, Oskar）　171
ヘンシェル社（Henschel）　171, 189
ヘンリー（Henry, Lewis）　176
ボイス（Boyce, Richard F.）　121–123
ボーイング社（Boeing）　157
ホーウィッツ（Horwitz, Solis）　303–304
ホークスハースト（Hauxhurst Henry A.）　303
ポーター（Porter, Michael）　328
ポーター決議　97–98
ボーラ（Borah, William E.）　110
ポーレー（Pauley, Edwin W.）　313–314, 323–324
ポーレー視察団　304
ホーンベック（Hornbeck Stanley K.）　92, 95–96, 99, 105–113, 115, 117, 126, 184–185, 206, 231, 236, 240
星野直樹　40, 43–44, 73, 144–145, 198, 288, 302, 363
ポツダム宣言　301, 302
ホッフ　→　ウィルソン（Wilson Joan Hoff）
堀内謙介　215

マ　行

マーカット（Marquat, William F.）　320, 335, 353
マーシャル（Marshall, George C.）　310, 318
マーシャル（Marashall, Harry）　16
マーシャル・プラン（Marshall Plan）　351, 353
前原謙治　157
マクマレー（MacMurray, John Van Antwerp）　92–94, 99
マクリーシュ（MacLeish, Archibald）　311
マコーミック（McCormick, Robert R.）　317
マザーウェル（Motherwell, George）　16
マジック（MAGIC）　248, 251–252, 269
松岡洋右　35, 40, 152–153, 197, 220, 225, 235–238, 246, 278, 363
マッカーサー（MacArthur, Douglas）　103, 133, 228, 302, 307, 312–314, 316–319, 321–323, 327, 335, 338, 349, 353
マッコイ（McCoy, Frank R.）　108
松嶋鹿夫　23, 171, 198
マニュファクチャラーズ・トラスト銀行（Manufacturers Trust Bank）　180
マリク（Malik, Yakov A.）　299
マレー（Murray, James W.）　57–59, 62–63, 150
満洲国価格物資委員会　289
満洲国企画委員会　288–289, 297
満洲国経済建設綱領　33
満洲産業開発５カ年計画（当初計画）　31, 37, 41, 48, 73, 144–147, 284, 286
満洲産業開発５カ年計画（修正計画）　284, 286–287, 290, 294
満洲産業開発５カ年計画（第２次）　74
満洲自動車　19
満洲石炭　289, 292–293
満洲投資証券　293–294, 332
満洲飛行機製造　157
マンハッタン銀行（Bank of Manhattan）　180, 186
ミコヤン（Mikoyan, Anastas）　198
三井銀行　12, 319
三井財閥　12, 14, 39, 41, 173, 317
三井物産　242, 256

三菱銀行　319
三菱財閥　12, 14, 39, 173, 317
三菱商事　198
南次郎　35
南満洲鉄道　11, 19, 30–31, 33–35, 40, 45–49, 92, 94, 119–120, 123, 167, 297
美濃部洋二　70
三保幹太郎　54, 63, 150, 198, 202–203, 209–211, 213–217, 219, 233–234, 241, 273–274, 322–323, 361–362
宮崎正義　36–37
宮田応義　22
ミラー（Miller, Nathan L.）　255
ミルズ（Mills, Ogden, Jr.）　174
武者小路公共　170
武藤章　37, 273, 275
村上正輔　54, 73
村上龍介　155
村田省蔵　345
メイ（May, R. A.）　18, 23
メイソン（Mason, Mark）　341
メスタ・マシーン社（Mesta Machine）　148, 189–190
メロン（Mellon, Andrew W.）　90
モーゲンソー（Morgenthau, Henry）　117, 168, 245, 262, 277
モース（Morse, James R.）　173–174
モーデルハンメル（Moedlhammer, Franz）　148, 170–172, 176–182, 186–187
モーリー（Moley, Raymond）　255, 262
モス（Moss, Robert）　150, 213–214, 314
持株会社整理委員会（Holding Company Liquidation Commission ［HCLC］）　325
モリス（Morris, Leland）　235–236
森戸辰男　297
森矗昶　41–42
モルガン投資銀行（J. P. Morgan and Company）　81, 84–85, 89, 119, 151
門戸開放　2–3, 32, 84, 89, 110, 118, 123–124, 126–127, 129–130, 147, 247, 267, 274
門戸閉鎖　84

ヤ　行

安川第五郎　41–42
安田財閥　317
柳川平助　21
矢野美章　39, 190
山県有朋　153
山崎猛　326
山室信一　32
山本五十六　43
山本条太郎　120
山本惣治　71–72, 199
ヤング（Young, Arthur）　93
ヤング（Young, Owen D.）　151
U・S・スチール（U. S. Steel Corporation）　12, 119, 178, 185
結城豊太郎　38–39, 42
ユダヤ系米国人議会（American Jewish Congress）　168
ユダヤ人難民問題　148, 163–170
ユナイテッド・エンジニアリング（United Engineering）　189
横浜正金銀行　68, 176, 188, 241, 246, 256, 319, 345
吉崎良造　17
芳沢謙吉　246
吉田茂　201, 268, 326, 329, 336–337, 340, 343, 349, 352–353, 355, 363
吉野信次　18–19, 23–24, 27–28, 43, 291–292
米内光政　165, 204, 219
四カ国借款団　84, 89–90, 100,

ラ　行

ライオネル・D・エディ社（Lionel D. Eddie and Company）　208
ライカミング社（Lycoming Company）　72
ライヒメタル（Reichmetal）　189
ラザード・フレアー投資銀行（Lazard Freres）　354
ラフォーレ（LaFollette, Philip）　317
ラベット（Lovett, Robert A.）　325
ラマルクの進化説　86
ラモント（Lamont, Thomas W.）　81, 84, 89, 93, 102, 119, 151, 185
ラングドン（Langdon, William R.）　132–133, 141–145
リッカード（Rickard, Edgar）　136
リッカード（Rickard, Thomas A.）　136
理研　38
リットン調査団　108
リップマン（Lippmann, Walter）　255
リッベントロップ（Ribbentrop, Joachim von）　170, 244, 251–252
リパブリック・スチール社（Republic Steel）　150

リビー・オーウェン社（Libbey-Owen-Ford Glass Company）　26
リリエンソール（Lilienthal, David E.）　350-355
臨時金利調整法　347
リンドバーグ（Lindbergh, Charles）　248
ルート（Root, Elihu）　83
ルコント（Le Count, Walter K.）　334
レンシュラー（Renschler, Gordon S.）　184
ローズヴェルト（Roosevelt, Franklin D.）　82-83, 86, 88, 116-117, 126, 151, 168, 194-195, 200, 205, 208-209, 211-213, 215-219, 226-231, 233, 236, 238-239, 243, 245-281, 306-307, 317-318
ローズヴェルト（Roosevelt, Theodore）　79-80, 83, 227
ローゼンバーグ（Rosenberg, Emily S.）　91
ロックフェラー（Rockefeller, John D., Sr.）　194

ワ　行

ワーナー（Warner, Langdon）　259
ワイズ（Wise, Stephen S.）　168
若杉要　210
若槻礼次郎　109
ワシントン会議　83, 88-89, 96, 103
ワトソン（Watson, Thomas J.）　151

参考文献

1. 文書館史料

国立国会図書館憲政資料室

鮎川義介関係文書（マイクロフィッシュ）

井川忠雄関係文書

Baker Library, Harvard University, Boston, Massachusetts

Thomas W. Lamont Papers.

Duke University, Durham, North Carolina

Robert L. Eichelberger Papers.

Franklin D. Roosevelt Presidential Library, Hyde Park, New York

Franklin D. Roosevelt Papers : President's Personal File.

Franklin D. Roosevelt Papers : Diaries and Itineraries (Microfiche).

White House Usher's Diary (Microfiche).

Harry S. Truman Presidential Library, Independence, Missouri

Harry S. Truman Papers, White House Confidential File.

Herbert C. Hoover Presidential Library, West Branch, Iowa

William R. Castle Jr. Papers.

Herbert C. Hoover Commerce Papers.

Herbert C. Hoover Post-Presidential General File.

Herbert C. Hoover Post-Presidential Individual File.

Herbert C. Hoover Post-Presidential Subject File.

Arthur Kemp Oral History Interview.

Gerald P. Nye Papers.

Lewis L. Strauss Papers.

Robert Wood Papers.

Alonzo Fields Oral History Interview.

Payson J. Treat Oral History Interview.

Hoover Institution on War, Revolution and Peace, Stanford University, Palo Alto, California

Stanley K. Hornbeck Papers.

Houghton Library, Harvard University, Cambridge, Massachusetts

Joseph C. Grew Diary and Papers.

William R. Castle Jr. Diary.

Library of Congress, Washington, D. C.

Roy Howard Papers.

Paul Nitze Papers.

The MacArthur Memorial Library, Norfolk, Virginia

Douglas MacArthur Papers.

The National Archives, College Park, Maryland

United States Department of State. Record Group 59, Decimal File 711.94. Category. 1940-1944 (Microfilm LM 136 Reel Nos. 1-3).

"China : Mukden Consul General Records," Record Group 84.

Suzuki, Adm., 2s 469, Int. #531, Record Group 243, Box 11.

Supreme Commander of the Allied Powers, Record Group 331, Boxes 1039-41.

Naval War College, Newport, Rhode Island

William V. Pratt Papers.

The Nevada Historical Society, Reno, Nevada

H. Foster Bain Papers.

Seeley G. Mudd Manuscript Library, Princeton University, Princeton, New Jersey

James V. Forrestal Diaries (Microfilm).

John F. Dulles Papers.

The Utah Historical Society, Salt Lake City, Utah

Elbert D. Thomas Papers.

Yale University Library, New Haven, Connecticut

Walter Lippmann Papers.

Henry Stimson Diary and Papers.

2. 公刊資料

〔日本語〕

鮎川義介「輸出品關係の中小企業助成計畫」株式会社中小企業助成銀行，1952 年。

粟屋憲太郎・吉田裕編『国際検察局（IPS）尋問調書』第 29 巻，日本図書センター，1993 年。

外務省編『日本外交文書 日米交渉 1941 年下巻』外務省，1990 年。

『現代史資料 7 満州事変』みすず書房，1964 年。

『現代史資料 8 日中戦争』みすず書房，1964 年。

日産自動車株式会社総務部調査課『日産自動車 30 年史』日産自動車株式会社，1965 年。

堀越禎三『経済団体連合会前史』経済団体連合会，1962 年。

満洲帝国政府編『満洲建国十年史』1941 年（復刻）原書房，1969 年。

〔外国語〕

Manchuria Industrial Development Company, Tokyo : The Oriental Economist, 1938.

The South Manchuria Railway Company, *Sixth Report on Progress in Manchuria to 1939*, Tokyo : The Herald Press, 1939.

U. S. Congress, *Investigation of the Pearl Harbor Attack : Report of the Joint Committee on the Investigation of the Pearl Harbor Attack*, Washington, D. C. : Government Printing Office (GPO), 1946.

U. S., Department of State, *Foreign Relations of the United States : The Far East, 1939, Vol. III*, Washington, D. C. : Government Printing Office (GPO), 1955.

U. S., Department of State, *Foreign Relations of the United States : Japan, 1931-1941, Vol. I*, Washington, D. C. : Government Printing Office (GPO), 1955.

U. S., Department of State, *Foreign Relations of the United States : The Far East, 1940, Vol. IV*, Washington, D. C. : Government Printing Office (GPO), 1955.

U. S., Department of State, *Foreign Relations of the United States : The Far East, 1941, Vol. IV*, Washington, D. C. : Government Printing Office (GPO), 1956.

U. S., Department of State, *Foreign Relations of the United States Volume VI : The British Commonwealth, The Far East*, Government Printing Office (GPO), 1969.

U. S., Department of State, *Foreign Relations of the United States : The Far East, 1946, Vol. VI*, Washington, D. C. : Government Printing Office (GPO), 1971.

U. S., Department of State, *Foreign Relations of the United States : Japan, 1952-1954, Vol. XIV Part II*, Washington, D. C. : Government Printing Office (GPO), 1985.

U. S., Department of State, *The 'MAGIC' Background of Pearl Harbor, Vol. 4*, Washington, D. C. : Government Printing Office (GPO), 1977.

3. 日記，回想録

〔日本語〕

朝倉毎人著，阿部武司他編『朝倉毎人日記』第 2 巻，山川出版社，1985 年。

——『朝倉毎人日記』第 3 巻，山川出版社，1989 年。

——『朝倉毎人日記』第 6 巻，山川出版社，1991 年。

朝倉毎人「鷹揚茅舎詩草随筆」鮎川義介先生追想録編纂刊行会編『鮎川義介先生追想録』鮎川義介先生追想録編纂刊行会，1968 年。

鮎川義介『物の見方 考え方』実業之日本社，1937 年。

——『私の考え方』ダイヤモンド社，1954 年

——『私の人生設計』大倉出版，1955 年。

——「満洲経済支配のキーポイント」『秘められた昭和史 別冊知性』1956 年 12 月号。

——『五もくめし——随筆』ダイヤモンド社，1962 年。

——『百味箪笥——鮎川義介随筆集』愛蔵本刊行会，1964 年。

——「私の履歴書」日本経済新聞社編『私の履歴書 経済人』第 9 巻，日本経済新聞社，1980 年。

鮎川義介先生追想録編纂刊行会編『鮎川義介先生追想録』鮎川義介先生追想録編纂刊行会，1968 年。

有沢広巳『学問と思想と人間と——忘れ得ぬ人々の思い出』毎日新聞社，1957 年。

有田八郎『馬鹿八と人は言う——一外交官の回想』光和堂，1959 年。

安西正夫「私の履歴書」日本経済新聞社編『私の履歴書』第 13 巻，日本経済新聞社，1964 年。

井川忠雄「日米交渉秘話——法衣の密使(1)」『経済批判』1951 年 12 月。

——「日米交渉秘話——法衣の密使(2)」『経済批判』1952 年 3 月。

井川忠雄著，伊藤隆・塩崎弘明編『日米交渉史料』山川出版社，1982 年。

池田純久『日本の曲がり角——軍閥の悲劇と最後の御前会議』千城出版，1968 年。

泉山三六『トラ大臣になるまで——余が半生の思いで』新紀元社，1953 年。

『岩畔豪雄談話速記録』日本近代史料研究会，1977 年。

ウィリアム・R・ゴーラム氏記念事業委員会編『ウィリアム・R・ゴーラム伝』1951年。

大内兵衛「鮎川さんと大原社会問題研究所」鮎川義介先生追想録編纂刊行会編『鮎川義介先生追想録』鮎川義介先生追想録編纂刊行会，1968年。

片倉衷「鮎川義介と満業の思い出」鮎川義介先生追想録編纂刊行会編『鮎川義介先生追想録』鮎川義介先生追想録編纂刊行会，1968年。

岸信介・伊藤隆・矢次一夫編著『岸信介の回想』文藝春秋社，1981年。

岸本勘太郎（中川敬一郎・由井常彦編）『財界人思想全集 第2巻 経営哲学・経営理念 昭和編』ダイヤモンド社，1970年。

木戸日記研究会編『木戸幸一日記』上下巻，東京大学出版会，1966年。

——『木戸幸一関係文書』 東京大学出版会，1966年。

来栖三郎『日米外交秘話』創元社，1952年。

——『泡沫の三十五年』文化書院，1949年。

軍事史学会編『大本営陸軍部戦争指導班機密戦争日誌』錦正社，1998年。

佐藤観了『大東亜戦争回顧録』芙蓉書房，1985年。

澤田節蔵『澤田節蔵回想録——一外交官の生涯』有斐閣出版サービス，1985年。

参謀本部『杉山メモ——大本営政府連絡会議と日記』第1巻，原書房，1989年。

高碕達之助『満洲の終焉』実業之日本社，1953年。

——「私の履歴書」日本経済新聞社編『私の履歴書』第2巻，日本経済新聞社，1957年。

武部六像著，田浦雅徳・古川隆久・武部健一編『武部六像日記』芙蓉書房出版，1999年。

寺崎英成，マリコ・テラサキ・ミラー編著『昭和天皇独白録——寺崎英成御用掛日記』文藝春秋社，1991年。

東郷茂徳『時代の一面——大戦外交の手記 東郷茂徳遺稿』改造社，1952年。

友田壽一郎編『鮎川義介縦横談』創元社，1953年。

中川敬一郎・由井常彦編『財界人思想全集 第2巻 経営哲学・経営理念 昭和編』ダイヤモンド社，1970年。

野村吉三郎『米国に使して——日米交渉の回顧』岩波書店，1946年。

橋本徹馬『日米交渉秘話』紫雲荘，1946年。

——『日本の敗戦降状裏面史』紫雲荘，1986年。

——「誠に愛国の巨人なりき」鮎川義介先生追想録編纂刊行会編『鮎川義介先生追想録』鮎川義介先生追想録編纂刊行会，1968年。

林茂・辻清明編『日本内閣史録』第一法規出版，1981年。

原田熊雄『西園寺公と政局』第5巻，岩波書店，1951年。

藤山愛一郎「戦時下の財界の動き」朝日新聞社編『語り継ぐ昭和史——激動の半世紀』朝日新聞社，1976年。

星野直樹『見果てぬ夢——満州国外史』ダイヤモンド社，1963年。

三輪宗弘「野村駐米大使日記 パートIV」『九州共立大学経済学部紀要』第79号（1999年）。

武藤富男『私と満州国』文藝春秋社，1988年。

村上龍介「鮎川先生の追想」鮎川義介先生追想録編纂刊行会編『鮎川義介先生追想録』鮎川義介先生追想録編纂刊行会，1968年。

森戸辰男「違った視野から深い名残を」鮎川義介先生追想録編纂刊行会編『鮎川義介先生追想録』鮎川義介先生追想録編纂刊行会，1968年。

矢次一夫『昭和動乱私史』第1巻，経済往来社，1971年。

——「矢次一夫」〔口述記録〕中村隆英・伊藤隆・原朗編『現代史を創る人びと 4』毎日新聞社，1972 年。

——『労働争議秘録』日本工業新聞社，1979 年。

吉田記念事業財団編『吉田茂書簡』中央公論社，1994 年。

吉野信次『おもかじとりかじ——裏からみた日本産業の歩み』通商産業研究社，1962 年。

——「満業時代の思い出」鮎川義介先生追想録編纂刊行会編『鮎川義介先生追想録』鮎川義介先生追想録編纂刊行会，1968 年。

渡辺武著，大蔵省財政史室編『渡辺武日記——対占領軍交渉秘録』東洋経済新報社，1983 年。

〔外国語〕
Acheson, Dean, *Present at the Creation : My Years in the State Department*, New York : W. W. Norton and Company, 1969.
Baruch, Bernard M., *Baruch : The Public Years*, New York : Holt, Rinehart and Winston, 1960.
Blum, John Morton, *Roosevelt and Morgenthau : A Revision and Condensation of From the Morgenthau Diaries*, Boston : Houghton Mifflin Company, 1970.
Doenecke, Justus D., *The Diplomacy of Frustration : The Manchurian Crisis of 1931–1933 and the Papers of Stanley K. Hornbeck*, Stanford : Hoover Institution Press, 1981.
Ferrell, Robert H., ed., *Off the Record : The Private Papers of Harry S. Truman*, New York : Harper and Row Publishers, 1980.
Gillin, Donald G. and Ramon H. Myers, eds., *Last Chance in Manchuria : The Diary of Chang Kia-Ngau*, Stanford : Hoover Institution Press, 1989.
Hoover, Herbert, *The Memoir of Herbert C. Hoover : Years of Adventure, 1874–1920*, New York : Macmillan, 1951.
——, *The Memoirs of Herbert Hoover Vol. 2 : The Cabinet and the Presidency, 1920–1933*, New York : Macmillan, 1952.
——, *Freedom Betrayed : Herbert Hoover's Secret History of the Second World War and Its Aftermath*, edited with Introduction by George H. Nash, Stanford : Hoover Institution Press, 2011.
Hull, Cordell, *The Memoirs of Cordell Hull, Vol. II*, New York : The Macmillan Company, 1948.
Jones, E. Stanley, "An Adventure in Failure : Behind the Scenes before Pearl Harbor," *Asia and the Americas*, Vol. 45, No. 12（December 1945）
Kennan, George F., *Memoirs : 1925–1950*, Boston : Little, Brown and Company, 1967.
Lilienthal, David E., *The Journals of David E. Lilienthal Volume III : Venturesome Years 1950–1955*, New York : Harper & Row, Publishers, 1966.
Miller, Dwight M. and Walch Timothy, eds., *Herbert Hoover and Harry S. Truman : A Documentary History*, Worland : High Plains Publishing Company, 1992.
Millis, Walter, ed., *The Forrestal Diaries*, New York : The Viking Press, 1951.
Roosevelt, Franklin D., *F. D. R. : His Personal Letters, 1928–1945, Vol. 4*, edited by Elliott Roosevelt, New York : Duell, Sloan, and Pearce, 1950.
Terasaki, Gwen, *Bridge to the Sun*, Chapel Hill : The University of North Carolina Press, 1957.
Togo, Shigenori, *The Cause of War*, New York : Simon and Schuster, 1956.

4. 論　文

〔日本語〕

石川滋「終戦に至るまでの満洲経済開発——その目的と成果」日本外交史学会編『太平洋戦争終結論』東京大学出版会，1958 年。

ウィルキンズ，マイラ「アメリカ経済界と極東問題」細谷千博他編著『日米関係史』第 3 巻，東京大学出版会，1971 年。

——「共同討論」細谷千博他編著『日米関係史』第 3 巻，東京大学出版会，1971 年。

宇田川勝「日産財閥の満州進出」『経営史学』第 11 巻第 1 号（1976 年）。

——「日産財閥の自動車産業進出について(1)」『経営史林』第 13 巻第 4 号（1977 年）。

——「日産財閥の自動車産業進出について(2)」『経営史林』第 14 巻第 1 号（1977 年）。

岡崎哲二「日本型企業システムの源流」伊丹敬之・加護野忠男・伊藤元重編『日本の企業システム 第 4 巻 企業と市場』有斐閣，1993 年。

岡崎哲二・奥野正寛「現代日本の経済システムとその歴史的源流」岡崎哲二・奥野正寛編著『現代日本経済システムの源流』日本経済新聞社，1993 年。

河野康子「吉田外交と国内政治——通産省設置から電力借款導入まで」日本政治学会編『戦後国家の形成と経済発展——占領以後』岩波書店，1992 年。

香西泰「高度成長への出発」中村隆英編『日本経済史 第 7 巻「計画化」と「民主化」』岩波書店，1989 年。

後藤晃「技術導入——戦後日本の経験」香西泰・寺西重郎編『戦後日本の経済改革——市場と政府』東京大学出版会，1993 年。

後藤乾一「M・ハッタおよび M・ケソンの訪日に関する史的考察——1930 年代日本・東南アジア関係の一断章」早稲田大学社会科学研究所編『アジアの伝統と近代化——創設五十周年記念論文集』早稲田大学社会科学研究所，1990 年。

小林道彦「政党政治と満州経営——昭和製鋼所問題の政治過程」黒沢文貴・斎藤聖二・櫻井良樹編『国際環境のなかの近代日本』芙蓉書房出版，2001 年。

柴田茂紀「世界銀行の対日火力発電借款」同志社大学人文科学研究所『社会科学』第 64 号(2000 年)。

四宮正親「戦前の自動車産業と「満州」——戦前の自動車産業政策に占める「満州」の位置をめぐって」『経営史学』第 27 巻第 2 号（1992 年）。

——「西山弥太郎——戦後鉄鋼業のイノベーター」宇田川勝編『日本の企業家活動』有斐閣，1999 年。

庄司潤一郎「「近衛上奏文」の再検討——国際情勢分析の観点から」日本国際政治学会編『国際政治（特集：終戦外交と戦後構想)』第 109 号（1995 年）。

鈴木隆史「満州経済開発と満州重工業の成立」『徳島大学学芸紀要（社会科学)』13（1963 年）。

鈴木多聞「鈴木貫太郎内閣と対ソ外交」『国際関係論研究』第 26 号（2007 年）。

竹前栄治「GHQ 論——その組織と改革者たち」中村政則他編『占領と改革』岩波書店，2005 年。

立松潔「独占——重化学工業化と新旧財閥の競争」小島恒久編『1930 年代の日本——恐慌より戦争へ』法律文化社，1989 年。

長幸雄「アメリカ資本の満州導入計画」細谷千博・今井清一・蝋山道雄・斎藤真編著『日米関係史Ⅲ 議会，政党と民間団体』東京大学出版会，1971 年。

寺西重郎「終戦直後における金融制度改革」香西泰・寺西重郎編『戦後日本の経済改革——市場と政府』東京大学出版会，1993 年。

長田彰文「1930 年代朝鮮雲山金鉱経営・採掘権回収をめぐる日米間交渉」『日本植民地研究』第 23 号（2011 年）。

中村隆英「概説——1937〜1954 年」中村隆英編『日本経済史 第 7 巻「計画化」と「民主化」』岩波書店，1989 年。

橋本寿朗「「1940 年体制」は現在と直結していない」『エコノミスト』1995 年 5 月 9 日号。

——「企業システムの「発生」，「洗練」，「制度化」の論理」橋本寿朗編著『日本企業システムの戦後史』東京大学出版会，1996 年。

波多野澄男「大東亜戦争の時代」江藤淳監修『昭和史——その遺産と負債』朝日出版社，1989 年。

——「鈴木貫太郎の終戦指導」軍事史学会編『第二次大戦（三）——終戦』錦正社，1995 年。

原朗「一九三〇年代の満州経済統制政策」満州研究会編『日本帝国主義下の満州』御茶の水書房，1972 年。

——「満州における経済統制政策の展開——満鉄改組と満業設立をめぐって」安藤良雄編『日本経済政策史論』下，東京大学出版会，1976 年。

原朗・中村隆英「解題」原朗・中村隆英編『日満財政研究会資料 泉山三六氏旧蔵』日本近代資料研究会，1970 年。

深尾光洋・大海正雄・衛藤公洋「単一為替レート採用と貿易民営化」香西泰・寺西重郎編『戦後日本の経済改革——市場と政府』東京大学出版会，1993 年。

宮崎正康「芦田内閣の外資導入問題（一）」『信州大学教育学部紀要』第 60 号，1987 年。

——「芦田内閣の外資導入問題（二）」『信州大学教育学部紀要』第 61 号，1987 年。

三和良一「戦後民主化と経済再建」中村隆英編『日本経済史 第 7 巻「計画化」と「民主化」』岩波書店，1989 年。

米倉誠一郎 「戦後日本鉄鋼業試論——その連続性と非連続性」伊丹敬之・加護野忠男・伊藤元重編『日本の企業システム 第 2 巻 組織と戦略』有斐閣，1993 年。

〔外国語〕
Amos, Paul Stoddard, "American Commercial Interests in Manchuria Since the Japanese Occupation of 1931," Master's thesis, University of Chicago, 1941.
Asada, Sadao, "The Shock of the Atomic Bomb and Japan's Decision to Surrender : A Reconsideration," *Pacific Historical Review*, No. 67 (1998).
Bain, H. Foster, "Manchuria, a Key Area," *Foreign Affairs*, October (1946).
Brinkley, Alan, "The New Deal and the Idea of the State," in Steve Fraser and Gary Gerstle, eds., *The Rise and Fall of the New Deal Order, 1930–1980*, Princeton : Princeton University Press, 1986.
Cho, Yukio, "An Inquiry into the Problem of Importing American Capital into Manchuria : A Note on Japanese-American Relations, 1931–1941," in Dorothy Borg and Shumpei Okamoto, eds., *Pearl Harbor as History : Japanese-American Relations, 1931–1941*, New York : Columbia University Press, 1973.
Clauss, Errol MacGregor, "The Roosevelt Administration and Manchukuo, 1933–1941," *The Historian*, Vol. 32, No. 4 (1970).
Dayer, Robert Albert, "Anglo-American Monetary Policy and Rivalry in Europe and the Far East,

1919–1931," in B. J. C. McKercher, ed., *Anglo-American Relations in the 1920s : The Struggle for Supremacy*, Edmonton : The University of Alberta Press, 1990.

Doenecke, Justus, "Anti-Interventionism of Herbert Hoover," *Journal of Liberterian Studies*, Vol. 8 (1987).

Esthus, Raymond A., "President Roosevelt's Commitment to Britain to Intervene in a Pacific War," *Mississippi Valley History Review*, June (1963).

Heinrichs, Waldo, "The Russian Factor in Japanese-American Relations, 1941," in Hilary Conroy and Harry Wray, eds., *Pearl Harbor Reexamined : Prologue to the Pacific War*, Honolulu : University of Hawaii Press, 1990.

Iguchi, Haruo, "Senator Elbert D. Thomas and Japan,"*Journal of American and Canadian Studies*, No. 25 (2007).

Libby, Justin H., "Senators King and Thomas and the Coming War with Japan," *Utah Historical Quarterly*, Vol. 42, No. 4 (1974).

Masland, John W., "Commercial Influence upon American Far Eastern Policy, 1937–1941," *Pacific Historical Review*, 11 (1942).

Nakagane, Katsuji, "Manchukuo and Economic Development,"in Peter Duus, Ramon H. Myers and Mark R. Peattie, eds., *The Japanese Informal Empire in China, 1895–1937*, Princeton : Princeton University Press, 1989.

Porter, Michael E. and Hirotaka Takeuchi, "Fixing What Really Ails Japan," *Foreign Affairs*, 78 (May/June, 1999).

Pritchard, John, "Winston Churchill, the Military and Imperial Defense in East Asia," in Saki Dockrill, ed., *From Pearl Harbor to Hiroshima : The Second World War in Asia and the Pacific*, New York : St. Martin's Press, 1994.

Schonberger, Howard, "Zaibatsu Dissolution and the American Restoration of Japan," *Bulletin of Concerned Asian Scholars*, Vol. 5, No. 2 (1973).

Udagawa, Masaru, "Business Management and Foreign-Affiliated Companies in Japan before World War II," in Takeshi Yuzawa and Masaru Udagawa, eds., *Foreign Business in Japan before World War II*, Tokyo : University of Tokyo Press, 1990.

Wilkins, Mira, "The Role of U. S. Business," in Dorothy Borg and Shumpei Okamoto, eds., *Pearl Harbor as History : Japanese-American Relations, 1931–1941*, New York : Columbia University Press, 1973.

Wilson, Joan Hoff, "Herbert Hoover's Plan for Ending the Second World War," *International History Review*, 1 (1979).

Wilson, John R. M., "The Quaker and the Sword : Herbert Hoover's Relations with the Military," *Military Affairs*, Vol. 38, No. 2 (1974).

5. 単行本

〔日本語〕

浅井良夫『戦後改革と民主主義――経済復興から高度成長へ』吉川弘文館，2001 年。

麻田貞雄『両大戦間の日米関係――海軍と政策決定過程』東京大学出版会，1993 年。

有沢広巳監修『日本証券史』日本経済新聞社，1995 年。

粟屋憲太郎『昭和の歴史』第6巻，小学館，1988年。

家永三郎『太平洋戦争』岩波書店，1986年。

五百旗頭真『占領期——首相たちの新日本』読売新聞社，1997年。

井口武夫『開戦神話——対米通告を遅らせたのは誰か』中央公論新社，2011年。

伊藤隆『昭和期の政治』山川出版社，1983年。

——『昭和期の政治（続）』山川出版社，1993年。

伊藤隆監修，百瀬孝著『昭和戦前期の日本——制度と実態』吉川弘文館，1990年。

江口圭一『十五年戦争小史』青木書店，1991年。

NHK編『ドキュメント昭和史』第3巻，角川書店，1986年。

NHK編『ドキュメント昭和史』第6巻，角川書店，1986年。

加藤陽子『模索する1930年代——日米関係と陸軍中堅層』山川出版社，1993年。

北岡伸一『日本の近代5 政党から軍部へ 1924-1941』中央公論新社，1999年。

香西泰・寺西重郎編『戦後日本の経済改革——市場と政府』東京大学出版会，1993年。

小島直記『鮎川義介伝——赤い夕陽の昭和史』日本経営出版会，1967年。

小谷賢『日本のインテリジェンス——なぜ情報が生かされないのか』講談社，2007年。

小林英夫『「大東亜共栄圏」の形成と崩壊』御茶の水書房，1975年。

酒井哲哉『大正デモクラシー体制の崩壊——内政と外交』東京大学出版会，1993年。

坂本一哉『日米同盟の絆——安保条約と相互性の模索』有斐閣，2000年。

塩崎弘明『日英米戦争の岐路——太平洋の宥和をめぐる政戦略』山川出版社，1984年。

自動車工業振興会『自動車史料 第1巻 日本自動車工業史座談会記録集』自動車工業振興会，1973年。

自動車工業振興会『自動車史料 第2巻 日本自動車工業史口述記録集』自動車工業振興会，1975年。

自動車工業振興会『自動車史料 第3巻 日本自動車工業史行政記録集』自動車工業振興会，1979年。

10年史編纂委員会編『日本開発銀行10年史』日本開発銀行，1963年。

ショーンバーガー，ハワード『占領1945-1952——戦後日本をつくりあげた8人のアメリカ人』宮崎章訳，時事通信社，1994年。

ションバーガー，ハワード『ジャパニーズ・コネクション——海運王K・スガハラ外伝』袖井林二郎訳，文藝春秋社，1995年。

鈴木隆史『日本帝国主義と満州 下 1900-1945』塙書房，1992年。

須藤眞志『日米開戦外交の研究——日米交渉の発端からハル・ノートまで』慶應通信，1986年。

——『ハル・ノートを書いた男——日米開戦外交と「雪」作戦』文藝春秋社，1999年。

スラビンスキー，ボーリス・N.『日ソ戦争への道——ノモンハンから千島占領まで』加藤幸廣訳，共同通信社，1999年。

袖井林二郎編訳『吉田茂＝マッカーサー往復書簡集［1945-1951］』法政大学出版局，2000年。

高田万亀子『静かなる楯——米内光政』上下巻，原書房，1990年。

武田清子『天皇観の相克——1945年前後』岩波書店，1978年。

竹前栄治『GHQの人びと——経歴と政策』明石書店，2002年。

中日新聞社会部編『自由への逃走——杉原ビザとユダヤ人』中日新聞社，1995年。

長幸雄『昭和恐慌——日本ファシズム前夜』岩波書店，1994年。

中北浩爾『経済復興と戦後政治——日本社会党1945～1951年』東京大学出版会，1998年。

中村隆英『昭和経済史』岩波書店，1986 年。

中村政則『戦後史』岩波書店，2005 年。

野口悠紀雄『一九四〇年体制——さらば「戦時経済」』東洋経済新報社，1995 年。

萩原徹監修『日本外交史 第 30 巻 講和後の外交（II）経済（上）』鹿島研究所出版会，1972 年。

橋本寿朗『大恐慌期の日本資本主義』東京大学出版会，1984 年。

原彬久『岸信介——権勢の政治家』岩波書店，1995 年。

日暮吉延『東京裁判』講談社，2008 年。

古川隆久『昭和戦中期の総合国策機関』吉川弘文館，1992 年。

古沢敏雄『迎春花——趙毓松の中国革命回顧録』明徳出版社，1978 年。

細谷千博『日本外交の座標軸』中央公論社，1979 年。

升味準之助『昭和天皇とその時代』山川出版社，1998 年。

松井春生『経済参謀本部論』日本評論社，1934 年。

御手洗辰雄『南次郎』生活の友社，1957 年。

三輪宗弘『太平洋戦争と石油——戦略物資の軍事と経済』日本経済評論社，2004 年。

山室信一『キメラ——満洲国の肖像』中央公論社，1993 年。

山本一芳『風雲児鮎川義介』東海出版社，1937 年。

山本草二『新版 国際法』有斐閣，1994 年。

米倉誠一郎 『経営革命の構造』岩波新書，1999 年。

米本二郎『伝記 久原房之助翁を語る』リップル，1991 年。

和田一夫編『豊田喜一郎文書集成』名古屋大学出版会，1999 年。

〔外国語〕

Abramson, Rudy, *Spanning the Century : The Life of W. Averell Harriman, 1891–1986*, New York : William Morrow and Company, 1992.

Arnold, Peri, *Making the Managerial Presidency : Comprehensive Reorganization Planning, 1905–1980*, Princeton : Princeton University Press, 1980.

Bacevich, Andrew J., *Diplomat in Khaki : Major General Frank Ross McCoy and American Foreign Policy, 1898–1949*, Lawrence : University Press of Kansas, 1989.

Bailey, Thomas A., *The Man in the Street : The Impact of American Public Opinion on Foreign Policy*, New York : Macmillan, 1948.

Barnhart, Michael, *Japan Prepares for Total War*, Ithaca : Cornell University Press, 1981.

Beard, Charles, *President Roosevelt and the Coming of the War, 1941 : A Study in Appearances and Realities*, New Haven : Yale University Press, 1948.

Best, Gary Dean, *Herbert Hoover : The Postpresidential Years, 1933–1964*, Stanford : Hoover Institution Press, 1982.

Borden, William S., *The Pacific Alliance : United States Foreign Policy and Japanese Trade Recovery, 1947–1955*, Madison : The University of Wisconsin Press, 1984.

Borg, Dorothy, *American Policy and the Chinese Revolution, 1925–1928*, New York : Macmillan, 1947.

——, *The United States and the Eastern Crisis of 1931–1938 : From the Manchurian Incident through the Initial Stage of the Undeclared Sino-Japanese War*, Cambridge : Harvard University Press, 1964.

Brandes, Joseph, *Herbert Hoover and Economic Diplomacy*, Pittsburgh : University of Pittsburgh Press, 1962.

Brinkley, Alan, *The Unfinished Nation : A Concise History of the American People*, New York : McGraw-Hill, 1993.

Brinkley, Douglas and Townsend Hoopes, *Driven Patriot : The Life and Times of James Forrestal*, New York : Vintage Books, 1992.

Butow, R. J. C., *The John Doe Associates : Backdoor Diplomacy for Peace, 1941*, Stanford : Stanford University Press, 1974.

Calder, Kent E., *Strategic Capitalism : Private Business and Public Purpose in Japanese Industrial Finance*, Princeton : Princeton University Press, 1993.

Chace, James, *Acheson : The Secretary of State who Created the American World*, New York : Simon and Schuster, 1998.

Chadwin, Mark Lincoln, *The Warhawks : American Interventionists before Pearl Harbor*, New York : W. W. Norton and Company, 1970.

Chernow, Ron, *The House of Morgan : An American Banking Dynasty and the Rise of Modern Finance*, New York : Touchstone Book, 1990.

——, *The Warburgs*, New York : Vintage Books, 1994.

Cohen, Jerome B., *Japan's Economy in War and Reconstruction*, Minneapolis : University of Minnesota Press, 1949.

Cohen, Theodore, *Remaking Japan : American Occupation as New Deal*, New York : Free Press, 1987.

Cohen, Warren J., *America's Response to China : A History of Sino-American Relations*, 4th ed., New York : Columbia Univesity Press, 2000.

——, *The Chinese Connection : Roger S. Greene, Thomas W. Lamont, George E. Sokolsky and American-East Asian Relations*, New York : Columbia University Press, 1978.

——, *Empire without Tears : America's Foreign Relations, 1921–1933*, New York : Alfred A. Knopf, 1987.

Coit, Margaret L., *Mr. Baruch*, Boston : Houghton Mifflin Company, 1957.

Cumings, Bruce, *The Origins of the Korean War, Volume II : The Roaring of the Cataract, 1947–1950*, Princeton : Princeton University Press, 1990.

Cusumano, Michael A., *The Japanese Automobile Industry : Technology and Management at Nissan and Toyota*, Cambridge, MA : The Council on East Asian Studies, Harvard University, 1985.

Dallek, Robert, *Franklin D. Roosevelt and American Foreign Policy, 1932–1945*, Oxford : Oxford University Press, 1979.

Doenecke, Justus, D., *The Diplomacy of Frustration : The Manchurian Crisis of 1931-1933 and the Papers of Stanley K. Hornbeck*, Stanford : Hoover Institution Press, 1981.

——, *In Danger Undaunted : The Anti-Interventionist Movement of 1940–1941 as Revealed in the Papers of the America First Committee*, Stanford : Hoover Institution Press, 1990.

——, *Storm on the Horizon : The Challenge to American Intervention, 1939–1941*, Lantham, Bowman and Littlefield, 2000.

Doenecke, Justus D. and Mark R. Stoler, *Debating Franklin D. Roosevelt's Foreign Policy*, Lantham: Bowman and Littlefield, 2005.

Dower, John W., *Embracing Defeat : Japan in the Wake of World War II*, New York : W. W. Norton and Company, 1999.

Ellis, L. Ethan, *Frank B. Kellogg and American Foreign Relations, 1925–1929*, New Brunswick : Rutgers

University Press, 1962.

Evans, Richard J., *The Third Reich at War*, New York : The Penguin Press, 2009.

Feis, Herbert, *The Road to Pearl Harbor : The Coming of the War between the United States and Japan*, Princeton : Princeton University Press, 1950.

Ferrell, Robert H., *American Diplomacy in the Great Depression : Hoover-Stimson Foreign Policy, 1929-1933*, New Haven : Yale University Press, 1957.

——, *The Search for a New Order : Intellectuals and Fascism in Prewar Japan*, Chapel Hill : The University of North Carolina Press, 1982.

Fletcher, William Miles, *The Japanese Business Community and National Trade Policy, 1920-1942*, Chapel Hill : The University of North Carolina Press, 1989.

Forsberg, Aaron, *America and the Japanese Miracle : The Cold War Context of Japan's Postwar Economic Revival, 1950-1960*, Chapel Hill : University of North Carolina Press, 2000.

Fossedal, Gregory A., *Our Finest Hour : Will Clayton, the Marshall Plan, and the Triumph of Democracy*, Stanford : Hoover Institution Press, 1993.

Fried, Richard M., *Nightmare in Red : The McCarthy Era in Perspective*, New York : Oxford University Press, 1990.

Gaddis, John Lewis, *The United States and the Origins of the Cold War, 1941-1947*, New York : Columbia University Press, 1972.

Garon, Sheldon, *The State and Labor in Modern Japan*, Berkeley : The University of California Press, 1987.

Giangreco, D. M., *Hell to Pay : Operation Downfall and the Invasion of Japan, 1945-1947*, Annapolis : Naval Institute Press, 2009.

Glad, Betty, *Charles Evans Hughes and the Illusions of Innocence : A Study in American Diplomacy*, Urbana : University of Illinois Press, 1966.

Goodman, David G. and Miyazawa Masanori, *Jews in the Japanese Mind : The History and Uses of a Cultural Stereotype*, New York : The Free Press, 1995.

Gordon, Andrew, *Labor and Imperial Democracy in Japan*, Berkeley : The University of California Press, 1991.

Griswold, A. Whitney, *The Far Eastern Policy of the United States*, New York : Harcourt, Brace, 1938.

Halberstam, David, *The Reckoning*, New York : Avon Books, 1987.

Hasegawa, Tsuyoshi, ed., *The End of the Pacific War : Reappraisals*, Stanford : Stanford University Press, 2007.

Heinrichs, Waldo, *American Ambassador : Joseph C. Grew and the Development of the United States Diplomatic Tradition*, New York : Oxford University Press, 1986.

——, *Threshold of War : Franklin D. Roosevelt and American Entry into World War II*, New York : Oxford University Press, 1988.

Hessen, Robert, *Steel Titan : The Life of Charles M. Schwab*, New York : Oxford University Press, 1975.

Hill, Frank Ernest and Mira Wilkins, *American Business Abroad : Ford on Six Continents*, Detroit : Wayne State University,1964.

Hogan, Michael J., *The Marshall Plan : America, Britain, and the Reconstruction of Western Europe, 1947-1952*, Cambridge : Cambridge University Press, 1987.

——, *Informal Entente : The Private Structure of Cooperation in Anglo-American Economic Diplomacy,*

1918-1928, Chicago : Imprint Publications, 1991.
——, *A Cross of Iron: Harry S. Truman and the Origins of the National Security State, 1945-1954*, Cambridge : Cambridge University Press, 1998.
Hoston, Germaine A., *Marxism and the Crisis of Development in Prewar Japan*, Princeton : Princeton University Press, 1986.
Howard, Graemer K., *America and a New World Order*, New York : Charles Scribner's Sons, 1940.
Hu, Shuzhang, *Stanley K. Hornbeck and the Open Door Policy*, Westport : Greenwood Press, 1995.
Iguchi, Takeo, *Demystifying Pearl Harbor : A New Perspective from Japan*, Tokyo : International House of Japan Press, 2010.
Iriye, Akira, *Power and Culture : The Japanese-American War, 1941-1945*, Cambridge, MA : Harvard Unversity Press, 1981.
——, *The Origins of the Second World War in Asia and the Pacific*, New York : Longman, 1987.
——, *After Imperialism : The Search for a New Order in the Far East, 1921-1931*, Chicago : Imprint Publications, 1990.
——, *Across the Pacific : An Inner History of American-East Asian Relations*, Rev. ed., Chicago : Imprint Publications, 1992.
——, *Cambridge History of American Foreign Relations : The Globalizing of America, 1913-1945*, New York : Cambridge University Press, 1995.
——, *Pacific Estrangement : Japanese and American Expansion, 1897-1911*, Chicago : Imprint Publications, 1994.
James, D. Clayton, *The Years of MacArthur, Volume I, 1880-1941*, Boston: Houghton Mifflin Company, 1970.
——, *The Years of MacArthur, Volume III, Triumph and Disaster, 1945-1964*, Boston : Houghton Mifflin Company, 1985.
Janssens, Rudolf V. A., *"What Future for Japan ?" : U. S. Wartime Planning for the Postwar Era, 1942-1945*, Amsterdam : Rodopi B. V., 1995.
Jeans, Roger B., *Terasaki Hidenori, Pearl Harbor, and Occupied Japan : A Bridge to Reality*, Lantham : Lexington Books, 2009.
Johnson, Chalmers, *MITI and the Japanese Miracle : The Growth of Industrial Policy, 1925-1975*, Stanford : Stanford University Press, 1982.
——, *An Instance of Treason : Ozaki Hotsumi and the Sorge Spy Ring*, Stanford : Stanford University Press, 1990.
Jones, F. C., *Manchuria Since 1931*, London : Royal Institute for International Affairs, 1949.
Karl, Barry D., *The Uneasy State : The United States from 1915 to 1945*, Chicago : The University of Chicago Press, 1983.
Kennedy, David, *Over Here : The First World War and American Society*, New York : Oxford University Press, 1980.
Kranzler, David, *Japanese, Nazis & Jews : The Jewish Refugee Community of Shanghai, 1938-1945*, New York : Yeshiva University Press, 1976.
Kraske, Jochen et al., *Bankers with a Mission : The Presidents of the World Bank, 1946-91*, New York : Oxford Univesity Press, 1996.
LaFeber, Walter, *The Cambridge History of American Foreign Relations, Volume II : The American*

Search for Opportunity, 1865-1913, New York : Cambridge University Press, 1993.

——, *The Clash : U.S.-Japanese Relations throughout History*, New York : W. W. Norton and Company, 1997.

Lash, Joseph P., *Roosevelt and Churchill, 1939-1941 : The Partnership that Saved the West*, New York : W. W. Norton and Company, 1976.

Leffler, Melvyn P., *The Specter of Communism : The United States and the Origins of the Cold War, 1917-1953*, New York : Hill and Wang, 1994.

Leuchtenburg, William E., *Franklin D. Roosevelt and the New Deal : 1932-1940*, New York : Harper Torchbooks, 1963.

Levine, Steven L., *Anvil of Victory : The Communist Revolution in Manchuria, 1945-1948*, New York : Columbia University Press, 1987.

Lotchin, Roger W., *Fortress California, 1910-1961 : From Warfare to Welfare*, New York : Oxford University Press, 1992.

Marcus, George E. and Peter Dobkin Hall, *Lives in Trust : The Fortunes of Dynastic Families in Late Twentieth Century America*, Boulder, Westview Press, 1992.

Marks III, Frederick W., *Wind Over Sand : The Diplomacy of Franklin Roosevelt*, Athens : The University of Georgia Press, 1988.

Marshall, Jonathan, *To Have and Have Not : Southeast Asian Raw Materials and the Origins of the Pacific War*, Berkeley : University of California Press, 1995.

Mason, Mark, *American Multinationals and Japan : The Political Economy of Japanese Capital Controls, 1899-1980*, Cambridge, MA : Harvard University Press, 1992.

McDougal, Dennis, *Privileged Son : Otis Chandler and the Rise and Fall of the L. A. Times Dynasty*, Reprint edition, New York : Da Capo Press, 2002.

Miller, Edward S., *Bankrupting the Enemy : The U. S. Financial Siege of Japan before Pearl Harbor*, Annapolis : Naval Institute Press, 2007.

Nakamura, Takafusa, *Economic Growth in Prewar Japan*, New Haven : Yale University Press, 1983.

——, *Economic Development of Modern Japan*, Tokyo : The Ministry of Foreign Affairs, 1985.

Nash, Gary B. et al., eds., *The American People : Creating a Nation and a Society*, 4th ed., New York : Addison-Wesley, 1998.

Nash, George H., *The Life of Herbert Hoover : The Engineer, 1889-1914*, New York : W. W. Norton and Company, 1983.

——, *The Life of Herbert Hoover : The Humanitarian, 1914-1917*, New York: W. W. Norton and Company, 1988.

——, *The Life of Herbert Hoover : Master of Emergencies, 1917-1918*, New York : W. W. Norton and Company, 1996.

Ninkovich, Frank, *Modernity and Power : A History of the Domino Theory in the Twentieth Century*, Chicago : The University of Chicago Press, 1994.

——, *The Wilsonian Century : U. S. Foreign Policy since 1900*, Chicago : The University of Chicago Press, 1999.

Nitze, Paul H., *From Hiroshima to Glasnost : At the Center of Decision*, New York : Grove Press, 1989.

Ostrower, Gary B., *Collective Insecurity : The United States and the League of Nations during the Early Thirties*, Lewisberg : Bucknell University Press, 1979.

Patterson, James T., *Mr. Republican : A Biography of Robert A. Taft*, Boston : Houghton Mifflin, 1972.

Peattie, Mark R., *Ishiwara Kanji*, Princeton : Princeton University Press, 1975.

Perry, John Curtis, *Facing West : Americans the Opening of the Pacific*, Westport : Praeger, 1994.

Prange, Gordon W., *At Dawn We Slept : The Untold Story of Pearl Harbor*, New York : Penguin Books, 1982.

——, *Target Tokyo : The Story of the Sorge Spy Ring*, New York : McGraw Hill, 1984.

Rabinowitz, Richard W., *The Genesis of the Japanese Foreign Investment Law of 1950* (Publications of the German-Japanese Lawyers Association, Vol. 10, Hamburg : Alster Media & Werbung GmbH, 1999.

Rand, Laurance B., *High Stakes : The Life and Times of Leigh S. J. Hunt*, New York : Peter Lang, 1989.

Rappaport, Armin, *Henry L. Stimson and Japan, 1931–1933*, Chicago : The University of Chicago Press, 1963.

Rauch, Basil, *Roosevelt : From Munich to Pearl Harbor*, New York : Creative Age Press, 1950.

Rosenberg, Emily S., *Spreading the American Dream : American Economic and Cultural Expansion, 1890–1945*, New York : Hill and Wang, 1982.

——, *Financial Missionaries to the World : The Politics and Culture of Dollar Diplomacy, 1900–1930*, Durham : Duke University Press, 2003.

Russett, Bruce M., *No Clear and Present Danger : A Skeptical View of the United States Entry into World War II*, Boulder : Westview Press, 2010.

Samuels, Richard J., *"Rich Nation, Strong Army" : National Security and the Technological Transformation of Japan*, Ithaca : Cornell University Press, 1994.

Saul, Norman E., *Friends or Foes ? : The United States and Soviet Russia, 1921–1941*, Lawrence : University Press of Kansas, 2006.

Sebald, William J., *With MacArthur in Japan : A Personal History of the Occupation*, New York : W. W. Norton and Company, 1965.

Schaller, Michael, *The American Occupation of Japan : The Origins of the Cold War in Asia*, New York : Oxford University Press, 1985.

——, *Douglas MacArthur : The Far Eastern General*, New York : Oxford University Press, 1989.

——, *Altered States : The United States and Japan Since the Occupation*, New York : Oxford University Press, 1997.

Schonberger, Howard, *Aftermath of War : Americans and the Remaking of Japan : 1945–1952*, Kent : Kent State University Press, 1989.

Schulzinger, Robert D., *U. S. Diplomacy since 1900*, 4th ed., Oxford : Oxford University Press, 1998.

Schwarz, Jordan A., *The Speculator : Bernard M. Baruch in Washington, 1917–1965*, Chapel Hill : The University of North Carolina Press, 1981.

——, *The New Dealers : Power Politics in the Age of Roosevelt*, New York : Vintage Books, 1994.

Sherry, Michael S., *In the Shadow of War : The United States since the 1930s*, New Haven : Yale University Press, 1995.

Shillony, Ben-Ami, *Revolt in Japan : The Young Officers and the February 26, 1936 Incident*, Princeton : Princeton University Press, 1973.

——, *The Jews and the Japanese : The Successful Outsiders*, Rutland : Charles E. Tuttle Company, 1991.

Smith, Richard Norton, *An Uncommon Man : The Triumph of Herbert Hoover*, Worland : High Plains

Publishing Company, 1984.

Strauss, Lewis L., *Men and Decisions*, Garden City : Doubleday & Company, 1962.

Sun, Kungtu C., *The Economic Development of Manchuria in the First Half of the Twentieth Century*, Cambridge, MA : Harvard University Press, 1969.

Takemae, Eiji, *Inside GHQ : The Allied Occupation of Japan and Its Legacy*, New York : Continuum International Publishing Group, 2002.

Thorne, Christopher, *The Limits of Foreign Policy : The West, the League and the Far Eastern Crisis of 1931–1933*, London : Hamish Hamilton, 1972.

——, *The Issue of War : State, Societies and the Far Eastern Conflict of 1941–1945*, New York : Oxford University Press, 1985.

Toland, John, *The Rising Sun : The Decline and Fall of the Japanese Empire, 1936–1945*, New York : Random House, 1970.

Tuchman, Barbara W., *Stilwell and the American Experience in China, 1911–1945*, New York : Bantam Books, 1972.

Walch, Timothy and Dwight M. Miller, eds., *Herbert Hoover and Harry S. Truman : A Documentary History*, Worland : High Plains Publishing Company, 1994.

Wheeler, Gerald E., *Prelude to Pearl Harbor : The United States Navy and the Far East*, Columbia : University of Missouri Press, 1963.

Who's Who in America : A Biographical Dictionary of Notable Living Men and Women Vol. 25 : 1948–1949, Chicago : A. N. Marquis Company, 1948.

Who's Who in America : A Biographical Dictionary of Notable Living Men and Women Vol. 21 : 1940–1941, Chicago : A. N. Marquis Company, 1940.

Who's Who in American Jewry : A Biographical Dictionary of Living Jews of the United States and Canada Vol. 3 : 1938–1939, New York : National News Association, 1939.

Wilbur, C., *Sun Yat-Sen: Frustrated Patriot*, New York : Columbia University Press, 1976.

Williams, William Appleman, *The Contours of American History*, Cleveland : World Publishing, 1961.

Wilson, Joan Hoff, *American Business and Foreign Policy : 1920–1933*, Lexington : The University Press of Kentucky, 1971.

——, *Herbert Hoover : Forgotten Progressive*, Boston : Little, Brown and Company, 1975.

Wilson, John R. M., *Herbert Hoover and the Armed Forces : A Study of Presidential Attitudes and Policy*, New York : Garland Publishing, 1993.

Wilson, Theodore A., *The First Summit : Roosevelt and Churchill at Placentia Bay, 1941*, Lawrence : The University Press of Kansas, 1991.

Wolferen, Karel van, *The Enigma of Japanese Power : People and Politics in a Stateless Nation*, New York : Vintage Books, 1990.

Woo, Jung-En, *Race to the Swift : State and Finance in Korean Industrialization*, New York : Columbia University Press, 1991.

Yergin, Daniel, *Shattered Peace : The Origins of the Cold War and the National Security State*, Boston : Houghton Mifflin, 1977.

Zeiler, Thomas W., *Free Trade, Free World : The Advent of GATT*, Chapel Hill : The University of North Carolina Press, 1999.

注

＊国立国会図書館憲政史料室所蔵の鮎川義介文書について，鮎川文書Ｍ○○○という表記は，同文書のマイクロフィッシュの○○○番を指す。

序 章　鮎川義介と日米関係

（１）Michael Barnhart, *Japan Prepares for Total War* (Ithaca : Cornell University Press, 1981), 20, 272.

（２）原朗「満州における経済統制政策の展開——満鉄改組と満業設立をめぐって」（安藤良雄編『日本経済政策史論』下，東京大学出版会，1976 年），鈴木隆史「満州経済開発と満州重工業の成立」『徳島大学学芸紀要（社会科学）』13（1963 年）97-114 頁，宇田川勝「日産財閥の満州進出」『経営史学』11-1（1976 年），「日産財閥の自動車産業進出について(1)」『経営史林』13-4（1977 年）93-109 頁，「日産財閥の自動車産業進出について（2)」『経営史林』14-1（1977 年）73-95 頁，小島直記『鮎川義介伝——赤い夕陽の昭和史』（日本経営出版会，1967 年）。

（３）Akira Iriye, *Across the Pacific : An Inner History of American-East Asian Relations*, Rev. ed. (Chicago : Imprint Publications, 1992), 80-81, 123.

（４）Joan Hoff Wilson, *American Business and Foreign Policy : 1920-1933* (Lexington : The University of Kentucky Press, 1971), 9, 21-22, 42, 45.

（５）Michael J. Hogan, *Informal Entente : The Private Structure of Cooperation in Anglo-American Economic Diplomacy, 1918-1928* (Chicago : Imprint Publications, 1991), 10, 91.

（６）中村隆英「概説——1937～1954 年」（中村隆英編『日本経済史 第 7 巻「計画化」と「民主化」』岩波書店，1989 年）1-68 頁。橋本寿朗「1940 年体制」『エコノミスト』1995 年 5 月 9 日号，64-69 頁（サブシステムが 1950 年代にシステムとして組み立てられたことにかんする引用文は，68 頁），橋本寿朗「企業システムの「発生」，「洗練」，「制度化」の論理」（橋本寿朗編著『日本企業システムの戦後史』東京大学出版会，1996 年）1-41 頁（市場経済への復帰については 34 頁を参照）。岡崎哲二・奥野正寛「現代日本の経済システムとその歴史的源流」（岡崎哲二・奥野正寛編著『現代日本経済システムの源流』日本経済新聞社，1993 年）1-34 頁。岡崎哲二「日本型企業システムの源流」（伊丹敬之・加護野忠男・伊藤元重編『日本の企業システム 第 4 巻 企業と市場』有斐閣，1993 年）183-213 頁。野口悠紀雄『1940 年体制——さらば「戦時経済」』（東洋経済新報社，1995 年）6-12 頁。John Dower, *Embracing Defeat : Japan in the Wake of World War II* (New York : W. W. Norton and Company, 1999), 558. Chalmers Johnson, *MITI and the Japanese Miracle : The Growth of Industrial Policy, 1925-1975* (Stanford : Stanford University Press, 1982), 155-256.

第 1 章　経済的国際主義

（１）「久原家・鮎川家関係累系譜」（米本二郎『伝記 久原房之助翁を語る』リーブル社，1991 年）。

（2）大政翼賛会については，粟屋憲太郎『昭和の歴史』第6巻（小学館，1988年）356-358，366-373頁，江口圭一『十五年戦争小史』（青木書店，1991年）218-222頁。高橋財政については，中村隆英『昭和経済史』（岩波書店，1986年）72，89-97頁。鮎川と久原の関係悪化と鮎川の成功については次を参照。鮎川義介「私の履歴書」（日本経済新聞社編『私の履歴書 経済人』第9巻，日本経済新聞社，1980年）49-51，57-62頁，小島直記『鮎川義介伝』51-55，525-526頁，小林英夫『「大東亜共栄圏」の形成と崩壊』（御茶の水書房，1975年）170-171頁。久原がゲアリーに対して日米合弁による鉄鋼生産を提唱したことについては，鮎川の「審問記録1」82-87，鮎川義介文書 Microfiche no.（以下 Microfiche no.を M と表記する）163.1を参照。井上馨の満洲における日米提携構想や桂とハリマンとの間に交わされた暫定的な合意文書については，Cho Yukio, "An Inquiry into the Problem of Importing American Capital into Manchuria : A Note on Japanese-American Relations, 1931-1941," in Dorothy Borg and Shumpei Okamoto, eds., *Pearl Harbor as History : Japanese-American Relations, 1931-1941* (New York : Columbia University Press, 1973), 381. ゲアリーと久原との間で検討された話は具体化しなかったが，ゲアリーや他の米国財界人たちは日本と中国で経済提携することに関心を持ち続けた。1921年，ゲアリーと鞍山製鋼所社長の井上匡四郎は，原内閣の承認のもと，日米経済提携を交渉した。ゲアリーは，この提携を進めることについて，久原から同意を得るよう井上匡四郎に伝えていた。しかし，この話は，原首相の暗殺と満鉄におけるスキャンダルにより立ち消えとなった。その後満鉄は，1922年1月，米国のモルガン投資銀行（J. P. Morgan and Co.）とディロン・リード投資銀行（Dillon, Read and Company）からもう少しのところで合計5,000万ドルの融資を受けるところであった。しかしこれは日本の大蔵省の反対により実現しなかった。このことは，Cho, 383, 691-692。鮎川は，久原財閥傘下の企業を引き継いだあと，久原の政治活動には干渉しなかったことを前述の「審問記録」で述べている。しかし，鮎川は1965年の回想録で，田中内閣時代，当時同内閣の逓信大臣であった久原が提唱した朝鮮半島，シベリア，満洲に緩衝国家を創設する構想を支持していたと述べている。この回想談と鮎川が久原財閥を引き継いでいった経緯については，鮎川「私の履歴書」316-324頁を参照。久原の伝記によると，彼と彼の妻であり鮎川の妹でもあったキヨとの協議離婚が成立したのは，1942年9月であった。米本二郎『久原房之助翁を語る』（リップル，1991年）664，1145-1146頁。このほか同書で紹介されている久原の1910年代から1930年代初頭までの経済と政治活動については次の頁を参照。18-19，498，501-505，520-527，531-535，570，572-573，608-612，655-656，659-667，676-677，951-952，832，1102，1104-1106，1108頁。

（3）犬養内閣期の鮎川率いる企業グループの興隆については，鮎川「私の履歴書」316-324頁。

（4）昭和11年8月21日，11月20日，30日，12月15日『朝倉毎人日記』第2巻（山川出版社，1985年），昭和12年1月29日，2月20日『朝倉毎人日記』第3巻（山川出版社，1991年）。日産と米国自動車会社との交渉は注(5)を参照。

（5）NHK編『ドキュメント昭和史 第3巻』（角川書店，1986年）72頁で，岸信介が，外資系自動車会社を日本国内から排除する動きを抑えることが難しかったことを述懐している。同書92頁においては，鮎川がGMと交渉中に陸軍が横槍を入れていたことが述べられている。また，同書98-99頁と102-122頁に，日本フォードのベンジャミン・コップの日本フォード社の工場用地買収を邪魔した日本政府に対するコップの反応や，用地買収後そこに新工場を建設することについてのフォード本社幹部とコップとのやりとりの記述もある。同書152-153頁，162-169頁と170-173頁には1936年フォードが新工場を建設しようとし

たことと，それに対する商工省の小金をはじめとする政府関係者による妨害についても述べられている。小金はこの件で商工大臣小川郷太郎の怒りを買った。伊藤久雄少佐による1935（昭和10）年9月の文書と，日本の自動車工業育成にかんする陸軍と商工省の提案については，自動車工業振興会『自動車史料 第3巻』（同会，1979年）12-20頁を参照。伊藤は，この昭和10年9月の文書で，日本の自動車業界が補助金には関心があるものの，業界を規制することには無関心であると指摘していた。また彼は，陸軍がフォード社による日本での生産拡大に否定的であったことを指摘していた。同書19-20頁には1935年8月9日に閣議決定された文書が紹介されている。また，同書8-9頁には，商工省の宮田応義の回想が紹介されている。それは，日本の自動車産業界に対する保護主義運動についてであり，フォードの新工場建設がそれにどのような影響を与えているのかについて考察されていた。同書21-24頁には，1936年の自動車製造事業法の制定における商工官僚小金義照の回想が記載されている。また浅原源七の，1935年12月と翌年1月のGMとの交渉についての回想は，自動車工業振興会『自動車史料 第1巻』（同会，1973年）62頁に掲載されている。このほか同書63-69頁では，伊藤久雄と宮田応義による1936年制定の自動車製造事業法にかんする回想談が記載されている。本文でも述べているように，国家の安全保障にかんする文言が同法に挿入された理由は，当時外務省の来栖三郎通商局長が，この法案が日米通商航海条約に違反すると指摘したためであった。自動車工業振興会『自動車史料 第2巻』（同会，1975年）105-109頁では，浅原がグラハム・ページ社について回想している。このことについては，同書68-71頁と132-135頁を参照。グラハム・ページ社の技術者については，Michael A. Cusumano, *The Japanese Automobile Industry : Technology and Management at Nissan and Toyota* (Cambridge, MA : The Council on East Asian Studies, Harvard University, 1985), 45を参照。ナチス政権と米国自動車資本との関係は，1998年11月30日付『ワシントン・ポスト』紙記事を参照。

鮎川文書M 513.6も参照。ここには，吉野次官の発言や，日産とGMとの第2次合弁交渉が進められた際，吉野，岸，小金，鮎川，岸本とGM側の交渉担当者であったフィリップス（Philipps）とメイ（May）との間で行われたやり取りが記載されている。岸本の手書メモと商工省が日産・GM合弁交渉で提示した4つの条件も含まれている。吉野の回想は，吉野信次『おもかじとりかじ——裏からみた日本産業の歩み』（通商産業研究社，1962年）263-264頁を参照。1932年から1937年にかけて日産が行ったGMとフォードとの交渉の概要については，鮎川文書M 514.2を参照。1936年1月24日の覚書の草稿については，鮎川文書M 513.2。チャーマーズ・ジョンソンの著書からの引用については，Chalmers Johnson, *MITI and the Japanese Miracle : The Growth of Industrial Policy, 1925-1975* (Stanford : Stanford University Press, 1982), 132-133. 鮎川の長男弥一は，父親が戦犯容疑で巣鴨刑務所に収監されていた時期，キーナン判事に父親が無実であることを訴える嘆願書を送っている。この書簡のなかで，日産がGMと交渉を行っていた最中，陸軍が彼の命を狙おうとしており，また，憲兵が彼を尾行していたと述べられている。この嘆願書は，鮎川文書M 161にある。これは，原文の英訳であったが，原文である日本語の該当文書は，鮎川文書M 162にある。

岸は，商工省から満洲国に1936年11月に異動した。到着後の満洲における工業化の困難さを過小評価していたと回想録で認めている。伊藤隆・岸信介・矢次一夫『岸信介の回想』（文藝春秋社，1981年）23頁。吉野と東北興業については，吉野信次『おもかじとりかじ』326, 342-343, 395-409, 419, 421-422頁を参照。これについては，Michael Barnhart,

Japan Prepares for Total War (Ithaca : Cornell University Press, 1981), 68–69 も参照。岸と吉野および小川商工大臣との関係，そして岸と軍部との関係については，原彬久『岸信介——憲政の政治家』（岩波書店，1995 年）54–59 頁。吉野は小川について『おもかじとりかじ』285–290 頁で回想している。

第 2 章　満洲重工業の設立と満洲への米国資本導入構想

（1）Mark R. Peattie, *Ishiwara Kanji* (Princeton : Princeton University Press, 1975), 50–52, 63.

（2）Peattie, 68.

（3）Peattie, 96–98, 166 ; Akira Iriye, *Across the Pacific : An Inner History of American-East Asian Relations*, Rev. ed. (Chicago : Imprint Publications,1992), 174–188.

（4）要綱の形成過程にかんする文書を最初に紹介したのは，原朗「一九三〇年代の満州経済統制政策」（満州研究会編『日本帝国主義下の満州』御茶の水書房，1972 年）19–34 頁であった。満洲事変時における関東軍の門戸開放政策に対する見方については，長幸雄「アメリカ資本の満州導入計画」（細谷千博・今井清一・蝋山道雄・斎藤真編著『日米関係史 III 議会，政党と民間団体』（東京大学出版会，1971 年）131–132 頁を参照。長がこの点にかんして利用した資料は，『現代史資料 7 満州事変』（みすず書房，1964 年）162，167，172–180，228，252，342–344，361–362，494，636–639 頁を参照。このなかに，1932 年 4，5 月頃の関東軍参謀板垣征四郎の門戸開放に対する見解を示す文書がある。

（5）『現代史資料 7 満州事変』156，162，167 頁。

（6）『現代史資料 7 満州事変』172–180 頁。

（7）鈴木隆史「満州経済開発と満州重工業の成立」『徳島大学学芸紀要（社会科学）』13（1963 年）99–100 頁。特殊会社と準特殊会社は，満洲事変以前に張作霖政権が設立した会社を母体にスタートした。1933 年の要綱の発表に伴い，満洲国は満洲の経済開発にとって「重要」とみなした会社を特殊会社に指定した。こうした会社は一業一社の原則にもとづき，該当する産業を独占することとなった。特殊会社に指定された企業は，満洲国における税負担の軽減，社債発行と利潤の保証という恩恵を受けられることとなったが，会社の役員人事，経営内容，利潤の配分，そして利潤そのものに対して政府の支配下に置かれていた。利潤の保証については，関東軍は，満洲国建国後数年間，曖昧な態度をとり続けていた。準特殊会社は，特殊会社ほど政府による統制を受けていなかった。特殊会社と準特殊会社は，満洲国の会社の 1 から 4 パーセントに過ぎなかったが，満洲の重工業を支える企業であり，満洲の重工業資本の 60 から 70 パーセントを支配していた。満洲重工業が設立された 1937 年まで，こうした特殊会社と準特殊会社を資金面で支える中心的役割を果たしたのが，南満洲鉄道株式会社と満洲国であった。ここで取り上げた鈴木の論文のほか，小林英夫『「大東亜共栄圏」の形成と崩壊』（御茶の水書房，1975 年）51–52 頁を参照。

（8）原朗「一九三〇年代の満州経済統制政策」45，51–57 頁。

（9）鈴木隆史「満州経済開発と満州重工業の成立」102–103 頁。

（10）F. C. Jones, *Manchuria Since 1931* (London : Royal Institute for International Affairs, 1949), 112. 1938 年までの 5 年間満鉄は，新規鉄道網建設のため，同社のこの時期の投資額の半分にあたる 4 千万円を投資していた。

（11）鈴木隆史『日本帝国主義と満州 下 1900–1945』（塙書房，1992 年）179–189 頁。この著書には鈴木の前掲論文も収められている。

（12）鈴木隆史『日本帝国主義と満州 下 1900–1945』216–226 頁。

(13)『朝倉毎人日記』第2巻（山川出版社，1985年），序文11-13頁，昭和9年11月29日と12月10日。朝倉は，南次郎の弟と中学校時代同級生であった。朝倉の従兄は，有名な彫刻家で，よく社交パーティーを開催していた。その際の来賓として南次郎が出席することが多かったし，朝倉毎人も出席していた。

(14) 南次郎宛朝倉毎人書簡草稿，昭和10年5月『朝倉毎人日記』第6巻（山川出版社，1991年）。この草稿で，朝倉は，12月に述べた2つ目の事項について言及していなかったが，1つ目の事項について触れている。

(15) 南次郎宛朝倉毎人書簡草稿，昭和10年8月3日『朝倉毎人日記』第6巻，昭和10年8月1日『朝倉毎人日記』第2巻，朝倉は，彫刻家の従兄を通じて松岡と知り合った。『朝倉毎人日記』第2巻，10頁，同書昭和10年8月13日。

(16) 朝倉宛南次郎書簡，昭和10年5月10日『朝倉毎人日記』第6巻。南は朝倉に昭和10年7月22日に書簡を送っている。同書簡で，南は満洲国の繊維産業があと数年間で自給自足的になろうとコメントしている。この書簡は，それ以前に朝倉が南に日満経済委員会の設立を歓迎する書簡を送ったことに対する返信であった。この委員会は7月15日に設立され，8人の委員により構成されていた（関東軍参謀長，在満日本大使館参事官，関東軍顧問，関東局総長，満洲国外務，大蔵，商工の各大臣，満洲国総務庁長官）。鈴木隆史『日本帝国主義と満州 下 1900-1945』225-226頁。

(17) 朝倉宛松岡洋右書簡，昭和11年4月13日『朝倉毎人日記』第6巻。

(18) 昭和11年4月16日，4月18日，9月8日『朝倉毎人日記』第2巻。朝倉宛松岡洋右書簡，昭和11年10月17日『朝倉毎人日記』第6巻。朝倉と鮎川は，満洲の関東軍司令官から朝鮮総督に転出した南次郎に経済政策面での助言を行う朝鮮経済調査委員会の委員であった。御手洗辰雄『南次郎』（生活の友社，1957年）438-443頁。朝倉は小川郷太郎商工大臣を通じて知り合った。朝倉毎人「鷹揚茅舎詩草随筆」（鮎川義介先生追想録編纂刊行会編『鮎川義介先生追想録』鮎川義介先生追想録編纂刊行会，1968年）17頁。

(19) Peattie, 186, 197. 1935年8月前後に書かれた政策文書で，満鉄の将来や日本から満洲へ資本が引き続き流入する必要性などを説いたものは，『現代史資料8 日中戦争』（みすず書房，1964年）705，785-796，806-808，814，818-819頁。

(20) 石原も青年将校たちも，明治維新のような政変を起こそうとし，反特権階級，反資本主義，農村の疲弊に対する義憤，強烈な愛国主義を唱えていた。ただ，石原は，日本がたどる道を運命論的な神秘主義のもとで考えていた。また，青年将校たちが下からの革命を唱えていたのに対して，彼は上からの革命を唱えており，さらに，石原にとっては，昭和維新が対ソ戦準備に必要で，また最終戦争にも必要であった。Peattie, 201-202 ; Ben-Ami Shillony, *Revolt in Japan : The Young Officers and the February 26, 1936 Incident* (Princeton : Princeton University Press, 1973), 80.

(21)『現代史資料8 日中戦争』703頁。

(22) Peattie, 198, 205-206, 208. 宮崎は，ロシア革命の際ロシア語を学んでおり，1920年代後半にソ連で計画経済を勉強していた。彼はマルクス主義の理論には関心はあったがそれらをもとにした政治には関心がなかった。原朗・中村隆英「解題」（原朗・中村隆英編『日満財政研究会資料 泉山三六氏旧蔵』日本近代資料研究会，1970年）1頁。宮崎は，1931年から1936年にかけて関東軍が実施した計画経済に満鉄のなかで反対する者を抑え込む中心的な役割を果たしていた。小島直記『鮎川義介伝——赤い夕陽の昭和史』（日本経営出版会，1967年）20-23頁を参照。参謀本部が石原を資金面で支えたことについては，伊藤隆『昭

和期の政治（続）』（山川出版社，1993年）53頁。鮎川文書 M 941.2 に，鮎川が陸軍が推進する満洲の計画経済にかかわっていた経緯を記す文書がある。これは，1951年10月26日座談会の記録である。この座談会に出席したのは，鮎川義介，青木一男，浅原健三，片倉衷，岸信介，岸本勘太郎，森田久，鈴木栄治，内田常雄と友田寿一であった。この座談会で，南次郎が関東軍司令官であった時期，石原，片倉，板垣，岩倉豪雄は満洲国に民間資本を導入しようと画策していたという記述がある。

(23) Peattie, 261–265. ピィーティーが言うほどには，石原が林銑十郎内閣の閣僚をすべて決められなかったことは石原の威信を傷つけることではなかった。しかし，彼の影響力は，ピィーティーが指摘するように，1937年3月に彼が少将と参謀本部作戦部長に昇進したものの，このときの人事異動で陸軍中央にいた彼と関係が近かった人たちが転出していったことによって低下した。

(24) Peattie, 238–243.

(25) Peattie, 243–245.

(26) 企画院は1937年10月に設立されたが，日本とその帝国における計画経済の政策立案は1936年に手掛けられていた。チャーマーズ・ジョンソンは，岸信介が満洲の産業開発5カ年計画策定の中心人物を椎名悦三郎としていることを紹介しているが，実際この計画立案を行ったのは，宮崎グループとごく一握りの陸軍と関東軍の将校たちであった。Chalmers Johnson, *MITI and the Japanese Miracle : The Growth of Industrial Policy, 1925–1975* (Stanford : Stanford University Press, 1982), 129, 131.

(27) 小林英夫『「大東亜共栄圏」の形成と崩壊』66–68頁，原朗「満州における経済統制政策の展開――満鉄改組と満業設立をめぐって」（安藤良雄編『日本経済政策史論』下，東京大学出版会，1976年）62頁，1951年10月26日座談会，鮎川文書 M 941.2。

(28) 原朗「満州における経済統制政策の展開」229–230頁。原朗「一九三〇年代の満州経済統制政策」65–66頁。

(29) 原朗・中村隆英「解題」（原朗・中村隆英編『日満財政研究会資料 泉山三六氏旧蔵』）2頁。木戸，近衛，結城，池田たちが，石原グループが検討していた満洲国産業開発5カ年計画と日本の経済構造改革を知っていたことについては，木戸日記研究会編『木戸幸一日記』上（東京大学出版会，1966年）昭和12年2月2，5，8，25日と原田熊雄『西園寺公と政局』第5巻（岩波書店，1951年）252–253頁を参照。

(30) 原朗「満州における経済統制政策の展開」230頁。石原が注目したのは，鮎川のほか，日本窒素創立者野口遵，元鈴木商店番頭金子直吉，三井物産筆頭常務の安川雄之助，鐘ヶ淵紡績社長津田信吾，昭和肥料創立者森矗昶であった。

(31) 橋本寿朗『大恐慌期の日本資本主義』（東京大学出版会，1984年）361–362頁。

(32) 立松潔「独占――重化学工業化と新旧財閥の競争」（小島恒久編『1930年代の日本――恐慌より戦争へ』法律文化社，1989年）218頁にある表を参照。この表は，『工業統計資料編』4–13頁を出典にしている。中村隆英が資料としている統計表では，日本の重工業は，国内の全製造業の生産の43.5パーセント（1935年）から58.8パーセント（1940年）に拡大していた。Takafusa Nakamura, *Economic Growth* in Prewar Japan (New Haven : Yale University Press, 1983), 23.

(33) 立松潔「独占――重化学工業化と新旧財閥の競争」206頁。

(34) 鮎川文書 M 941.2。以下も参照。『財界』昭和26年8月1日号に掲載された片倉衷のコメント。小島直記『鮎川義介伝』45–47頁。鮎川義介「私の履歴書」（日本経済新聞社編

『私の履歴書　経済人』第9巻，日本経済新聞社，1980年）283-290頁。宮崎グループは，鮎川の他，東京瓦斯社長井坂孝，衆議院議員・川崎造船元社長松方幸次郎，大阪商船社長村田省蔵，日本窒素創立者野口遵，三井物産筆頭常務の安川雄之助，鐘ヶ淵紡績社長津田信吾，昭和肥料創立者森矗昶に相談していた。森の訪満については，森の娘婿であった安西正夫「私の履歴書」（日本経済新聞社編『私の履歴書』第13巻，日本経済新聞社，1964年）を参照。浅原健三の経歴については，矢次一夫『労働争議秘録』（日本工業新聞社，1979年）の第一章を参照。また彼が無産政党から当選した数少ない候補者の一人であったことについては，粟屋憲太郎『昭和の歴史』第6巻（小学館，1988年）171-172頁。浅原自身による回想談は，鮎川文書M 941.2の1951年10月26日の座談会の記録を参照。鮎川は，石原が彼のようなビジネスマンが満洲経済を指導していくべきであると言っていたと，「審問記録1」80-81，鮎川文書M 163.1で話している。このほか鮎川義介『五もくめし——随筆』（ダイヤモンド社，1962年）116-117頁。鮎川「私の履歴書」325頁。三井財閥の大番頭池田成彬は，5カ年計画の実現性に懐疑的であった。このことは原田熊雄『西園寺公と政局』第5巻，253頁と昭和12年2月5日『木戸幸一日記』を参照。近衛も同様であったが，このことは昭和12年2月25日『木戸幸一日記』を参照。

(35) 鮎川の渡満は，10月ではなく11月であった。昭和11年11月2日『朝倉毎人日記』第2巻。

(36) 鮎川は，鮎川文書M 941.2の1951年10月26日座談会の記録で松岡が何故鮎川の訪満を要請したのかについて推察した。松岡は，鮎川が満鉄改組に反対していると信じ，その観点から松岡を手助けしてくれると思っていた。鮎川義介「満洲経済支配のキーポイント」『秘められた昭和史 別冊知性』（昭和31年12月号）191頁。「審問記録1」81-82，鮎川文書M 163.1を参照。

(37) 訪満した際の訪問先などの詳報については鮎川文書M 182.2。

(38) 鮎川義介『私の人生設計』（大蔵出版，1955年）80-82頁。同書では，鮎川は一連の出来事が1937年に起きたと回想しているが，実際は，その一年前に起きていた。小林英夫『「大東亜共栄圏」の形成と崩壊』253-270頁，星野直樹『見果てぬ夢——満州国外史』（ダイヤモンド社，1963年）120頁，小島直記『鮎川義介伝』5-6, 16, 32頁，鮎川義介「私の履歴書」325-326頁。鮎川文書M 941.2の1951年10月26日座談会の浅原健三の回想を参照。「審問記録1」2-7，鮎川文書M 163.1。この記録の6頁で鮎川は，満洲国で産業開発5カ年計画がすでに実施されていることは知らなかったと間違った述懐を行っている。鮎川は，満業総裁を退任したときに行った1943年1月7日の講演で，満業創設時に満洲国の工業化は10年かかると考えていたことを披露している。鮎川文書M 922.22の資料257を参照。

(39) この頃鮎川の側近の一人であった岸本勘太郎は，鮎川から満洲国の工業化について感想を聞いていた。岸本は神戸商科大学の卒業生で，卒業後久原鉱業に就職し，同社のロンドン勤務が長かった。その関係で，英語は流暢であった（妻は英国人）。鮎川は，日本の生産能力が他の先進国と比べて低く，満洲国の工業化に充分な物資を供給できないと岸本に述べていた。そのために，鮎川は，満洲国には外国資本導入によって，日系資本とともに必要な技術，生産設備，人員を投入し，工業化を図る必要があると判断していた。鮎川は米国での研修生活からその高い経済発展，技術力，生産力をよく知っていた。岸本のこうした回想は，1946年1月30日，彼がホーウィッツ（Horwitz）検察官に述べた尋問書記録に記載されている。この記録は，岸本が尋問終了後伊藤文吉と鈴木という人物が同席してい

るところで作成された。鮎川文書 M 163.2 の 7-8 頁。岸本の履歴については，中川敬一郎・由井常彦編『財界人思想全集 第2巻 経営哲学・経営理念 昭和編』（ダイヤモンド社，1970年）189頁。

(40) 小島直記『鮎川義介伝』36頁，鈴木隆史「満州経済開発と満州重工業の成立」108頁。The South Manchuria Railway Company, *Sixth Report on Progress in Manchuria to 1939* (Tokyo : The Herald Press, Ltd., 1939), 70。このほか，鮎川宛板垣征四郎書簡，昭和11年11月30日，板垣宛鮎川書簡，昭和11年12月5日，鮎川文書 M 141.123。鮎川は，関東軍の顧問になったことと，同和自動車について，「審問記録1」7-8，鮎川文書 M 163.1 で述べている。

(41) 鮎川文書所蔵，昭和39年鮎川義介インタビューのテープレコーダー記録。それを紙媒体の記録にしたものが，1990年5月8日，中村龍二により残された。中村は鮎川がはじめた中小企業政治連合会の事務局長を務めた。泉山三六『トラ大臣になるまで——余が半生の思いで』（新紀元社，1953年）106-113頁。1951年10月26日座談会，鮎川文書 M 941.2。

(42) 原朗「満洲における経済統制政策の展開」239-242頁，鈴木隆史「満州経済開発と満州重工業の成立」112頁，中村隆英『昭和経済史』 71, 90, 94-108頁，小林英夫『「大東亜共栄圏」の形成と崩壊』171頁, Johnson, *MITI and the Japanese Miracle*, 120.

(43) 昭和12年1月1日，12月31日『朝倉毎人日記』第3巻。

(44) 昭和12年1月1日，9日，11日，13日，14日，19日，21日，22日，26日，29日，2月2日，4日，5日，8日，9日，13日，14日，15日，16日，4月12日『朝倉毎人日記』第3巻。

(45)『朝倉毎人日記』第3巻。

(46) 吉野信次「満業時代の思い出」（鮎川義介先生追想録編纂刊行会編『鮎川義介先生追想録』）445-446頁。鮎川は，連合艦隊司令官山本五十六の国葬が行われた1943年6月5日，山本を追想する文章を発表している。それによると，1937年当時海軍次官であった山本は，海軍航空機の生産を行うよう日産コンツェルンに依頼してきた。当時山本は，住友合資会社総理事小倉正恒，鮎川と三井財閥の重役に航空機の大量生産について助言を求めていた。この関係で鮎川は，山本次官と数回にわたり会談を行ったが，山本は日産グループに魅力を感じるようになっていった。航空機を自動車の大量生産のように行うことが可能であったからであった。鮎川文書 M 922.22 の資料 272-273 を参照。

(47) 満洲の道路事情については，Jones, 119-120. 1951年10月26日座談会，鮎川文書 M 941.2。「審問記録1」9-10頁，鮎川文書 M 163.1。鮎川は，この記録で，星野直樹に対して行った発言を日中戦争勃発直後の，星野が鮎川を訪問したときのものと回想している。しかし，鮎川文書 M 163.3 にある星野直樹に対する極東裁判関係の公式尋問記録によると，星野が鮎川を訪問したのは他の関係者が鮎川を訪問した同時期であった。この記録の 8-11 と 1915-28 を参照。

(48)『朝倉毎人日記』第3巻。

(49) 星野直樹『見果てぬ夢』222-224，286-287頁。原朗「満州における経済統制政策の展開」244頁。小島直記『鮎川義介伝』 67頁。片倉衷「鮎川義介と満業の思い出」（鮎川義介先生追想録編纂刊行会編『鮎川義介先生追想録』）124頁。鮎川は，朝倉に，1937年8月26日，米国資本導入方式による満洲の工業化を行うという持論を満洲国と日本政府関係者が受け入れるのであれば，満洲の工業化の責任を請け負う決意があることを述べている。朝倉は，日産自動車の8月13日役員会と9月9日役員会に出席しており，これらの会合では日産自動車の満洲の工業化への参画が議論された。『朝倉毎人日記』第3巻。

(50) Johnson, *MITI and the Japanese Miracle*, 132. ジョンソンは，鮎川と岸の一業一社に対する見解について誤解しているところがあるかもしれない。彼らは，外国資本の導入の必要性を痛感していたし，また，産業部門間の生産活動を調整していく必要性もよく理解していた。

(51)『朝倉毎人日記』第3巻。石原が日産の横浜工場を訪問した翌日にあたる1937年6月24日，同工場を訪問したほかの陸軍将校について記述していた。その一人は陸軍次官の梅津であった。1951年10月26日座談会，鮎川文書M 941.2に満業設立案にかんする岸と鮎川の役割について記述がある。この文書と片倉衷「鮎川義介と満業の思い出」125–129頁によると，日産を満洲に移駐させる際に重要な役割を果たしたのは，片倉，関東軍参謀将校たち，星野直樹，そして岸信介であった。日産の移駐に当初反対であったのは，関東軍司令官植田，関東軍参謀東条，満洲国の計画経済の政策立案を関東軍で行っていた関東軍経済担当参謀国分新七郎中佐，総務庁企画処長松田令輔，産業部鉱工司長椎名悦三郎であった。植田と東条が支持に回ったことで，日産の移駐反対派を抑え込むことに成功した。おそらく植田や軍の関係者は日産が直面した日本における税制面での問題については認識していなかったであろう。

(52) 星野直樹『見果てぬ夢』216–218頁。鮎川文書M 163.3にある星野直樹に対する極東裁判関係の公式尋問記録の和訳の1915–28を参照。片倉衷「鮎川義介と満業の思い出」126頁。

(53) 1951年10月26日座談会，鮎川文書M 941.2。この座談会で近衛内閣が1937年6月から10月にかけて満業を承認していく過程が紹介されている。近衛内閣が満業を設立する閣議決定を行った際，その承認対象となった満業を設立する要綱案への，鮎川が提唱していた外資導入の文言の挿入を推進したのが青木一男であった。青木によれば，この閣議決定が行われた際，陸軍はこれを支持し，また関東軍は反対しなかった。青木が終戦まで日本の外交にどのようにかかわったのかについて，極東裁判前に行われる尋問を想定して，自ら記した手記によると，青木（当時対満連絡事務次長）は，鮎川が唱える主に米国の外資を満洲に導入して米国が提唱してきた門戸開放政策に応えるという構想を支持していた。青木はこのような提案を陸軍の支持を確認してから行っていた。鮎川の米国資本導入構想を要綱に明文化することで，人事異動に伴い陸軍の見解が変わっていくことを防ごうとしたのであった。青木によると陸軍大臣で対満連絡事務局長の杉山元は，鮎川の考えを支持していた。青木は，満鉄改組後鮎川率いる新興財閥日産が満鉄の非鉄道部門を傘下に収めることについて，日産が旧財閥ではなかったこともあって，支持していた（鮎川文書M 163.3）。この青木の手記の2–4頁を参照。近衛内閣が閣議決定した要綱案については，『現代史資料8 日中戦争』771–772頁を参照。『朝倉毎人日記』第3巻によると，満業設立については，それが正式に発表される前日に知らされていた。同日，彼は，鮎川から東辺道に眠るとされる大規模な鉱物資源の可能性について聞かされていた。満業が設立された時期の日産の社内と世間のこの件に対する見方については，山本一芳『風雲児鮎川義介』（東海出版社，1937年）1–86頁を参照。鮎川文書M 333.1に満業設立時の新聞記事が収められている。

(54) 鮎川義介「満洲経済支配のキーポイント」200頁。満鉄の施設区域にかんする商法の抜け道のような部分に岸本勘太郎が気付いていなかったら，治外法権撤廃に伴って，日産の本社を新京へ移すことが，事務手続き的にもコスト的にも高くついていたであろう。鮎川「私の履歴書」326頁。岸本によると，鮎川が岸本にこの問題に対処するよう要請したのは，1937年9月であった。日産の本社を新京に移すことは，下手をすると日産を解散してそれ

を実行しなければならない可能性があった。この場合，解散後満洲国の法律にもとづいて再結成することになる。その際，投資家たちの多くが，日産へ投資していた2億1千万円の資金を引き揚げて別のところへ投資することを鮎川は危惧した。このとき岸本は，租借地である関東州に対しては日本の商法が適用されていることに目をつけた。この地域における治外法権が撤廃される前に，日産が本社を同地域へ移してしまえば，それは本社を日本国内の別の場所へ移転させることと同じことであり，日産の解散は不要である。この場合，治外法権撤廃に伴い日本国の法の適用から満洲国の法の適用が行われるのは自動的になされることとなる。「岸本勘太郎審問記録」11-12，鮎川文書 M 163.2。満業設立時に鮎川は大蔵省東京税務監督局直税部長の池田勇人と面談していた。鮎川は池田に今後日本では彼が率いる企業グループが税金を支払わないことを伝えていた。このときの面談で鮎川は，池田が将来政治家になる印象を受けた。1951年10月26日座談会，鮎川文書 M 941.2。

(55) これは両国が1936年6月10日に調印した条約にもとづく。近衛内閣は，1937年6月18日に治外法権撤廃に伴い満鉄の施設区域の行政権は，満洲国へ移管されることを承認していた。『現代史資料8 日中戦争』797頁。

(56) 同法については，The South Manchuria Railway Company, 193-196を参照。岸本によると，満洲国は，満業に対して日産と半々の出資比率で行う出資額を完全に払い込んでいた。「岸本勘太郎審問記録」13-14，鮎川文書 M 163.2。

(57) *Manchuria Industrial Development Company* (Tokyo : The Oriental Economist, 1938), 10, 13-14.

(58) 1951年10月26日座談会，鮎川文書 M 941.2。松岡は，満業設立に猛反発する満鉄の社員たちをなだめるため，満鉄が華北で新たなビジネスチャンスを追求できることを強調した。彼は国益を考えて満業の設立に同意していた。

(59) Peattie, 311-316，片倉衷「鮎川義介と満業の思い出」126-129頁， 星野直樹『見果てぬ夢』27-28頁，原朗「満州における経済統制政策の展開」233頁，小島直記『鮎川義介伝』86頁，原田熊雄『西園寺公と政局』第5巻，177-178頁。The South Manchuria Railway Company, 72-73.

(60) 鈴木隆史「満州経済開発と満州重工業の成立」112-113頁，原朗「満州における経済統制政策の展開」237-238頁，The South Manchuria Railway Company, 71.

(61) 1951年10月26日座談会，鮎川義介文書 M 941.2。

(62) 昭和12年10月7日，30日，11月1日，4日，7日，13日，12月15日『朝倉毎人日記』第3巻。

(63) 原朗「満洲における経済統制政策の展開」235-236頁。原が指摘するように8月の段階で明確に示されていた外資に対する「優遇措置」の内容は，10月22日の要綱では曖昧になっていた。

(64) 原朗「満洲における経済統制政策の展開」277頁。近衛内閣が10月22日に承認した満洲重工業設立要綱と満洲国が10月26日に承認したそれと同じ内容の要綱については，鮎川文書 M 333.1を参照。これには，1937年12月4日，日満両政府関係者による課税関係の取り決めにかんする資料がある。

第3章　鮎川と米国フォード社との提携交渉

(1)「フォード提携に伴うドル送金問題」昭和14年8月8日，鮎川文書 M 514.2。同マイクロフィッシュには，1937年5月に行われた日産自動車と日本フォード社との提携交渉についての詳細が，「日本フォード 1937年」という文書に記されており，同文書の最後の頁に

は三保幹太郎の押印と5月29日の日付が記されている。日本フォードに対する米国本社の提携交渉の指示については，鮎川文書M 514.1にある後者の前者に対する1938年12月30日の書簡を参照。日本政府の日本フォードに対する1937年半ばの事実上の在日資産凍結については，Mark Mason, *American Multinationals and Japan : The Political Economy of Japanese Capital Controls,1899-1980* (Cambridge, MA : Harvard University Press, 1992), 93を参照。戦争需要を満たすべく，鮎川は，フォード社の車を部品から最終製品まで，日産自動車の工場で製造することを望んだ。日産の80型トラックやトヨタ自動車のトラックは，日本と比べて舗装道路がはるかに少ない，満洲や中国の戦場で運転をしていた日本兵たちの間では，フォードやGMのトラックと比べて，泥道などの悪路での不安定な走行ぶりと故障の多さで知られていた。

（2）『自動車史料 第2巻』111-114頁。小倉は1938年10月にこのような見解を有田八郎外相と原田熊雄（元老西園寺公望の秘書）に語っていた。原田熊雄『西園寺公と政局』第5巻（岩波書店，1951年）142-143頁。

（3）「鮎川社長とコップ氏会見要領」1937年7月29日，鮎川文書M 514.1。

（4）日産自動車株式会社総務部調査課『日産自動車30年史』（日産自動車株式会社，1965年）77-78頁。「外資クレジット報告書」1939年1月30日と同年3月7日，鮎川文書M 516.3。このほか，鮎川文書M 514.1の次の文書を見よ。“Memorandum of Agreement,” August 4, 1937 and the September 20, 1937 contract「追加契約書」。

（5）日産自動車株式会社総務部調査課『日産自動車30年史』77-78頁。1938年8月31日鮎川宛三保幹太郎書簡，鮎川文書M 514.1。514.1では，次の資料も参照した。1938年11月16日鶴見祐輔宛鮎川書簡，Ayukawa Yoshisuke to Henry Ford, September 2, 1938 ; Kopf to Ayukawa, September 9, 1938 ; “Suggestions for Cooperation between MIDC and Ford M C” ; November 17, 1938 agreement between Dowa Motors and Ford Motor Company of Japan Ltd. ; 鮎川宛コップ日本語書簡，昭和13年9月13日，1938年11月15日日産自動車村上宛岸本勘太郎書簡，October 22, 1938 Ford-Japan proposal ; October 26 Nissan Motors proposal. 米国と満洲との貿易関係にかんする英字雑誌として，鮎川文書M 333.4にあるNovember 30, 1938の *The Journal of Commerce and Commercial* を参照。

（6）日産自動車株式会社総務部調査課編『日産自動車30年史』76-78頁，Frank Ernest Hill and Mira Wilkins, *American Business Abroad : Ford on Six Continents* (Detroit : Wayne State University, 1964), 254-256,「解題」および昭和14年5月16日，17日『朝倉毎人日記』第3巻（山川出版社，1989年）。「外資クレジット報告書」1939年1月30日と同年3月7日，鮎川文書M 516.3に満業とフォードの交渉経緯の概要が述べられている。同じマイクロ番号にある次の資料も参照。Moedlhammer to MIDC, January 7, 1939 ; Moedlhammer to MIDC, January 21, 1939. モーデルハンメルの満業宛の電報の日本語訳では，フォード社を「“the car company”」か「F」と呼称している。これらの日本語訳は鮎川文書M 516.2にある。このほか，鮎川文書M 514.1にある次の文書を参照。“Memorandum of Agreement,” August 4, 1937（英文と和文両方），1937年9月20日「追加契約書」，Ford Motor Company, Dearborn, Michigan, December 30, 1938 ; “Proposed Basis for Merger between Ford Japan and Nissan,” January 26, 1939 ; “Memorandum of Agreement” between Nissan Motors and Ford-Japan, February 23, 1939 ; Murray to Miho, February 28, 1939. マレーは，1939年2月28日三保に宛てた英文の書簡で，鮎川の競争相手たちが，米国で満業とフォードとの商談が成立しないよう風評を流していると伝えていた。また，米国政府はフォード社がクレジットを供与して満洲に

フォードの自動車工場を建設することに反対していると同書簡で報告している。鮎川文書 M 514.2 にある次の文書も参照。Kopf to Aikawa (Ayukawa), March 28, 1939 ; 1939 年 5 月 29 日「アンケニー氏会談要点」，1939 年 8 月 8 日「フォード提携案に伴うドル送金問題」，1939 年 5 月 18 日のマレーによる満業宛の 2 つの電報，1939 年 6 月 5 日鮎川宛三保書簡，Murray to Miho, May 16, 1939 ; Miho to Aikawa (Ayukawa) in Hsinking, June 5, 1939 ; Assistant Manager Ankeny to Aikawa (Ayukawa), June 19, 1939 ; J. C. Ankeny to Miho Mikitaro, July 14, 1939 ; July 31 Memorandum (sent to Ayukawa, Miho, the Ministry of Commerce and Industry, the War Ministry, and the Ministry of Finance) ; Murray to Aikawa (Ayukawa), September 27, 1939 ; Murray to Ayukawa, September 27, 1939.

同和自動車の幹部であった岡本は，デトロイトで A. N. リトル（A. N. Little）と会談しており，彼らがフォード社と接触していたと思われる。この接触は，東京で鮎川率いる日産自動車が日本フォード社と交渉している間に行われていた。1937 年 12 月から 1939 年 7 月にかけて満業は，米国フォード社から 3,495,000 ドル分の購入を行おうとしていた。このうち 2 割が 2 年間のクレジット，残りは 1 年間のクレジットにより行うとされていた。これらについては，MIDC to Moedlhammer, October 29, 1938，鮎川文書 M 516.1 を参照。岡本にかんする記述は，前述の「外資クレジット報告書」1939 年 1 月 30 日を参照。岡本と浅原源七は，エマソン社とも交渉を行っていた。同社からは中古の機械類を購入した。これはクレジット供与による購入で，購入した機械類は，満洲飛行機，東辺道開発と同和自動車で使われる予定であった。日本ビクター社は，日本で 1927 年に創業され，1929 年に住友と三菱の両財閥より出資を受けた。1935 年に日産財閥の関連会社になり，1938 年東京電気の関連会社となった。Udagawa Masaru, "Business Management and Foreign-Affiliated Companies in Japan before World War II," in Yuzawa Takeshi and Udagawa Masaru, eds., *Foreign Business in Japan before World War II* (Tokyo : The University of Tokyo Press, 1990), 10-11.

(7) 日産自動車株式会社総務部調査課『日産自動車 30 年史』77-78 頁。GM による 1938 年 6 月 24 日の提案と昭和 13 年 10 月 19 日伊藤文吉男爵宛鶴見祐輔書簡については，鮎川文書 M 514.1。同和自動車がドイツからブリッツ型トラックを千台購入する商談については，W. T. Lutz, Managing Director of GM Japan, Ltd. to Aikawa (Ayukawa), February 24, 1938 と，1939 年 2 月 25 日「G. M. との交渉要領」，鮎川文書 M 517.2。トヨタ自動車工業と日本フォード社との交渉内容については鮎川文書 M 514.2 の次の文書を参照。商工省 1939 年 8 月 11 日「日本会社とフォードとの提携要件比較」，トヨタ自動車工業 1939 年 8 月 16 日「豊田フォード提携交渉経過」，商工省工務局工務課長橋井真宛トヨタ自動車工業取締役神谷正太郎書簡，昭和 14 年 3 月 6 日，神谷正太郎宛日本フォード社書簡，昭和 14 年 5 月 22 日，秋丸次朗関東軍主計中佐宛鮎川電報，昭和 13 年 4 月 19 日。1939 年 8 月 16 日「豊田フォード提携交渉経過」と鮎川文書 M 514.2 にある昭和 14 年 3 月 27 日「コップ氏との会談要領」によると，満業とトヨタがお互いのフォード社との極秘交渉について知ったのは，1939 年 3 月のことであった。

(8) 鮎川文書 M 514.2 にある昭和 14 年 3 月 27 日「コップ氏との会談要領」。コップは，このなかで，1937 年日本商工会議所の有力者が率いるグループと合弁を行う合意に至っていたが，商工省は，このような話は，自動車製造事業法の許可会社となっていた日産かトヨタのどちらかでなければならないとし，この合意を承認しなかったと鮎川に打ち明けていた。

(9)「フォード提携に伴うドル送金問題」昭和 14 年 8 月 8 日，鮎川文書 M 514.2。このマイクロの次の文書も参照。1939 年 5 月 18 日のマレーによる満業宛の 2 つの電報，1939 年 6

月 5 日鮎川宛三保書簡，Murray to Miho, May 16, 1939 ; Miho to Aikawa (Ayukawa) in Hsinking, June 5, 1939 ; Assistant Manager Ankeny to Aikawa (Ayukawa), June 19, 1939 ; J. C. Ankeny to Miho, July 14, 1939 ; July 31 Memorandum (sent to Ayukawa, Miho, the Ministry of Commerce and Industry, the War Ministry, and the Ministry of Finance)，1939 年 5 月 29 日「アンケニー氏会談要点」（特になぜ日本フォード社が，48.75 %，2.5 %，48.75 % を望んでいたのかについての説明がある）。

(10) 鮎川文書 M 514.2 にある 2 つの商工省覚書，昭和 14 年 8 月 5 日『朝倉毎人日記』第 3 巻。

(11) 商工省宛豊田利三郎書簡，昭和 14 年 9 月 6 日，鮎川文書 M 514.2。既述のように，豊田喜一郎の妻は高島屋創業一族飯田家の出であったことから，鮎川とは縁戚関係にあった。豊田喜一郎の日本自動車産業界への貢献については，和田一夫編『豊田喜一郎文書集成』（名古屋大学出版会，1999 年）を参照。

(12) 鮎川文書 M 514.2 の次の文書を参照。昭和 14 年 8 月 24 日「日本フォードの提案」，昭和 14 年 8 月 26 日「フォードより回答を求められたる事項」，昭和 14 年 9 月 26 日「フォード会社との提携案」，"Draft Agreement for a Merger," October 24, 1939 ; Kopf to Aikawa (Ayukawa), October 31, 1939 ; "Draft Agreement for a Merger," November 1, 1939 ; Kopf to Aikawa (Ayukawa), November 24, 1939 ; "Draft Agreement," November 24, 1939，昭和 15 年 5 月 28 日鮎川宛マレー電報。この電報によると，鮎川の日本水産の重役，白洲次郎の岳父であった財界人樺山愛輔がフォード本社の役員と会談を試みたが実現できなかった。1939 年 12 月 19 日の合意文書の最初と最後の頁は，NHK 編『ドキュメント昭和史』第 3 巻（角川書店，1986 年）187 頁を参照。

(13) Murray to Aikawa (Ayukawa), September 27, 1939 と同日の鮎川宛マレー電報は，鮎川文書 M 514.2 を参照。

第 4 章　鮎川の日本自動車産業界統合の挫折

(1) 日産自動車株式会社総務部調査課『日産自動車 30 年史』（日産自動車株式会社，1965 年）76-78 頁。鮎川の日本の自動車会社を一つに統合する構想とこれに対する朝倉の関与，そして政府および他社からの反応については，『朝倉毎人日記』第 3 巻（山川出版社，1989 年）の昭和 12 年 11 月 17 日，昭和 13 年 2 月 8 日，4 月 19 日，20 日，6 月 21 日，7 月 8 日，12 日，18 日，19 日，8 月 11 日，昭和 14 年 11 月 11 日，12 日，12 月 12 日，13 日，昭和 15 年 1 月 15 日，17 日，22 日，24 日，25 日，2 月 3 日を参照。同書の「解題」18-19 頁では『東京朝日新聞』による自動車業界再編にかんする記事が紹介されている。

(2) 星野直樹『見果てぬ夢——満州国外史』（ダイヤモンド社，1963 年）289 頁。

(3) この時期，米国の『ニューヨーク・タイムズ』紙は，9 月 6 日山本の訪米について記事を掲載した。彼が米国人技師リトルを同伴していることも紹介していた。この記事では，リトルが安東市（現在の遼寧省丹東市）でトラックを年産 120 台製造する工場の責任を任されていると紹介していた。山本は同紙に対して，自動車製造のためドイツ製の機械類を購入すべくドイツへ向かっていたところ第 2 次世界大戦が勃発してドイツでの購入を断念，そこで，1100 万ドル相当の機械類とディーゼルエンジンを米国で購入することで，2.5 トントラックの製造を行いたいと述べた。山本は，ディーゼルエンジンの購入をまだ実現していないと同紙は報道した。一方，同紙は，機械類を購入することに山本が成功したかどうかについては報道しなかった。"Japanese Switch Order from Reich : Machinery for Truck Factory in Manchuria to be Bought Here," *New York Times*, 6 Sept. 1939, 41.

（4）星野直樹『見果てぬ夢』289 頁。
（5）昭和 14 年 5 月 3 日，6 月 15 日，28 日，8 月 5 日，11 月 21 日『朝倉毎人日記』第 3 巻。
（6）星野直樹『見果てぬ夢』290 頁。『自動車資料 第 2 巻』137–139 頁によると，山本が米国で買い付けた機械類は，1963 年の時点で日産自動車のエンジンを生産し続けていた。
（7）昭和 15 年 4 月 2 日，4 日，5 日，10 日，11 日，5 月 16 日，17 日，24 日，6 月 14 日『朝倉毎人日記』第 3 巻。同書の「解題」22–23 頁では昭和 15 年 4 月 11 日の『読売新聞』による日産自動車の満洲への全面的な移駐について報道があったことが紹介されている。
（8）原朗「一九三〇年代の満州経済統制政策」（満州研究会編『日本帝国主義下の満州』御茶の水書房，1972 年）107–108 頁，石川滋「終戦に至るまでの満洲経済開発——その目的と成果」（日本外交史学会編『太平洋戦争終結論』東京大学出版会，1958 年）757 頁。
（9）Jerome B. Cohen, *Japan's Economy in War and Reconstruction* (Minneapolis : University of Minnesota Press, 1949), 59–66。コーエンは産業統制協会について，鮎川のコメントを含めた資料を対日占領期に集めていた。鮎川の自動車産業界統制にかんする見解の披露については，昭和 15 年 9 月 22 日『朝倉毎人日記』第 4 巻（山川出版社，1989 年）を参照。また，同書「解題」6–8 頁も参照。満洲国の初期の経済政策にかんする概要については，池田純久『日本の曲がり角——軍閥の悲劇と最後の御前会議』（千城出版，1968 年）269–276 頁。
（10）石川滋「終戦に至るまでの満洲経済開発」757 頁，小林英夫『「大東亜共栄圏」の形成と崩壊』（御茶の水書房，1975 年）416 頁。

第 5 章　フーヴァーと米国の東アジア政策

（1）Herbert Hoover, *The Memoir of Herbert C. Hoover : Years of Adventure, 1874–1920* (New York : Macmillan, 1951), 1–24 ; William A. Degregorio, *The Complete Book of U. S. Presidents* (Barricade Books, 1993), 463–467 ; Joan Hoff Wilson, *Herbert Hoover : Forgotten Progressive* (Boston : Little, Brown and Company, 1975), 10–11.
（2）Hoover, *Years of Adventure*, 25–116 ; Richard Norton Smith, *An Uncommon Man : The Triumph of Herbert Hoover* (Worland : High Plains Publishing Company, 1984), 72–77 ; Wilson, *Forgotten Progressive*, 12–17.
（3）Hoover, *Years of Adventure*, 119–120 ; Degregorio, 467 ; George H. Nash, *The Life of Herbert Hoover : Master of Emergencies, 1917–1918* (New York : W. W. Norton and Company, 1996), 412.
（4）フーヴァーの一時帰国は，ヘンリー・ロッジ上院議員がフーヴァーの活動は米国市民が外国政府と交渉することを禁ずる古い法律（ローガン法）に違反しているのではないかとする調査活動を阻止するためであった。Hoover, *Years of Adventure*, 141–271 ; Smith, 77, 81–90. スミス上掲書の 77 頁によると，軍需大臣の話を持ちかけたのはキッチナー卿であった。この他に次の名著を参照。David M. Kennedy, *Over Here : The First World War and American Society* (New York : Oxford University Press, 1980), 117–121.
（5）Hoover, *Years of Adventure*, 275–482 ; Nash, *Master of Emergencies*, 463–504 ; Emily S. Rosenberg, *Spreading the American Dream: American Economic and Cultural Expansion, 1890–1945* (New York : Hill and Wang, 1982), 76–78, 117–118 ; Wilson, *Forgotten Progressive*, 170–173, 197–198 ; Warren J. Cohen, *The Chinese Connection : Roger S. Greene, Thomas W. Lamont, George E. Sokolsky and American-East Asian Relations* (New York : Columbia University Press, 1978), 43–44 ; Ron Chernow, *The House of Morgan : An American Banking Dynasty and the Rise of Modern Finance* (New York : Touchstone Book, 1990), 206–209 ; Walter LaFeber, *The Clash : U.*

S.-Japanese Relations throughout History (New York : W. W. Norton and Company, 1997), 125-127 ; Smith, 336-337.

（6）Wilson, *Forgotten Progressive*, 197-199, 237 ; Smith, 28, 93, 348, 360-361, 385, 389. 第 2 次世界大戦以降の赤狩りについては，次を参照。Richard M. Fried, *Nightmare in Red : the McCarthy Era in Perspective* (New York : Oxford University Press, 1990).

（7）LaFeber, *The Clash,* 91-92.

（8）Herbert Hoover, *The Memoirs of Herbert Hoover Vol. 2 : The Cabinet and the Presidency, 1920-1933* (New York : Macmillan, 1952), 179-181.

（9）LaFeber, *The Clash*, 130-132, 141-142 ; Rosenberg, 72-73, 149.

（10）Frank Ninkovich, *Modernity and Power : A History of the Domino Theory in the Twentieth Century* (Chicago : The University of Chicago Press, 1994), 82, 90-97 ; Joan Hoff Wilson, *American Business and Foreign Policy, 1920-1933* (Lexington : The University Press of Kentucky, 1971), 45, 201-214, 219, 228-230, Wilson, *Forgotten Progressive*, 175-179, 205, 242, 245-248 ; LaFeber, *The Clash*, 149-150 ; Rosenberg, 144-151（含む一般融資政策）; Justus Doeneck, "Anti-Interventionism of Herbert Hoover," *Journal of Liberterian Studies*, Vol. 8 (1987), 319-320 ; Herbert Hoover, Unpublished Article, 1940, "Foreign Policy," Post-Presidential Series（以下 PPS）, Herbert C. Hoover Papers, Herbert C. Hoover Presidential Library, West Branch, Iowa, 80, 84, 89, 92-94, 97, 102, 120.

（11）Ninkovich, *Modernity and Power,* 70-72, 85-88, 90-91, 344-345 ; Hoover to Requa, April 21, 1924, "Japan, 1922-1926," Herbert Hoover, "American-Japanese Commercial Relations for *Jitsu-Gyo no Sekai*," "Japan, 1927-1928," Commerce Papers, Hoover Papers ; Frederick W. Marks III, *Wind over Sand : The Diplomacy of Franklin Roosevelt* (Athens : The University of Georgia Press, 1988), 8.

（12）Warren J. Cohen, *Empire without Tears : America's Foreign Relations, 1921-1933* (New York : Alfred A. Knopf, 1987), ix-xii, 4-6, 8, 14-17, 46-55.

（13）Robert Albert Dayer, "Anglo-American Monetary Policy and Rivalry in Europe and the Far East, 1919-1931," in B. J. C. McKercher ed., *Anglo-American Relations in the 1920s : The Struggle for Supremacy* (Edmonton : The University of Alberta Press, 1990) 161, 165, 171 ; Cohen, *Empire wihtout Tears*, 51.

（14）Wilson, *American Business and Foreign Policy*, 209-211.

（15）Rosenberg, 147, 149 ; Wilson, *American Business and Foreign Policy*, 202-204, 211. 301 頁注 29 のラモントと日本の 1920 年合意がワシントン会議で解消されたとする見解は誤りで，この点については LaFeber, *The Clash*, 130-132, 141-142 と Betty Glad, *Charles Evans Hughes and the Illusions of Innocence : A Study in American Diplomacy* (Urbana : University of Illinois Press, 1966), 290-291, 295-296 のほか，麻田貞雄『両大戦間の日米関係——海軍と政策決定過程』（東京大学出版会，1993 年）130-131 頁を参照。東アジアにおける米英金融関係については，Dayer, 158-159, 166-168, 173。フーヴァーと国際世論，国際連盟，国際連合については，Frank Ninkovich, *The Wilsonian Century : U. S. Foreign Policy since 1900* (Chicago : The University of Chicago Press, 1999), 10-16, 73, 80-81, 103, 119, 121-122, 129 ; Ninkovich, *Modernity and Power*, 49-56, 62, 66, 68, 92, 169 ; Smith, 266 ; Wilson, *Forgotten Progressive*, 243 ; Herbert Hoover, Unpublished Article, 1940, 82-83, 117.

（16）Joseph Brandes, *Herbert Hoover and Economic Diplomacy* (Pittsburgh : University of Pittsburgh

Press, 1962), 153-164, 203-204 ; Glad, 305-308 ; Wilson, *American Business and Foreign Policy*, 200-218 ; Akira Iriye, *After Imperialism : The Search for a New Order in the Far East, 1921-1931* (Chicago : Imprint Publications, 1990), 185, 188-190 ; Cohen, *Empire without Tears*, 29-30 ; Cohen, *The Chinese Connection*, 148-160 ; Rosenberg, 146-150 ; Hoover, *The Cabinet and the Presidency*, 179-181.

（17） Wilson, *American Business and Foreign Policy*, 214-216 ; Cohen, *The Chinese Connection*, 146-150.

（18） Shuzhang Hu, *Stanley K. Hornbeck and the Open Door Policy* (Westport : Greenwood Press, 1995), 102 ; Dorothy Borg, *American Policy and the Chinese Revolution, 1925-1928* (New York : Macmillan, 1947), 378-385.

（19） Iriye, *After Imperialism*, 208-213, 219-221 ; Hu, 98-102, 108-109 ; Warren J. Cohen, *America's Response to China : A History of Sino-American Relations*, 4th ed. (New York : Columibia University Press, 2000), 104-113 ; Hoover, *The Cabinet and the Presidency*, 180. また，南京事件について，米国が嫌中であったために，1928年6月の米中関税交渉以前は米国が中国に対して冷淡であったとするHuの見解はやや的外れであり，やはり自身が指摘しているように，米国の中国の内戦への中立政策のほうが妥当な説明である。

（20）「事実上の承認」（de facto recognition）と「法律上の承認」については，山本草二『新版国際法』（有斐閣，1994年）186-191頁。ボーグは注(18)を参照。

（21） Iriye, *After Imperialism*, 100-109.

（22） L. Ethan Ellis, *Frank B. Kellogg and American Foreign Relations, 1925-1929* (New Brunswick : Rutgers University Press, 1962), 145-146, 152-156 ; Akira Iriye, *Across the Pacific : An Inner History of American-East Asian Relations*, Rev. ed. (Chicago : Imprint Publications, 1992), 154-155 ; Iriye, *After Imperialism*, 21, 34, 43, 45, 106-107, 138-141, 149-150, 227-229，治外法権については，同書256-259，273-275，286。Hu, 78 ; Cohen, *Empire without Tears*, 80-82（1920年代半ばの議会と世論）; Cohen, *America's Response to China*, 98-101（日米の国民党に対する認識の違い）。ポーター決議とその前後の議会動向と世論については，Borg, Chapter 12, 特に，242-256，258，265-266。米国の対中政権承認の姿勢については，同書128-130，395，404-405，南京事件に対する米国世論の反応については同書Chapter 15。米中関税条約の批准手続きは，同書402，406。

（23） Iriye, *After Imperialsim*, 259 ; Hu, 106-107.

（24） Wilson, *American Business and Foreign Policy*, 204-209 ; Wilson, *Forgotten Progressive*, 86, 203-204 ; Rosenberg, 150.

（25） Wilson, *American Business and Foreign Policy*, 203, 211-213 ; LaFeber, *The Clash*, 149-150.

（26） 注(11)のフーヴァーが執筆した文章を参照。

（27） John R. M. Wilson, "The Quaker and the Sword: Herbert Hoover's Relations with the Military," *Military Affairs*, Vol. 38, No. 2 (1974), 42-46 ; John R. M Wilson, *Herbert Hoover and the Armed Forces : A Study of Presidential Attitudes and Policy* (New York : Garland Publishing, 1993), 219-224.

（28） Wilson, *Herbert Hoover and the Armed Forces*, 93-94, 213-219 ; Wilson, "The Quaker and the Sword," 41-45.

（29） Hu, 110-112の記述は不十分である。Robert H. Ferrell, *American Diplomacy in the Great Depression : Hoover-Stimson Foreign Policy, 1929-1933* (New Haven : Yale University Press,

1957), 51-67 を参照。

(30) Armin Rappaport, *Henry L. Stimson and Japan, 1931-1933* (Chicago : The University of Chicago Press, 1963), 37.

(31) "William R. Castle Jr. Diary" (Houghton Library, Harvard University) の Vol. 19（1931 年 7 月 1 日～12 月 31 日）と Vol. 20（1932 年 1 月 7 日～6 月 30 日）の次を参照。9 月 29 日，10 月 10 日，20 日，22 日，11 月 4 日，9 日，20 日，21 日，27 日，12 月 4 日，7 日，9 日，10 日，11 日，13 日，1 月 8 日，2 月 5 日，15 日，18 日。このほかに次を参照。Justus D. Doenecke, *The Diplomacy of Frustration : The Manchurian Crisis of 1931-1933 and the Papers of Stanley K. Hornbeck* (Stanford : Hoover Institution Press, 1981), 15.

(32) La Feber, *The Clash*, 169。この他，Wilson, *American Business and Foreign Policy*, 231-234, Cohen, *The Chinese Connection*, 232-233.

(33) 注(31)のキャッスル日記を参照。Doenecke, *The Diplomacy of Frustration*, 16-22（9 カ国条約については 20 頁); Hu, 133-137（不承認政策については 136 頁），147-148（リットン調査団); Gary B. Ostrower, *Collective Insecurity : The United States and the League of Nations during the Early Thirties* (Lewisberg : Bucknell University Press, 1979), 79-82, 93-96, 100（11 月 9 日の連盟にかんするフーヴァーの見解); Christopher Thorne, *The Limits of Foreign Policy : The West, the League and the Far Eastern Crisis of 1931-1933* (London : Hamish Hamilton, 1972), 197（ドォーズ派遣); Ferrell, *American Diplomacy in the Great Depression*,141-142 ; Andrew J. Bacevich, *Diplomat in Khaki : Major General Frank Ross McCoy and American Foreign Policy, 1896-1949* (Lawrence : University Press of Kansas, 1989), 154-170。Rappaport, 32, 39 によると，10 月 9 日の閣議終了時におけるスティムソンの不戦条約にかんする見解について，ホーンベックは，キャッスルと同様消極的支持であった。彼は日本はまもなく撤兵するであろうから不戦条約を取り上げる必要はないかもしれないと考えていたようである。ただし，このホーンベックの見解は，同書 31-32 頁に紹介されているスティムソンの見解，すなわち，日本政府内の穏健派が軍部を抑えて，日中 2 国間の話し合いによる紛争解決に向かうかもしれないという考えにもとづく慎重論であった。

(34) Doenecke, *The Diplomacy of Frustration*, 21-23 ; Rappaport, 90-91, 139（上院議員で対日経済制裁に賛成していたのは 2 名); Thorne, 200 ; Hu, 137-140（137 頁に不承認政策にかんする 11 月 22 日のホーンベックのメモが紹介されている)。ホーンベックの考察による満洲における新しい現状認識については，Hu, 133 ; Wilson, *American Business and Foreign Policy*, 224-227.

(35) Hu, 139-144 ; Doenecke, *The Diplomacy of Frustration,* 24-25, 28, 30-32 ; LaFeber, *The Clash*, 125, 169, 171 ; 注(31)のキャッスル日記を参照。

(36) Doenecke, *The Diplomacy of Frustration*, 32-33, 143-146 ; Hu, 144-146 ; Melvyn P. Leffler, *The Specter of Communism : The United States and the Origins of the Cold War, 1917-1953* (New York : Hill and Wang, 1994), 281-282, 287, 314-315 ; Wilson, *American Business and Foreign Policy*, 228-229, 235 ; Rappaport, 162 ; Cohen *Empire without Tears*, 121-122（ジュネーヴ軍縮会議), 124-125（米ソ貿易も含む）; A. Whitney Griswold, *The Far Eastern Policy of the United States* (New York : Harcourt, Brace, 1938), 450 ; Wilson, *Herbert Hoover and the Armed Forces*, 189-192. フィリピンへの独立付与について，ハーレー陸軍長官は，フーヴァーと同様，時期尚早と判断していた。フーヴァーの西太平洋防衛に対する見方については，Wilson, *Herbert Hoover and the Armed Forces*, 34-35, 100, 173。この見方は，Gerald E. Wheeler, *Prelude to Pearl Harbor :*

The United States Navy and the Far East (Columbia : University of Missouri Press, 1963), 68, 89-90, 128, 191 にもとづいた考察である。

(37) Rappaport, 166, 168-173 ; Doenecke, *The Diplomacy of Frustration*, 34-36 ; Wilson, *American Business and Foreign Policy*, 235-237 ; Wilson, *Herbert Hoover and the Armed Forces*, 19-20 ; Wilson, "The Quaker and the Sword," 41-42.

(38) Doenecke, *The Diplomacy of Frustration,* 36.

(39) Hu, 149.

(40) Borg, 73-75, 576 (note 114) ; Hu, 182 ; Barbara W. Tuchman, *Stilwell and the American Experience in China, 1911-1945* (New York: Bantam Books, 1972), 244, 277, 280-281.

(41) Rappaport, 37.

(42) Akira Iriye, *Cambridge History of American Foreign Relations : The Globalizing of America, 1913-1945* (New York : Cambridge University Press, 1995) ; Tuchman, 189, 240-241 ; Thomas A. Bailey, *The Man in the Street : The Impact of American Public Opinion on Foreign Policy*, (New York : Macmillan, 1948), 9 ; Robert D. Schulzinger, *U. S. Diplomacy since 1900*, 4th ed. (Oxford : Oxford University Press, 1998), 112-113, 119-121, 179 ; LaFeber, *The Clash*, 187-188.

(43) 須藤眞志『ハル・ノートを書いた男——日米開戦外交と「雪」作戦』（文藝春秋社, 1999年）171-172, 189-192頁。

(44) Cho Yukio, "An Inquiry into the Problem of Importing American Capital into Manchuria : A Note on Japanese-American Relations, 1931-1941," in Dorothy Borg and Shumpei Okamoto, eds., *Pearl Harbor as History : Japanese-American Relations, 1931-1941* (New York : Columbia University Press, 1993), 381, 383. 小林道彦「政党政治と満州経営——昭和製鋼所問題の政治過程」（黒沢文貴・斎藤聖二・櫻井良樹編『国際環境のなかの近代日本』芙蓉書房出版, 2001年）203-221頁。

第6章　米国総領事館の満洲動向分析

(1) "U. S. Financing for Manchukuo Reported, Ford and General Motors Linked to Plan," *New York Times*, 15 Nov. 1937, 1 ; Burton Crane, "Japanese May Seek Aid Here in Growth," *New York Times*, 21 Nov. 1937, 1.

(2) "U. S. Financing for Manchukuo Reported, Ford and General Motors Linked to Plan," *New York Times*, 15 Nov. 1937, 1 ; Burton Crane, "Japanese May Seek Aid Here in Growth," *New York Times*, 21 Nov. 1937, 1.

(3) "Japan Seeking $50,000,000 Credit for U. S. Machinery," *New York Times*, 16 Jan. 1938, 1.

(4) "The Significance of the Establishment of the 'Manchukuo Heavy Industries Development Company,'" February 7, 1938, "Manchuria," Box 289, Stanley K. Hornbeck Papers, Hoover Institution on War, Revolution and Peace, Stanford University.

(5) Hugh Byas, "Japan Offers U. S. Manchukuo Share," *New York Times*, March 13, 1938 （鮎川文書 M 130.2).

(6) American Consulate General, Mukden, "Political Review for March 1938, Section II : Foreign Relations," 2 ; William R. Langdon to Nelson T. Johnson, American Ambassador, Peiping, 1-3, June 16, 1938, "China : Mukden Consul General General Records, 1938, 631-800," Box 19, RG 84, College Park, MD.

(7) John P. Davies, Jr. to Nelson T. Johnson, American Ambassador, Peiping, January 4, 1938,

"China : Mukden Consul General General Records, 1938, 631-800," Box 19, RG 84, College Park, MD. ジョン・デーヴィスについては，Michael T. Kaufman, "John Paton Davies, who Ran Afoul of McCarthy over China, Dies at 91," *New York Times*, December 24, 1999 を参照。満洲国内の投資資金不足については，John Davies, Jr. to Secretary of State Hull, "Manchurian Heavy Industries Company and American Investments Therein," January 4, 1938, 16-17, "China : Mukden Consul General General Records, 1938, 631-800," Box 19, RG 84, College Park, MD を参照。

（8）William R. Langdon to Willys R. Peck, American Embassy, Peiping, "The Japanese Foreign Minister's Reference to United States Trade with "Manchukuo," January 28, 1939, 3-4, "China : Mukden Consul General General Records, 1939, 700-804.9," Box 26, RG 84, College Park, MD.

（9）William R. Langdon to Nelson T. Johnson, American Ambassador, Peiping, 4, June 16, 1938, August 27, 1938, "China : Mukden Consul General General Records, 1938, 631-800," Box 19, RG 84, College Park, MD. 日本人視察団の氏名などについては，William R. Langdon to Willys R. Peck, American Embassy, Peiping, "Activities of 'Manchukuo' Purchaseing Agents in the United States," April 4, 1939, "China : Mukden Consul General General Records, 1939, 700-804.9," Box 26, RG 84, College Park, MD を参照。

（10）第 5 章を参照。

（11）Joan Hoff Wilson, *American Business and Foreign Policy : 1920-1933* (Lexington : The University Press of Kentucky, 1971), 9, 21-22, 42, 45.

（12）Michael J. Hogan, *Informal Entente : The Private Structure of Cooperation in Anglo-American Economic Diplomacy, 1918-1928* (Chicago : Imprint Publications, 1991), 10, 91.

（13）Wilson, *American Business and Foreign Policy*, 223.

（14）Paul Stoddard Amos, "American Commerical Interests in Manchuria Since the Japanese Occupation of 1931," (Master's thesis, University of Chicago, 1941), 16-17.

（15）満洲帝国政府編『満洲建国十年史』（1941 年）復刻版（原書房，1969 年）601-602，607-614，634 頁。

（16）F. C. Jones, *Manchuria Since 1931* (London : Royal Institute for International Affairs, 1949), 194-195 ; Amos, 16 ; The South Manchuria Railaway Company, *Sixth Report on Progress in Manchuria to 1939* (Tokyo : The Herald Press, Ltd., 1939), 72-75, 93-94, 104-106.

（17）満洲帝国政府編『満洲建国十年史』599，634-638 頁。

（18）四宮正親「戦前の自動車産業と「満州」——戦前の自動車産業政策に占める「満州」の位置をめぐって」『経営史学』第 27 巻第 2 号（1992 年）23 頁。

（19）William R. Langdon to A. Bland Calder, Acting Commerical Attache, Shanghai, February 23, 1939, 866.16, "China : Mukden Consul General General Records, 1939, 860.2-880," Box 28, RG 84, College Park, MD.

（20）"Hull Ignores Big Manchuria Trade, Says Nye," April 5, 1939, "Manchukuo Buys for War Hull Tells Nye," April 7, 1939, *Washington Post*, "Clipping Series : Scrap Book Clippings, Jan. 1939-April 26, 1939," Box 91, Gerald Nye Papers, Herbert C. Hoover Presidential Library. このほか，"Side-lights on the Open Door Issue," *Far Eastern Review*, July 1939, "Neutrality Clippings and Printed Material, 1939," Box 36, Gerald Nye Papers を参照。ハルの 1935 年における満洲への対応については，Errol MacGregor Clauss, "The Roosevelt Administration and Manchukuo, 1933-1941," *The Historian*, Vol. 32, No. 4 (1970), 605-606 を参照。

（21）U. S., Department of State, *Foreign Relations of the United States : Japan, 1931-1941, Vol. 1*

(Washington, D. C., GPO), 156–157.

(22) Clauss, 599–600, 610 ; Shuzhang Hu, *Stanley K. Hornbeck and the Open Door Policy* (Westport : Greenwood Press, 1995) 177–180. 満洲における治外法権の廃止について，1937年12月2日，在奉天副領事ジョン・P・デーヴィスは，新京の満洲国外交部長大橋忠一を国務省の命令で訪問し，抗議したものの，大橋は，満洲国での治外法権の維持は，治外法権を手放した日本人に対して不平等であり，満洲国を国家承認しない限り話に応じられないと突っぱねた。John Davies, Jr. to Secretary of State Hull, "Manchurian Heavy Industries Company and American Investments Therein," January 4, 1938, 2–3, "China : Mukden Consul General General Records, 1938, 631–800," Box 19, RG 84, College Park, MDを参照。

(23) John Davies, Jr. to Secretary of State Hull, "Manchurian Heavy Industries Company and American Investments Therein," January 4, 1938, 4, "China : Mukden Consul General General Records, 1938, 631–800," Box 19, RG 84, College Park, MD.

(24) American Consulate General, Mukden, "Political Review for October 1937, 'Memorandum of Informal Statement made to Mr. Ohashi by Mr. Langdon, October 25, 1937'" "China : Mukden Consul General General Records, 1937, 850" Box 14, RG 84, College Park, MD.

(25) Clauss, 607–609. 武藤富男『私と満州国』（文藝春秋社，1988年）150頁。1940年以降の在満米国領事館裁判権をめぐる問題については，次の文書を参照。American Consulate General, Mukden, "Political Review for January 1940, Section II, Foreign Relations, Relations with the United States," 2, "Political Review for April 1940, Section II, Foreign Relations, Relations with the United States," 4（同報告書の冒頭の要旨も参照），"Political Review for October 1940, Section II, Foreign Relations, Relations with the United States," 3, "Political Review for November 1940, Section II, Foreign Relations, Relations with the United States," 3, "China : Mukden Consul General General Records, 1940, 610.1–800," Box 31, RG 84, College Park, MD.

(26) ケソンの訪日については，後藤乾一「M・ハッタおよびM・ケソンの訪日に関する史的考察——1930年代日本・東南アジア関係の一断章」（早稲田大学社会科学研究所編『アジアの伝統と近代化——創設五十周年記念論文集』早稲田大学社会科学研究所，1990年）377–405頁，D. Clayton James, *The Years of MacArthur, Volume I, 1880–1941* (Boston : Houghton Mifflin Company, 1985), 535–536を参照。「宇垣大臣「ケソン」比島大統領会談要旨」外務省記録L.1.3.0.2-9。

(27) John Davies, Jr., American Vice Consul to Nelson T. Johnson, American Ambassador, Peiping "Estimate of Manchurian Natural Resources," April 14, 1938, "China : Mukden Consul General General Records, 1938, 840–861," Box 21, RG 84, College Park, MD. 奉天総領事館の満洲における軍事産業動向分析については，例えばAmerican Consulate General, Mukden, "Political Review for April 1938, Section V : Economic Activities," 7–9, "China : Mukden Consul General General Records, 1938, 631–800," Box 19, RG 84, College Park, MDを参照。

(28) John Davies Jr. to Secretary of State Hull, March 1, 1938, William R. Langdon, American Consul, Mukden, to D. A. Coburn, Sales Manager, Export Division, One-Wire Fence Company, August 31, 1938, William R. Langdon, American Consul, Mukden, to The Eastern Machinery Company, September 10, 1938, "China : Mukden Consul General General Records, 1938, 861.31–892.43," Box 22, RG 84, College Park, MD. John Davies, Jr. to Secretary of State Hull, "Manchurian Heavy Industries Company and American Investments Therein," January 4, 1938, 5, "China : Mukden Consul General General Records, 1938, 631–800," Box 19, RG 84, College Park, MD.

(29) William R. Langdon to Village Fire Pump Company, February 17, 1939, 866.12, William R. Langdon to the Sparks-Withington Company, June 1, 1939, 866.12, William R. Langdon to L. B. Foster Company, Inc., August 12, 1939, 866.12, William R. Langdon to the Gustav Wiedeke Company, January 23, 1939, 866.16, "China : Mukden Consul General General Records, 1939, 860.2-880," Box 28, RG 84, College Park, MD.
(30) Bain to Mrs. Bain, April 16, 1938, H. Foster Bain Papers, The Nevada Historical Society.
(31) Joan Hoff Wilson, *Herbert Hoover : Forgotten Progressive* (Boston : Little, Brown and Company, 1975), 175-179.
(32) ベインは，フーヴァーに「満洲国を支配する人たちは，秩序と正確さという観点からはファシストです。しかし，経済界が一般の人たちを不必要に搾取しており，これを是正しようという信条は，ボルシェビッキかニューディーラーです。彼らは，大変深くて固定化された欠点はありますが，ひとりひとりは感じがよく，友好的です。鮎川は彼らに建設的な助言を行い，また，現実的な支援を行うことで，満洲国を"紛争地"から平和の中心地にする目的に向かわせようとしています。……関東軍は，ここではほとんど独立した存在で，この国を創ったという意識が強く，日本政府以上にここを支配する権利があると思っています。……私は何名かの関東軍将校と会っています。彼らは……闘争心が旺盛でドイツ人将校たちを彷彿させますが，理想主義者でもあります」と述べた。H. Foster Bain to Herbert Hoover, March 29, 1938, "H. Foster Bain," Post-Presidential Individual File, Herbert C. Hoover Papers, Herbert C. Hoover Presidential Library.
(33) George H. Nash, *The Life of Herbert Hoover : The Engineer, 1889-1914* (New York : W.W. Norton and Company, 1983), 489。この他同書 333-334，366，562 を参照。
(34) Frank W. De Wolf, "Memorial to H. Foster Bain," *Proceedings Volume of the Geological Society of America : Annual Report for 1948*, April 1949, 127-130, H. Foster Bain Papers, Nevada Historical Society.
(35) Bain to Ayukawa, May 19, 1938（鮎川文書 M 517.1).
(36) Frank Ninkovich, *Modernity and Power : A History of the Domino Theory in the Twentieth Century* (Chicago : The University of Chicago Press, 1994), 89-90.
(37) 高碕達之助「私の履歴書」（日本経済新聞社編『私の履歴書』第2巻，日本経済新聞社，1957年），Eugene Keith Chamberlin, "The Japanese Scare at Magdalena Bay," *Pacific Historical Review*, 24 (1955), 345-359，特に 348，356-358 頁。*Los Angeles Examiner,* April 26, 27, 1912.
(38) Herbert C. Hoover Papers, Herbert C. Hoover Presidential Library.
(39) Herbert C. Hoover Papers, Herbert C. Hoover Presidential Library.
(40) Takasaki to Hoover, February 21, 1940 and Hoover to Takasaki, April 7, 1940, Herbert C. Hoover Papers, Herbert C. Hoover Presidential Library. 高碕の自伝によると 1941 年に吉野信次の後継として満業の副総裁に就任した際，フーヴァーに訪満の要請を書簡で行ったとされている。フーヴァーは，現在の国際情勢では訪満できず，また満洲国を米国が承認することは不可能である，ただ，米国人技術者たちの紹介は可能であるという返答を行ったという。高碕達之助『満洲の終焉』（実業之日本社，1953年）34-35 頁。しかし，フーヴァー文書にはそのような書簡はなく，また高碕のこの自伝では 1939 年と 40 年のエピソードさえ紹介されていないため，記憶違いである可能性がある。
(41) J. Graham Parsons, "Synthetic Organic Chemicals in Manchuria," April 17, 1939, 869.2, "China : Mukden Consul General General Records, 1939, 860.2-880," Box 28, RG 84, College Park, MD.

(42) "Memorandum of Conversation between Messrs. W. T. Lutz, Managing Director, and S. E. Dithman, Director and Sales Manager of General Motors, Japan, Limited, and Consul William R. Langdon," March 10, 1939, William R. Langdon to Willys R. Peck, "Dowa Automobile Industry Company, Limited," May 20, 1939, 866.16, "China : Mukden Consul General General Records, 1939, 860.2-880," Box 28, RG 84, College Park, MD.

(43) William R. Langdon to Nelson T. Johnson, "Policy Review for May, 1939," Section II, 1, June 9, 1939, 800, "China : Mukden Consul General General Records, 1939, 700-804.9," Box 26, RG 84, College Park, MD ; William R. Langdon to Secretary of State Hull, "American Automobile Trade in Manchuria," June 14, 1939, 866.16, "China : Mukden Consul General General Records, 1939, 860.2-880," Box 28, RG 84, College Park, MD.

(44) 第 3 章を参照。

(45) Dithmer to Langdon, November 30, 1939, Langdon to Dithmer, December 8, 1939, 866.16, "China : Mukden Consul General General Records, 1939, 860.2-880," Box 28, RG 84, College Park, MD.

(46) William R. Langdon to Nelson T. Johnson, American Ambassador, "Effects of War in Europe on Manchurian Economy," Peiping, October 14, 1939, 1-8, "China : Mukden Consul General General Records, 1939, 700-804.9," Box 26, RG 84, College Park, MD.

(47) American Consulate General, Mukden, "Political Review for May 1940, Summary," 1, and Section V : Economic Activities, 15, "Political Review for June 1940, Summary," 1, "China : Mukden Consul General General Records, 1940, 610.1-800," Box 31, RG 84, College Park, MD.

(48) American Consulate General, Mukden, "Political Review for March 1940, Section II, Foreign Relations, Relations with the United States," 2, "Political Review for April 1940, Langdon to Ambassador Nelson Johnson, April 29, 1940, Engagement of American Techinical Advisers by 'Manchukuo,'" "China : Mukden Consul General General Records, 1940, 610.1-800," Box 31, RG 84, College Park, MD.

(49) 第 8 章参照。

(50) American Consulate General, Mukden, "Political Review for December 1938, "China : Mukden Consul General General Records, 1939, 'The European War and Manchurian Economy : Roundtable Conference of Leading Japanese Administrators and Executives,' Source : *Manshu Shimbun*, October 18-28, 700-804.9," Box 26, RG 84, College Park, MD.

(51) American Consulate General, Mukden, "Political Review for October 1939, Langdon to Johnson, 'Effect of War in Europe on Manchurian Economy,' 3, 7," "China : Mukden Consul General General Records, 1939, 700-804.9," Box 26, RG 84, College Park, MD.

(52) Landgon to American Consul A. S. Chase, Dairen, Manchuria, February 21, 1941 (copy of the article in the February 1941 issue of the *Oriental Economist* about Manchuria Industiral Development Corporation's financial situation), Langdon to Ambassador Nelson T. Johnson, March 7, 1941 ("'Manchukuo' Leaders Discuss Manchurian Economy"), "Informal Round Table Conference to Discuss Last Year of the Five-Year Plan of Development (Translation from *Manshu Nichi-Nichi*, January 1 and 2, 1941) by W. Y. Park, American Consulate General, Mukden," Krentz to Secretary of State, October 11, 1941, U. Alexis Johnson, "Manchuria Finanical Report : June-September, 1941," "China : Mukden Consul General General Records, 1941, 850-861.3," Box 37, RG 84, College Park, MD.

第 7 章　見果てぬ夢

（1）William O. Inglis, "A Tip to Mr. Roosevelt : He Can Bring Peace to the Whole World by Acting on the Suggestion of the Greatest Industrial Magnate in the Orient," 6–7（鮎川文書 M 517.1）.

（2）原朗「一九三〇年代の満州経済統制政策」（満州研究会編『日本帝国主義下の満州』御茶の水書房，1972 年）270 頁。

（3）"Japanese Seeking $50,000,000 Credit for U. S. Machinery," *New York Times*, 16 Jan. 1938, 1. Udagawa Masaru, "Business Management and Foreign-Affiliated Companies in Japan before World War II," in Takeshi Yuzawa and Masaru Udagawa eds., *Foreign Business in Japan before World War II*（Tokyo : The University of Tokyo Press, 1990）, 12–13.

（4）"Houston, Herbert S., 1936–1945," Box 33, Thomas W. Lamont Papers, Baker Library, Harvard University にある次の文書を参照。Houston to Lamont, October 20, 1936 ; Lamont to Houston, October 21, 1936 ; Houston to Lamont, August 17, 1937 ; Lamont to Houston, September 9, 1937 ; Houston to Lamont, November 14, 1937 ; Houston to Thomas J. Watson, October 26, 1937 ; May 26, 1943 memo ; and November 26, 1944 article. このほか Watson to Lamont, January 3, 1938, "Watson, Thomas J., 1931–1947," Box 136, Thomas W. Lamont Papers, Baker Library, Harvard University. この書簡で，ワトソンは，建設が完成した IBM の世界本部で「世界貿易」を通じて「世界平和」に貢献する抱負を述べていた。10 月 20 日のハウストンの書簡によると，次期大統領選挙では，彼や，ウィリアム・クレイトン，ジェームズ・ウォーバーグやワトソンのような共和党内では無派閥の党員は，共和党大統領候補のアルフ・ランドンではなく，ローズヴェルト大統領を支持することにしたと伝えていた。

ホーンベックの見解については，Stanley K. Hornbeck Papers, Hoover Institution on War, Revolution and Peace, Stanford University の次の文書を参照。January 28, 1938 Memorandum, and Herbert S. Houston, "Seeking a Way to Peace in Asia," "Houston, Herbert S.," Box 207. 松岡については，"Matsuoka, Yosuke," Box 258, Stanley K. Hornbeck Papers : Hornbeck to Welles, January 6, 1939 ; Matsuoka Yosuke, "Japan Puts Her Cards on the Table" を参照。南京で日本軍が行った虐殺についてホーンベックが受け取っていた情報については，"Atrocities," Box 228, Stanley K. Hornbeck Papers を参照。松岡の少年時代から青年時代の滞米経験については，細谷千博『日本外交の座標軸』（中央公論社，1979 年）56–68 頁を参照。ローズヴェルトの隔離演説など，1937 年秋の大統領の対日対応については，Robert Dallek, *Franklin D. Roosevelt and American Foreign Policy, 1932–1945*（Oxford : Oxford University Press, 1979）, 151 を参照。

（5）鮎川文書 M 517.1。

（6）「審問記録 1」30–31，41–44，鮎川文書 M 163.1，「岸本勘太郎審問記録」32911–12，鮎川文書 M 163.2。

（7）石川滋「終戦に至るまでの満洲経済開発——その目的と成果」（日本外交史学会編『太平洋戦争終結論』東京大学出版会，1958 年）742–743 頁。原朗・中村隆英「解題」（原朗・中村隆英編『日満財政研究会資料 泉山三六氏旧蔵』日本近代資料研究会，1970 年）。

（8）村上龍介「鮎川先生の追想」（鮎川義介先生追想録編纂刊行会編『鮎川義介先生追想録』1968 年）389–394 頁。高碕は，自伝『満洲の終焉』（実業之日本社，1953 年）18–24 頁で，1 億円と回想している。高碕は，この本で，鮎川と最初に会ったのは，1939 年 5 月，その次が同年の暮れとしているが，実際は 1938 年に初めて会っていた。満洲航空会社の前原会長が外国視察中高碕は同社の会長に就任していた。前原視察団については，鮎川文書 M

331.7 を参照。鮎川が書いた『百味箪笥』140 頁によると，ベインやほかの地質調査の結果が芳しくなかったため，大規模農業が鮎川たちにより検討されていった。

（9）高碕による試算は，小島直記『鮎川義介伝』156 頁にしか記述がない。東条は，1939 年 5 月の人事異動で陸軍次官に就任した。石原は，1938 年 8 月の人事異動で帰国，同年 12 月に舞鶴要塞司令官となり，翌年 8 月に第 16 師団長に就任し，その際中将に昇進した。しかし，満洲時代東条と対立したため，1941 年 3 月退官に追い込まれ予備役となった。鮎川の大規模農業にかんする回想については，鮎川義介「私の履歴書」（日本経済新聞社編『私の履歴書 経済人』第 9 巻，日本経済新聞社，1980 年）329–330 頁を参照。このほか，鮎川『百味箪笥——鮎川義介随筆集』（愛蔵本刊行会，1964 年）140–142 頁，小島直記『鮎川義介伝——赤い夕陽の昭和史』（日本経営出版会，1967 年）155–156 頁，高碕達之助『満洲の終焉』18–24 頁，村上龍介「鮎川先生の追想」389–394 頁を参照。前原視察団にかんする新聞記事については，鮎川文書 M 331.7 にある。日系人がどれくらい満業の債券を購入できるかという試算を行った報告書については，海本徹王「在米同胞の満業社債消化力の考察」昭和 13 年 4 月，鮎川文書 M 511.1 を参照。

（10）鮎川「私の履歴書」328–329 頁。H. Foster Bain to Herbert Hoover, March 29, 1938, “H. Foster Bain,” Post-Presidential Individual File, Herbert C. Hoover Papers, Herbert C. Hoover Presidential Library. ベインの渡満にかんする鮎川たちとの電報のやりとりについては，鮎川文書 M 517.1 の次の文書を参照。Ayukawa to Bain, March 1, 1938 ; Bain to Ayukawa, March 4, 1938 ; Bain to Ayukawa, March 7, 1938 ; Ayukawa to Bain, March 11, 1938. ベイン自身の文書で満洲に到着するまでを記録した文献は，次を参照。Bain to Mrs. Bain, April 16, 1938, H. Foster Bain Papers, The Nevada Historical Society.

（11）April 8, 1938, H. Foster Bain Papers, Nevada Historical Society.

（12）Bain to Mrs. Bain, April 16, 1938, H. Foster Bain Papers, The Nevada Historical Society.

（13）Bain’s letter to a family member on April 8, 1938, H. Foster Bain Papers, Nevada Historical Society. ベインが以前から予定していた一時帰国の件については，鮎川文書 M 517.1 の Bain to Ayukawa, March 2, 1938 と Bain to Mrs. Bain, April 16, 1938, H. Foster Bain Papers, The Nevada Historical Society を参照。

（14）鮎川文書 M 517.1 に 4 月 9 日の覚書と 4 月 10 日の報告書がある。H. Foster Bain, “Mineral Resources of Manchuria as a Basis for Industry,” May 1938 とこれについての要約と補足については，The H. Foster Bain Papers at the Nevada Historical Society.

（15）Bain to Ayukawa, May 19, 1938（鮎川文書 M 517.1）. ベインは，日本側が外資導入に「躍起」になっていることについて気付いていおり，これは次の文書でわかる。Bain to C. A. Snider, President of Sulphur Export Corporation in New York City, September 1, 1938, H. Foster Bain Papers, The Nevada Historical Society.「日本の経済界は非常に行き詰まっています。外貨にかんする問題は，世界が想像する以上にもっと大変な状況です。彼らはここをなんとか切り抜けるかもしれませんが，変化が突然起きる可能性もあり得ます」。鮎川文書 M 511.3 に外国系石油会社（Standard Vacuum および Rising Sun）が満洲国へ提示した和解案（May 2, 1938）がある。

（16）H. Foster Bain, “Problems of and Adjustment in the Mining Industry,” National Research Council of the Philippines, Bulletin No. 17, September 1938, 10–11. これは鮎川文書 M 517.1 と H. Foster Bain Papers, The Nevada Historical Society の両方にある。

（17）炭鉱については，H. Foster Bain, “Mineral Resources of Manchuria as a Basis for Industry,”

May 1938, 29–30, H. Foster Bain Papers, The Nevada Historical Society. 満洲とフィリピンの経済提携構想については，H. Foster Bain, “Supplementary Report : Mineral Resources of Manchuria as a Basis for Industry,” May 1938, 7–8, H. Foster Bain Papers, The Nevada Historical Society. フィリピンが輸入する日本産の石炭の輸入価格を競争で下げさせていくベインの構想については，Bain to Hoover, March 29, 1938, “Bain,” Post-Presidential Individual File, Herbert C. Hoover Papers, Herbert C. Hoover Presidential Library.

(18) Bain to Miho, April 10, 1940（鮎川文書 M 517.1). このほかこの段落で使った資料は，H. Foster Bain Papers, The Nevada Historical Society の以下の文書を参照。Joan Updegraff to Clyde E. Williams, February 2, 1939 ; Bain to Clyde E. Williams, July 2, 1939 ; Bain to M. H. Caron, April 10, 1940 ; M. H. Caron to Bain, April 28, 1940 ; Bain to Caron, May 21, 1940 ; Bain to Joan Updegraff, June 21, 1940 ; Bain to A. Terry, Jr., July 1, 1940 ; Bain to Terry, July 27, 1940 ; Bain to Terry, August 17, 1940 ; Terry to Bain, August 29, 1940 ; Bain to Terry, September 12, 1940 ; Bain to Terry, October 5, 1940 ; Bain to Ives, August 27, 1941.

(19) David Kranzler, *Japanese, Nazis & Jews : the Jewish Refugee Community of Shanghai, 1938–1945* (New York : Yeshiva University Press, 1976), 210–211, 222, 609–619. 1938 年から 1939 年にかけての鮎川とクーン・ローブ投資銀行との関係については，鮎川文書の以下の文書を参照。鮎川文書 M 516.3 にある，1939 年 1 月 30 日モーデルハンメルによる活動の報告書，1939 年 2 月 3 日鮎川―浅原国際電話会談記録，鮎川文書 M 922.22 にある 1939 年 7 月 20 日『外資問題経過報告』13。浅原，モーデルハンメル，シュンドラーは，クーン・ローブ投資銀行の幹部と接触していた。これらに加えて鮎川文書 M 517.2 の以下の文書を参照。The Parlophone Company to H. A. Straus, October 21, 1938 ; a letter to the Japanese Ministry of Interior for a permission to allow the entrance to Japan of a person’s parents from Europe for an indefinite period, November 26, 1938 ; “Immigration of German Jews into Japan.” ハワード・ションバーガー『ジャパニーズ・コネクション――海運王ケイ・スガハラ外伝』（袖井林二郎訳，文藝春秋社，1995 年）127–128 頁。このほか，Kranzler, 224。日本とヤコブ・シフとの関係については，Akira Iriye, *Pacific Estrangement : Japanese and American Expansion, 1897–1911* (Chicago : Imprint Publications, 1994), 113, 203, 225 を参照。このほか，日本人のユダヤ人観については，Ben-Ami Shillony, *The Jews and the Japanese : The Successful Outsiders* (Rutland, Vermont : Charles E. Tuttle Company, 1991), 127–128 を参照。

(20) Shillony, 178–179 ; David G. Goodman and Miyazawa Masanori, *Jews in the Japanese Mind : The History and Uses of a Cultural Stereotype* (New York : The Free Press, 1995), 112–113。中日新聞社会部編『自由への逃走――杉原ビザとユダヤ人』（中日新聞社，1995 年）127–128，200–201 頁。

(21) Kranzler, 232–233。この他 Goodman and Miyazawa, 111, 114.

(22) Goodman and Miyazawa, 110–111, 113–114.

(23) 満業とクライマンの関係については，鮎川文書の以下の文書を参照。M 922.22 では，1939 年 7 月 20 日『外資問題経過報告』18，M 517.2 では，Kleiman to Kishimoto, February 4, 1938, Kleiman to Ishiwatari, September 22, 1938 (including “Memorandum with Respect to Projected Credit Arrangements between Japanese Industry and American Banks”).

(24) ストロースは，フーヴァーに忠実であった。また，彼がクーン・ローブ投資銀行で頭角を現していった背景には，同行の共同経営者ジェローム・ハナワーの娘婿であったことも関係していた。ストロース文書の以下の文献を参照。Keizo Obata to Strauss, November 2 and

November 3, 1926, "Japan Trip of 1926 : Masuda-Osborne," and "Japan : 1918-1938 & Undated," Box 44 ; "Hanauer, Jerome J. and Mrs. : Death of Jerome, Estate etc.," Box 31, Lewis Strauss Papers, Herbert C. Hoover Presidential Library, West Branch, Iowa.

(25) ストロースと井川（Wikawa あるいは Ikawa）との関係については，"Widk-Wilb : 1928-1938," Box 86, Lewis L. Strauss Papers を参照。井川の，ストロースとの1920年代から日米開戦までの友情については，井川忠雄『日米交渉資料』（山川出版社，1982年）412-416頁を参照。

(26) ワイズの対日観については，Kranzler, 227-228, 244 と Shillony, 184 を参照。

(27) U. S., Department of State, *Foreign Relations of the United States : Japan, 1931-1941*, *Vol. I*, 789-790.

(28) U. S., Department of State, *Foreign Relations of the United States : Japan, 1931-1941*, *Vol. I*, 822.

(29) バルークのユダヤ人難民問題へのかかわりについては，Jordan A. Schwarz, *The Speculator : Bernard M. Baruch in Washington, 1917-1965* (Chapel Hill : The University of North Carolina Press, 1981), 563-564 を参照。ストロースのユダヤ人難民問題への関与については，Lewis L. Strauss, *Men and Decisions* (Garden City : Doubleday & Company, 1962), 109-120 を参照。ストロースとフーヴァーの関係については，Richard Norton Smith, *An Uncommon Man : The Triumph of Herbert Hoover* (Worland : High Plaines Publishing Company, 1984) を参照。

(30) Kleiman to Ishiwatari, September 22, 1938 (including "Memorandum with Respect to Projected Credit Arrangements between Japanese Industry and American Banks")，(鮎川文書 M 517.2)。

(31) Kleiman to Aikawa (Ayukawa), February 7, 1939（鮎川文書 M 517.2)。

(32) 満業とクライマンの関係については鮎川文書 M 517.2 の以下の文献を参照。MIDC to Kleiman, April 20, 1939 ; Kleiman to Aikawa (Ayukawa), April 20, 1939 ; Kleiman to Aikawa (Ayukawa), April 25, 1939. 1938年3月から8月のクライマンのニューヨークにおける活動は，石渡大蔵次官宛1939年9月22日書簡に添付された覚書に記載されている。クライマンについては，ションバーガー『ジャパニーズ・コネクション』132頁を参照。有田外相の1938年2月27日の演説については，Shillony, 184 を参照。

(33) Gordon Prange, *Target Tokyo : The Story of the Sorge Spy Ring* (New York : McGraw Hill, 1984), 101, 168, 196.

(34) Moedlhammer to Ayukawa, May 11, 1938（鮎川文書 M 516.1). モーデルハンメルが提唱したドイツにおける投資確保の構想については，鮎川文書の以下を参照。M 922.22 の『外資問題経過報告』1939年7月20日，10-12と，M 516.1 にあるモーデルハンメル提案の金融ファイナンスの構想にかんする1938年5月28日覚書，Moedlhammer to Aikawa (Ayukawa), June 8, 1938, Moedlhammer to Kishimoto, June 28, 1938, Moedlhammer to Aikawa (Ayukawa), June 28, 1938, Moedlhammer to Aikawa (Ayukawa), June 29, 1938, Moedlhammer to Aikawa (Ayukawa), August 17, 1938, Moedlhammer to Kishimoto, August 13, 1938, Moedlhammer's September 11, 1938 progress report to Aikawa (Ayukawa), Moedlhammer to Aikawa (Ayukawa), September 15, 1938, Moedlhammer to Aikawa (Ayukawa), September 20, 1938, Ayukawa's cable to Oscar Henschel, President of Henschel, September 26, 1938, Henschel's reply regarding Moedlhammer, September 28, 1938, Moedlhammer to Kishimoto, September 26, 1938, Prince Urach to Moedlhammer, September 25, 1938, Moedlhammer to Aguilar, September 25, 1938，大蔵省書記官迫水久常宛鮎川覚書，昭和13年9月23日，Aikawa (Ayukawa) to Moedlhammer, September 26, 1938 (longer version), Moedlhammer's own biographical sketch,

September 22, 1938, Moedlhammer to Aikawa (Ayukawa), September 27, 1938，モーデルハンメルのドイツ金融シンジケートに対する横浜正金銀行の外国為替次長から大蔵書記官迫水久常宛昭和 13 年 9 月 30 日報告書，Moedlhammer to Kishimoto and Moedlhammer to Aikawa (Ayukawa), September 29, 1938, October 2, 1938 cable to Ayukawa from Germany，昭和 13 年 10 月 4 日満洲国総務庁長官星野直樹宛満業覚書（モーデルハンメルと彼の信頼性について）。

(35) Laurence B. Rand, *High Stakes : The Life and Times of Leigh S. J. Hunt* (New York : Peter Lang, 1989) ; "Mining : Chosen Gold," *Time*, September 11, 1939. ハントとフーヴァーの関係については，Rand, 262，ファセットとハントの関係は，Rand, 44，ハントが雲山鉱区の権益を得るに至った経緯については，Rand, 80, 83-88, 91，ハントとファセットがモースより雲山権益の譲渡を得た経緯については，Rand, 94, 114-115，オリエンタル・コンソリデーティッド鉱業株式会社設立については，Rand, 116-118，同社に対する英国人投資家の動向については，Rand, 138-140, 153，パーキンズについては，Rand, 139, 144, 154，1901 年 1 月付の同社の本社の移転，新役員体制，ハントとファセットの取得利益については，Rand, 154。雲山における同社の独占開発権は，1900 年 5 月 15 日，アレン（1897 年駐朝鮮米国公使に昇進）の仲介で，李王朝との同開発権契約改定交渉の結果最長で 1954 年 5 月までとなった。Rand, 141-142。ハントの死去については，Rand, 283-284。1899 年 3 月に国王が同社へ自身の出資分の譲渡を行ったことについては，Rand, 128。ハーストやミルズについては，Rand, 151。

(36) Rand, 280-281. フーヴァーとチャンドラーが釣り仲間であったことについては Dennis McDougal, *Privileged Son : Otis Chandler and the Rise and Fall of the L. A. Times Dynasty* (Da Capo Press, Reprint edition, 2002), 104。

(37) Bruce Cumings, *The Origins of the Korean War, Volume II : The Roaring of the Cataract, 1947-1950* (Princeton : Princeton University Press), 99, 141-145. 小林英夫『「大東亜共栄圏」の形成と崩壊』（御茶の水書房，1975 年）253-260，266-270 頁。小林は，同書 266 頁で，1942 年以降朝鮮半島における金の生産量が減少していったことを指摘している。これは太平洋戦争勃発により，米国からの物資購入のための金の輸出が不要になったからであった。

モーデルハンメルとオリエンタル社との接触については，鮎川文書 M 516.2 の以下の文書を参照。Mitsui & Co., Ltd., New York, "Re : Oriental Mining Company," November 16, 1938, and its attached report about the Oriental Consolidated Mining Company copied from a report in Dun & Bradstreet. モーデルハンメル宛昭和 13 年 10 月 31 日電報，鮎川文書 M 516.1。ここには，日本鉱業が，雲山の権益取得前に同社が朝鮮半島で購入した英米の鉱山の開発権益が紹介されている。1916 年英米出資の米国企業所有の銅山の開発権益取得（the Kapsan Copper Mine from the Colbran Bostwick Development Company），1917 年英米合弁会社から金山の開発権益の取得（the Suian Gold Mine from Fraser and Folks），1938 年英国会社の金山開発権益取得（the Taiyudo Gold Mine from Nurupi Mine Company）。このほか鮎川文書 M 516.1 の以下の文書を参照。Moedlhammer to MIDC, October 18, 1938 ; MIDC to Moedlhammer, October 24, 1938 ; Moedlhammer to MIDC, October 24, 1938 ; Moedlhammer to MIDC, November 1, 1938 ; Memorandum on Plans to Purchase Unsan Gold Mine (Undated) ; Moedlhammer to MIDC, November 7, 1938 ; Moedlhammer to MIDC, November 12, 1938 ; MIDC to Moedlhammer, November 14, 1938 ; Moedlhammer to MIDC, November 14, 1938 ; Moedlhammer to Ayukawa, November 20, 1938。鮎川文書 M 516.2 に満業が 12 月 9 日モーデルハンメルに打電したオリエンタル社との交渉を進める指示書の和訳を参照。モーデルハンメルは，満業が 11 月 14

日に打電した指示にもとづいてオリエンタル社との交渉を進めることになっていた。満業は，モーデルハンメルにメキシコで石油の購入交渉を行わせた後にただちにドイツへ向かわせる予定であった。彼の米国滞在が長くなったのは当初からの予定ではなかった。ストロースは，シュンドラーと1937年から1938年の時期に会っていた。シュンドラーの名刺が“Schn-Schurm, 1917-1938,” Box 69, Lewis L. Strauss Papers に含まれている。

（38）December 22, 1938 cable from Moedlhammer to MIDC, January 23 cable from MIDC to Moedlhammer（鮎川文書 M 516.3）。

（39）1941年秋デスヴェアニンは，9章で紹介するように，フーヴァー大統領と野村および来栖両大使の間を往来する役割を果たしていた。米国鉄鋼会社については，関係する報告書ひとつと電報を参照。鮎川文書 M 922.22 では，1939年7月20日『外資問題経過報告』10-14，21，M 516.2 では，MIDC to Moedlhammer, November 25, 1938 ; Moedlhammer to MIDC, November 27, 1938 ; Moedlhammer to MIDC, November 29, 1938 ; Moedlhammer to MIDC, December 2, 1938 ; Moedlhammer to MIDC, December 8, 1938 ; Moedlhammer to MIDC, December 10, 1938 ; Moedlhammer to MIDC, December 12, 1938 ; Moedlhammer to MIDC, December 18, 1938 ; Moedlhammer to MIDC, December 20, 1938 ; Moedlhammer to MIDC, December 28, 1938 ; Moedlhammer to MIDC, December 29, 1938 ; Moedlhammer to MIDC, January 6, 1939 ; Moedlhammer to MIDC, January 7, 1939 ; Moedlhammer to MIDC, January 11, 1939 ; Moedlhammer to MIDC, January 13, 1939 ; Moedlhammer to MIDC, January 15, 1939 ; MIDC to Moedlhammer, January 16, 1939 ; Moedlhammer to MIDC, January 16, 1939. M 516.3 では，Moedlhammer to MIDC, January 7, 1939 ; Moedlhammer to MIDC, January 11, 1939 ; Moedlhammer to MIDC, January 16, 1939 ; Moedlhammer to MIDC, January 21, 1939 ; a cable from New York to MIDC, January 30, 1939 ; Director Asahara to MIDC, February 1, 1939。シュワッブについては，Robert Hessen, *Steel Titan : The Life of Charles M. Schwab* (New York : Oxford University Press, 1975), 294-304 を参照。

（40）以下の文献を参照。J. & W. Seligman & Co. to Moedlhammer, February 8, 1939 ; Moedlhammer to Aikawa (Ayukawa), February 10, 1939 ; H. O. Schundler to Moedlhammer, February 11, 1939 ；1939年2月3日鮎川—浅原国際電話会談記録；Moedlhammer to Aikawa (Ayukawa), February 10, 1939（鮎川文書 M 516.3). Schundler to Moedlhammer, February 11, 1939（鮎川文書 M 516.4). 鮎川文書 M 516.3 に添付されている “Plan A and Plan B”；1939年3月14日鮎川—浅原国際電話会談記録；telegram from Moedlhammer to Ayukawa, March 27, 1939 も参照。モーデルハンメルの前述2月10日の鮎川宛の書簡には，それまでに行われたモーデルハンメルによるクレジット確保と鉄鋼製品購入にかんする要旨が記載されている。この要旨は，それまでの電報や書簡の原文あるいはそれらの和訳の内容を反映している。この書簡で，モーデルハンメルは，鉄鋼会社の幹部たちが，満洲国と取引を行うことに関心を示したものの，それを行うには，米国政府の少なくとも暗黙の了解が必要であるということであった。本文でも述べたように，これらの会社は，満洲国との取引に対する米国政府による報復で，もっと利潤をあげられる米国政府の国防関係支出から排除されることを恐れていたのであった。3月14日の鮎川と浅原の国際電話によるやりとりのなかで，モーデルハンメルと米国金融業および製造業の関係者との間を行き来していたのは，シュンドラーであることが判明した。このことは3月27日のモーデルハンメルから鮎川宛の電報でも言及がある。シュンドラーは，彼がモーデルハンメルに宛てた2月11日の書簡で，セリグマン投資銀行により結成が試みられていた金融コンソーシアムは，満業が米国大手

鉄鋼会社であったU・S・スチール社とベツレヘム・スチール社から鉄鋼製品を2千万ドル相当購入できるようクレジット供与を検討していたことに触れていた。一方，満業の1939年7月29日の『外資問題経過報告』13-14，鮎川文書M 922.22では，セリグマンが進めようとしていた商談と鉄鋼製品購入の件は別件であることを指摘している。

鮎川によるモーデルハンメル解任の件は，鮎川文書M 516.4の以下の文献を参照。1939年3月14日鮎川—浅原国際電話会談記録，Moedlhammer to MIDC, March 21, 1939 ; Moedlhammer to MIDC, March 23, 1939 ; Moedlhammer to MIDC, March 24, 1939 ; MIDC to Moedlhammer and MIDC to Asahara, March 23, 1939 ; Moedlhammer to MIDC, March 25, 1939 ; Moedlhammer to MIDC, March 27, 1939 ; MIDC to Moedlhammer, March 28, 1939 ; Moedlhammer to MIDC, April 6, 1939 ; Moedlhammer to Asahara, March 28, 1939 ; Forrest F. Single to Asahara, March 31, 1939 ; Schundler to Asahara, March 30, 1939 ; The National City Bank of New York to J. W. Murray, April 4, 1939 ; Murray to Single, April 12, 1939 ; and Murray to Schundler and Moedlhammer, April 13, 1939.

セリグマン投資銀行の満業の逆提案に対する見方は，以下の文献を参照。Moedlhammer to MIDC, January 22, 1939 ; MIDC to Moedlhammer, February 13, 1939（鮎川文書M 516.3）. セリグマンのブレックと国務省のハミルトンとの会談は，U. S., Department of State, *Foreign Relations of the United States : The Far East, 1939, Vol. III* (Washington, D. C. : GPO, 1955), 494-495を参照。

(41) "China and Japan Trip File," Box 17, John Foster Dulles Papers, Seeley G. Mudd Manuscript Library, Princeton Universityの以下の文献を参照。James A. Mackay to Boies C. Hart, February 10, 1938 ; John B. Grant to John Foster Dulles, February 10, 1938 ; Mackay to Dulles, February 28, 1938 : "Trip to Hankow," 13. ナショナル・シティ銀行が1933年以来満洲国承認を支持していたことについては，Mira Wilkins, "The Role of U. S. Business," in Dorothy Borg and Shumpei Okamoto, eds., *Pearl Harbor as History : Japanese-American Relations, 1931-1941* (New York : Columbia University Press, 1973), 360を参照。国務省と同行とのやりとりについては，U. S., Department of State, *Foreign Relations of the United States : The Far East, 1939, Vol. III*, 376-381, 397-401，404-405，408-409，412-415，420-421，424-425，441-442を参照。

(42) Hornbeck to Hull, August 1, 1939 ; Hart to Hornbeck, October 20, 1939, "Hart, Boies," Box 199 ; Renschler to Hornbeck, September 12, 1939, "National City Bank," Box 305, Stanley K. Hornbeck Papers, Hoover Institution on War, Revolution and Peace, Stanford University. ホーンベック，グルーと会談を行ったナショナル・シティ銀行幹部は以下の人たちであった。海外担当シニア・バイス・プレジデントのジョセフ・H・ダーレル（Joseph H. Durrell），日本支店網統括責任者ジョン・L・カーチス（John L. Curtis），上海支店長ジョン・T・S・リード（John T. S. Reed），東アジア部門アシスタント・バイス・プレジデントのガイ・ホルマン（Guy Holman）。

(43) U. S., Department of State, *Foreign Relations of the United States : The Far East, 1939, Vol. III*, 482 ; Memorandum for Mr. Lamont, September 1, 1938, Lamont to Count Ayske Kabayama, September 8, 1938, Lamont to Richard J. Walsh, October 16, 1939, Box 188, Thomas W. Lamont Papers, Baker Library, Harvard University.

(44) 両者は，米国企業は，大口のクレジット供与を求めてくる日系企業については用心深く見る傾向があると認識していた。というのも，三井物産は，ニューヨーク市で購入時の支払い手段をキャッシュで行っていたからであった。このことに加えて，米国企業は，米国

内世論が，日本より中国に同情的であったことから，日本と取引を行う米国企業に対する不買運動を警戒していた。さらに，連邦中央銀行は海外へのクレジット供与を行う米国内銀行へ規制を行うことができた。それでも，シュンドラーとモーデルハンメルは，彼らが接触していた米国企業関係者は米国が行う日本，満洲国，ドイツとの貿易で主導権を得たい野心があることを訴えていた。2 月 10 日，満業はニューヨーク市から電報を受け取った。これによると，シュンドラーは，書留で，彼らと彼らが接触していた「大企業グループ」の代理を務める弁護士が作成した提案書を送ったことを伝えていた。事柄の性質上電報にはその内容を反映できなかった。シュンドラーは，彼のグループを代表して，満業に交渉を行う権限を委任するよう要請し，その際，交渉結果を受け入れる旨を事前に同意してもらいたいとの要望を行った。これに対して満業は，書留で送られた内容を熟読する以前には，そのような取り決めには応じられないと即答したのであった。この書留が届くと，鮎川は，先方の提案が A 案と B 案に分かれていることを知った。前者は 4 千万ドルのクレジット供与の条件で，後者は，2 千万ドルのクレジット供与の条件を示していた。鮎川は，モーデルハンメルとシュンドラーに打電し，この件に対する返答は，政府関係者たちと相談しなければいけないのでやや時間がかかるかもしれないことを伝えたのであった。

モーデルハンメルが満業へ送った 2 月 20 日の電報により，デュポンとマンハッタン銀行が満業との商談に関心があることが判明した。この電報で，モーデルハンメルは，両企業は，満業と商談にかんする根本的な合意が成立する前に両企業の名前が公けになった場合，この話し合いから撤退すると伝えていた。こうしたことから，彼とシュンドラーは企業名を言うことに慎重であったと釈明したのであった。鮎川文書 M 516.3 にこれらを示す文献がある．ここで取り上げた最後の電報で，モーデルハンメルが別の「信頼できる金融グループ」と鉄鋼関係の商談を行っていることを述べていた。満業が必要としていたクレジットおよびモーデルハンメルとシュンドラーの野心については，鮎川文書 M 516.3 の以下の文書を参照。Moedlhammer to Aikawa (Ayukawa), February 10, 1939 ; Shundler to Moedlhammer, February 11, 1939. 後者に添付されていた “Plan A” と “Plan B” は，鮎川文書 M 516.3 を参照。

シュンドラーの 2 つの提案については，『外資問題経過報告』1939 年 7 月 20 日，14–18，鮎川文書 M 922.22 を参照。このほか鮎川文書 M 516.3 の以下の文献を参照。A cable to MIDC, February 10, 1939 ; MIDC to Moedlhammer, February 10, 1939 ; MIDC to Moedlhammer, February 12, 1939 ; Moedlhammer to MIDC, February 12, 1939 ; MIDC to Moedlhammer, February 23, 1939（満業とモーデルハンメルとの亀裂を示す 3 つの電報）。満業がモーデルハンメルの能力を疑い始めたことを示す文献は，鮎川文書 M 516.4 の以下を参照。MIDC to Moedlhammer, March 3, 1939. この他，MIDC to Moedlhammer, March 6, 1939 ; Moedlhammer to MIDC, March 6, 1939, MIDC to Moedlhammer, March 10, 1939 ; Moedlhammer to MIDC, March 11, 1939 ; Moedlhammer to MIDC, March 15, 1939。星製薬の星一が，1935 年に行ったクーン・ローブ投資銀行との会談にかんする報告書は鮎川文書 M 511.3 を参照。

(45)『外資問題経過報告』1939 年 7 月 20 日，14–18，鮎川文書 M 922.22。鮎川文書 M 516.4 の以下の文献を参照。1939 年 3 月 14 日鮎川―浅原国際電話会談記録 ; Two cables from Moedlhammer to MIDC, March 21, 1939 ; Moedlhammer to MIDC, March 23, 1939 ; Moedlhammer to MIDC, March 24, 1939 ; Two cables from MIDC, one to Moedlhammer and one to Asahara, March 23, 1939 ; Moedlhammer to MIDC, March 25, 1939 ; Moedlhammer to MIDC, March 27, 1939 ; MIDC to Moedlhammer, March 28, 1939 ; Moedlhammer to MIDC, April 6, 1939 ;

Moedlhammer to Asahara, March 28, 1939 ; Forrest F. Single to Asahara, March 31, 1939 ; Schundler to Asahara, March 30, 1939 ; The National City Bank of New York to J. W. Murray, April 4, 1939 ; Murray to Single, April 12, 1939 ; Murray to Schundler and Moedlhammer, April 13, 1939.

(46) U. S., Department of State, *Foreign Relations of the United States : The Far East, 1939, Vol. III*, 546–548.

(47)『外資問題経過報告』1939年7月20日，14–18，鮎川文書M 922.22。

(48)「審問記録1」40–41，41–44，鮎川文書M 163.1。『外資問題経過報告』1939年7月20日14–18，鮎川文書M 922.22。U. S., Department of State, *Foreign Relations of the United States : The Far East, 1939, Vol. III*, 488–489. 高碕達之助『満洲の終焉』132頁；星野直樹『見果てぬ夢——満州国外史』（ダイヤモンド社，1963年）289頁。合意文書については，鮎川文書M 511.2を参照。メスタと満業の電報のやりとりについては，鮎川文書M 517.2の以下の文献を参照。Powell to Ives, April 21, 1939 ; Kohiyama to Ayukawa, April 22, 1939 ; Fukutomi to Kohiyama, April 22, 1939. ユナイテッド・エンジニアリング社と芝浦製作所の提携については，Udagawa, "Business Management and Foreign-Affiliated Companies in Japan before World War II," 12–13を参照。

(49) Akira Iriye, *Power and Culture : The Japanese-American War, 1941–1945* (Cambridge, MA : Harvard University Press, 1981), 20.

(50) U. S., Department of State, *Foreign Relations of the United States : The Far East, 1939, Vol. III*, 550–558. 米国政府は，日本が占領地域の経済を4段階で独占すると見ていた。すなわち，第1段階は，軍事占領で，第2段階は，日本の傀儡政権の樹立，第3段階は，新通貨の発行と旧通貨の廃止，そして最終段階は，この新通貨を日本円に固定させ，日本と占領地域の経済関係が日本勢に有利に展開していくようさまざまな貿易と外国為替の規制を導入し，日本と経済競争関係にある外国勢をこの貿易関係から駆逐していく，というものである。

第8章　アメリカによる満洲国の事実上の承認の模索

(1) 堀越禎三『経済団体連合会前史』（経済団体連合会，1962年）336頁。"William Inglis"（鮎川文書M 517.1). George E. Marcus and Peter Dobkin Hall, *Lives in Trust : The Fortunes of Dynastic Families in Late Twentieth Century America* (Boulder : Westview Press, 1992), 265–267, 269, 272–276.

(2) William O. Inglis, "A Tip to Mr. Roosevelt : He Can Bring Peace to the Whole World by Acting on the Suggestion of the Greatest Industrial Magnate in the Orient," 1, 4–8（鮎川文書M 517.1). 小島直記『鮎川義介伝——赤い夕陽の昭和史』（日本経営出版会，1967年）120, 124–127頁。

(3) Inglis, "A Tip to Mr. Roosevelt," 1–2, 4, 7–8（鮎川文書M 517.1).

(4) 鮎川文書M 517.1。鮎川の1953年の自伝の草稿は，鮎川文書M 931.4。何故これが刊行されなかったかについては，鮎川文書M 931.4の1954年9月11日の覚書を参照。

(5) 木戸日記研究会編『木戸幸一日記』下巻（東京大学出版会，1966年）733，737頁。

(6) U. S., Department of State, *Foreign Relations of the United States : The Far East, 1939, Vol. III*, 599–600.

(7) Stanley Hornbeck's December 13, 1939 memorandum, "Japanese Personages," Box 258, Stanley K. Hornbeck Papers, Hoover Institution on War, Revolution and Peace, Stanford University.

(8) 大橋の忠告は，小島直記『鮎川義介伝』130–131頁。このことは，鮎川の1953年の自伝の草稿，71–72頁，鮎川文書M 931.4に記述がある。「審問記録1」31，鮎川文書M 163.1。

（9）U. S., Department of State, *Foreign Relations of the United States : The Far East, 1939, Vol. III*, 596-597.

（10）岸本勘太郎「欧州視察側面観」1940年5月11日，1-2頁，鮎川文書M 182.3。

（11）鮎川文書M 182.3の以下の文献を参照。岸本勘太郎「欧州視察側面観」1940年5月11日，1-6頁，「鮎川総裁晴れの出発」『満洲新聞』1939年12月27日，「鮎川，松島両氏昨夜満洲里発モスクワへ」『満洲新聞』1939年12月29日。三保は鮎川の訪欧団のリストに載っていなかったが，モスクワで彼らと分かれてオスロ経由でロンドンへ行き，そこで，ニューヨークより到着した久原光夫とともに鮎川の訪米の準備を行った。三保は英国で，元駐日英国商務官・参事官のハリバッチと会っており，英国資本の満洲への導入について模索していた。鮎川の訪欧団には，岸本のほか，山本惣治，米本，久保田，浅井和彦，ブカレストから同行した満洲国ブカレスト総領事伊吹が含まれていた（鮎川文書M 182.3）。山本が欧州で鮎川たちと会っていたことは，鮎川義介「私の履歴書」（日本経済新聞社編『私の履歴書 経済人』第9巻，日本経済新聞社，1980年）を参照。三保のロンドンでの活動は1953年の鮎川の自伝の草稿，76-77頁，鮎川文書M 931.4。鮎川は渡米を秘密にしていたが，12月23日の『満洲新聞』とのインタビューで，独伊以外に行くところがあるかもしれないと語っていた。鮎川文書M 182.3を参照。

（12）鮎川は，1953年の自伝でモロトフと会っていたと回想しているが，「鮎川総裁欧州視察旅行」『満洲新聞』（鮎川文書M 182.3）によるとミコヤンと会っていた。

（13）岸本勘太郎「欧州視察側面観」1940年5月11日，5-7頁，『満洲日日』1940年4月3日，『満洲新聞』1940年4月3日，鮎川文書M 182.3。欧州で視察した工場や会った人たちの名前については，このマイクロフィッシュを参照。

（14）星野直樹『見果てぬ夢——満洲国外史』（ダイヤモンド社，1963年）294頁。

（15）岸本勘太郎「欧州視察側面観」1940年5月11日，26-33頁，『満洲日日』1940年4月3日，鮎川文書M 182.3。三保は2月28日，鮎川とイタリアで同行していたことがわかり，このときすでにロンドンから駆け付けていた。鮎川義介「私の履歴書」330-331には，白洲が英仏が最終的に勝利するとイタリアで言っていたという記述があるが，岸本の前記報告書にはそのような記述はない。おそらく，枢軸側につこうとしていた当時の陸軍内外の動きを考えて載せなかったのであろう。山本惣治の鮎川の訪米構想に対する見解については，星野直樹『見果てぬ夢』294頁を参照。このことについての白洲と久原の見解，そして三保の渡米については，1953年の鮎川の自伝の草稿77頁，鮎川文書M 931.4を参照。イタリアにおける鮎川については，天羽英二『天羽英二史料集』第3巻（天羽英二史料集刊行会，1990年）の1940年2月18日から22日，25日から27日を参照。

（16）鮎川義介「私の履歴書」330-331頁，小島直記『鮎川義介伝』135頁。ウェラーと会談した同じ日，鮎川は，イタリア繊維産業界の有力者とも会っており，満洲へのイタリア繊維産業の誘致について話し合った。

（17）小島直記『鮎川義介伝』136，140-141頁。鮎川文書M 182.3にある鮎川の訪欧記録によると，鮎川は以下の日時に来栖と会っていた。1月19日午後9時から翌日午前1時，1月20日夜来栖大使主催の夕食会，1月23日夜，2月4日ウォルター・ファンク（Walter Funk）経済大臣などドイツ政府高官を交えた来栖大使主催の昼食会，3月2日夜，3月3日夜，3月4日，3月8日夜，3月15日午後から夜。鮎川とウェラーとの会談は同マイクロフィッシュに記載がある。鮎川は，来栖とともに，3月5日リッベントロップ外相と会っていた。同日，鮎川と来栖は，鮎川のソ連再入国のビザの件で，駐独ソ連大使と会い，

またこの日の正午ごろヒトラーとの会談を 40 分ほど行っていた。その夜，鮎川は来栖大使公邸で大使，そしてロンドンから最近到着していた若い外交官上村と会っていた。

(18) 来栖三郎『日米外交秘話』（創元社，1952 年）110-116 頁。吉田茂のイギリス大使時代については，細谷千博『日本外交の座標軸』（中央公論社，1979 年）18-52 頁。鮎川がいう，来栖が述べたことについては，「審問記録 1」32-33，鮎川文書 M 163.1。鮎川の外資導入の活動については，鮎川文書 M 163.2, 511.3 と 611.1 を参照。来栖と外資については，1953 年の自伝の草稿，77-79 頁，鮎川文書 M 931.4 も参照。

(19) ドイツ政府の鮎川への圧力については，中川敬一郎・由井常彦編『財界人思想全集 第 2 巻 経営哲学・経営理念 昭和編』（ダイヤモンド社，1970 年）191 頁を参照。また，「審問記録 1」49-50，鮎川文書 M 163.1 でも言及がある。ラジオ局のインタビューの日，ウラック王子もいた。日本にいたときに鮎川とつきあいがあった彼は，当時ドイツ外務省の情報室に勤務していた。鮎川文書 M 182.3 を参照。

(20) ヒトラーとの会談が 3 月 5 日に行われていたことは，鮎川文書 M 182.3 を参照。同マイクロフィッシュにある以下の新聞記事を参照。『新京日日』1940 年 4 月 2 日，『満洲日日』1940 年 4 月 3 日。このほか鮎川義介「私の履歴書」331-332 頁，鮎川義介『百味箪笥——鮎川義介随筆集』（愛蔵本刊行会，1964 年）173-174 頁。

(21) 岸本勘太郎「欧州視察側面観」1940 年 5 月 11 日，22-23，29 頁，『満洲日日』1940 年 4 月 3 日，鮎川文書 M 182.3。鮎川のヒトラーについての印象は，同マイクロフィッシュ『満洲新聞』19。また，同マイクロフィッシュでは，3 月 5 日の鮎川とヒトラーの会談では，両国の関係強化が確認されたと『満洲新聞』が報道していたことがわかる。

(22)『満洲日日』1940 年 4 月 3 日，鮎川文書 M 182.3。三保の渡米については，1953 年の自伝の草稿，79 頁，鮎川文書 M 931.4 と「審問記録 1」32，鮎川文書 M 163.1。鮎川がスターリンと会おうとしたことについては，この「審問記録 1」46-48 を参照。岸本の尋問調書には鮎川が欧州から渡米することを真剣に検討していたことが記録されている。岸本は，鮎川の渡米は意味がないと反対したことを述べていた。岸本がホロウィッツ検察官に何を述べたのかについて，伊藤文吉と鈴木とともに尋問後書き遺した文書で，1946 年 1 月 30 日と記されている文書 18 頁が鮎川文書 M 163.2 にある。米国企業が米国政府によるソ連の国家承認前に行っていた投資については，Melvyn Leffler, *The Specter of Communism : The United States and the Origins of the Cold War, 1917-1953*, (New York : Hill and Wang, 1994), 17 を参照。このほか星野直樹『見果てぬ夢』294 頁と鮎川義介「私の履歴書」331-333 頁を参照。日本帝国内における満洲の経済開発の位置付けの変遷については，第 6 章と第 10 章を参照。星野はこのことについて極東裁判前の尋問で語っている。星野直樹の尋問調書，22 頁，鮎川文書 M 163.3 を参照。

(23) Walter Lafeber, *The Cambridge History of American Foreign Relations Volume II : The American Search for Opportunity, 1865-1913* (New York : Cambridge University Press, 1993), 169-177, 227-233 ; William Appleman Williams, *The Contours of American History* (Cleveland : World Publishing, 1961), 414-457 ; Akira Iriye, *Pacific Estrangement : Japanese and American Expansion, 1897-1911* (Chicago : Imprint Publications, 1994), 192-193, 207-209, 226-227 ; John Curtis Perry, *Facing West : Americans and the Opening of the Pacific* (Westport : Praeger, 1994), 161-165 ; Cho Yukio, "An Inquiry into the Problem of Importing American Capital into Manchuria : A Note on Japanese-American Relations, 1931-1941," in Dorothy Borg and Shumpei Okamoto, eds., *Pearl Harbor as History : Japanese-American Relations, 1931-1941* (New York : Columbia University

Press, 1973), 383-387, 691-692。『現代史資料 7 満州事変』（みすず書房，1964 年）156, 162, 167, 172-180 頁。

（24）米国経済については，序章を参照。

（25）Frederick W. Marks III, *Wind Over Sand : The Diplomacy of Franklin Roosevelt*（Athens : The University of Georgia Press, 1988), 85-87.

（26）Counselor to Hull, June 7, 1940, SD 711.94/1566, RG 59, National Archives, Washington, D. C.（以下 NA と略する).

（27）Memorandum of Miho-Welles-Hornbeck-Hamilton conversation, May 8, 1940, SD 711.94/1507, RG 59, NA.

（28）木戸と伊藤の交友については，『木戸幸一日記』上・下巻を参照。伊藤による木戸の政治活動支援については，例えば『木戸幸一日記』上巻，568 頁と『木戸幸一日記』下巻，647, 682 頁を参照。

（29）『木戸幸一日記』上巻，622 頁。

（30）『木戸幸一日記』下巻，687 頁。

（31）『木戸幸一日記』下巻，690 頁。

（32）『木戸幸一日記』下巻，754 頁。

（33）『木戸幸一日記』下巻，784 頁。

（34）Cho. 堀越禎三『経済団体連合会前史』336-338 頁。日本経済連盟会の対米工作活動に関係した，陸海軍を含む政府関係者と財界人については，これと，澤田節蔵『澤田節蔵回想録——一外交官の生涯』（有斐閣出版サービス，1985 年）221-222 頁。

（35）第 7 章を参照。

（36）オライアンの経歴については，*The Japan Times and Advertiser*, August 13, 1940, SD 711.94/1717, RG 59, NA。鮎川文書 M 517.2 も参照。“O'Ryan's Job,” *Time*, July 29, 1940, 15 ; “General O'Ryan Appointed Adviser to Stimson,” *Washington Star*, August 1, 1941, “Major General John F. O'Ryan,” Box 324, Stanley K. Hornbeck Papers, Hoover Institute on War, Revolution and Peace, Stanford University. 西山財務官は，オライアンの選定前に 11 人前後の財界人に訪日の打診を試みていたが，国務省が阻止した。これら候補の中には，ギャランティ・トラスト銀行，ファースト・ナショナル・シティ銀行の幹部も含まれていた。澤田節蔵『澤田節蔵回想録』223-224。

（37）Butrick to Hull, August 8, 1940, SD 711.94/1664, RG 59, NA.

（38）Memorandum of O'Ryan-Hamilton conversation, June 3, 1940, SD 711.94/1529, RG 59, NA. このほか，Dallek, 238.

（39）Maxwell Hamilton, “Memorandum for the President,” June 5, 1940, SD 711.94/1529, RG 59, NA. “O'Ryan's Job,” *Time*, July 29, 1940, 15.

（40）Secretary of State to the American Embassy in Tokyo, June 13, 1940, SD 711.94/1528 ; Sumner Welles to Grew, June 14, 1940, SD 711.94/1529 ; the State Department to the American Consul, Shanghai, June 15, SD 711.94/1533 ; Plain, Nanking, to the Secretary of State, June 14, 1940, SD 711.94/1534 ; すべて RG 59, NA。

（41）Lippmann to Major General John F. O'Ryan, June 10, 1940 ; O'Ryan to Lippmann, June 14, 1940 ; “O'Ryan,” Walter Lippmann Papers, Yale University Library, New Haven, Conn. “O'Ryan's Job,” *Time*, July 29, 1940, 15.

（42）Miho to Ayukawa, 1940 ; Miho to Ayukawa, June 4, 1940 ; Ayukawa to Miho, June 5, 1949（鮎

川文書 M 517.2).

(43) 同前および鮎川文書 M 611.1。

(44) Ayukawa to Miho, June 22, 1940（鮎川文書 M 517.2).

(45) Marks, 85-87. State Department to American Embassy in Tokyo, June 15, 1940, and Grew to Secretary of State, June 12, 1940, SD 711.94/1532, June 19, 1940, SD 711.94/1537, July 11, 1940, SD 711.94/1558 July 11, 1940, SD 711.94/1569, July 11, 1940, SD 711.94/1570, July 11, 1940, SD 711.94/1571, July 11, 1940, SD 711.94/1572, July 11, 1940, SD 711.94/1573, July 14, 1940, SD 711.94/1575 ; memorandum of conversation between the American Ambassador and the Japanese Minister for Foreign Affairs, June 19, 1940, SD 711.94/1599, June 10, 1940, SD 711.94/1603, June 28, 1940, 711.94/1628, July 11, 1940, SD 711.94/1633. 高田万亀子『静かなる楯——米内光政』下巻（原書房，1990 年）46-65 頁。

(46) Memorandum by the Department of State Division of Far Eastern Affairs, 12 Aug. 1940, SD 711. 94/1629, RG 59, NA.

(47) 澤田節蔵『澤田節蔵回想録』223 頁. Howard Schonberger, "Zaibatsu Dissolution and the American Restoration of Japan," *Bulletin of Concerned Asian Scholars*, Vol. 5, No. 2 (1973), 133.

(48) Memorandum for the State Department from the White House, September 3, 1940, Hull to Watson, September 9, 1940, Watson to O'Ryan, September 10, 1940, "PPF 1948," President's Personal File, Franklin D. Roosevelt Papers, Franklin D. Roosevelt Presidential Library. O'Ryan sent to Roosevelt, July 13, 1940 (奈良ホテル), SD 711.94/1670, RG 59, NA. ホーンベックの覚書は，国務長官と国務次官に送られたが，大統領には，多忙であろうからということで，送っていなかった。この覚書のなかで，ホーンベックは，オライアンによって奈良ホテルから大統領に送られた書簡の内容をことごとく批判していた。Division of Far Eastern Affairs to Stanley Hornbeck, September 11, 1940, SD 711.94/1769, RG 59, NA.

(49) U. S., Department of State, *Foreign Relations of the United States*（以下 *FRUS* と略する）*: The Far East, 1940, Vol. IV* (Washington, D. C. : GPO, 1955), 376-377, July 1, 1940. グルーがモスを大変信用していたことについては，Grew to Williams, 10 July 1940, Joseph Grew Letters, Vol. 98, Houghton Library, Harvard University, Cambridge, MA.「審問記録 1」33-34，鮎川文書 M 163.1。

(50) 鮎川文書 M 611.1。

(51) Miho to Ayukawa, July 3, 1940（鮎川文書 M 517.2). 鮎川の 1953 年の自伝の草稿 81-86 頁と 99-100 頁，鮎川文書 M 931.4。

(52) *FRUS : The Far East, 1940, Vol. IV*, 379-380.

(53) *FRUS : The Far East, 1940, Vol. IV*, 390-391.

(54) 鮎川義介「私の履歴書」336 頁では 5 億ドル，鮎川文書 M 163.1 では 10 億ドルである。前者で，鮎川は，三保がバルークと 1941 年に会談を行っているとしているが，これは 1940 年の間違いである。ディロンとバルークの関係については，Margaret L. Coit, *Mr. Baruch* (Boston : Houghton Mifflin Company, 1957), 165.

(55) *FRUS : The Far East, 1940, Vol. IV*, 397.

(56) 鮎川文書 M 611.1。『木戸幸一日記』下巻，803 頁。

(57) Ayukawa to Miho, July 11 and 12, 1940, SD 711.94/1501 to 711.94/1669 ; Grew to Hull, July 13, 1940, SD 711.94/1574, RG 59, NA.

(58) 鮎川文書 M 611.1。Memorandum of Kato-Hamilton conversation, May 6, 1940, SD 711.

94/1506, RG 59, NA. ハミルトンはこの覚書で，加藤公使とは駐米国参事官時代以来のつきあいで，日本の外交官でもっとも立派な人物の1人と賞讃していた。

(59)「審問記録1」33-37，鮎川文書M 163.1。鮎川の1953年の自伝の草稿93頁，鮎川文書M 931.4。7月の不穏な動きについては，『木戸幸一日記』下巻，799-800頁。

(60) 小島直記『鮎川義介伝』143-144頁。1953年の自伝の草稿，101-103頁，鮎川文書M 931.4, 103. "Tokyo Exchange Strong on Step Believed Aimed at New U. S. Trade Pact : Change in Ambassador to U. S. Reported Planned — 1911 Treaty Abrogated One Year Ago," *Wall Street Journal*, July 31, 1940（鮎川文書M 130).「審問記録1」237-238，鮎川文書M 163.1。

(61) Ayukawa to O'Ryan, Aug 1, 1940（鮎川文書M 517.2).

(62) Vice Consul J. Graham Parsons to Secretary of State on July 26, 1940, SD 711.94/1667, RG 59, NA. *China Press*, August 5, 1940, *Shanghai Evening Post & Mercury*, August 3 and 6, 1940, SD 711. 94/1664, RG 59, NA. オライアンの訪満については，Parsons to Johnson and Hull, July 26, 1940, SD 711.94/1666 ; *Shanghai Post & Mercury*, August 5, 1940, SD 711.94/1710 ; *China Weekly Review*, August 10, 1940, SD 711.94/1711 ; "Japan Wants U. S. Capital," August 13, 1940, SD 711. 94/1711 ; *Japan Times and Advertiser*, editorial comment on August 8, 1940 in Grew to Hull, September 5, 1940, SD 711.94/1717 ; O'Ryan's speech on station JOAK on 15 Aug. 1940, SD 711. 94/1878 ; いずれもRG 59, NA。『ニューヨーク・タイムズ』紙の記事については，マイラ・ウィルキンズ「共同討論」(細谷千博他編著『日米関係史』第3巻，東京大学出版会，1971年）246頁。"O'Ryan's Job," *Time*, July 29, 1940 ; "O'Ryan, on Mission for Japan Quoted as Blaming War on China," *New York Herald Tribune*, August 3, 1940, "Major General John F. O'Ryan," Box 324, Stanley K. Hornbeck Papers, California.

(63) マイラ・ウィルキンズ「共同討論」246頁，堀越禎三『経済団体連合会前史』338頁，Grew to Hull, September 5, 1940, SD 711.94/1717, RG 59, NA.

第9章　平和への奮闘

(1) Frank Ninkovich, *Modernity and Power : A History of the Domino Theory in the Twentieth Century* (Chicago : The University of Chicago Press, 1994), 71-72, 86-88.

(2) Ninkovich, 82.

(3) Ninkovich, 82, 90-91.

(4) Ninkovich, 92-97 ; Joan Hoff Wilson, *American Business and Foreign Policy : 1920-1933* (Lexington : The University Press of Kentucky, 1971), 45, 228-230 ; Joan Hoff Wilson, *Herbert Hoover : Forgotten Progressive* (Boston : Little, Brown and Company, 1975), 205, 242, 245-248 ; Justus Doenecke, "Anti-Interventionism of Herbert Hoover," *Journal of Liberterian Studies*, Vol. 8 (1987), 319-320.

(5) Wood speech, Chicago Council on Foreign Relations, October 4, 1940 ; 以下を参照。Jonathan Marshall, *To Have and Have Not : Southeast Asian Raw Materials and the Origins of the Pacific War* (Berkeley : University of California Press, 1995), 183.

(6) Wood to Donovan, October 3, 1940, "Donovan, William J., 1940-1947," Correspondance File, Robert E. Wood Papers, Herbert C. Hoover Presidential Library, West Branch, Iowa.

(7) "Castle Warns U. S. on Open Hostility in Stand on Japan," *The Japan Times and Advertiser*, November 18, 1940 ; November 13 and November 14, 1940, William R. Castle, Jr. Diaries, Volume 40, Houghton Library, Harvard University ; Castle to Hoover, November 8, 1940, "Castle : 1940-

1941," Post-Presidential Individual File, Herbert C. Hoover Papers, Herbert C. Hoover Presidential Library ; Richard Norton Smith, *An Uncommon Man : The Triumph of Herbert Hoover* (Worland : High Plains Publishing Company, 1984), 295, 301 ; Justus D. Doenecke, ed., *In Danger Undaunted : The Anti-Interventionist Movement of 1940–1941 as Revealed in the Papers of the America First Committee* (Stanford : Hoover Institution Press, 1990), 8.

（8）Marshall, 91–92. 同書 10–12, 33–38, 41–42, 53, 70, 72, 76 も参照。

（9）Ninkovich, 116–117, 119.

（10）Marshall, 179–181.

（11）Graemer K. Howard, *America and a New World Order* (New York : Charles Scribner's Sons, 1940), 112. ハワードは，同書を刊行する前に，キャッスル，1940 年のオライアンの訪日を支援したライオネル・D・エディー，ジョン・フォスター・ダレスなどにコメントを求めるべく草稿を読んでもらっていた。ハワードの日産・GM 交渉への関与については，Mark Mason, *American Multinationals and Japan : The Political Economy of Japanese Capital Controls, 1899–1980* (Cambridge, MA : Harvard University Press, 1992), 70–71, 74 を参照。

（12）Howard, 101–102.

（13）R. J. C. Butow, *The John Doe Associates : Backdoor Diplomacy for Peace, 1941* (Stanford : Stanford University Press, 1974) 112, 375–376, Lewis L. Strauss, *Men and Decisions* (Garden City : Doubleday & Company, 1962), 123. 1941 年 4 月 15 日から 29 日の出来事については，Butow, 155–174.

（14）『岩畔豪雄談話速記録』（日本近代史料研究会，1977 年）258 頁。鮎川の 1953 年の自伝の草稿，鮎川文書 M 931.4。古川隆久『昭和戦中期の総合国策機関』（吉川弘文館，1992 年）39，124 頁。

（15）日本フォードと日本高周波重工業株式会社との合弁契約書については，国会図書館憲政資料室井川忠雄文書。

（16）『岩畔豪雄談話速記録』258–259 頁。鮎川の 1953 年の自伝の草稿，鮎川文書 M 931.4, 101。「審問記録 1」30–31，32–33，鮎川文書 M 163.1。来栖の独ソ戦の可能性についての見解は第 8 章を参照。

（17）古川隆久『昭和戦中期の総合国策機関』124 頁.

（18）橋本徹馬「誠に愛国の巨人なりき」（鮎川義介先生追想録編纂刊行会編『鮎川義介先生追想録』）307–314 頁。「審問記録 1」96–98，鮎川文書 M 163.1。鮎川のこの審問記録のなかで，橋本に対して，毎年橋本に与えていた金額の 5 倍の金額を手切れ金として渡したのかという検察官の質問に渡していない旨，答えた。鮎川は，また，橋本の活動について直接本人から聞いていたのかという検察官の質問についても否定した。鮎川は，橋本と近衛，それから久原と柳川元陸軍次官との関係についてまったく知らなかったとも答えていた。鮎川のこうした返答は，おそらく橋本を守るために行った対応ではないだろうか。鮎川は，橋本に見返りを求めていなかったが，後者が前者に情報提供していたのは暗黙の了解事項であった。

（19）橋本徹馬『日本の敗戦降伏裏面史』（紫雲荘，1986 年）85–305 頁。

（20）橋本徹馬『日米交渉秘話』（紫雲荘，1946 年）90–91 頁。

（21）木戸日記研究会編『木戸幸一日記』下巻（東京大学出版会，1966 年）863 頁によると，橋本は，帰国後 5 日目の 3 月 20 日に木戸の自宅で帰朝報告を行っていた。

（22）昭和 16 年 3 月 20 日『木戸日記』下巻。

(23) 橋本徹馬『日米交渉秘話』102-108頁，橋本徹馬『日本の敗戦降伏裏面史』289-305頁。
(24) Transcript, Dr. Payson J. Treat Oral History Interview, September 19, 1967, 15, Herbert Hoover Presidential Library.
(25) 橋本徹馬『日米交渉秘話』108頁，橋本徹馬『日本の敗戦降伏裏面史』304-305頁。
(26) U. S., Department of State, *Foreign Relations of the United States*（以下 *FRUS* と略する）*: The Far East, 1941, Vol. IV,* (Washington, D. C.: Government Printing Office, 1956), 30-31.
(27) *FRUS : The Far East 1941, Vol. IV,* 2-3.
(28) 来栖三郎『日米外交秘話』（創元社，1952年）77頁。
(29) *FRUS : The Far East, 1941, Vol. IV,* 108-111.
(30) *FRUS : The Far East, 1941, Vol. IV,* 108-111.
(31) 来栖三郎『日米外交秘話』66-67，71-73，76-77, 110-117頁。井川忠雄「日米交渉秘話――法衣の密使(2)」『経済批判』（1952年3月）55-56頁。Butow, 8-10, 61, 75-76, 80-85, 112, 118-120, 145, 375-376, 382-383. 『岩畔豪雄談話速記録』256-271頁。鮎川文書 M 163.1 および 163.2。
(32) 井川忠雄『日米交渉史料』（山川出版社，1982年）502頁。
(33) 井川忠雄『日米交渉史料』256, 418-421, 502-503頁。岩畔は，4月30日と回想している。
(34) 井川忠雄『日米交渉史料』421頁。
(35) Pratt to Hoover, April 29, 1941, "Pratt," Post-Presidential Individual File, Herbert C. Hoover Papers, Herbert C. Hoover Presidential Library. 井川忠雄『日米交渉史料』256-257, 412-421, 502-503，512-513頁。『岩畔豪雄談話速記録』288-292頁。Waldo Heinrichs, *Threshold of War : Franklin D. Roosevelt and American Entry into World War II* (New York : Oxford University Press, 1988), 125-126, 134-135, 141 ; Transcript, Dr. Payson J. Treat Oral History Interview, September 19, 1967, 17-18, Herbert C. Hoover Presidential Library ; Butow, 172-174, 391。井川忠雄「日米交渉秘話(2)」59-63頁。1941年8月1日と記載されている井川と岩畔の名刺は，"Wight-Wikham," Post-Presidential General File, Herbert C. Hoover Papers, Herbert C. Hoover Presidential Librarty にある。
(36) 昭和16年8月7日『木戸幸一日記』下巻，899-900頁。木戸日記研究会編『木戸幸一関係文書』（東京大学出版会，1966年）29頁で，木戸は，占領軍による巣鴨刑務所における取り調べで自分は日本が平和的に海外に影響を拡大していくことを望んでいたと述べている。1941年10月9日，木戸は，近衛に，日本は米国の経済的圧力を無視して蔣介石政権の打倒に専念し，日米戦争をすることなく，10年から15年の計画で，日本の国防国家としての国力の増強に専念すべきであると助言している。『木戸幸一日記』下巻。
(37) 鮎川義介「私の履歴書」（日本経済新聞社編『私の履歴書 経済人』第9巻，日本経済新聞社，1980年）336頁によると金額は50億ドル，「審問記録1」30-31，32-33，鮎川文書 M 163.1 によると1億ドルである。前者で，鮎川は，三保とバルークとの会談が1941年夏と回想しているが，当時の外貨不足を考えると，これは不可能であったと思われる。鮎川の1953年の自伝の草稿，93頁，鮎川文書 M 931.4 では，1940年夏と回想している。第8章で考察しているようにこの時期の三保は米国でさまざまな活動を推進していた。鮎川は，1940年6月29日に梅津への助言を行ったと，鮎川の1953年の自伝の草稿，99-100頁，鮎川文書 M 931.4 で回想している。このとき，鮎川は，日米関係の改善の条件のひとつに，米国政府が満洲国の債券10億ドル分を米国市場で売却できるよう斡旋することを要請すべきであると，梅津に助言していた。鮎川は，このときと，翌年8月から9月の時期，同様

の助言を梅津に行っていた。伊藤文吉邸におけるグルーと近衛の会談にかんして鮎川が知らされていたことについては，鮎川の 1953 年の自伝の草稿，101 頁，鮎川文書 M 931.4。『木戸幸一日記』下巻，896，907 頁に鮎川と木戸の会談について記述がある。8 から 9 月の日米交渉については，Heinrichs, *Threshold of War*, 161–162, 184–188.

(38) *New York Times*, September 20, 1941.

(39) Edward S. Miller, *Bankrupting the Enemy : The U. S. Financial Siege of Japan before Pearl Harbor* (Annapolis : Naval Institute Press, 2007), 108.

(40) Mark Lincoln Chadwin, *The Warhawks : American Interventionists before Pearl Harbor* (New York : W. W. Norton and Company, 1970), v–vi, 22, 28–29, 45, 58–60, 78–79, 87–89, 113–114, 120–123, 134–141, 154–159, 175.

(41) Miller, 157. 加藤陽子『模索する 1930 年代——日米関係と陸軍中堅層』（山川出版社，1993 年）67–79 頁。北岡伸一『日本の近代 5 政党から軍部へ 1924–1941』（中央公論新社，1999 年）298–299 頁。

(42) Akira Iriye, *The Origins of the Second World War in Asia and the Pacific* (New York : Longman, 1987)。このほか以下を参照。Heinrichs, *Threshold of War*, Michale A. Barnhart, *Japan Prepares for Total War* (Ithaca : Cornell University Press, 1981). 1941 年の日米関係については，Butow, *The John Doe Associates* ; John Pritchard, “Winston Churchill, the Military and Imperial Defense in East Asia,” in Saki Dockrill, ed., *From Pearl Harbor to Hiroshima : The Second World War in Asia and the Pacific* (New York : St. Martin’s Press, 1994), 43.

(43) Norman E. Saul, *Friends or Foes ? : The United States and Soviet Russia, 1921–1941* (Lawrence : University Press of Kansas, 2006), 382–383 ; Warren J. Cohen, *America’s Response to China : A History of Sino-American Relations*, 4th ed. (New York : Columbia University Press, 2000), 124–125.

(44) 駐独大使大島浩は，4 月 18 日，ドイツは，対ソ攻撃を準備中であることを近衛内閣に打電したが，日本政府は，この情報を無視した。大島は，6 月 4 日と 6 日，ヒトラー総統とリッベントロップ外相からそのことを知らされたと東京に打電したが，松岡外相と東条陸相はこのことに否定的であったのに対して，近衛首相は信じた。しかし，近衛内閣は，大島がもたらした情報をもとに結論がだせないなかで，独ソ戦が始まった。一方，チャーチルは，「マジック」による解読情報を米国から得ることで，この大島情報にもとづいた対策を行った。小谷賢『日本のインテリジェンス——なぜ情報が生かされないのか』（講談社，2007 年）178–181 頁。独ソ戦については，Richard J. Evans, *The Third Reich at War* (New York : The Penguin Press), 204–214，ボーリス・N・スラビンスキー『日ソ戦争への道——ノモンハンから千島占領まで』（共同通信社，1999 年）299，308，315 頁。

(45) Theodore A. Wilson, *The First Summit : Roosevelt and Churchill at Placentia Bay, 1941* (Lawrence : The University Press of Kansas, 1991), 136–138, 205–211 ; Herbert Feis, *The Road to Pearl Harbor : The Coming of the War Between the United States and Japan* (Princeton : Princeton University Press, 1950), 255–258.

(46) Miller, 198, 200, 三輪宗弘『太平洋戦争と石油——戦略物資の軍事と経済』（日本経済評論社，2004 年）第 2 章。

(47) Dean Acheson, *Present at the Creation : My Years in the State Department* (New York : W. W. Norton and Company, 1969), 27.

(48) 井口貞夫は筆者の祖父である。

（49）第 6 章を参照。
（50）酒井哲哉『大正デモクラシー体制の崩壊——内政と外交』（東京大学出版会，1993 年）；C. Wilbur, *Sun Yat-Sen : Frustrated Patriot* (New York : Columbia University Press, 1976).
（51）Waldo Heinrichs, "The Russian Factor in Japanese-American Relations, 1941," in Hilary Conroy and Harry Wray, eds., *Pearl Harbor Reexamined : Prologue to the Pacific War* (Honolulu : University of Hawaii Press, 1990), 169–171, 173 ; Heinrichs, *Threshold of War*, 200–201, 206 ; Evans, 206–207.
（52）October 16, 1941 entry of the diary kept by Thomas's wife in Box 4 of the Elbert Thomas Papers ; Haruo Iguchi, "Senator Elbert D. Thomas and Japan," *Journal of American and Canadian Studies* No. 25 (2007), 77–105 ; Justin H. Libby, "Senators King and Thomas and the Coming War with Japan," *Utah Historical Quarterly*, Vol. 42, No. 4 (1974), 377–380 ; Takeo Iguchi, *Demystifying Pearl Harbor : A New Perspective from Japan* (tr., D. Noble, Tokyo : International House of Japan Press, 2010), U. S. Congress, *Investigation of the Pearl Harbor Attack : Report of the Joint Committee on the Investigation of the Pearl Harbor Attack* (Washington, D. C.: Government Printing Office, 1946), 28.
（53）Iriye, *The Origins of the Second World War in Asia and the Pacific*, Chapters 4–6.
（54）Roger B. Jeans, *Terasaki Hidenori, Pearl Harbor, and Occupied Japan : A Bridge to Reality* (Lantham : Lexington Books, 2009), 33–34.
（55）Feis, 313, 326.
（56）Feis, 303–325.
（57）外務省編『日本外交文書 日米交渉 1941 年下巻』（外務省，1990 年）212 頁。米国の暫定協定案については，U. S. Congress, *Investigation of the Pearl Harbor Attack*, 36.
（58）U. S. Congress, *Investigation of the Pearl Harbor Attack*, 179, 200, 204–205, 409–410. これら電報の日本語文は，外務省編『日本外交文書 日米交渉 1941 年下巻』208–211 頁を参照。三国同盟については，Takeo Iguchi, *Demystifying Pearl Habor,* 109–111。
（59）Takeo Iguchi, *Demystifying Pearl Harbor*, 102.
（60）Gary Dean Best, *Herbert Hoover : The Postpresidential Years, 1933–1964* (Stanford : Hoover Institution Press, 1982), I, 200–202.
（61）Smith, 304–306.
（62）三輪宗弘「野村駐米大使日記 パートⅣ」『九州共立大学経済学部紀要』第 79 号（1999 年）。
（63）三輪宗弘「野村駐米大使日記 パートⅣ」。
（64）"Pearl Harbor : Diaries and Events," Post-Presidential Subject File (以下 PPSF), Herbert C. Hoover Papers, Herbert C. Hoover Presidential Library, West Branch, Iowa (以下，Hoover Papers あるいは Hoover Library); E. Stanley Jones, "An Adventure in Failure : Behind the Scenes before Pearl Harbor," *Asia and the Americas*, Vol. 45, No. 12 (1945), 609, 613 ; "Diaries and Itineraries" (Microfiche), Franklin D. Roosevelt Papers, Franklin D. Roosevelt Presidential Library, Hyde Park, New York (以下，FDR Papers); Bernard M. Baruch, *Baruch : The Public Years* (New York : Holt, Rinehart and Winston, 1960).
（65）Evidentiary Document 1686 (Diary of Admiral Nomura, rough translation), Records of the International Prosecution Section, GHQ, SCAP, RG 98, National Archives, College Park, Maryland (以下 NA と略する). これはマイクロフィルム番号でいうと，RG 331, IPS 1686, Entry 329,

M1690, Roll 238A/RG98 である。三輪宗弘「野村駐米大使日記（昭和 16 年 6 月 3 日～8 月 30 日）」『九州共立大学経済学部紀要』第 66 号（1996 年）が参考になった。野村吉三郎『米国に使して——日米交渉の回顧』（岩波書店，1946 年）。

（66）来栖三郎『日米外交秘話』。

（67）澤田節蔵『澤田節蔵回想録——一外交官の生涯』（有斐閣出版サービス，1985 年）218-224 頁。オライアン将軍をめぐる日米関係については，第 8 章を参照。

（68）*FRUS : The Far East, 1941, Vol. IV*, 1-2, 80-81. クライマンと日米関係については，第 7 章と第 8 章を参照。

（69）井川忠雄『日米交渉史料』。

（70）デスヴェアニンはカソリック教徒であった。このことや上記の事実については，“Raoul E. Desvernine,” Post-Presidential Individual File（以下，PPIF）, Hoover Papers の次の文献を参照。Raoul E. Desvernine, “The Church, Democracy and the War,” The Newman Club Federation of New York Province, 23rd Annual Communion Breakfast, February 1, 1942 ; Desvernine to Hynes, December 9, 1940 ; Desvernine to Hoover, November 6, 1939. この最後の書簡でデスヴェアニンが Miller, Owen, Otis and Bailly 弁護士事務所に 18 年間勤めていたことが判る。デスヴェアニンとリップマンの交流は Walter Lippmann Papers, Yale University Sterling Library, New Haven, Conn.（以下，Lippmann Papers）にあるファイル “Raoul E. Desvernine” の 1939 年 2 月 13 日から 1941 年 12 月 10 日の書簡も参照。

（71）Gary B. Nash et al., eds., *The American People : Creating a Nation and a Society*, 4th ed., (New York : Addison-Wesley, 1998), 843, 849.

（72）Frederick W. Marks III, *Wind over Sand : The Diplomacy of Franklin Roosevelt* (Athens : The University of Georgia Press, 1988), 278.

（73）Best, I, 28-29. フーヴァーは反ニューディールであったが，この団体を評価しなかった。

（74）Hoover to Desvernine, May 25, 1936 ; Desvernine to Hoover, May 19, 1936, “Raoul E. Desvernine,” Hoover Papers.

（75）Desvernine to Lippmann, November 22, 1941, “Raoul E. Desvernine,” Lippmann Papers ; Baruch, 288 ; Memorandum, February 10, 1942, “Pearl Harbor : Diaries and Events,” PPSF, Hoover Papers.

（76）PPIF, Hoover Papers の “Raoul E. Desvernine” ファイルにある 1940 年 12 月以降の書簡を参照。特に Desvernine to Hoover, October 18, 1941 に注目されたい。また，デスヴェアニンはリップマンに 1941 年 11 月 27 日付の書簡を送っており，そこでは同年の夏以降ワシントンで日本側の日米交渉を手伝っていることを述べている。Desvernine to Lippmann, “Raoul E. Desvernine,” Lippmann Papers. 同ファイルの Lippmann to Desvernine, December 3, 1941, Desverine to Lippmann, December 8, 1941, Lippmann to Desvernine, December 10, 1941 も参照。

（77）April 10 Memorandum, Payson J. Treat Oral History Interview Transcript, Hoover Library. フーヴァー日記とこの覚書との間には，来栖・野村両大使とデスヴェアニンの関係で事実関係に齟齬がある。Payson J. Treat は長年スタンフォード大学で日本史の教授であったが，フーヴァーと親しかった。

（78）Desvernine to Hoover, October 25, 1941, Hoover to Desvernine, October 28, 1941, “Raoul E. Desvernine,” PPIF ; October 31, 1941, “Pearl Harbor : Diaries and Events,” PPSF, Hoover Papers. 後者はフーヴァーの日記であるが，はたしてこれが同ファイルにある 1942 年 2 月 10 日付でフーヴァーとデスヴェアニンが作成した覚書と同時期にフーヴァーにより記入されたか定かではない。この日記の 1941 年 11 月 29 日の一部と 11 月 30 日から 12 月 5 日のすべてが

この覚書の作成時に記入されている。

(79) Desvernine to Hoover, November 21, 1941, "Raoul E. Desvernine," PPIF, November 23, 1941, "Pearl Harbor : Diaries and Events," PPSF, Hoover Papers. この23日のメモをフーヴァーがいつ書いたかは不明である。このメモはフーヴァー文書のデスヴェアニン・ファイルにもある。1942年4月10日の覚書によると，バルークは来栖とデスヴェアニンに中国の蔣介石政権の上記国際会議への参加を進言した。一方，バルークの回顧録にはこのような記述はない。Payson J. Treat Oral History Interview Transcript, 14, 16 ; Baruch, 289–290. フーヴァーの友人が誰であるかは不明である。

(80) 来栖三郎『日米外交秘話』158–160頁.

(81) 来栖三郎『日米外交秘話』148, 158–160頁 ; Shigenori Togo, *The Cause of War* (New York : Simon and Schuster, 1956), 165–166.

(82) 来栖三郎『日米外交秘話』148–157頁 ; Togo, 167 ; "Diaries and Itineraries" (Microfiche), FDR Papers ; Heinrichs, *Threshold of War*, 215 ; Butow, 304–305, 444–445.

(83) Butow, 301, 304–306, 443 ; 来栖三郎『日米外交秘話』160–161, 167–170 ; Gwen Terasaki, *Bridge to the Sun* (Chapel Hill : The University of North Carolina Press, 1957), 66–69 ; "Diaries and Itineraries" (Microfiche), FDR Papers ; Franklin D. Roosevelt, *F. D. R.: His Personal Letters, 1928–1945, Vol. 4*, edited by Elliott Roosevelt (New York : Duell, Sloan, and Pearce, 1950), 1248 ; Iriye, *The Origins of the Second World War in Asia and the Pacific*, 183–184 ; Jones, 609, 611–615 ; Heinrichs, *Threshold of War*, 217.

(84) 三輪宗弘「野村駐米大使日記 パートIV」。来栖三郎『日米外交秘話』179頁 ; "Pearl Harbor : Diaries and Events," PPSF ; "Raoul E. Desvernine Correspondence, 1936–1942," PPIF, Hoover Papers. この2つのファイルにある，真珠湾関係のフーヴァー日記（11月29日以降は両方にある），前者にある1942年2月10日覚書，そして後者にある Hoover to Desvernine, February 19, 1942 を参照。この書簡の日付は同年2月10日の誤りである可能性がある。また，バルークの保身を狙ったとする記述と，1942年4月10日の覚書にあるオコナーへの連絡の記述は，Payson J. Treat Oral History Interview Transcript, 15–16, Hoover Library を参照。

(85) 来栖三郎『日米外交秘話』167–171, 179頁 ; Baruch, 288–291 ; John Morton Blum, *Roosevelt and Morgenthau : A Revision and Condensation of From the Morganthau Diaries* (Boston : Houghton Mifflin Company, 1970), 420.

(86) Takeo Iguchi, *Demystifying Pearl Harbor*, Chapter 18.

(87) The transcript of 14 July 1945 broadcast by the National Broadcasting Company, 5, '1945 Aug. 18 Japan after Surrender', Box 78, Thomas Papers.

(88) Butow, 306–307 ; 井川忠雄『日米交渉史料』479–481頁。Butow の "Federals Great Statesmanship..." 電報にかんする解釈は間違いであると思われる。

(89) 外務省編『日本外交文書 日米交渉 1941年下巻』251頁。Takeo Iguchi, *Demystifying Pearl Harbor*, 226.

(90) Togo, *The Cause of War*, 165–166.

(91) Raymond A. Esthus, "President Roosevelt's Commitment to Britain to Intervene in a Pacific War," *Mississippi Valley History Review* (June 1963), 34–38.

(92) 26 November 1941, Cable No. 833 (translated by MAGIC on 26 November 1941), U. S., Department of State, *The 'MAGIC' Background of Pearl Harbor, Vol. 4*, (Washington, D. C. : GPO, 1977), A–92. 三輪宗弘『太平洋戦争と石油』119頁。11月1日政府内では，航空燃料を年

間100万トン米国に要求する案が作成されていた。米国の暫定協定案については，U. S. Congress, *Investigation of the Pearl Harbor Attack*, 36を参照。

(93) Feis, 311.

(94) Takeo Iguchi, *Demystifying Pearl Harbor*, 136.

(95) 昭和16年9月6日，11月30日，12月1日『木戸幸一日記』，昭和16年9月6日については，佐藤観了『大東亜戦争回顧録』（芙蓉書房，1985年）158頁。12月1日については，参謀本部『杉山メモ——大本営政府連絡会議と日記』第1巻（原書房，1989年）544-563頁。寺崎英成，マリコ・テラサキ・ミラー編著『昭和天皇独白録——寺崎英成御用掛日記』（文藝春秋社，1991年）74，76頁，Takeo Iguchi, *Demystifying Pearl Harbor*, 137-139, 升味準之助『昭和天皇とその時代』（山川出版社，1998年）151-152，170頁。吉田茂については，日暮吉延『東京裁判』（講談社，2008年）153頁。

(96) Howard W. French, “Pearl Harbor Truly a Sneak Attack, Papers Show,” December 9, 1999, *New York Times*. 参謀本部『杉山メモ——大本営政府連絡会議と日記』第1巻，563-564頁。

(97) Cordell Hull, *The Memoirs of Cordell Hull*, Vol. II (New York : The Macmillan Company, 1948), 1095.

(98) 昭和16年11月29日，軍事史学会編『大本営陸軍部戦争指導班機密戦争日誌』（錦正社，1998年），参謀本部『杉山メモ——大本営政府連絡会議と日記』第1巻，535-538，563-567頁。

(99) Takeo Iguchi, *Demystifying Pearl Harbor*, Chapters 17-23.

(100) Miller, 240.

(101) ゾルゲと彼のスパイ網は，10月18日摘発された。ゾルゲは，日本はソ連を攻撃しないし，するとしても早くて1942年春であると7月2日に判断していた。Chalmers Johnson, *An Instance of Treason : Ozaki Hotsumi and the Sorge Spy Ring* (Stanford : Stanford University Press, 1990).

(102) Justus D. Doenecke and Mark R. Stoler, *Debating Franklin D. Roosevelt's Foreign Policy* (Lantham : Bowman & Littlefield, 2005), 144-145. B17の問題点については，Michael Schaller, *Douglas MacArthur : The Far Eastern General* (New York : Oxford University Press, 1989), 50.

(103) Bruce M. Russett, *No Clear and Present Danger : A Skeptical View of the United States Entry into World War II* (Boulder : Westview Press, 2010).

(104) 井川忠雄『日米交渉史料』363-364頁。同書479-481頁では，井川が武藤軍務局長に宛てた書簡が日米開戦直前に送られたことが記されている。

(105) 鮎川文書M 611.1。青木は，鮎川たちと陸軍の間の連絡担当を，右翼団体の関係者が行っていたと回想している。このことや，青木の対英米観などについての回想は，極東裁判前に青木が準備したと思われる手記に記されている。「大東亜戦争と青木の立場」17-21, 鮎川文書M 163.3。

(106) 橋本徹馬「誠に愛国の巨人なりき」307-314頁. David Kranzler, *Japanese, Nazis & Jews : The Jewish Refugee Community of Shanghai, 1938-1945* (New York : Yeshiva University Press, 1976), 334-335.

(107) 注(109)を参照。タフトについてはJames T. Patterson, *Mr. Republican : A Biography of Robert A. Taft* (Boston : Houghton Mifflin, 1972), 248.

(108) August 21, 1945 Memorandum, Payson J. Treat Oral History Interview Transcript, Hoover Library.

(109) Castle to Hoover, "Hoover, Herbert : 1945–1949," William R. Castle, Jr. Papers, Hoover Library ; December 12, 1941, William R. Castle, Jr. Diaries, Volume 42, 307–310, Houghton Library, Harvard University ; "Japan Pair 'Didn't Know' : Envoys Still Maintain Pearl Harbor Surprise," "Pre-Pearl Harbor Contabs Said Held with FDR Consent," *The Pacific Stars and Stripes*, December 7, 1951.

(110) Hoover to Major General Frank R. McCoy, "Pearl Harbor : Printed Materialsand Clippings, 1941–1944," PPSF, Hoover Papers. 開戦直後大統領が発足させた真珠湾攻撃調査委員会（ロバーツ委員会）の活動については，A. J. Bacevich, *Diplomat in Khaki : Major General Frank Ross McCoy and American Foreign Policy, 1898–1949* (Lawrence : University Press of Kansas, 1989), 182–183. フーヴァーの自伝執筆については，次の 2 点を参照。Arthur Kemp Oral History Interview Transcript, 19, 23–26, Hoover Library ; Castle to Hoover, December 5, 1949, "Hoover, Herbert, 1945–1949," William R. Castle, Jr. Papers, Hoover Library. フーヴァーとビアードの関係は次の論文を参照。Joan Hoff Wilson "Herbert Hoover's Plan for Ending the Second World War," *International History Review*, 1 (1979), 84–102. Charles Beard, *President Roosevelt and the Coming of the War, 1941 : A Study in Appearances and Realities* (New Haven : Yale University Press, 1948). 2011 年のフーヴァーの死後 61 年目に回想録が刊行された。Herbert Hoover *Freedom Betrayed : Herbert Hoover's Secret History of the Second World War and Its Aftermath*, edited with Introduction by George H. Nash (Stanford : Hoover Institution Press, 2011).

第 10 章　満洲重工業開発総裁の辞任と太平洋戦争期の活動

(1) 鮎川の 1939 年 1 月 18 日の演説については，「技術の職場としての満洲」3–11，14–15，17–18，20，22–23（昭和 14 年 7 月『長友会報』）鮎川文書 M 922.22, 185–193, 196–197, 199–200, 202, 204–205 を参照。

(2) 小林英夫『「大東亜共栄圏」の形成と崩壊』（御茶の水書房，1975 年）197，200，364–365 頁。

(3) Chalmers Johnson, *MITI and the Japanese Miracle : The Growth of Industrial Policy, 1925–1975* (Stanford : Stanford University Press, 1982), 117.

(4) 原朗「満州における経済統制政策の展開——満鉄改組と満業設立をめぐって」（安藤良雄編『日本経済政策史論』下巻，東京大学出版会，1976 年）81–87，108–109 頁，石川滋「終戦に至るまでの満洲経済開発——その目的と成果」（日本外交史学会編『太平洋戦争終結論』東京大学出版会，1958 年）743 頁，小林英夫『「大東亜共栄圏」の形成と崩壊』111–117，362 頁。

(5) Mark R. Peattie, *Ishiwara Kanji* (Princeton : Princeton University Press, 1975), 293–308.

(6) Peattie, 160, 166.

(7) Peattie, 274–275.

(8)「審問記録 1」18–25，鮎川文書 M 163.1。この記録のなかで，鮎川は，満洲国の日本人官吏や関東軍将校が満業の経営に介入してきていることについて，星野と岸にそうしないよう要請したが，彼らの対応は不十分であった。星野と岸は，満鉄と日満商事の従業員と満洲国官僚，関東軍将校など，満業に既得権益を脅かされていた関係者と鮎川の板挟みになっていた側面もあるが，双方を統制経済政策を推進するにあたり利用していた側面もあろう。星野は自身への尋問調書のなかで，満業に反対するこのような満洲国の自給自足を唱える勢力の存在を認め，また，国家と戦争の短期的な課題が優先されて鮎川の構想が潰されていったことを認めていた。「星野尋問調書」22–23，鮎川文書 M 163.3。このほか以下

の文献を参照。原朗「満州における経済統制政策の展開」111 頁，石川滋「終戦に至るまでの満洲経済開発」750–751，762 頁，小林英夫『「大東亜共栄圏」の形成と崩壊』75, 167–170 頁。当初の産業開発 5 カ年計画と比べて，改正された 5 カ年計画は，鉱業と産業に投入される資本の割合が変わっていた。鉄鋼については，旧 5 カ年計画では 23％であったのに対して修正 5 カ年計画では，19％，液化燃料については新旧ともに 26％，石炭については 12％から 8％への減少，電力については，18％から 13％へ減少，軽金属については，5％から 2％への減少，パルプ・塩・ソーダ灰は 3％から 6％への増加，加工乳製品については，0.6％から 0.2％への減少，金・銅・鉛・亜鉛・石綿については，6％から 4％への減少，工作機械については修正 5 カ年計画で 0.4％初めて計上，自動車については，1％から 5％へ増加，そして兵器と飛行機については，8％から 16％へ増加。液化燃料に対する資本投入が引き続き高く，これが最優先の取り扱いであった。自動車については資本投入が 5 倍になり，兵器と飛行機については，資本投入が 2 倍になった。鉄鋼については減少となったが，それでも資本投入の割合は引き続き高かった。

（9）星野直樹『見果てぬ夢――満州国外史』（ダイヤモンド社，1963 年）129 頁，小島直記『鮎川義介伝――赤い夕陽の昭和史』（日本経営出版会，1967 年）91 頁，原朗「満州における経済統制政策の展開」252–253 頁。ジョンソンは，岸が満洲国政府の官吏となってから関東軍の満洲経済への介入が顕著に減ったと論じているが，これは誇張ではないだろうか。Johnson, *MITI and the Japanese Miracle*, 131. 岸は回想談で，椎名悦三郎をはじめとする商工省の部下たちを満洲国政府へ出向させたのは，関東軍から経済政策の主導権を奪う狙いがあったと述懐している。岸自身，部下たちの後に渡満する運命にあると思っていたと回想した。岸信介・伊藤隆・矢次一夫編著『岸信介の回想』（文藝春秋社，1981 年）22 頁。

（10）原朗「満州における経済統制政策の展開」86–87 頁。

（11）原朗「満州における経済統制政策の展開」253–255 頁。

（12）小林英夫『「大東亜共栄圏」の形成と崩壊』200 頁，原朗「満州における経済統制政策の展開」261–262，293 頁，高碕達之助『満洲の終焉』（実業之日本社，1953 年）154–157 頁。

（13）高碕達之助『満洲の終焉』67–69，72 頁，原朗「満州における経済統制政策の展開」257 頁。

（14）原朗「満州における経済統制政策の展開」256–264 頁；高碕達之助『満洲の終焉』105–106 頁，小林英夫『「大東亜共栄圏」の形成と崩壊』192–200 頁。

（15）吉野と岸は，1930 年代の合理化運動を商工省で主導していた。伊藤文吉と吉野の関係および吉野と岸の関係については，吉野信次『おもかじとりかじ――裏からみた日本産業の歩み』（通商産業研究社，1962 年）179–192，275–276，300–304 頁。吉野は同書 303–304 頁で鮎川と伊藤文吉の関係について述懐している。

（16）吉野信次『おもかじとりかじ』326，342–343，395–409，419，421–422 頁。小島直記『鮎川義介伝』88–89 頁。

（17）鮎川義介「私の履歴書」（日本経済新聞社編『私の履歴書 経済人』第 9 巻，日本経済新聞社，1980 年）328 頁。吉野信次『おもかじとりかじ』430–432 頁。

（18）原朗「満州における経済統制政策の展開」265 頁。

（19）高碕達之助『満洲の終焉』66–67，86–87 頁。

（20）1941 年 2 月の満業の改組の詳細については，「満業の機構改革について鮎川総裁談」1941 年 2 月 18 日，229–232，鮎川文書 M 922.22 を参照。満投については，原朗「満州における経済統制政策の展開」276–277 頁，石川滋「終戦に至るまでの満洲経済開発」759 頁

を参照。

(21) 原朗「満州における経済統制政策の展開」71頁，満洲帝国政府編『満洲建国十年史』（1941年，復刻，原書房，1969年）571-573，585-589頁。

(22)「随想録鮎川総裁談」昭和17年5月6日，244-246，鮎川文書M 922.22。同文書244によると，この演説の文面は「日産懇話会会報」第5巻第12号に掲載された。

(23)「満業退任の挨拶」昭和18年1月7日，256-272，「財団法人外資研究会創立について」昭和23年8月15日，315，鮎川文書M 922.22。このほか，鮎川は戦犯容疑尋問中に満洲国の統制経済政策と自分の構想の対立をどう克服しようとしたか，石原莞爾や経済参謀本部のことを含めて語っている。「審問記録1」55-59，81-82，鮎川文書M 163.1。大内兵衛による鮎川主催の義済会と鮎川のシンクタンク支援についての回想は，大内兵衛「鮎川さんと大原社会問題研究所」（鮎川義介先生追想録編纂刊行会編『鮎川義介先生追想録』）92-95頁。森戸の回想については，同書502-504頁の「違った視野から深い名残を」を参照。このほか，鮎川義介『百味箪笥——鮎川義介随筆集』184-185頁を参照。さらに鮎川の1953年の自伝の草稿，151-161頁，鮎川文書M 931.4を参照。

(24) 鈴木多聞「鈴木貫太郎内閣と対ソ外交」『国際関係論研究』第26号（2007年）51-69頁。

(25) 庄司潤一郎「「近衛上奏文」の再検討——国際情勢分析の観点から」日本国際政治学会編『国際政治（特集：終戦外交と戦後構想）』第109号（1995年）54-69頁。

(26) 鈴木多聞「鈴木貫太郎内閣と対ソ外交」51-69頁。

(27) Tsuyoshi Hasegawa, ed., *The End of the Pacific War: Reappraisals* (Stanford: Stanford University Press, 2007). 同書の長谷川毅とデービッド・ハロウェイの論文を参照。

(28) 寺崎英成，マリコ・テラサキ・ミラー編著『昭和天皇独白録——寺崎英成御用掛日記』（文藝春秋社，1991年），鈴木多聞「鈴木貫太郎内閣と対ソ外交」51-69頁。

(29) 鈴木多聞「鈴木貫太郎内閣と対ソ外交」51-69頁。

(30) "Suzuki, Adm., 2s 469, Int. # 531," Box 11, RG 243, National Archives and Records Administration, College Park, Maryland (戦略爆撃調査団，鈴木貫太郎尋問調書).

(31) D. M. Giangreco, *Hell to Pay: Operation Downfall and the Invasion of Japan, 1945-1947* (Annapolis: Naval Institute Press, 2009).

(32) 波多野澄雄「鈴木貫太郎の終戦指導」（軍事史学会編『第二次大戦（三）——終戦』錦正社，1995年）。

(33) 波多野の研究は，従来優柔不断であったとする鈴木首相への評価を覆す近年の研究動向を反映している。波多野澄雄「鈴木貫太郎の終戦指導」。

(34) 波多野澄雄「大東亜戦争の時代」（江藤淳監修『昭和史——その遺産と負債』朝日出版社，1989年）147-216頁。

(35) 鮎川の1953年の自伝の草稿，151-161頁，鮎川文書M 931.4を参照。

(36) 藤山愛一郎「戦時下の財界の動き」（朝日新聞社編『語り継ぐ昭和史——激動の半世紀』朝日新聞社，1976年）75頁。

(37) 粟屋憲太郎・吉田裕編『国際検察局（IPS）尋問調書』第29巻（日本図書センター，1993年）265-274頁。

(38) 粟屋憲太郎・吉田裕編『国際検察局（IPS）尋問調書』第29巻，156頁。

(39) 粟屋憲太郎・吉田裕編『国際検察局（IPS）尋問調書』第29巻，78頁。

(40) 粟屋憲太郎・吉田裕編『国際検察局（IPS）尋問調書』第29巻，69，78頁。

(41) 粟屋憲太郎・吉田裕編『国際検察局（IPS）尋問調書』第29巻，78頁。

(42) 藤山愛一郎「戦時下の財界の動き」75 頁。

第 11 章 「共通の利益」の再創造

(1) Walter LaFeber, *The Clash : U. S.-Japanese Relations throughout History* (New York : W. W. Norton and Company, 1997), 236 ; James T. Patterson, *Mr. Republican : A Biography of Robert A. Taft* (Boston : Houghton Mifflin, 1972) 251-252, 301-302. Alonzo Fields Oral History, 18, Herbert Hoover Presidential Library（スタンフォード大学フーヴァー研究所文書館も所蔵).

(2) May 1945, Walter Millis, ed., *The Forrestal Diaries* (New York : The Viking Press, 1951), 52-53 ; Douglas Brinkley and Townsend Hoopes, *Driven Patriot : The Life and Times of James Forrestal* (New York : Vintage Books, 1993), 208-213 ; LaFeber, *The Clash*, 236-238, 243-246 ; March 9 and May 29, 1945, William R. Castle, Jr. Diaries, Volume 49, Houghton Library, Harvard University ; Waldo Heinrichs, *American Ambassador : Joseph C. Grew and the Development of the United States Diplomatic Tradition* (New York : Oxford University Press, 1986), 154, 364-380 ; Timothy Walch and Dwight M. Miller, eds., *Herbert Hoover and Harry S. Truman : A Documentary History* (Worland : High Plains Publishing Company, 1994), 29-55 ; Sadao Asada, "The Shock of the Atomic Bomb and Japan's Decision to Surrender : A Reconsideration," *Pacific Historical Review*, No. 67 (1998); Hoover to Grew, May 15, 1944, "Grew, Joseph C., 1944-1955," Castle to Hoover, November 14, 29, 1944, May 2, 1945, June 2, 1945, "Castle, William R.," Hoover to Stimosn, May 15, 1945, "Stimson, Henry L.," Fellers to Hoover, June 20, 1940, Fellers to Hoover, September 3, 1940, Hoover to Fellers, September 6, 1940, Hoover to Fellers, November 26, 1942, Hoover to Fellers and Donovan, May 1, 1943, Fellers to Hoover, May 5, 1943, Fellers to MacArthur, September 9, 1943, Fellers to Hoover, October 1943, Fellers to Hoover, June 3, 1945, Hoover to Fellers, June 14, 1945, "Fellers, Bonner F. Fellers : 1940-1950," Post-Presidential Individual File (以下 PPIF と略する), Hoover Papers ; Joseph C. Grew, "Memorandum for the President," June 13, 1945, White House Confidential File, Harry S. Truman Papers, Harry S. Truman Library, Independence, Missouri, Morison, 622-401 ; U. S., Department of State, *Foreign Relations of the United States* (以下 *FRUS* と略する), *Volume VI : The British Commonwealth, The Far East* (Washington, D. C. : Government Printing Office, 1969), 547-549 ; James Chace, *Acheson : The Secretary of State who Created the American World* (New York : Simon and Schuster, 1998) 106-107, 113-114 ; John W. Dower, *Embracing Defeat : Japan in the Wake of World War II* (W. W. Norton and Company, 1999), 217-218, 222 ; Joan Hoff Wilson, *Herbert Hoover : Forgotten Progressive* (Boston : Little Brown and Company, 1975), 255, 281-286. 広島原爆に対するフーヴァーの見解については, Hoover to John Callan O'Laughlin, editor of the *Army-Navy Journal*, August 8, 1945, Box 171, "O'Laughlin, John Callan Correspondence," PPIF, Hoover Papers, Hoover Presidential Library.

(3) Wilson, *Forgotten Progressive*, 258-260.

(4) Hoover to Richardson, November 12, 1945, "MacArthur," PPIF, Hoover Papers ; "Famine Emergency Committee, Herbert Hoover Diaries : China," "Famine Emergency Committee, Herbert Hoover Diaries : Japan," "Itinerary for Pauley," May 6, 1946, "Famine Emergency Committee, Countries : Japan, Correspondence," Post Presidential Subject File (以下 PPSF と略する), Hoover Papers ; Hoover to MacArthur, May 9, 1946, Pauley to Hoover, August 4, 1953, "Pauley," PPIF, Hoover Papers ; Walch and Miller, eds., 78-79 ; Robert H. Ferrell, ed., *Off the Record : The Private Papers of Harry S. Truman* (New York : Harper and Row, Publishers, 1980), 83-85 ; Michael

Schaller, *Douglas MacArthur : The Far Eastern General* (New York : Oxford University Press, 1989), 138–139 ; Michael Schaller, *The American Occupation of Japan : The Origins of the Cold War in Asia* (New York : Oxford University Press, 1985), 33–41 ; February 22, 1946, William R. Castle, Jr. Diaries, Volume 51, Houghton Library, Harvard University.

（5）Daniel Yergin, *Shattered Peace : The Origins of the Cold War and the National Security State* (Boston : Houghton Mifflin, 1977), 217–218 ; Hoover to Patterson, May 7, 1947, "MacArthur," PPIF, Hoover Papers ; Schaller, *The American Occupation of Japan*, 93 ; Wilson, *Forgotten Progressive*, 86–90, 97–102 ; Millis, ed., *The Forrestal Diaries*, 255–256 ; Michael Schaller, *Altered States : The United States and Japan Since the Occupation* (New York : Oxford University Press, 1997), 12 ; Jordan A. Schwarz, *The New Dealers : Power Politics in the Age of Roosevelt* (New York : Vintage Books, 1994), 34–56 ; Alan Brinkley, "The New Deal and the Idea of the State," in Steve Fraser and Gary Gerstle, eds., *The Rise and Fall of the New Deal Order, 1930–1980* (Princeton : Princeton University Press, 1986), 90–91.

（6）George F. Kennan, *Memoirs, 1925–1950* (Boston : Little, Brown and Company, 1967), 369–370 ; ハワード・ショーンバーガー『占領 1945-1952——戦後日本をつくりあげた 8 人のアメリカ人』（宮崎章訳，時事通信社，1994 年）; Hoover to Pratt, June 26, 1947, "Pratt, Admiral William V., Correspondence, 1942–April 1953," PPIF, Hoover Papers ; Dooman to Hoover, June 23, 1947, "Dooman, Eugene, 1947–1950," PPIF, Hoover Papers ; Kern to Hoover, June 27, 1947 から Hoover to Kern, June 26, 1948 までの一連の書簡，"Kern, Harry P., 1947–1953," PPIF, Hoover Papers Castle to Hoover, June 23, 1948, "Castle, William R., Correspondence, 1948–1951," PPIF, Hoover Papers ; Richard Norton Smith, *An Uncommon Man : The Triumph of Herbert Hoover* (Worland : High Plains Publishing Company, 1984) 360 ; Wilson, *Forgotten Progressive*, 223 ; William R. Castle, Jr. Diaries, Houghton Library, Harvard University.

（7）Michael J. Hogan, *A Cross of Iron : Harry S. Truman and the Origins of the National Security State, 1945–1954* (New York : Cambridge University Press, 1998), 34–35, 191–208, 326–327, 363–365 ; Gary Dean Best, *Herbert Hoover : The Postpresidential Years, 1933–1964* (Stanford : Hoover Institution Press, 1982), 115–122 ; Smith, 385–386, 390–392 ; Peri Arnold, *Making the Managerial Presidency : Comprehensive Reorganization Planning, 1905–1980* (Princeton : Princeton University Press, 1980), 118–159. Michael S. Sherry, *In the Shadow of War : The United States since the 1930s* (New Haven : Yale University Press, 1995), 44–46 ; Chace, 185, 189, 326–329 ; Wilson, *Forgotten Progressive*, 261–263 ; Walch and Miller, eds., 203–204.

（8）D. Clayton James, *The Years of MacArthur, Volume III, Triumph and Disaster, 1945–1964* (Boston : Houghton Mifflin Company, 1985) ; Eiji Takemae, *Inside GHQ : The Allied Occupation of Japan and Its Legacy* (New York : Continuum International Publishing Group, 2002).

（9）Hoover to Richardson, October 12, 1945, "MacArthur," PPIF, Herbert C. Hoover Papers, Herbert C. Hoover Presidential Library ; Famine Emergency Committee, General, Herbert Hoover Diaries : "Round World Trip," PPSF, Herbert C. Hoover Papers, Herbert C. Hoover Presidential Library ; "Itinerary for Pauley," May 6, 1946, "Famine Emergency Committee, Countries : Japan, Correspondence," PPSF ; Hoover to MacArthur, May 9, 1946 and Pauley to Hoover, August 4, 1953, "Pauley," PPIF ; Schaller, *The American Occupation of Japan*, 33–41 ; Schaller, *Douglas MacArthur*, 138–139 ; *FRUS : The Far East, 1946, Vol. VI* (Washington, D. C. : Government Printing Office, 1971), 123, 493–507, 562–563, 566–567, 579–580, 592, 601–604 ; Howard Schonberger, "Zaibatsu

Dissolution and the American Restoration of Japan," *Bulletin of Concerned Asian Scholars*, Vol. 5, No. 2 (1973), 16–18, 21 ; Ferrell, ed., *Off the Record*, 83–85 ; Truman to Hoover, May 4, 1946, in Walch and Miller, eds., *Herbert Hoover and Harry S. Truman*, 78–79. フーヴァーが革新主義者であったことにかんしては，Wilson, *Forgotten Progressive*, 86–90, 97–102 を参照。ニューディールと革新主義の比較については，Schwarz, *The New Dealers*, 34–56 を参照。ニューディール期の独占禁止政策の特徴については，Brinkley, "The New Deal and the Idea of the State," 90–91 を参照。

(10) Marquat to Nitze, January 17, 1946, Nitze to Marquat, January 29, 1946, Nitze letter to his mother, February 3, 1946, Marquat to Nitze, April 29, 1946, Box 165 Folder 6, Paul Nitze Papers, Library of Congress, Washington, D. C.

(11) July 7–11, 1946, James V. Forrestal Diaries (Microfilm Reel No. 2), Seeley Mudd Library, Princeton University. フォレスタルのマーシャルとの会談は，7 月 7 日に行われた。11 日の三保との会談については，三保単独でフォレスタルとの面談が不可能であることを考えると，三保・フォレスタル会談は，シーボルトを通じて実現されたと見るのが妥当であろう。なぜなら，三保との会談の直後に，シーボルトと朝食時に会談を行ったことが確認できるからである。William J. Sebald, *With MacArthur in Japan : A Personal History of the Occupation* (New York : W. W. Norton and Company, 1965), 24–30, 44–45, 50–51, 66–67. フォレスタルの日記では，シーボルトは経済顧問として紹介されているが，シーボルトの上掲書 44 頁と 50 頁から，そうではないことがわかる。このほか，竹前栄治『GHQ の人びと——経歴と政策』（明石書店，2002 年）を参照。

(12) Kurusu Saburo to Bernard M. Baruch, July 7, 1947 (鮎川文書 M 136.1) ; Takasaki to Hoover, December 7, 1947, "Takasaki, T.," PPIF, Herbert C. Hoover Papers, Herbert C. Hoover Presidential Library. 五百旗頭真『占領期——首相たちの新日本』（読売新聞社，1997 年）; Yergin, 171, 217–218, 254–255, 275, 283–284, 319–320, 322–323 ; Schonberger, 21, 25 (25 頁の注 64 も参照) ; Douglas Brinkley and Townsend Hoopes, *Driven Patriot : The Life and Times of James Forrestal* (New York : Vintage Books, 1992), Chapter 21 ; Kennan, 294–295, Chapters 11–15 ; Rudy Abramson, *Spanning the Century : The Life of W. Averell Harriman, 1891–1986* (New York : William Morrow and Company, 1992), 383, 411 ; John Lewis Gaddis, *The United States and the Origins of the Cold War, 1941–1947* (New York : Columbia University Press, 1972), 312, Chapter 11 ; Richard M. Fried, *Nightmare in Red : McCarthy Era in Perspective* (New York : Oxford University Press, 1990), 3–36 ; Kennan, 368, 373–374 ; Theodore Cohen, *Remaking Japan : American Occupation as New Deal* (New York : Free Press, 1987), 152–153 ; Jerome B. Cohen, *Japan's Economy in War and Reconstruction* (Minneapolis : University of Minnesota Press, 1949), 422–432 ; Michael Hogan, *The Marshall Plan : America, Britain, and the Reconstruction of Western Europe, 1947–1952* (Cambridge : Cambridge University Press, 1987), 33–35 ; Millis, ed., *The Forrestal Diaries*, 255–256 ; Schaller, *Douglas MacArthur*, 138–139, 152–155 ; Schaller, *The American Occupation of Japan*, 33–41, 88–93, 108, 141–150 ; Schonberger, "Zaibatsu Dissolution and the American Restoration of Japan," 16–18, 21–24, 27–28 ; Howard Schonberger, *Aftermath of War : Americans and the Remaking of Japan : 1945–1952* (Kent : Kent State University Press, 1989), 187, 193, 195–197 and 313 (note72).

第 12 章　鮎川義介の戦後投資銀行構想

（1）中村隆英「概説――1937～1954 年」（中村隆英編『日本経済史 第 7 巻「計画化」と「民主化」』岩波書店，1989 年）1-68 頁。野口悠紀雄『一九四〇年体制――さらば「戦時経済」』（東洋経済新報社，1995 年）6-12 頁。

（2）John Dower, *Embracing Defeat : Japan in the Wake of World War II* (New York : W. W. Norton and Company, 1999), 558. Chalmers Johnson, *MITI and the Japanese Miracle : The Growth of Industrial Policy, 1925-1975* (Stanford : Stanford University Press, 1982), 155-156.

（3）Michael E. Porter and Hirotaka Takeuchi, "Fixing What Really Ails Japan," *Foreign Affairs*, 78 (May/June 1999), 77.

（4）Porter and Takeuchi, 71, 77.

（5）来栖三郎宛吉田茂書簡，1945 年 8 月 27 日，吉田記念事業財団編『吉田茂書簡』（中央公論社，1994 年）553-554 頁。

（6）外資問題研究会と鮎川の家内工業にかんする見解は次を参照。鮎川義介「財団法人外資研究会創立について」313-320 頁，1948 年 8 月 15 日，鮎川文書 M 922.22。首藤安人の略歴は鮎川文書 M412.1 のほか，Earl Bryan Schwulst to Robert C. Alexander, February 1, 1950 (鮎川文書 M412.4) を参照。外資をめぐる日本政府と総司令部との間の論争，そしてそれぞれの内部における論争については次を参照。宮崎正康「芦田内閣の外資導入問題（二）」『信州大学教育学部紀要』第 61 号（1987 年）89-92，94，96-98 頁。中北浩爾『経済復興と戦後政治――日本社会党 1945～1951 年』（東京大学出版会，1998 年）153-155，166，172 頁。Howard Schonberger, *Aftermath of War : Americans and the Remaking of Japan, 1945-1952* (Kent : Kent State University Press, 1989), 184-190.

（7）Shudo to Earl B. Schuwulst, May 10, 1949 (鮎川文書 M412.4).

（8）Memorandum, June 13, 1949 (鮎川文書 M412.1).

（9）Shudo to Earl B. Schwulst, May 10, 1949 (鮎川文書 M412.4). 首藤が会った上記以外の経済科学局財政課スタッフは，アダムズ，ロビンソン，スミスであった。Shudo to William H. Draper, Jr., May 9, 1950 ; "Plan for Setting Up New Japanese Investment Banking Corporation Jointly with an American Investment Banking Corporation," March 31, 1950 (鮎川文書 M412.4).

（10）SCAP, "Announcement Concerning Private Commercial Entrants," GHQ Circular No. 1, January 14, 1949 ("General Order No. 1"), "Annoucement Concerning Foreign Business and Foreign Investment Activities in Japan," GHQ Circular No. 2, January 14, 1949 ("General Order No. 2"), "General Order No. 18," October 21, 1949, National Archives and Record Administration (以下 NA と略する), Washington, D. C., RG 331, Box 1039 ; SCAP, ESS, "Memorandum to the Members of the Foreign Investment Board," January 20, 1949, RG 331, Box 1041, NA.

（11）Richard W. Rabinowitz, *The Genesis of the Japanese Foreign Investment Law of 1950* (Publications of the German-Japanese Lawyers' Association, Vol. 10, Hamburg : Alster Media & Werbung GmbH, 1999), 397-426, Mark Mason, *American Multinationals and Japan : The Political Economy of Japanese Capital Controls, 1899-1980* (Cambridge, MA : Harvard University Press, 1992), 111-114.

（12）Schwulst to Alexander, February 1, 1950 ; MacArthur to Schwulst, September 8, 1949 (鮎川文書 M412.4).

（13）Shudo to Major General W. F. Marquat, July 12, 1950 (鮎川文書 M412.1), "Plan for Setting Up New Japanese Investment Banking Corporation" (鮎川文書 M412.4). Shudo to Draper, May 9,

1950（鮎川文書 M412.1）. 日銀の政策と一万田の見解については，次を参照。Kent E. Calder, *Strategic Capitalism : Private Business and Public Purpose in Japanese Industrial Finance* (Princeton : Princeton University Press, 1993), 42-43, 81-82, 158-159. 第 2 次吉田内閣の経済復興構想については次を参照。河野康子「吉田外交と国内政治——通産省設置から電力借款導入まで」（日本政治学会編『戦後国家の形成と経済発展——占領以後』岩波書店，1992 年）32-33，37-38 頁。

（14）Shudo to Schwulst, July 18, 1949（鮎川文書 M412.4）.

（15）"Luncheon for Mr. Shudo Yasuto, Tuesday, April 4, 1950"（鮎川文書 M412.4）.

（16）William H. Draper, Jr. to Douglas MacArthur, May 19, 1950, Draper-MacArthur Correspondence," Douglas MacArthur Papers, Douglas MacArthur Memorial Library, Norfolk, Virginia.

（17）渡辺武著，大蔵省財政史室編『渡辺武日記——対占領軍交渉秘録』（東洋経済新報社，1983 年）461 頁。

（18）"Plan for Setting Up New Japanese Investment Banking Corporation"（鮎川文書 M412.4）.

（19）首藤電信第 8 号，鮎川文書 M412.4。ここでは，ディロン会長とドレーパーが，4 月 20 日に首藤と会談した際，ディロン・リード投資銀行における重要事項のすべてをクラレンス・ディロンと相談する必要があることを説明し，ウィルキンソンがまもなく渡欧し，このことについても彼と相談することを説明している。ディロン会長は，父親からの返答がくるまで 2，3 週間待って欲しいと首藤に述べているが，その後首藤とディロン・リード投資銀行との交渉がより具体的になっていたことを考えるとクラレンス・ディロンの了承があったのではなかろうか。鮎川・三保とクラレンス・ディロンの関係については，第 8 章を参照。

（20）Shudo to Marquat, July 12, 1950（鮎川文書 M412.1）. ディロン・リード投資銀行と鮎川のグループとの間に投資銀行にかんする下記の検討が行われていた。

資本：ディロン・リード投資銀行は，ほかの米国投資家が参加した場合を含めて約百万ドルの資本金を提供する。日本の出資者はこの日本円相当額を出資する。米国の出資者は検討されている投資銀行へ 5 割以上出資するこができる。ドレーパーは，英国やほかの米国の投資家がこの投資銀行に参加することについて将来検討できる余地があると述べた。

経営：検討されている投資銀行には会長と社長のポストを置く。このどちらかにはディロン・リード投資銀行の代表が就任することが想定され，ドレーパーは会長ポストをディロン・リード投資銀行側にまわすことを考えていた。ディロン・リード投資銀行は，この人事に加えて別の人物を幹部として送りこむことを検討していた。ドレーパーは，この投資銀行の人選について，総司令部が反対しないような能力のある経営者が役員や幹部に就任することを望んだ。

上記の手紙のほか，次を参照。Shudo to Draper, May 9, 1950（鮎川文書 M412.2）. 首藤が C・ダグラス・ディロンとはじめて会ったのは 4 月 13 日で，会合にはウィルキンソンが同伴していた。首藤電信第 6 号，鮎川文書 M412.2。

（21）Shudo to Marquat, July 12, 1950（鮎川文書 M412.1），鮎川宛首藤電信第 8 号（首藤，ドレーパー，ウィルキンソン，C・ダグラス・ディロンによる 4 月 18 日の会談），Shudo to Draper, May 9, 19（鮎川文書 M412.2），首藤電信（第 17 号），1950 年 6 月 4 日，鮎川文書 M412.2。電信 8 号は，この投資銀行構想については，ディロンの父親（クラレンス・ディロン）やほかの役員と相談しなければならないことを伝えている。電信 17 号によると，ドレーパーは東京へディロン・リード投資銀行の代表を送り，投資銀行にかんする継続協議

のほか，総司令部や吉田首相と相談することを検討していた。首藤と鮎川は一万田日銀総裁と興銀総裁の反応が遅いことに苛立っていた。首藤電信第14号，1950年5月13日，首藤電信第16号，1950年5月19日，首藤宛鮎川電信，1950年6月7日，一万田日銀総裁宛鮎川書簡，1950年6月11日，鮎川文書 M412.2。

(22) 鮎川の1953年の自伝の草稿，225頁，鮎川文書 M931.4。

(23) 鮎川宛首藤電信第8号，首藤宛鮎川電信第6号，1950年4月28日，首藤宛鮎川電信第7号，1950年5月12日，鮎川文書 M412.4。深尾光洋・大海正雄・衛藤公洋「単一為替レート採用と貿易民営化」（香西泰・寺西重郎編『戦後日本の経済改革——市場と政府』東京大学出版会，1993年）103頁，香西泰「高度成長への出発」（中村隆英編『日本経済史 第7巻「計画化」と「民主化」』岩波書店，1989年）308-309頁。後述する外為法も阻害要因であったのであろうが，鮎川はこのことについては触れていなかった。

(24) Shudo to Schwulst, February 12, 1952 (鮎川文書 M412.1).

(25) Mason, 155-156. Thomas W. Zeiler, *Free Trade, Free World : The Advent of GATT* (Chapel Hill : The University of North Carolina Press, 1999), 172-173. 河野康子「吉田外交と国内政治」41-42，44-45頁。Calder, 216. 深尾光洋・大海正雄・衛藤公洋「単一為替レート採用と貿易民営化」102頁。後藤晃「技術導入——戦後日本の経験」（香西泰・寺西重郎編『戦後日本の経済改革——市場と政府』東京大学出版会，1993年）239-240頁。

(26) Johnson, *MITI and the Japanese Miracle*, 217.

(27) 後藤晃「技術導入」238-242，245頁。Mason, 105-114, 147-149, 150-161, 197-198.

(28) Johnson, *MITI and the Japanese Miracle*, 119, 194-195, 217；深尾光洋・大海正雄・衛藤公洋「単一為替レート採用と貿易民営化」102頁；後藤「技術導入」245頁；Calder, 33.

(29) Walter LaFeber, *The Clash : U. S.-Japanese Relations throughout History* (New York : W. W. Norton and Company, 1997), 299, 303. Mason, 109-110. 深尾光洋・大海正雄・衛藤公洋「単一為替レート採用と貿易民営化」102頁。

(30) 野口悠紀雄『一九四〇年体制——さらば「戦時経済」』東洋経済新報社，1995年，100-101頁。

(31) Calder, 29-30, 野口悠紀雄『一九四〇年体制』31-34頁，寺西重郎「終戦直後における金融制度改革」（香西泰・寺西重郎編『戦後日本の経済改革——市場と政府』東京大学出版会，1993年）134，144頁。

(32) 野口悠紀雄『一九四〇年体制』84-85，88-89頁。

(33) 有沢広巳監修『日本証券史』（日本経済新聞社，1995年）7-14頁。

(34) 有沢広巳監修『日本証券史』45-53，64-68，97-101頁，野口悠紀雄『一九四〇年体制』85頁。

(35) 野口悠紀雄『一九四〇年体制』100-101頁。亜東銀行については，次を参照。友田壽一郎編『鮎川義介縦横談』（創元社，1953年）40-60頁，「輸出関係の中小企業に対する一助成計画」1951年7月，鮎川文書 M911.8。このほか，鮎川の中小企業，亜東銀行，外資に対する考えかたについては，鮎川の1953年の自伝の草稿，110-230頁，鮎川文書 M931.4を参照。

(36) 野口悠紀雄『一九四〇年体制』102-103頁。日本の対中輸出が米国によりかなり阻害されたことは，繊維産業などの中小企業の対中輸出の抑制となり，その結果中小企業の成長を抑える結果を招いていたかもしれない。William S. Borden, *The Pacific Alliance : United States Foreign Policy and Japanese Trade Recovery, 1947-1955* (Madison : The University of

Wisconsin Press, 1984), 159–213.
(37) Calder, 33.

第 13 章　電源開発から中小企業育成政策へ

(1) 河野康子「吉田外交と国内政治――通産省設置から電力借款導入まで」（日本政治学会編『戦後国家の形成と経済発展――占領以後』岩波書店，1992 年）41–42，44–45 頁。川崎製鉄の西山弥太郎が，1950 年 11 月に通産省へ千葉製鉄所の建設計画書を提出したが，この計画は当初通産省のみならず日銀や財界からも反対意見が出た。1952 年 2 月，通産省は，川鉄が考えていたオーバー・ローン方式による建設計画を正式承認した。米倉誠一郎『経営革命の構造』（岩波新書，1999 年）184，192–194 頁；米倉誠一郎「戦後日本鉄鋼業試論――その連続性と非連続性」（伊丹敬之・加護野忠男・伊藤元重編『日本の企業システム 第 2 巻 組織と戦略』有斐閣，1993 年）203–204 頁。四宮正親「西山弥太郎――戦後鉄鋼業のイノベーター」（宇田川勝編『日本の企業家活動』有斐閣，1999 年）249–253 頁。

(2) 袖井林二郎編訳『吉田茂＝マッカーサー往復書簡集［1945–1951］』（法政大学出版局，2000 年）295–296 頁；香西泰「高度成長への出発」（中村隆英編『日本経済史 第 7 巻「計画化」と「民主化」』岩波書店，1989 年）300–301 頁；河野康子「吉田外交と国内政治」48 頁。

(3) 例えば，Jordan A. Schwarz, *The New Dealers : Power Politics in the Age of Roosevelt* (New York : Vintage Books, 1994), xvi–xvii, 120, Chapter 10, 328–330, 336–340 を参照。

(4) Ayukawa Yoshisuke, “The Highway Measures for Rehabilitation of Japan’s Economy,” November 22, 1949, 7 (鮎川文書 M412.4). 鮎川は，この報告書のなかで野口研究所の工藤（朝鮮半島の鴨緑江で戦前のアジアで最大級の水力発電所を建設した野口コンツェルンの創始者野口遵の元側近）が日本の工業化における水力資源の重要性を指摘していると述べている。

(5) 鮎川文書 M136.3 にある次の書簡を参照。Kurusu to Baruch, April 22, 1950 (M136.1 にもある); Kurusu to Baruch, undated draft letter（ディロン・リード投資銀行に首藤を紹介してくれたことに対するバルークへの謝意を伝えていることから，1950 年に執筆されたものと思われる); Earl B. Schwulst to Colonel Lawrence E. Bunker, June 16, 1950. このほか，鮎川の日本における TVA 構想，道路工事，外資導入，マーシャル・プラン方式の経済開発にかんする考えについては，鮎川文書 M931.4 にある 1953 年に執筆された鮎川の未完成の自伝を参照。リリエンソールは，本人がつけていた日記の中でバルークの依頼で首藤と会談して日本の水力発電について話したことを記述している。David E. Lilienthal, *The Journals of David E. Lilienthal Volume III : Venturesome Years, 1950–1955* (New York : Harper & Row Publishers, 1966), 3, 125. このほかに，鮎川文書 M412.4 の次を参照。鮎川宛首藤電報 1950 年 4 月 10 日，同 1950 年 4 月 6 日，同 1950 年 5 月 2 日，同 1950 年 6 月 5 日。首藤宛鮎川電報，1950 年 5 月 16 日，鮎川宛来栖書簡，1950 年 4 月 17 日。

(6) The Industrial Consultants Inc., “Plan to Hydro Power Exploitation of 10 Million KW and Its Relation to the Economy of Japan,” 25 March 1950 ; 鮎川宛首藤電報，1950 年 4 月 10 日；Lilienthal to Shudo, 6 May 1950 ; 首藤宛鮎川電報，1950 年 4 月 28 日，鮎川文書 M412.4。

(7) William H. Draper, Jr. to Douglas MacArthur, February 13, 1951, “Draper-MacArthur Correspondence,” Douglas MacArthur Papers, The MacArthur Memorial Library and Archives, Norfolk, Virginia.

(8) Shudo to Lilienthal (undated cable); Lilienthal to Shudo, 29 January 1950 (鮎川文書 M412.1).

（9）鮎川宛首藤電報，1950年5月2日，5月13日，鮎川文書M412.4。リリエンソールのインド・パキスタン訪問については，Lilienthal, 38, 90–92, 106, 109, 111–113, 160を参照。リリエンソールの鮎川にかんする印象や，鮎川と首藤との会談については，Lilienthal, 117, 127–128, 130を参照。

（10）吉田宛来栖書簡，1950年4月18日，1951年11月12日，来栖宛吉田書簡，1952年1月1日，鮎川文書M136.1；吉田宛鮎川提案書「日本の電源開発開始はわが方として何故マーシャル・プラン方式の政治借款を選ぶべきであるか」1951年4月，鮎川文書M911.8；Shudo to Earl B. Schwulst, 12 February 1952, Schwulst to Shudo, 4 March 1952（鮎川文書M412.1）；Lilienthal, 125–128；坂元一哉『日米同盟の絆——安保条約と相互性の模索』（有斐閣，2000年）29頁。

（11）David E. Lilienthal to Aikawa（Ayukawa）, 3 May 1951, Aikawa（Ayukawa）to Lilienthal, 16 May 1951, Shudo to Schwulst, 17 May 1951, Lilienthal to Aikawa（Ayukawa）, 18 June 1951（鮎川文書M136.3）；M931.4にある鮎川の1953年の自伝の草稿；Lilienthal, 133, 154–157；萩原徹監修『日本外交史　第30巻　講和後の外交（II）経済（上）』（鹿島研究所出版会，1972年）；Lilienthal to John Foster Dulles, April 17, 1951, David E. Lilienthal Papers, Seeley G. Mudd Library, Princeton University, Princeton, New Jersey.

（12）William S. Borden, *The Pacific Alliance : United States Foreign Policy and Japanese Trade Recovery, 1947–1955*（Madison : The University of Wisconsin Press, 1984）, 93, 149–151, 160, 222.

（13）鮎川の1953年の自伝の草稿，鮎川文書M931.4。

（14）柴田茂紀「世界銀行の対日火力発電借款」同志社大学人文科学研究所『社会科学』第64号（2000年）105–107頁；Jochen Kraske et al., *Bankers with a Mission : The Presidents of the World Bank, 1946–91*（New York : Oxford Univesity Press, 1996）, 93.

（15）柴田茂紀「世界銀行の対日火力発電借款」96，99–104。世銀の判断については，10年史編纂委員会編『日本開発銀行10年史』（日本開発銀行，1963年）374–375頁を参照。水力発電開発費の逓増と火力発電開発費の逓減については，『財政金融統計月報』第53号を参照。また，香西泰「高度成長への出発」300–302頁を参照。

（16）「対談——日本の再建」『風声』（1953年11月），鮎川文書M912.2。

（17）「対談——日本の再建」『風声』（1953年11月），鮎川文書M912.2。鮎川義介『私の履歴書』（日本経済新聞社編『私の履歴書　経済人』第9巻，日本経済新聞社，1980年）343頁。Karel Van Wolferen, *The Enigma of Japanese Power : Power and Politics in a Stateless Nation*（New York : Vintage Books, 1990）, 388–389.

（18）「対談——日本の再建」『風声』（1953年11月），鮎川文書M912.2。鮎川義介「私の履歴書」343頁。鮎川の中小企業関係の活動については，次を参照。鮎川義介『百味箪笥——鮎川義介随筆集』（愛蔵本刊行会，1964年）205–210, 301–305頁。鮎川義介「私の履歴書」341–343頁。「中小企業助成会を足場に動き出した鮎川義介氏」『人事通信』第282号（1953年）。

終　章　鮎川の外資導入構想の今日的意義

（1）「グローバル化のなかで問われる自立」（1998年8月15日），「国を変える」（1998年8月23日）『日本経済新聞』。「対談——日本の再建」『風声』（1953年11月），鮎川文書M912.2。鮎川義介「私の履歴書」（日本経済新聞社編『私の履歴書　経済人』第9巻，日本経済新聞社，1980年）343頁。

（2）鮎川義介『物の見方 考え方』（実業之日本社，1937 年）67-76 頁。翻訳版は，Ayukawa Yoshisuke, *Searching for Truth* (Tokyo : Jitsugyononipponsha, 1938), 60-63（鮎川文書 M912.62）。